桂林旅游发展史

The History of Guilin Tourism

庞铁坚～～～～～～～～著

GUANGXI NORMAL UNIVERSITY PRESS
广西师范大学出版社
·桂林·

桂林旅游发展史
GUILIN LÜYOU FAZHANSHI

图书在版编目（CIP）数据

桂林旅游发展史 / 庞铁坚著. --桂林 : 广西师范大学出版社，2022.2
ISBN 978-7-5598-4766-9

Ⅰ. ①桂… Ⅱ. ①庞… Ⅲ. ①地方旅游业—旅游业发展—经济史—桂林 Ⅳ. ①F592.767.3

中国版本图书馆 CIP 数据核字（2022）第 028973 号

广西师范大学出版社出版发行
（广西桂林市五里店路 9 号 邮政编码：541004
网址：http://www.bbtpress.com）
出版人：黄轩庄
全国新华书店经销
广西广大印务有限责任公司印刷
（桂林市临桂区秧塘工业园西城大道北侧广西师范大学出版社集团有限公司创意产业园内 邮政编码：541199）
开本：787 mm × 1 092 mm 1/16
印张：32.25 字数：500 千
2022 年 2 月第 1 版 2022 年 2 月第 1 次印刷
定价：98.00 元

序：

桂林旅游发展再认识

庞铁坚先生花数年时间完成了《桂林旅游发展史》，嘱我为该书写几句话。铁坚先生比我年长，让我来写序感觉很不合适，更何况该书从隋朝以前的桂林旅游说起，到唐宋，到元明清，到民国，到改革开放前，到改革开放早期，一直讲到地市合并以后的桂林旅游，从古至今，纵贯两千余年。而我对桂林旅游的研究主要是从桂林地市合并之后开始的，对早期桂林旅游的历史也不熟悉，难于评价。但一读此书，很有滋味。这是一本值得旅游研究者阅读和收藏的好书，该书收集了大量资料并做了深入剖析，特别是对改革开放后的这段旅游发展史的系统整理、梳理和评价，令人印象深刻，是难得的旅游史料和论述，对我们通过桂林认识中国旅游发展大有裨益。

铁坚先生 1980 年到桂林市物价局工作，先后分管过农产品价格、服务类价格，从管理旅游价格入手，开始对旅游研究感兴趣；1981 年初加入刚成立的桂林旅游经济研究会（即今桂林旅游学会），并发表过一些旅游政策研究（包括旅游价格研究）的文章；1997 年初任雁山区副区长，分管包括旅游业在内的经济工作，主持了愚自乐园项目的谈判工作；2000 年调任桂林市社科联副主席，在这个岗位上出版过《山水甲天下的桂林》《阳朔旅游草皮书》和《推开桂林的门扉》等旅游文化方面的书籍；2005 年开始担任桂林旅游学会会长；2007 年，调任桂林市旅游局（后改为旅游发展委员会），先后任副局长、调研员等职，分管过旅游规划、市场监管、旅游安全等工作，全程参与了《桂林国际旅游胜地建设发展规划纲要》的调研和起草工作，在此期间，出版过《漓江》和《愚自乐园》等书。从他的经历可以看出，他从 20 世纪 80 年代初开始对旅游研究感兴趣，之后一直没有间断，是桂林旅游研究群体中重要的一员。我始终认为，桂林的旅游研究力量在全国一直都是可圈可点的，特别是在20世纪八九十年代这个阶段，桂林的旅游研究取得了相当丰硕的成果，对全国有很大贡献和影响。

习近平总书记2021年4月份在桂林视察时，提出桂林要建设世界级旅游城市。习总书记的这个指示，是对桂林的殷切希望和巨大鼓舞。

桂林有能力建设成为世界级旅游城市。

桂林是中国旅游的缩影，见证了我国旅游发展的各个阶段，自1973年正式对外开放以来，走出了独特的发展道路。桂林旅游发展的基础是世界级的旅游吸引物、辉煌的旅游发展历史和深厚的文化积淀。当前，随着国际旅游的空间重构和国内消费转型带来旅游消费模式的转变，以及国内许多新兴旅游区域的崛起，桂林作为老牌旅游目的地，面临着新的竞争格局与发展挑战。

可以从入境旅游、国内旅游两个层面来认识这种变化。

旅游地位的变化，最直观的指标是游客接待量的变化。桂林旅游的发展轨迹在相当长时期内基本反映了中国旅游业的发展特点。自1973年被国务院确定为对外开放的旅游城市以来，桂林入境旅游产品一直是中国入境游产品的精品名片，京、西、沪、桂经典旅游线路经久不衰，代表了中国元素和中国符号。从早期的美国、日本市场，到2000年后的韩国市场以及我国的港澳台市场，再到金融危机后的东南亚市场，京、西、沪、桂一直是国家名片，最受市场欢迎。至今已有180多位国家元首或政要访问游览过桂林，桂林的入境游客接待量始终保持在全国前列。

从旅游统计数据来看，2016年的入境游客数据区分了外国人和港澳台游客，桂林仅凭借真正的传统旅游资源，就吸引了外国游客128万人次，在全国排名第7。排在前面的城市是深圳、广州、上海、北京、珠海、成都这些口岸城市和中心城市，而厦门、武汉、重庆、苏州、杭州、黄山、西安、泉州、昆明、福州、大连、宁波都排在后面。这充分说明了桂林在接待外国游客方面的地位和实力。

高铁开通及航线压缩对入境游发展有较大影响。2017年桂林两江机场的吞吐量为786.2万人次，居全国第39位，与桂林的国际旅游地位是不相称的。桂林机场曾经是国内十大机场之一，但2017年国际航线仅12条，其中至韩国的4

条。2017 年以来，桂林至韩国航线航班数及旅客数均下降明显。高铁开通后广州—桂林、深圳—桂林航班量大幅减少，对桂林入境游客的进入造成较大影响。过去，广州到桂林一天有 10 多个航班，高铁开通后，航班都取消了。这样一来，外国人到广州后无法直接飞机中转，而是需要坐高铁，广州的航空和高铁联运不像上海虹桥机场一体化那样方便，而是机场在城北，高铁站在城南，相距 60 千米，给从广州入境要到桂林旅游的游客带来了很大不便。但也要看到积极的一面，香港到桂林开通了高铁，将来香港游客可能会快速增长。

阳朔遇龙河风光

此外，桂林的境外航线少，这是很大的短板。因此，亟须争取支持增开桂林至东盟主要城市直航航线，支持将现有的一些国内主要城市境外航线延伸至桂林，以保持桂林入境旅游市场的平稳增长。尽管桂林的入境游客市场增长面临较大的压力，但国内游一直保持着较好的发展态势，这与我国近年来的旅游发展情况基本相符。2000 年以后，随着人民生活水平不断提高，桂林的国内游客超过了入境游客，2004 年之后开始进入国内大众旅游阶段。

桂林在广西吸引外省游客方面的贡献超过南宁，处于第一位。

前面的分析告诉我们，从纯旅游角度看，桂林旅游的影响力并没有下降，桂林旅游发展的国内外影响力依然强劲，总体发展势态也较为平稳。但受限于城市功能提升困难等因素，仍存在一些发展瓶颈，问题出在过去这些年其城市功能和地位没有明显提升，现象级的旅游产品没有持续的更新换代。

思考城市旅游可从三个层面来看，第一个层面是城市的功能和地位，政治、交通、现代服务业、商业、文化、医疗等等。南宁利用东盟博览会这个概念把整个城市重新进行了升级；而桂林除了交通功能提升较好外，其他功能的提升都很缓慢。

第二个层面是城市主题和特色，这对中小城市是最重要的。就桂林而言，城市特色特别明显。我们曾在桂林做游客调查，95% 的游客小学就知道桂林，都知道“桂林山水甲天下”。但桂林也因此形成了路径依赖，历史文化、地方风情等旅游要素长期活在“山水”阴影之下，影响力十分有限，城市功能提升缓慢，旅游产品因循守旧等与此也不无关系。

第三个层面是城市旅游核心要素，这对桂林这样的旅游城市极其重要。核心要素是什么？标志性建筑、代表性区域、特色性项目，还有购物中心。桂林的两江四湖、象鼻山、王城、七星岩、东西巷、《印象·刘三姐》、阳朔西街、遇龙河、银子岩、龙脊梯田等核心要素可以说是世界一流的。

现象级的旅游产品对于世界级的旅游城市也非常重要。桂林山水是早期的现象级旅游产品，两江四湖是 2000 年后桂林的现象级旅游产品，2004 年的《印象·刘三姐》接棒两江四湖成为桂林新的现象级旅游产品。但遗憾的是，《印象·刘三姐》之后，桂林没有再出现现象级的旅游产品了。

尽管有一些发展瓶颈，但桂林有不可替代的旅游资源及吸引力，在中国旅游发展新阶段，入境游将会再次得到重视，桂林将承担更加重要的责任。加快建设“世界级旅游城市”是习总书记的期望，是桂林的任务，也是国内外游客的期盼。

是为序。

保继刚

2021 年 7 月 1 日于广州康乐园

保继刚，博士，中山大学教授，博士生导师，长江学者特聘教授，联合国世界旅游组织专家委员会委员，桂林旅游学会顾问。

目　录

第二章 唐宋桂林旅游的生长

第三章

元明清时期桂林旅游的多样性

第六章 改革开放早期的桂林旅游

第七章
地市合并以后的桂林旅游

第八章

旅游管理和旅游新政

INTRODUCTION

绪　论

第一节 旅游的热闹和旅游学的热闹

如今，旅游已经成为大众普遍的生活方式，成为人们普遍熟悉的一种生活状态，成为投资人关注的一个产业领域—— 一句话，旅游已经是一种很热闹的社会现象了。现在，你可以在新闻节目中找到许多积极发展旅游，甚至把旅游业作为主导产业或者城市转型方向的城市，却难以找到不提发展旅游的城市。

在我的青少年时期，还远不是这样的情形。

那个年代，什么都短缺，什么都需要计划，一切都需要节约，包括生产资料、生活资料、社会资源和自然资源，都是需要全社会努力去“节约”的，一切非生活必需的消费，都会被看作奢侈或者浪费。在那样的社会思潮和经济条件下，作为休闲生活形态的旅游，是官方不会提倡、个人难以实现的，是一种只能憧憬和遥望的精神状态。在那个时代，人们基本把今人所谓的“旅游”称作“旅行”，因为“旅行”更像个中性词，它的内涵往往指因为工作需要而发生的空间移动，而“旅游”中带有“游”的成分，不太适合那个时代的生活理念。我在这部书中，仍然用“旅游”这个词去阐述那个时代的这类社会现象，主要是为了叙述的方便和统一。

观望远处的事物，会看不清楚细节。那时的国人，对旅游的了解也是这样：

只知道旅游是旅游者从居住地到另一个地方去观光，然后在那个观光地留下一张照片，并不知道旅游过程的细节。那些有“条件”经常出门的邻居或者同事，其实都是去出差或者探亲。只有借助出差以及少数人的探亲机会，并且熬过在硬座席上两夜甚至更久的旅途，才有更多的机会到遥远的地方去领略祖国河山的壮美和历史的厚重。

比如隔壁的叔叔去北京开会，在天安门照了一张相。然后，这张照片会被他的家人精心地装在镜框里，表示他家有人“去过北京”，也会听到这位邻居说“天安门广场很大”，至于他为什么要去天安门照一张相，在北京还去了哪些地方，吃得怎样、住得怎样，几乎一概不知，似乎也不会去想这些问题，因为这些问题“太遥远”“太陌生”。

在国门初开之时，一些有限的城市，这些城市里有限的地方，开始向境外游客“开放”。之所以在这里打引号，是因为那只是一种严格审批条件下的“开放”，比如外国游客到了桂林，只能去政府开发的景区比如芦笛岩、七星岩和一些向外“开放”的学校、企业去观光、考察。一些特定的境外游客比如记者，可能会主动提出具体的参观对象，接待方一般也会“尽量”满足对方的这类要求，却一定会提前对被参观单位进行布置安排，提出接待要求，包括打扫卫生、清理场地、组织人员或者“屏蔽”个别人、介绍情况的分寸等。绝大多数市民，与这些境外来的游客，存在着语言不通、文化隔阂、互相打量的情形。一般人弄不清护照与签证的区别，搞不懂外汇的买进与卖出为什么有差价，不明白那些来自欧美和港澳地区的游客们怎么有那么多的钱来消费。很多人甚至不知道飞机的机舱里有怎样的服务。比如当时的中国民航就会向飞机乘客赠送“中华牌”香烟作为纪念品，因为乘坐飞机是“高级待遇”，赠送袖珍包装的高级香烟是“高级待遇”的物质体现形式；我们也不知道空气温度可以调节，不知道西餐怎么吃，甚至不知道“时差”是个什么东西。

那时候，我们常常以为自己这个城市里“最好的”也就是世界上“最好的”，不然就没法理解游客远道而来有什么意义。因为我们还理解不了文化的差异性是人类最感兴趣的现象之一，我们还不能理解“旅游”在文化层面的真正内核。

法国雕塑家罗丹曾说：“美是到处都有的。对于我们的眼睛，不是缺少美，而是缺少发现。”[1] 他的这段话，是针对艺术家而说的。于一般人而言，司空见惯的东西，很难产生愉悦的冲击。旅游者之所以出去旅游，从感观角度来说，就是想出去“发现美”，发现外面的“美”，对于一般人而言要显得容易一些。那些旅游目的地的美，摆在那儿，已经有很多人知晓，但自己没有去看过，总是有些遗憾。于是，寻找机会走出去，去从自己的角度“发现”旅游目的地的美，这就是旅游所带来的快乐。今天，旅游的本质已经从传统的纯粹观光转向多元化，但这个道理仍然是成立的。所以，当人们在解决了基本的生活需求之后，即解决了马斯洛所说的人类较低层次的需求之后，会转向对较高层次的需求。旅游，则属于较高层次的需求。这个理论也解释了为什么一个国家在人均 GDP 进入中等发达水平以后，旅游业会获得迅猛发展。

我们当时所知道的，只是旅游能够创汇，能够为国家挣钱。后来，国内旅游渐起，让我们知道旅游不但能为国家挣钱，还能为旅游界的投资人挣钱，为旅游从业者创造就业机会。也就是说，随着旅游业的发展，人们对旅游的认识也逐渐深化。当然，迄今为止，这种“深化”的认识也主要停留在经济层面，对旅游在精神文化方面的作用和意义，尚有待更多的思考和讨论。

1978 年以来，在改革开放基本国策的推动下，中国经济持续发展，人民收入水平实实在在地一步步提高。终于，能够有机会出门去旅游的人越来越多了，大量建设起来的机场、高速公路和高铁网，为旅游者的出行提供了极大的方便，旅游成了百姓生活中的寻常事。如今，如果一个人好面子的话，都不好意思说自己没有出去旅游过。

在旅游方式上，人们从最初那种满足于去一些热点旅游城市、热点旅游景区，照一张很多家庭里都会挂在镜框里的“到此一游”留影照片的走马观花“打卡式”旅游，发展到追求全方位的旅游：名山大川、文物古迹、乡村旧屋、青藤古道、大型工程、田园风光等，都可以成为旅游对象。有人甚至在地图上划拉：自己是否走完了所有的省份，去了多少个城市，五大洲都去过吗？甚至有人专门设计了体现这种功能的手机小程序，以供用户自检和显摆。南极和北极圈这类通

1 ［法］罗丹口述，葛塞尔记，沈琪译：《罗丹艺术论》，人民美术出版社，1978 年。

常只能在教科书和纪录片里才看到的风景，已经是不少中国旅游者的亲身体验了。许多不为人所知的地方被旅游者“挖掘”出来，成为网红景点。最初，我们咬着牙支付着自己尚想不明白或者舍不得支付的服务费，期望通过参加旅行团去旅游，以解决车票、机票和住宿等诸多不便问题，发展到旅行社的“零服务费”组团，再发展到通过网约，把一切搞定，玩一把自助游。许多人干脆自驾车，甚至骑行、徒步，加入各种类型的旅游者队伍中去。从旅游的住宿来说，最早是大众化旅馆，后来发展到有服务标准的星级饭店，曾几何时，又转成了对个性化十足的精品酒店、乡村旅馆和民宿的追求。为了满足旅游者的需求，演出的舞台，也从剧场搬到了实景之中。

旅游消费的许多变化，让投资商们措手不及，也给了后来的投资人更多的投资机会。旅游投资，竟然成了许多投资者转行时重点考虑的领域，成了投资热门。

随着旅游从兴起到热闹，旅游的业态迅速地变得多样化了，关于旅游的话题也多了起来。在学术界，对于旅游的研究领域变得宽泛了。从旅游经济学开始，继而有了旅游文化学、旅游心理学、旅游投资与管理、旅游规划与发展、旅游与环境的关系、旅游资源的保护和利用、旅游与乡村建设、旅游与地方特色的关系等等，不一而足。许多大学设立了旅游学院或者与旅游相关的专业，一些研究旅游的学者也在呼吁将旅游学列为一级学科。总之，旅游学成了显学。最有意思的一个现象是：似乎人人都可以就旅游发表高论。不论是各级“两会”，还是各级政府的常务会，甚至是一些朋友扎堆闲聊，谈及旅游时，几乎人人都能津津乐道，个个都有独特观点。

第二节 中国传统文化中对旅游的感情

中国传统文化中，很早就有与旅游有关的概念了。不过，严格地说，古老的文化所包含的，是两个有关联又不太相同的概念："旅"和"游"。

"旅"，总的来说，是一个向上的、健康的概念，有一种不畏困难的精神在其中。

"旅"的原意，是众人在旗帜下集合，是团队、军旅的概念。古语又同"膂"，指脊梁骨。军队总是表现出不怕艰险的形象，而且要行军打仗的，于是引申出出门在外、寄居在外，即"旅行""旅居"之意，并由此延伸出旅客、旅馆等相应的词语。当"旅"作为动词时，也常称"旅行"，或者以"行"表示，如"千里之行，始于足下"。

"游，旌旗之流也"——《说文》这样解释，后逐渐演变为江河的某一段或者与水有关的流动：上游、下游、游动，又逐步发展到"游玩"的意思（古字作"遊"，从走）。在传统文化中，"游"是一个情感很复杂的词。庄子作《逍遥游》，是一种无己、无功、无名的境界，很难用"消极"或者"积极"来概括。孔子周游世界，推行自己的思想，以不畏挫折、积极入世而被后人称道。"父母在，不远游"，似乎又把"游"作为一种对家庭不负责任的行为。不过，在更多情况下，"游"是一个带有极强感情色彩的出行词，如：

驾言出游，以写我忧。——《诗经·卫风·竹竿》

游客长城下，饮马长城窟。——唐·子兰《饮马长城窟》

剑去池空一水寒，游人到此凭栏干。——唐·无名氏《咏剑池》

慈母手中线，游子身上衣。——唐·孟郊《游子吟》

把"旅"与"游"组合在一起，早在南朝的沈约诗中就有了："旅游媚年春，年春媚游人”（《悲哉行》）。唐朝王勃的《涧底寒松赋》也有“岁八月壬子，旅游于蜀，寻茅溪之涧”之句。前人的这种使用，与今人同，都是旅行游览的意思。

新文化运动以后，白话文推行，双音节词大量使用，“旅行”和“旅游”这样的词就更多地出现了。不过，在民国时期，更多的人是使用“旅行”一词来表示旅游之意，如《旅行杂志》、“中国旅行社”等，均用“旅行”。“旅游”这个词，主要是在改革开放以后大量使用，并很快代替了“旅行”一词。不过，专门从事旅游包价服务的企业，则还保留着“旅行社”的称谓，即使后面有“有限责任公司”的后缀。

旅游，作为一种行为方式，在中国传统文化认知中，往往与文人这一身份结合在一起，是士人重要的生活形态之一。军旅打仗，虽然是一种大规模的“旅行现象”，今人也在广义上将之列为一种特殊的“旅游现象”，但战争的杀伐，往往是对文化的毁灭。极少数的战事，才有可能因为有文人的记述，成为文化现象被记录下来。商业，历史上一直受官方正统文化所排挤，在“士农工商”序列中排在最后，被认为是不创造财富甚至巧取豪夺的行业，商人子嗣甚至不能参加科举，故向来被传统价值观所看不起，他们的旅行，在文化认知中只被当作与家人的离别来看待，没有游览欣赏的成分，甚至含有贬义，更没有资格被列入文化欣赏的层面，“商人重利轻别离”便如是说。但我们也无法否认，那些口口相传、众人认同的异地景观，有许多也是通过这些游商之口以及他们长途贩卖的地方特产而得到更广泛的传播。手工业者依附于市镇谋生，难以出行；农人被套在土地上，所行亦不远；即使皇帝的出巡，也往往被正统观念所约束——隋炀帝在历史上留下的丑恶形象，其“奢侈好游”是重要组成部分。

耕读世家，可能有弟子出远门，包括访友、求学、考功名、为官等，其旅游往往被看作士人的行为。“文章千古事”，文人通过旅行，写下大量相关诗文，这些诗文的流传，使他们得以成为中国历史上旅游的代表人群。

我们在接受教育的过程中，曾阅读许多古诗名篇，其中相当部分，因为记录了士人们对旅游所得的陶醉而感染我们。这些大诗人大文人流传下来的诗文中，有许多是和他们的旅游经历和旅游感受相关的。这些作品不但让读者品味了好诗，也让中国的旅游文化沉淀下许多有价值的篇章。

杜甫《游修觉寺》："野寺江天豁，山扉花竹幽。诗应有神助，吾得及春游。径石相萦带，川云自去留。禅枝宿众鸟，漂转暮归愁。"写了诗人春游修觉寺的内心感受。

李白《望庐山瀑布》："日照香炉生紫烟，遥看瀑布挂前川。飞流直下三千尺，疑是银河落九天。"成为人人能够背诵的描绘庐山的名篇。

宋朝苏轼《同秦仲二子雨中游宝山》："平明已报百吏散，半日来陪二子闲。立鹊低昂烟雨里，行人出没树林间。"刻意展示自己在游览风景中的闲适。

这些篇章，不论写名景，还是写郊游心境，皆能拨动读者心弦。白居易的《琵琶行》，更是写自己旅途中所见人事之感受。

一些思想的表达，也往往与"旅游"结合在一起，如"行万里路，读万卷书""云游四方"；一些共同的审美情趣，也离不开旅游的支撑，如"朝辞白帝彩云间，千里江陵一日还""沉舟侧畔千帆过，病树前头万木春""长风破浪会有时，直挂云帆济沧海"，等等。

在古代，人们征服自然的能力还很低下，其所反映出来的旅游审美，与那个时代的经济技术水平相一致。今人所认为的雄山大川，古人往往视为畏途，形容成穷山恶水。即使桂林这样秀丽的山水，人们在认识之前，也往往谈之色变，因"瘴气"而恐惧。待人们走近它、了解它，方发现这是一处美好家园。

第三节 现代语境中的旅游

马克斯·韦伯在他的《新教伦理与资本主义精神》中曾说道：英国清教禁欲主义者认为，虚掷时光为万恶之首，应受到无条件的道德谴责。[1] 在

1 ［德］马克斯·韦伯：《新教伦理与资本主义精神》，生活·读书·新知三联书店，1987年，第123页。

这样的文化认知环境下，旅游的空间自然也十分狭小。西方语境中的“tourism”（旅游），出现于19世纪，是市场经济发展到一定阶段的产物：即创造需求得到社会的鼓励。托马斯·库克的旅行社，正是在这样的历史背景下产生出来。

从学术研究来考虑，我们可以从历史角度把旅游分为古代旅游和现代旅游两个部分。前南斯拉夫旅游学家S.翁科维奇则把这两个部分分别命名为“特权阶段的旅游时代”和“现代旅游时代”。[1]他的这种分类和命名，还带有强烈的阶级观点，却也基本体现了这两个阶段的旅游特点。

我认为，古代旅游与现代旅游的不同，从经济发展阶段来看，主要体现在：古代旅游是农业时代的旅游，从旅游者来说，是以传道、求学、赴任、经商、战争、移民、归家等为目的，“旅游”是实现空间移动的手段而非主要目的，“消费”是不得已的支出，其旅游具有强烈的个人色彩。旅游服务的提供者没有扩大市场的动力和方法，是一种自然的销售方式；现代旅游则具有强烈的工业化特征，即旅游服务采取批量生产和批量销售以降低成本，经营者在市场营销中不断创造消费吸引力以提高边际效益，旅游者多数以“旅游”为主要目的，即观光、度假、休闲等行为便是旅游消费的目的而非手段，并在此基础上扩展和丰富旅游目的多样化。

古代语境中的旅游，主要是一种文化认识层面的人类活动，即通过旅游，了解一个地域的气候、环境、风光、民俗，审视和提升自己的学养。现代语境中的旅游，更多地体现为一种经济现象，既要寻找和挖掘旅游市场中买卖双方的对接点，即一方面培养旅游者的需求，或者说将旅游者的潜在需求转化为现实需求；另一方面要增加和创新旅游经营者的供给，即满足旅游者的消费需求。这种需求与供给的关系，最早体现为对既有旅游资源的整理，如那些难以通达的旅游风光，需要铺设道路、组织运输、设计游览线路、辅以相应的食宿服务等。当这种需求与供给关系发展起来以后，旅游者会寻找新的需求，旅游经营者也会开辟新的供给领域，将观念的旅游资源现实化，以文化为内核，创造出新的旅游产品，如主题公园。

经济学在研究需求时，有一个概念叫“饱和点”，即指需求得到完全满足。

1 S.翁科维奇：《旅游经济学》，中国人民大学出版社，1986年，第3页。

如今，多种类型的新旅游在桂林不断涌现，在漓江上玩桨板是许多桨板爱好者的选择

自从小农经济时代的小农业被工业时代的大农业取代以后，农业经济的“饱和点”至少在一些地方出现了：一个人的胃是有限的。工业革命时代，当局部的饱和点出现以后，扩大市场半径显得尤为必要，于是有了国际贸易的巨大发展。当WTO促进了全球贸易发展以后，“饱和”的警钟仍然经常敲响，比如汽车、彩电、冰箱、手机等主要工业品，均处于严重产能过剩阶段。解决工业品“饱和”的办法，是不断创新，通过创造新产品来创造新需求。这是工业革命以后难以摆脱的需求不足现象。

一些人认为：旅游需求的饱和，从社会心理学意义上来讲是不能想象的。他们认为：当人们拥有越来越多的闲暇时间和金钱，他们会去追求越来越复杂、质量越来越高的服务，会去新的地方旅行，把不断增多的闲暇时间用于旅游。[1]这个观点值得讨论，但旅游业在后工业化时代得以迅速发展，确是一个常见的经

1 S. 翁科维奇：《旅游经济学》，中国人民大学出版社，1986年，第137—138页。

济现象。这些现象，不但是旅游经济需要研究的问题，也是旅游史需要面对的问题。

中国的当代旅游业，起步于供给尚十分不足的历史阶段，其主要目的是为国家创造外汇收入，这是一个很有意思的历史话题。今天，中国旅游在一定程度上已经成为拉动消费的推进器，这是毋庸置疑的。正因为如此，旅游业已经受到各地政府的普遍重视。

第四节 桂林的旅游发展史具有独特价值

本书所研究的“桂林”，在空间上指今日之桂林市行政辖区，其历史称谓和行政区域多有变化。

“桂林”是自秦朝便有的行政单位。秦统一岭南后，在岭南地区设三郡，包括桂林郡、象郡和南海郡。其中，桂林郡郡治在今广西贵港市，今桂林市区域基本属桂林郡。汉高祖三年（前 204），赵佗建南越国，今桂林属南越国。汉元鼎六年（前 111），汉平定南越国，将岭南设为九郡，今桂林大部从岭南划归北部的零陵郡，桂林市区一带称始安县。三国时期，零陵郡属于荆州。晋，今桂林属湘州。南北朝，置桂州，并于梁大同六年（540）徙桂州于始安郡。南宋绍兴三年（1133）升桂州为静江府。洪武五年（1372）改静江府为桂林府。

自唐以后，“桂林”便常成为人们对桂州、静江府的称呼。

纵观桂林的城市发展史，可以说就是一部旅游发展史。从这个意义上来说，桂林的旅游史非常值得写。

早期的旅游，都是借助传统的旅游资源而发展起来的。这些旅游资源，从旅游研究者的分类来说，包括自然旅游资源和人文旅游资源。欧洲的代表性自然旅游资源如阿尔卑斯山、地中海海滨，人文旅游资源如威尼斯城等，都是早期旅游业发展的重要依托。中国有代表性的自然旅游资源如桂林山水、雁荡景色，人文旅游资源如北京故宫、八达岭长城，也都是这样。之后，随着旅游业的发展，旅游类型变得多样化，人们会创造一些旅游吸引物，如迪斯尼乐园、长隆野生动物世界等，则是后话。

桂林兼具优秀的自然旅游资源与人文旅游资源，这使得桂林几乎天然地成为一座旅游城市。桂林这座城市的历史进程，从宏观来看，当然与中国的历史进程息息相关，但从其本身的城市发展来看，这座城市的旅游发展与它的历史沿革也有着十分密切的关系。

桂林以自然风光著称。对桂林的传统认识，是关于它的喀斯特风光，古人就提出“桂林山水甲天下”，且这句话不胫而走，成为千古名言。如果更深层次地了解这座城市，它的丹霞地貌、森林、溪流、高山等自然旅游资源，都十分丰富，在今天仍有重要的旅游开发和利用价值。

桂林又是一座历史文化名城。它仍然保存下来的重要文化遗存就包括秦代灵渠、唐宋摩崖石刻、明靖江王府、红军长征遗址和抗战文化遗址，以及中国南方农耕文化遗址等。桂林自唐代便开始开发的风景区，至今仍是桂林的重要名胜，其本身既是自然风光，也是文化遗产。

通过对这座城市历史的梳理，我们会发现，桂林自古就是旅游名城，这座城市的文明史几乎就是旅游的同步发展史。

桂林考古史发现了许多万年以前的古人类遗址。这些坐落在不同位置的古人类遗址，作为一个空间范围内的同一种群，相互间的联系是必然的——无论这种联系是通婚、合作还是迁徙或者征伐，一定有空间位置上的有目的性的移动，即“旅”。当然，古人类还没有文化认知，尚不懂“游”。

从文化遗存来说，秦始皇时期留下来的若干遗产中，灵渠位于桂林。这座伟大的古代水利工程，从它的问世使用开始，就和旅游行为紧密地联系在一起：它成就了南岭之越城岭、都庞岭之间的水道，使得南征的千军万马得以顺利进入岭表地区，使中原、荆楚文明由此进入南岭之南，与西瓯文化相互融合，形成既有华夏一统文化色彩又具备岭南特色的文化形态。

自唐朝开始，桂林逐渐走进主流文化圈，被全国的文人士子所了解、所关注、所描写。文人们普遍认可的山水美学理论，在这里找到了真实完美范本，又可在这里倾注对山水境界的理想追求。对于他们来说，这里的风景符合山水审美尺度，又没有泥石流山洪之虞，情感上安全亲切。对于生活在这里的人来说，有洞穴木楼可以栖身，有溪流可以灌溉，山间平原可开垦田畴从事种植，林中可以畋猎，是他们的安身立命之所。从这个时期开始，桂林就开始了系统的风景整理和构筑。而且，那个时代打造的景区，至今也仍然是这座城市的主流景区，其旅游文化价值经历了千百年历史的考验。

从上述这些跨越了 2000 多年的风景文化持续得到认可来看，桂林的旅游史可谓厚重。

历代文人留下了上万首与桂林有关的诗词，以及大量的文章。这些文字，很多都是与山水旅游直接相关的，其余的部分也具有浓郁的地方人文特色。

桂林由于有众多的石山，最迟自唐代始，就有很多的石刻遗存在山崖间保留下来。这些依附于桂林青山的摩崖石刻，记录了许多这座城市历史生活的细节，使这座城市的往昔变得鲜活，是这座城市的瑰宝。这些石刻的内容，许多与作者们在这座城市的山水旅游活动有关。它们不仅记载了古人曾到这些山水间题名、作诗、作文章，而且记录了他们的游览方式和旅游内容。这些文物遗存，不仅是桂林旅游史的重要历史文物，也是中国旅游史的重要史实。

由唐而宋，至元明清，再到民国，直至今天，桂林旅游的发展脉络不但清晰可辨，而且其发展变化的时代特征也很明显。它的旅游史具有与其他城市完全不同的特点，它是一卷特殊的旅游历史画卷。

吴必虎、刘筱娟在《中国景观史》中曾列举了 60 多个与地域有关的中国成语，并将这些成语所涉及的地名划入到不同的区域中。结果，岭南之地居然是“0”。[1] 这个结果，恰好说明岭南的文化特质在中国主流文化体系中一直保留着比较强的个性，以至于人们对这一区域尚有“陌生感”或者说异趣。这种个性，正是旅游的文化魅力所在，也是这座城市的独特个性所在。

1　吴必虎、刘筱娟：《中国景观史》，上海人民出版社，2004 年，第 86 页。

第五节 个人的探索与思考

从我个人的经历来说，由于家庭的原因，我很小就随着家人的迁徙，去过一些地方，包括重庆、云南大理和河南安阳等，并且在这些地方生活和学习过。这些曾经逗留过的地方，在我生命的印迹中留下了很深的刻痕。这些同龄人少有的经历，使我打小就对各地不同的文化和生活有兴趣。尤其巧合的是，今天，这些地方也都成为非常有特色的著名旅游目的地了。

在我成年后回到桂林定居时，正好是这座城市开始成为旅游者热烈追捧的旅游名城的时候。党的十一届三中全会召开不久，中华人民共和国国务院就给了这座城市两顶“桂冠”:“社会主义风景游览城市”和“历史文化名城”。虽然很多人并不是非常理解这两项荣誉的内在含义和这座城市在获得这两项荣誉以后的责任，但在中国这样一个崇尚荣誉的国度，上述任何一顶“桂冠”都会引起游客的极大兴趣，同时，保持这份荣耀也是这座城市全体市民的巨大责任。因此，桂林这座规模不大、交通不算很便利的西南城市，其机场吞吐量大约有十多年时间排在全国前几位，就是一个很有说服力的现象，说明了旅游者对这座城市的喜爱。

改革开放初期，很多位党和国家领导人都曾来过这座城市，他们或者是因工作视察而来，或者是陪同外国贵宾而来。他们的到来，给了这座城市旅游发展极大信心，他们也注意到这座城市在发展中面临的诸多问题，并且认真踏实地帮助桂林解决这些问题。可以说，桂林一度被业界称为中国旅游界的“风向标”和“晴雨表”，是有它深层原因的。

1980 年，桂林旅游学会成立之初，就以关注桂林旅游发展为其主要责任。我于次年初加入这个学会，在学会前辈的影响下，一直在关注这座城市的旅游发展变化，关注这座城市旅游业与其他各行业在发展中的相互关系。后来，我成为旅游业界的一员，从工作和研究的角度见证了这座城市几十年来旅游发展的历史进程。

这座城市，伴随着中国的旅游发展而成长。今天，桂林旅游业的发展也和中国旅游业一样，共同面临着新的考验和挑战。研究这座城市的旅游发展史，从狭义来说，是一个市民对这座历史文化名城和旅游名城所体会到的荣誉感的一个组成部分；从广义来说，可以尽己之力帮助旅游者、旅游从业者和研究者更系统地了解这座城市。

想写作这么一部旅游史，却又是十分艰巨、不易完成的任务。

首先，这座城市的历史非常厚重。桂林建城史已经有2100多年。从中国历史来看，具有2100年历史的城市并不算少，但桂林的历史遗存和历史记录非常丰富。这座城市非常与众不同的地方，是她在城内城外都有许多的石山，这些石山，除了极个别的在20世纪被战争和无知毁掉以外，基本都完好地存在着。古人在这座城市的游览史，我们不仅可以通过阅读古籍而了解，还能在空间感上做到与古人一起神游。比如，宋人从伏波山下还珠洞泛舟，经二江口进入小东江，再到花桥、龙隐岩，这样的游览路线，由于有那些山峰和江河做参照，今天仍然清晰存在！只要愿意，我们完全可以做到和古人一样再游一次。这种身临其境的体验，在许多别的城市可能就很难做到了。徐霞客当年从逆旅出来，到王府，去大街购物，那些具体的空间位置，今人很容易就找到对应点。这样结合实景的阅读，不但可以使读者“读进去”，还可以“走出来”。这种阅读方式可以很好地帮助我思考。但是，由于历史的变化，一些具体的地名、山名发生了变化，且历史对这种变化记载不详，又使得原来非常清晰的阅读常出现一些模糊点，需要很费神地去贯通和琢磨。

其次，这座城市的历史资料有古今不匀的问题。在印刷术出现以前，即宋以前，虽然有了文字和纸张，但需要缮写。官方的史籍文书，极少提及岭南地区，对于今“桂林”的介绍就更少。隋以前，几乎难以找到专门的文字，偶有的断章片语，也往往在历史长河中消失了。唐代，各种著作相对多了起来，大量唐诗的传诵为我们保留了许多与桂林山水有关的华章，而且唐代时期的摩崖石刻，不少得以保存，在宋以后，再被收录进一些著作中，终于有一些可供查询的资料，但涉及面显然不够，这就需要从别的方面去寻找参考资料。这使得为写作这部书的阅读量变得非常大，耗用了极多的时间和精力。明代以后，描写桂林的史料逐渐变得丰富和详细起来，但我的阅读面和知识结构显然做不到那么广博，只能尽己所能，在有限的时间里查阅更多的资料。民国时期，桂林作为大后方的文化城，出版物异常丰富，其中也有不少是介绍这座城市的，史料却又浩如烟海，查阅和选择、摘要变成一项艰巨的工作。

第三，历史材料的取得殊为不易，写作时的取舍也是很困扰人的问题。在占有材料的基础上，驾驭材料、组织材料的过程，是很考验人的辨析能力和思考能力、很折磨人的。越往下写，越觉得个人的学养和驾驭文字的能力十分有限。但是，花了这么多的精力收集材料，不写出来又觉得不甘心。即使自己的写作十分欠妥，但只要坚持史料的真实性，为后人对这一课题的研究提供一些基础性资料，毕竟也是有益的。

我想从桂林旅游发展的历史脉络中找到这座城市独有的发展路径：它的发展，其实一直是和它的山水特质结合在一起的。从外界普遍知晓这座城市开始，这座城市的特质就和旅游紧密地联系在一起。

这一点，我觉得自己找到了。这是值得欣慰的事情。

CHAPTER ONE

第一章

隋朝以前的桂林旅游

地质学认为，在2亿年以前，桂林是一片汪洋大海，由大量的海洋生物和碳酸盐沉积，形成石灰岩层积，随着地壳运动变化，上升为陆地，在漫长的风雨侵蚀下，形成复杂多样的岩溶地貌。在冰河期结束以后，地球变暖，桂林由于所处的地理位置，气候温暖湿热，适宜动植物生长，生命现象十分丰富。又由于桂林多洞穴，为古人类生存提供了较好的栖身之地，这里发现的古人类遗址也较多。在桂林市宝积山发现的宝积岩人遗址，其文化遗存被命名为宝积岩人，距今已有3万年。桂林市南郊发现的甑皮岩人，则属于生活在距今约1万年前的新石器时代人，他们已经会制作陶器，并从事集体的渔猎工作。此外，在荔浦水岩，桂林父子岩、庙岩、象鼻岩、琴头岩，临桂大岩、太平岩等处，都发现了古人类遗址。作为相同的生命种群，可以判断这些不同地方发现的古人类之间的渊源关系。

自秦始皇统一岭南，今桂林之地始入官方记录。汉以前，记载文字的物资稀缺笨重，书籍抄录所耗巨大，岭南乃偏远之地，从统治者角度说，略记要事即可，故官方资料甚少。汉至隋，有关岭南的文字记录也不多，涉及桂林的就更少。民间写作，即使有一些，也多已失传，如晋人曾写有《始安郡记》，便早就失传，只是从他人的著作记叙中有片语提及，后人方知有此书。幸好桂林处于北方进入广西的要冲，官方和文人的视野，只要目及岭南，便难以绕过桂林。因此，我们还能找到一些历史资料，从这些资料中用拼图的方式，去努力还原那个时代桂林的图景。

第一节 史前的相关传说

文字出现以前，人类史是口述传说史。传说史不是信史，却是先人文化的重要表现形式。在先人遗留下来的传说中，就有一些与今天桂林相联系的内容。

一、舜帝南巡

在悠久的中国历史长河中，“三皇五帝”占据着文化史上的重要地位。虽然史书上对“三皇五帝”的表述不尽相同，那一时期也没有文字流传下来，属于传说史，但后人通过对“三皇五帝”的叙述角度和敬重态度，已经勾画出史前文明最重要的价值观：对民众的仁厚、对地位的禅让、对父母的孝顺、对政治的治理、对自然的认识、对技术的应用等。这些价值观都很好地体现在与“三皇五帝”相关的传说中，而诸多传说又将人们所认为的优良品德都塑造在他们身上。

舜，是“三皇五帝”中的最后一位先帝。在舜的身上，集中体现出一位帝王的政治能力和胸怀。《史记》说尧考核舜的时候，有一项内容就是观察舜在当时自然条件十分恶劣的情况下，如何把握自己、驾控全局：“尧使舜入山林川泽，暴风雷雨，舜行不迷。”[1]这项能力，当然不是用于游山玩水，而是帝王巡游领地时的重要能力。“巡游”，也是远古时期能够流传下来的最重要的旅游方式。

舜在经过推荐和考核之后，于61岁接受王位，在位39年。100岁那年，舜“南巡狩，崩于苍梧之野。葬于江南九疑，是为零陵”[2]。

司马迁写作《史记》时，今桂林之大部属于零陵郡，龙胜属武陵郡，荔浦属苍梧郡。也就是说，在“三皇五帝”传说史中，有关舜帝的事迹，尤其他最后

1 ［汉］司马迁：《史记·五帝本纪》，中华书局，1959年，第22页。
2 ［汉］司马迁：《史记·五帝本纪》，中华书局，1959年，第44页。

的巡游，与今天的桂林具有很大的空间重叠关系。舜的两个妃子娥皇和女英，沿湘江而上寻夫不果，抱头痛哭，投江而殉。她们的滴泪化成血，染红竹竿，成为斑竹。晋人张华在《博物志》里写道：“帝崩，二妃啼，以涕挥竹，竹尽斑。”零陵之地，包括今桂林的全州、灌阳，斑竹为常见植物，“斑竹，本出于全之清湘，桂林属县皆有之”[1]。湘江之源，在今桂林。这些恰与古老的舜帝传说吻合。

二、舜祠和双女冢

在晋、唐，桂林已经命名“尧山”和“虞山”，以纪念德行高尚的先帝。

唐人莫休符在《桂林风土记》中记载，虞山有舜祠：“舜祠在虞山之下，有澄潭号皇潭。古老相承，言舜南巡曾游此潭。今每遇岁旱，张旗震鼓，请雨多应。”[2]

在今桂林市北极广场一带，唐代有双女冢：“在府城北十里，俗传舜妃寻帝，卒而葬于此。冢高十余丈，周回二里余。”[3]

湘江上游的重要市镇全州，也有二妃祠。柳宗元路过全州时，专程去游览过全州二妃庙，并撰《二妃庙记》。桂林这些最古老的传说与遗址，都与那个时代的旅游特征密切相关。

可惜，这些历史遗迹今均不存。

第二节 史载最早的旅游地

秦始皇是历史上第一个统一了中国的皇帝，其历史功过一直是后人讨论不休的问题。他在岭南之地建设的灵渠，成为我国南方重要的交通设施。

---

1 ［宋］周去非著，杨武泉校注：《岭外代答》，中华书局，1999 年，第 296 页。
2 ［唐］莫休符：《桂林风土记》，商务印书馆，1936 年，第 1 页。
3 ［唐］莫休符：《桂林风土记》，商务印书馆，1936 年，第 2 页。

一、灵渠以及陆路的建设

秦始皇二十六年（前 221），嬴政完成了灭六国的军事行动，自称始皇帝。旋即，秦始皇命令屠睢、赵佗率 50 万大军分五路征战岭南。《淮南子·人间训》："使尉屠睢发卒五十万，为五军：一军塞镡城之领，一军守九疑之塞，一军处番禺之都，一军守南野之界，一军结余干之水。三年不解甲弛弩。使监禄无以转饷，又以卒凿渠而通粮道，以与越人战。杀西呕君译吁宋，而越人皆入丛薄中，与禽兽处，莫肯为秦虏。相置桀骏以为将，而夜攻秦人，大破之，杀尉屠睢，伏尸流血数十万，乃发适戍以备之。"[1]

由屠睢统率的西路军队，沿湘江经越城岭、都庞岭南下，受到越人的顽强抵抗，秦军粮道被阻，统帅被杀，战争进入对峙阶段，3 年兵不能进。

秦始皇二十八年（前 219），监禄受命掌管军需供应。禄督率军士，用 3 年时间，在今兴安境内修建了一条长 36 千米、沟通湘江和漓江两大水系的人工运河，这便是灵渠。

马克思在《政治经济学批判（1857—1858 年草稿）》中曾说："在亚细亚各民族中起过非常重要作用的灌溉渠道，以及交通工具等等，就表现为更高的统一体，即高居于各小公社之上的专制政府的事业。"[2] 灵渠，正是这样一条由中国第一个中央政府真正规划和建设的水利工程。如马克思所说，这样的古代工程，只有秦朝这样的专制政府，才有条件集中各种社会资源进行建设。

灵渠工程，最初的使用性质是进行漕运，为军事斗争服务，成为秦朝末期调动军事资源进行战争的重要保障设施，也是中央政府第一次在岭南之地进行的大规模工程建设。灵渠建成以后的 2000 多年时间里，一直发挥着重要的交通功能，为南来北往的旅行提供了重要基础条件。

灵渠北连湘江，南接漓江。湘江与漓江的落差达 32 米，需要拉长航道以使落差平缓。灵渠的主要工程是铧嘴和大小天平，这里需要解决湘江水量分配和经年江河冲击对工程的危害问题；其次，南渠之北段要经过的越城岭为石山，在

1　何宁撰：《淮南子集释》，中华书局，1998 年，第 1289—1290 页。

2 《马克思恩格斯全集》第 30 卷，人民出版社，1995 年，第 468 页。

位于桂林市兴安县的灵渠泄水天平

当时技术条件下极不宜开凿；第三，南渠有一段要贴峤边而行，为防止洪水造成垮塌，所以设计了泄水天平，以控制南渠最大水量；第四，采用了陡门（也有人认为灵渠陡门建于唐朝，不同观点对此争议较大），通过分段蓄水与放水，来解决南渠南北两端落差过大问题。这些设计思想和技术运用，在当时具有极大创造力，也极大地影响了后世的水利工程设计。

灵渠开凿后，大批粮草用船运至岭南，后勤保障得到提升，军队战斗力有了保证，岭南很快并入秦帝国版图。

为巩固对岭南的统治，秦始皇命进驻岭南的军士大量留守当地“屯戍”，还从岭南以北迁来大量移民，以达到传播文化、巩固政权之目的。这是中原、荆楚文化与岭南文化大规模融合的开始。《史记·秦始皇本纪》：“三十三年，发诸尝逋亡人、赘婿、贾人略取陆梁地，为桂林、象郡、南海，以适遣戍。”[1]

修建灵渠的同时，秦军就在前沿筑秦城，以巩固阵地。宋人周去非在《岭外代答》中介绍秦城：“湘水之南，灵渠之口，大融江、小融江之间，有遗堞存焉，名曰秦城，实始皇发谪戍五岭之地。秦城去静江城北八十里，有驿在其旁。张安国纪之以诗曰：‘南防五岭北防胡，犹复称兵事远图。桂海冰天尘不动，谁知垄上两耕夫！’北二十里有险曰岩关，群山环之，鸟道微通，不可方轨，此秦城之遗迹也。形势之险，襟喉之会，水草之美，风气之佳，真宿兵之地。据此要地，以临南方。水已出渠，自是可以方舟而下；陆苟出关，自是可以成列而驰。进有建瓴之利势，退有重险之可蟠，宜百粤之君，委命下吏也。”[2]今天的考古发现确认，大溶江与灵渠汇合处的溶江镇七里圩附近，是古秦城遗址之一，城址略呈长方形。位于灵渠南渠附近的秦城遗址今仍在，“岩关”即今严关。

由于秦朝很快灭亡，赵佗在岭南自立为王，称南越国，其率领的南下军队亦自然成为岭南的开发者。

古代交通，舟楫为便。位于桂林的灵渠，是世界上最早的人工运河之一，其工程贡献和历史价值自不必说。作为古代重要的交通设施，灵渠建成以后，极大地促进了湘楚、中原等地与岭南的经济文化来往，多数前往岭南尤其是前往西瓯的旅人亦是经过灵渠而成行。“昔始皇帝南戍五岭，史禄于湘源上流漓水一派凿渠，逾兴安而南注于融，以便于运饷。盖北水南流，北舟逾岭，可以为难矣。禄之凿渠也，于上流砂碛中叠石作铧觜，锐其前，逆分湘水为两，依山筑堤为溜渠，巧激十里而至平陆，遂凿渠绕山曲，凡行六十里，乃至融江而俱南。今桂水名漓者，言离湘之一派而来也。曰湘曰漓，往往行人于此销魂。自铧觜分水入渠，循堤而行二里许，有泄水滩。苟无此滩，则春水怒生，势能害堤，而水不南。以有滩杀水猛势，故堤不坏，而渠得以溜湘余水缓达于融，可以为巧矣。渠水铙迤兴安县，民田赖之。深不数尺，广可二丈，足泛千斛之舟。渠内置斗门

1 ［汉］司马迁：《史记·秦始皇本纪》，中华书局，1959 年，第 253 页。
2 ［宋］周去非：《岭外代答》，中华书局，1999 年，第 401 页。

明代《广西通志》中有关桂林关梁和桥的记述

三十有六，每舟入一斗门，则复闸之，俟水积而舟以渐进，故能循崖而上，建瓴而下，以通南北之舟楫。尝观禄之遗迹，窃叹始皇之猜忍，其余威能罔水行舟，万世之下乃赖之。岂唯始皇，禄亦人杰矣，因名曰灵渠。”[1]

东汉建武十八年（42），交趾征侧、征贰姐妹反叛，光武帝派伏波将军马援率军平叛，汉军亦是沿灵渠南下开展军事行动。由于长久未用，此时的灵渠壅塞严重，马援为便于用兵，组织了历史上第一次大规模地对灵渠的修浚改造。

除了灵渠水路，与灵渠相伴的陆路交通也在灵渠通航的同时建立起来，以解决冬季江河水少不能通船时的运输问题。《广西通志·交通志》：“桂林官路在先秦时期即是岭南通往中原的古道之一。秦始皇三十三年（前214）秦始皇统一岭

1 ［宋］周去非：《岭外代答》，中华书局，1999年，第27—28页。

南后，扩建成为驿道。西汉元鼎五年（前112）汉武帝（刘彻）讨伐南越丞相吕嘉的反叛，东汉建武十八年（42）光武帝（刘秀）对交趾征侧、征贰起事的用兵，都利用了这条水陆衔接或并行的交通线。”[1]

东汉章帝建初八年（83），大司农郑弘奏请增开零陵、桂阳峤道。此后，经湘桂走廊的零陵官道成为常路。[2]

另外一条是桂林经梧州通广东的大路。这条官道，自桂林经阳朔、平乐、贺州、梧州，与广东驿道相接。此路是秦代开拓的驿道，汉代因军事行动，进行过多次整修，成为沟通交趾各郡的主要线路。[3]

二、与桂林有关的早期文化记载

东汉时期的张衡，不但是伟大的科学家，也是著名的文学家，《中国文学史》在写到汉代文学时，是不能跳过张衡这个名字的。文学史家认为，他在赋予诗的贡献方面，堪称文学史的里程碑。张衡的《二京赋》和《归田赋》，语言之美妙，足以与司马相如和班固比肩。诗歌创作方面，他留下来的诗歌代表作就是《四愁诗》。他在这组诗中娴熟地运用比兴手法抒发情怀，被公认为对后世七言诗的形成有重大影响。张衡也是我们迄今发现的历史上第一个用诗歌赞美桂林的文学家。

《四愁诗》中就有一首是写桂林的：

我所思兮在桂林，
欲往从之湘水深。
侧身南望涕沾襟。
美人赠我金琅玕，
何以报之双玉盘。

1　广西壮族自治区地方志编纂委员会编：《广西通志·交通志》，广西人民出版社，1996年，第12页。

2　钟文典主编：《桂林通史》，广西师范大学出版社，2008年，第47页。

3《广西通志·交通志》，广西人民出版社，1996年，第13页。

路远莫致倚惆怅，

何为怀忧心烦怏。

张衡诗中所说的“桂林”，并不是今天“桂林”的概念，但有很大的重合部分，张衡诗中的“欲往从之”，意思就是“我想到那里去旅行”。“路远莫致”是指京城与“桂林”路途遥远、虽思莫致。

自汉元鼎六年（前111），中央政权在今桂林地设始安县以来，为了加强对边地的统治管理，历代朝廷不断地向其辖下的桂林派遣地方官员，以行使其管辖权。始安县时，有始安县令如黄盖；始安郡时，有始安太守如干宝。这些官员或公侯们，除了未能赴桂履任者之外，在任上都能不遗余力地行使着行政管理权，也通过自己的努力，逐步地将中原、荆楚文化输入到这边远之地。

干宝是历史早期在桂林任职的官员中很有文化成就的一位，他留下来的作品很多，如《易音》《毛诗音》《周官礼注》《后养议》《春秋序论》《正音》《春秋左氏义外传》《晋纪》等，他还长于易经研究，注《周易》《周官》数十篇，是一位学富五车的学者型官员。他最有影响的著作是20卷的志怪作品《搜神记》，这是中国文学史上很有代表性的早期小说体作品。

干宝在桂林任太守的时间不长，很快就回去做了朝廷的史官，但读者还是可以从他的作品中找到一些桂林烙印。《搜神记》是一部志怪小说，其故事来自民间，干宝所做的主要工作其实是收集和整理，使之成集。桂林山形陡峭，洞异岩深，溪涧交错，林木森森，瘴锁雾罩，民风独特，是很易形成志怪故事的地方。干宝在桂林的经历，不论对他收集志怪故事也好，进行志怪小说的文字整理也好，都是很有帮助的。

干宝在《搜神记》中说：

天有五气，万物化成：木清则仁，火清则礼，金清则义，水清则智，土清则思。五气尽纯，圣德备也。木浊则弱，火浊则淫，金浊则暴，水浊则贪，土浊则顽。五气尽浊，民之下也。中土多圣人，和气所交也。绝域多怪物，异气所产也。[1]

桂林属当时的“绝域”之地，他认为这里异气重，多怪物。这段话可以证明他在岭南为官这段时间，见到听到了许多怪异之事。在这部书里，他也记录了很多岭南之地的奇异动物，如大蛇、巨蜂等。

三、独秀峰成为名胜

南北朝时期，南朝宋文帝元嘉元年（424），颜延之曾被任命为始安太守。始安者，今桂林之地，历史上先后曾为始安县、始安郡、始安侯国。

《宋书·颜延之传》说颜延之“少孤贫，居负郭，室巷甚陋。好读书，无所不览。文章之美，冠绝当时”，评价颜延之“与陈郡谢灵运俱以词彩齐名，自潘岳、陆机之后，文士莫及也，江左称颜、谢焉”。也有时人评价说“谢诗如芙蓉出水，颜诗如错彩镂金”。

颜延之爱酒、自负，颇有诗名。他留下的《五君咏》是文学史之名篇，可惜他的诗作大多散佚。

颜延之与陶渊明是好朋友，性格相近，都爱酒，都有很好的文学才华，还曾做过邻居。颜延之往始安任职之前，还去陶渊明家里饮酒告别，并送给陶渊明二万钱生活费。他们这次告别时，陶渊明的《桃花源记》已经是人们传颂的名篇。当颜延之与陶渊明分别，放舟到来始安，如果他从叠彩山北侧泊岸陆行抵达始安——那时虞山已经建有舜祠，是热闹所在——当他向南穿过木龙洞，眼中所看到的景致，会不会让他觉得自己完全进入了陶渊明笔下那个桃花源世界：“林尽水源，便得一山，山有小口，仿佛若有光。便舍船，从口入。初极狭，才通人。复行数十步，豁然开朗。土地平旷，屋舍俨然”？

颜延之任太守时的始安，城市狭小，紧靠漓江。颜延之办公之地距今独秀峰不远，他将独秀峰下的一个岩洞辟为自己的读书酣卧之所，将常阅读之书简放置此处，公务之余便到此饮酒读书。岩洞南向，冬天可有效避寒；盛夏酷暑时，则

1 ［晋］干宝著，马银琴译注：《搜神记》，中华书局，2012 年，第 273 页。

颜延之读书岩碑。颜公，南朝宋代著名文学家，与谢灵运齐名，人称“颜谢”。他是已知的创作桂林山水诗的第一人

独秀峰下的读书岩，因南朝诗人颜延之在此读书而得名，是桂林有史可考最早的名胜

凉风习习，实在是天然的读书好去处。颜延之在桂林读书的这个岩洞，是史载最早、至今仍存的桂林名胜。

他在始安任职两年，应该写下不少诗歌，但都失传了。他留下来的唯一一句与桂林相关的诗歌，还是唐人引用在文章中、摩崖在独秀峰上的一句“未若独秀者，峨峨郛邑间”。这句诗被认为是最早吟咏桂林山水的诗歌。诗中“独秀”二字，也被认为是独秀峰命名的出处。他在独秀峰下读书的地方，被后人命名为“读书岩”，这是桂林之地可考的最早胜迹。

四、栖霞洞题名

隋开皇十年（590），一位叫昙迁的和尚云游来到桂州。

昙迁是北方人，身居北周之地，师从慧光的弟子昙遵，研习《华严》《维摩》《楞伽》诸经，颇有心得。这时候，北周武帝宇文邕执掌了北周政权。北周武帝喜欢打仗，以用兵为上。连年征战，兵员不足，粮草也匮乏。为了解决兵员和粮草问题，他采纳了原来当过和尚的卫元嵩的建议：禁佛。在这样的大环境下，身在佛界的昙迁便避地江南。隋甫建国，文帝便着手振兴佛教。他确认此前私自出家者的僧人地位，鼓励人民筹资建塔，在各地创办寺院3700余所，令每户出钱造经像，由官家组织缮写经书，收藏于各寺院和秘阁。在这个时期，僧人的云游蔚为壮观，成为当时旅游的主流阶层。昙迁于是结伴，南行云游，在途经建康（今南京）时，“因至桂州刺史蒋君之宅。获摄大乘论。以为全如意珠”[1]。官家缮写的经书，稀罕而权威，昙迁能够从原桂州主官那里获得这样一本经书，自然很高兴。别离建康后，昙迁又继续南行，抵达桂州。在桂州期间，昙迁游览了漓江东岸的栖霞洞（今七星岩），题写了“栖霞洞”洞名[2]，栖霞洞也因此成为桂林最早被题名的风景区。

1 ［唐］释道宣：《续高僧传》卷十八，中国书店，2018年，第5页。

2 《桂林石刻》，桂林市文物管理委员会，1978年，第2页。

灵渠的陡门（自行车停放处）遗址和古桥

第三节 移民、商业与学者的文化传播

一、陡军、移民及商业往来

秦始皇修筑灵渠后，为保障航运，留下了陡军。陡军者，守陡之人，每逢船只经过，需要放开陡门，然后再关闭陡门蓄水。每陡二人，亦即两个家庭，靠着陡门住下来。这些陡军，来自北方，驻于岭南，长期保留着原有的生活习惯，随着岁月的更替而慢慢与当地原住民融合。这个过程，是北方和南方文化相互融合的过程。

东晋时期，北人南迁，巨大的移民潮，促进了文化、经济、社会和技术的交流融合："诸蛮陬俚洞，霑沐王化者，各随轻重，收其赕物，以裨国用。又岭外酋帅，因生口翡翠明珠犀象之饶，雄于乡曲者，朝廷多因而署之，以收其利。"[1]

1 ［唐］魏徵等撰：《隋书·食货志》，中华书局，1973 年，第 673 页。

晋代对人口的流动管理严厉，在关隘津渡处设置机构，配有主管官员、税务官和警察类官员“以检察禁物及亡叛者。其荻、炭、鱼、薪之类过津者，并十分税一以入官”[1]。除了官府中人，普通人是很难进行长途旅行的。那些需要长途采购贩运的商人，则需要以货值10%的纳税额来获得通行权。

1938年，因为修建湘桂铁路，在桂林市北郊观音阁附近施工时出土了南朝宋时代的地券。地券高17.3厘米，宽11厘米，厚10厘米，材质为桂林特产滑石。滑石质软易刻，应该是那个时代常用的镌刻材料。

地券上写的文字是：

宋泰始六年十一月九日，始安郡始安县都乡都唐里没故道民欧阳景熙，今归蒿里。亡人以钱万万九千九百九文买此冢地。东至（青）龙，南至朱雀，西至白虎，北至玄武，上至黄天，下至黄泉，四域之物，悉属死人。即日毕了。时王侪、赤松子、李定、张故分券为明。如律令。[2]

1962年，又在东郊尧山西麓出土一块同样是滑石材质的南朝齐时代的地券：

齐永明五年太岁丁卯十二月壬子朔九日庚申，湘州始安郡始安县都乡都唐里男民秦僧猛，薄命终没归豪里。今买得本郡县乡里福乐坑司纵广五亩地，立冢一丘，雇钱万万九千九百九十文。四域之内，生根之（物），尽属死人。即日毕了。时证知李定度、张坚固以钱半百分券为明。如律令。[3]

这两份地契的内容，清晰地反映了那个时代的丧葬习俗及土地买卖关系，也有浓郁的道教风格，说明中原、荆楚文化中的契约表达、货币与物质的交换以及

1 ［唐］魏徵等撰：《隋书·食货志》，中华书局，1973年，第689页。

2 桂海碑林博物馆编：《桂林石刻碑文集》，漓江出版社，2019年，第6页。

3 桂海碑林博物馆编：《桂林石刻碑文集》，漓江出版社，2019年，第8页。

道教信仰等已经融入岭南的百姓生活中。从这两份地券的内容解读，可以判断那时的居民有不少来自中原、荆楚之地的移民，或者说已经深受中原、荆楚文化的影响。这种文化特征，是那个时代各地人们旅行交流往来所产生的。

南朝齐武帝永明十一年（493），有游客在今芦笛岩内壁书题名。[1]这是现在可考的存世最早的游客景区题名，说明题名在当时已经成为一种较普遍的文化现象。

二、商业交流渐次繁华

据钟文典主编的《桂林通史》，在桂林发现的汉墓和南朝墓里，出土了水晶珠、玻璃珠、琥珀饰等，在贵港、梧州等地发现的汉墓中，也出土了胡人陶俑等器物。这些物产，应该来自域外。《汉书》也明确记载了自汉武帝时代起，由合浦、徐闻往东南亚和南亚的贸易已经非常频繁密切。尤其在两晋南北朝时，商业一度发达，“人竞商贩，不为田业，故使均输，欲为惩励”[2]，合浦汉墓中有大量的西域产水晶等饰品，充分说明了这一点。合浦、梧州、兴安等地，均从汉朝遗址中发现了胡人俑，说明海上丝绸之路重要口岸合浦经南流江进西江、转桂江、经湘江北上是一条重要商道。位于这条通道上的桂林，是这些商业往来的重要城埠，有许多的商业人士旅经于此，始安城在这个过程中渐渐成形。

三、《水经注》对桂林景观的介绍

北朝北魏孝文帝太和二十三年（499），郦道元注《水经》。这是中国地理学史上的名著。《水经注》有桂林漓江的介绍：“湘、漓之间，陆地广百余步，谓之始安峤，峤即越城峤也。峤水自峤之阳南流注漓，名曰始安水。”还写到了桂林市区的弹丸山（今普陀山）：“漓水又南合弹丸溪，水出于弹丸山。山有涌泉，奔流冲激。山嵁及溪中，有石若丸，自然珠圆，状弹丸矣，故山水即名焉。验其山

1　獃子：《桂林旧事日志》，光明日报出版社，2016 年，第 14 页。

2　［唐］魏徵等撰：《隋书·食货志》，中华书局，1973 年，第 689 页。

有石窦，下深数丈，洞穴深远，莫究其极。溪水东流注于漓水。”[1] 其中，“山有涌泉”“山有石窦”，溪中“有石若丸，自然珠圆，状弹丸矣”等描写，都很传神，“有石若丸”或可与张衡《四愁诗》中的“玕”相呼应，但他认为沩水并入漓江以及漓江流到始兴的说法，都是错的。这说明郦道元并没有来过桂林，他的记录多是源于别人的著作或者告知。从《水经注》的文字介绍可以判断，在郦道元时代，来往于桂林的北人已经不少。《水经注》对七星岩的介绍，是历史上第一条关于桂林景观在书中的文字叙述。

四、与桂林有关的诗文

一些诗人，也开始关注到岭南风物。

南朝齐诗人谢朓的《将游湘水寻句溪》中有“方寻桂水源，谒帝苍山垂”之句。桂水源，即越城岭，古人误认为都庞岭，二岭均为桂林北部屏障。

陈朝苏子卿的《南征》则生动描绘了军人南征至岭南的思乡苦：

一朝游桂水，万里别长安。
故乡梦中近，边愁酒上宽。
剑锋但须利，戎衣不畏单。
南中地气暖，少妇莫愁寒。

皇上用兵，军旅南征，是隋唐以前旅桂的最重要方式。

晋人曾著有《始安郡记》一书，这应该是可考的最早介绍桂林的志书，可惜早已佚散不存，只在他人著作中留下片语。明人张鸣凤《桂胜》卷十五云：“按《汉书·始安侯国》，其下注引《始安郡记》曰：‘东有驳乐山、辽山。’岂‘辽’讹为‘尧’，‘白鹿’即‘驳乐’，皆以其声相近故耶？”[2] 清人顾祖禹也说：“东有

---

1 ［北魏］郦道元著，陈桥驿校注：《水经注校证》，中华书局，2007 年，第 899 页。
2 ［明］张鸣凤：《桂胜　桂故》，中华书局，2016 年，第 221 页。

驳乐山及辽山，或辽讹为尧也。”[1]

这时已经有了一些与桂林有关的传说。这些传说与桂林奇特的山水有关。南朝刘宋时期，有人写了一本书《荆州记》，写平乐的风光："平乐县有山，林石岩间，有目如人眼，极大，瞳子白黑分明，名曰目岩。”桂林之地，山、洞皆异形，目岩、月岩、日光岩等均不足奇，但在中原人看来，显然是很令人惊讶的。

第四节 皇帝的旅行与百姓的禁锢

秦朝，始皇帝千里迢迢去泰山封禅，这是国家礼仪的重要形式，其行为完全是政治意义上的。从经济角度来说，劳民伤财不言而喻。

从出土的睡虎地秦墓竹简内容中，我们知道，在秦朝有限的法律条文中，已经有了专门的“关市律”“传食律”和“游士律”等与旅游相关的法律，在交通关隘处，设置有专门机构来执行这些法律。在其他法律条文中，也有与旅游相关的内容，如二月以后不得乘骑牛马、不得公车私用等。这些律令，当然只和官员、百姓有关，并不能约束皇帝的行为。因岭南并入秦版图不久，秦便亡，故秦律并未对桂林之地产生实际意义上的影响。

隋文帝时，“天下大同”，到开皇十七年，“户口滋盛，中外仓库，无不盈积”。朝廷遂停此年正赋，以赐黎元。至隋炀帝登基，因“国家殷富，雅爱宏玩”，大兴土木，游玩山水，“兼以梁、陈曲折，以就规摹。曾雉逾芒，浮桥跨洛，金门象阙，咸竦飞观，颓岩塞川，构成云绮，移岭树以为林薮，包芒山以为苑囿”[2]。日益庞大的朝廷官僚系统，“所有供须，皆仰州县。租赋之外，一切征

1 ［清］顾祖禹：《读史方舆纪要》，中华书局，2005 年，第 4817 页。

2 ［唐］魏徵等撰：《隋书·食货志》，中华书局，1973 年，第 672 页。

敛，趣以周备，不顾元元，吏因割剥，盗其太半。遐方珍膳，必登庖厨，翔禽毛羽，用为玩饰，买以供官，千倍其价”。

隋炀帝尤其爱好旅游，特别讲究行程的排场，所行之处，不但工程浩大，行旅壮观，而且摊派尤甚，百姓苦不堪言："募诸水工，谓之殿脚，衣锦行幐，执青丝缆挽船，以幸江都，帝御龙舟，文武官五品已上给楼船，九品已上给黄篾舫，舳舻相接，二百余里。所经州县，并令供顿，献食丰办者加官爵，阙乏者谴至死。又盛修车舆辇辂，旌旗羽仪之饰。课天下州县，凡骨角齿牙，皮革毛羽，可饰器用，堪为氅毦者，皆责焉。征发仓卒，朝命夕办，百姓求捕，网罟遍野，水陆禽兽殆尽，犹不能给，而买于豪富蓄积之家，其价腾踊。是岁，翟雉尾一直十缣，白鹭鲜半之。"[1]

隋文帝时曾颁新令：五家为保，保五为闾，闾四为族，皆有正。畿外置里正，比闾正，党长比族正，以相检察。这样的制度，显然是从便于统治出发，将百姓困于土地上，限制其流动。后因“五百家乡正专理词讼，不便于人，党与爱憎，公行货贿”，乃废之。[2] 在这样的限制下，桂林之地，除了军旅之事，有史可载的旅游事项，只有昙迁和尚于开皇十年（590）到七星岩题“栖霞洞”之事。

隋终于在豪游的享乐中亡其朝。

1 ［唐］魏徵等撰：《隋书·食货志》，中华书局，1973 年，第 686—687 页。

2 ［唐］杜佑：《通典 食货典三》，中华书局，1988 年，第 63 页。

CHAPTER TWO

第二章

唐宋桂林旅游的生长

GUI LIN

唐朝，不仅军事和经济实力强大，在文化上也表现出广阔的胸怀，中原与西域地区以及东边日本等国的文化交流非常密切，旅游成为比较普遍的社会现象。这些旅游者，不但有官员、军人，更有大量的来自异域的商人和学者，还有走进来和走出去的宗教人士。这些情形，极大地促进了文化繁荣，唐诗登上了中国文学的高峰，对后世的文学和普通人的语言影响都很大。唐代有影响、有成就的诗人和僧人，都是著名的旅行家，例如李白、杜甫、白居易、玄奘、鉴真，都是游历大好河山的旅游者。旅行不但开阔了他们的视野，更是激发了他们的诗情、坚定了他们的意志。“安史之乱”这样的大动荡，造成许多人背井离乡，走上逃难的旅途，诗人们的悲悯之心，也表现得尤为充分。著名的“三吏三别”都是旅途中的悲愤沉郁之作。

中唐以后，社会消沉，一些诗人则通过旅游，寄情于山水，以逃避世间的烦恼。日本学者户崎哲彦认为，中国唐代文学最初在长安周边，然后是江南地区，后来逐渐南移到五岭以南。[1]这个过程，是由历史和文化的传播方式、节奏决定的。唐朝的诗歌是历史上的高峰，成为中国文化沉淀的重要组成部分，许多诗作透出画面之美。随着来到桂林的诗人以及具有诗人身份的官员增多，越来越多的读书人通过阅读朋友们的诗文，更多地了解了这座岭南城市的特质。

唐朝的绘画也有很高的成就，画卷内容是否具有很强的诗意，是评价画作的一项重要标准。王维以“诗中有画、画中有诗”著称于世。荆浩的画论对于后世

1 ［日］户崎哲彦：《唐代岭南文学与石刻考》，中华书局，2014 年，第 31 页。

的画家影响颇深："列群峰之威仪，多则乱，少则慢，不多不少，要分远近。远山不得连近山，远水不得连近水。山腰回抱，寺观可安，断岸颓堤，小桥可置。有路处人行，无路处林木。岸断处古渡，山断处荒村。水阔处征帆，林密处店舍。悬崖古木，露根而藤缠，临流怪石嵌空而水痕。"[1] 这样的表述，简直就是以桂林山水为摹本而写出来的绘画知识。

宋朝，在文化上延续了唐朝的辉煌。文学创作上，诗开始走下坡路，但词这种富有韵律的文学形式被推上新的高度。同时，文人们也仍然没有放弃诗的写作。由于印刷术的推广，宋朝在文化的传递上比唐朝更便捷，影响也更深远。宋代的绘画在表现手法和运用材料上，都有了新的突破，文人画成了士人间一种新的常见文化表现形式和交流手段。这些活跃的文化现象，推动了旅游名胜声名的传播。

人类对景观的审美，是一种文明传承形态，其审美理念是从前人那里继承过来、有所发展的。中国士人们"对山水的自觉的审美追求始于魏晋……北方士族南迁以后，终于在现实世界的山水中找到老庄所谓的逍遥之地，一时间求仙、隐逸、悠游山水成为社会上最为流行的风尚……山水游览活动丰富了人们的审美体验，也促成了表达美感经验的山水艺术的形成。山水诗、山水画、园林就是在这个时期从其他的艺术品类里独立出来的"[2]。

随着人们对自然山水审美理念的提升，一些纯自然的景观，可能在尺寸、元素、舒适性等方面有所不足，需要整理，于是有了对风景的构筑。"在一个适中的尺度上，我们着手修整土地，使它看起来如田园风光，形成所谓的'花园'或者'公园'。"[3] 王维对辋川风景的经营打造，便处处体现着他的审美意识。

桂林地处偏僻，主流文化对桂林的影响有一个滞后期。魏晋南北朝时期，偶有与岭南或者桂林有关的文字，却难以找到正面吟咏桂林山水的诗文，尤其是没有发现那个时期对桂林山水的修建和经营。即使有这类现象，也是非常零碎的，故史书不足载。进入唐朝以后，桂林之地，逐渐成为一处军事要塞和政治中心，

1 ［唐］荆浩：《画山水赋》，见［清］董诰等编纂《钦定全唐文》卷九百，第8—9页。

2 陈水云：《中国山水文化》，武汉大学出版社，2001年，第9—10页。

3 ［美］约翰·布林克霍夫·杰克逊：《发现乡土景观》，商务印书馆，2016年，第9页。

许多官员、士人因为公干或者贬谪而到这里，展现在他们面前的桂林风景，其造型、尺度、构成元素，均与他们在此前所受到的山水文化之陶冶相呼应：山奇巧而不高，水清洌而不恶，桂林地处山谷平原又少积瘴气，陡峭的山形正好与文人们内心所追求的清高孤傲、品格独立相契合。这样的山水给他们以内心的愉悦而没有任何恐惧，他们很自然地忍不住就要放歌。放歌之后，自然要游山玩水，常在这样的风景间游山玩水便感蹬途不便、锐石难攀，于是寻思要修筑风景，以利他人和后人，也利自己的身后名。于是，从唐朝开始，桂林山水之美逐渐被文人们所发现、所经营、所享受、所传播。在岁月的积累过程中，有关桂林山水的建设和文化整理便逐渐丰富起来，知道桂林风光的人更多了。

中国传统山水文化，始于社稷，如泰山封禅，意在敬天；继而宗教，东汉起，佛道两教的传播在山水开发中起着重要作用，体现出敬鬼神的意旨；然后是隐逸，是人对自然的审美，亦即人性在自然中的流露。桂林山水，其文化概念之形成在晋以后，它的主题是人与自然的对话，主要是体现人对自然的情感。桂林历史上虽也建有祭坛、寺庙、道观等祭祀场所，但这些文化设施从一开始就是依附于山水而存在，且始终没能站在主导桂林山水内涵的高度来影响人们对桂林山水的审美。唐宋时期，人们对桂林山水的解读，其主题是游憩和欣赏，是从人的角度观赏山水的美学理念。这是唐宋时期桂林审美意识和山水旅游的主要特点。

第一节 唐代的桂林旅游

一、初唐及五代时期战争对桂林的影响

唐朝初年和五代十国时期，桂林战事频仍，各方军队因为交战而来往于桂林，甚至，桂林往往成为主战场。唐中期和晚唐，桂林也出现过若干战事，桂林是各路军队上演战争大戏的舞台。

隋皇泰二年（619），萧铣攻占始安郡，守将李袭志不敌萧铣而投降；

唐太宗贞观十二年（638），桂州都督张宝德用兵镇压山民反抗；

武周圣历二年（699），始安人欧阳倩造反，都督裴怀古采取怀柔政策，凡放下武器者不予追究，未造成大的战乱；

唐代宗大历二年（767），桂州山民攻进桂州城，刺史逃跑；

唐懿宗咸通九年（868），以庞勋为首的桂州戍兵起义，直接推动了全国的大规模造反，严重动摇了唐朝统治；

唐僖宗乾符六年（879），黄巢攻占桂州，流寇之军，损毁尤甚，黄巢的队伍因在桂州感染疫疾，十去三四，才匆忙编大排趁水涨离去；

唐昭宗光化二年（899），安州防御使宣晟联合指挥使刘士政、兵马监押陈可璠，率军 3000 袭桂州，杀桂管经略使周元静而自代。后陈可璠又杀宣晟，推刘士政知军府事，自为副使。朝廷即诏命刘士政为经略使。

唐昭宗光化三年（900），马殷派部将秦彦晖、李琼率兵攻占桂州。

最为频繁的战事发生在五代时期：

后唐、楚清泰三年，南汉大有九年（936），南汉军队孙德威部长途奔袭桂州，楚王马希范闻讯，亲率步骑 5000 人支援。因援兵到得及时，汉兵撤退。

后汉乾祐二年，南汉乾和七年（949），南汉指挥使吴珣又率部来攻夺桂州属县，楚兵再次来援，汉兵再次被迫撤退。

后周广顺元年、南汉乾和九年（951），楚蒙州刺史许可琼趁寒冬率兵攻打桂州，这一次终于越夹城，入内城，打进了城内，与都监彭彦晖血战于城池中，彭彦晖败退衡山。不过数天，南汉政权的西北招讨使吴怀恩又乘机突袭桂州，马希隐、许可琼连夜逃往全州。南汉军占领了桂州后，禁止百姓入城居住。桂州成了一座真正的兵营。

后周广顺二年、南汉乾和十年（952）春，南唐统军使侯训部 5000 余人，与全州张峦部合起手来攻打桂州。汉将潘崇彻则以智斗勇，设伏兵于北门外山谷，至联军入埋伏圈内，采取内外夹击的战术，大挫敌军。张峦只好率残部数百人逃回全州。

北宋乾德五年、南汉大宝十年（967），宋军推进到湘南。南汉团练使吴怀恩为做最后一战的准备，到桂州部署战备，为潘崇彻的部属砍杀。

北宋开宝三年、南汉大宝十三年（970）初冬，宋军逼近桂州，南汉桂州刺史李承珪弃城逃跑，宋潘美部占领桂州。

宋军在桂州控制局势后，战绩报至朝廷。宋太祖命整治桂州城内房屋住所，招集居民回城，桂州才逐渐恢复了一座城市的正常状态。

在经历了长达90年的战争之后，桂州城总算平静下来。在人去城空20年后，才又有百姓入住城内！

这些战事，不论各方胜败如何，城市涂炭、百姓遭殃是必然的结局。这些官府军队或者义民队伍，在战争中杀过来跑过去，给所到之处带来了不同的生活习惯和文化传统，也对当地的传统文化造成极大损失。战争的过程，是军旅频繁行动的过程。除了军队的移动，商人的旅行和官员的调动任职，都被压到最低限度。战争时期，自然也谈不上对风景的建设和欣赏。

二、与桂林山水相呼应的文人审美趣味

唐以前，与岭南相关的文字记载非常少，那些有限的记录也往往是王事、军事，几乎与岭南的民生无关，更谈不上对岭南文化的记载。桂林地处岭南北缘之要道，受到中原、荆楚文化的影响较深，这里的风土民情，也是通过军队、移民和官员往来以及商人们，较早传递到北方去的。长江流域和黄河流域的人们，自唐以后，对桂林之地的关注开始逐渐多了起来。

纵观唐宋，虽然也常有匪患、天灾和战争，但桂林毕竟逐渐成为岭南一个重要的政治中心，在绝大部分时间里，桂林之地还是处于平和的生活状态，南宋时期的桂林人说“癸水绕东城，永不见刀兵”——说这话的时候，桂林已经有200多年的和平时期。故而，唐宋时期，尤其是南宋时期的桂林，人们生活基本安稳，旅游也逐渐成为上层人士的时尚生活。

这一时期的桂林，其旅游主体是军事、移民和官员旅游。

军队的移动和影响，如前所述。战争让桂州几度成为空城，当其再次焕发生机时，需要移民的生息能力来支撑。初唐，李靖任岭南道抚慰大使、检校桂州总管，即“存抚耆老，问其疾苦”，期民众归来，休养生息，恢复城市元气。

中国在隋朝建立起科举体制。自唐以后，朝廷全面实行科举制选拔任用官员，官员们普遍有较高的文化素养，有关桂林旅游的话题和经营，主要是这些官员们推动起来的。

人们对山水审美的意识被激发起来以后，游玩观景就成为人之天性的组成部分。在小农经济时代，交通不便、经济受限，人们面对自然的能力有限，往往视远方为穷山恶水，家乡才是青山绿水，故一般人很难远游，更何况人们普遍信奉“父母在，不远游”的古训，所谓游览，往往局限于家乡附近，只有官员因为职务派遣、商人因为采购商品，以及科举赶考，才会有较远的旅行。商人们社会地位低下，缺少文化教育，即使对外面的风景有所感受，也无法表达出来，对风景的评价、欣赏和传播，主要是官员士人阶层进行的。

唐朝规定官员不得私自离开自己的辖地，这是为官从政履职的基本要求，但也扼制了很多人的内心愿望。于是，除了职务调动的机会外，一些官员只好利用出差的机会，沿途优游玩耍，且行且游。官员的出行，费用都由财政负担。当官员出差或者工作调动普遍出现延长时日的状况，就使得官府的相关开支明显增加，官场纲纪也变得松弛起来，唐末尤为厉害。后梁太祖曾为此专门发敕书：“敕以近年文武官诸道奉使，皆于所在分外停住，逾年涉岁，未闻归阙。非唯劳费州郡，抑且侮慢国经。臣节既亏，宪章安在……桂许住二十日……凡往来道路，据远近里数，日行两驿。如遇疾患及江河阻隔，委所在长吏具事由奏闻。如或有违，当行朝典，命御史点检纠察。”[1] 出差桂州许住二十日，那真是赴桂公干的官员们游览风景的好日子了。

唐代，在行政管理方面，官员已经有了正常的休假制度，官员们可以在公余安排一些游览活动，但对官员的行踪管理非常严格。《唐律疏议》说：“诸刺史、县令、折冲、果毅私自出界者，杖一百。经宿乃坐。”也就是说，一般官员的游览，只能在自己的行政辖区内进行，不可私自出界，不得在外过夜。另外，在薪酬安排方面，唐代的官员们，其收入分为俸钱、俸料和职田三种。职田是根据职务高低安排的田亩，可获地租收入，但租金多少与其田的地理位置及地力肥瘦相

1 ［宋］薛居正等撰：《旧五代史·梁书·太祖纪》，中华书局，1976 年，第 54 页。

关；俸料是指物资分配，如炭、绢、酒等，亦因职级而不同；俸钱则是律定的按照官员品级而发放的货币。三年一度的绩效考核如果表现突出，另有奖励。职位高的官员，生活优裕。一般的州县官员，在郊游时多携酒菜出行，自己解决午餐的为多。当然，这与唐代的商业服务不发达也有直接关系。

郊游，是唐代官员重要的社交方式。官员阶层或者在公务中迎来送往，或者在游憩时与同僚进行友谊沟通。孟浩然的《过故人庄》就生动地描绘了他与朋友郊游至农庄喝酒赏景的情形："故人具鸡黍，邀我至田家。绿树村边合，青山郭外斜。开轩面场圃，把酒话桑麻。待到重阳日，还来就菊花。"

在桂州从政的官员，因为心仪的景观不但丰富，且皆在数里之内，朝赴暮返，极为便利，故他们的郊游条件似乎要比在其他城市的官员们方便。他们或者结伴游憩于山水之间，或者相邀在景区欢宴，或举杯，或赏景，或赋诗，或题名，或绘画。桂州奇丽独特的景致，为他们的游览内容提供了丰富多彩的可能。

约翰·布林克霍夫·杰克逊在他的著作《发现乡土景观》里说："每一处景观，不管多么奇特，也都包含我们一眼就能辨识和理解的要素。"他强调："每种景观都是空间的组合。"[1]从汉晋到唐宋逐渐形成的中国山水美学，强调山、水、石、泉、树的比例关系以及相互构成的美学空间，又注重这些景观与人的内心关系，比如表现出闲适、隐逸、自由、孤傲的境界。桂林之地，其山不高，多陡峭直立，岩穴互透；其水网密布，动则溪流纵横，如若山地之脉，静则为潭为塘，恰似风景之镜。石或通透或晶莹或如莲，足具审美功效。草木也多为北方少见之状，如秋冬往往不落叶。这些风景的构成要素，足让游人们喜欢，因为是他们以前的生活经历中所少见的，有新奇感。

唐宋时期成长起来的桂林旅游，体现出与正统价值观不同的审美趣味。在正统教育理念中，所有的判断和内省，都与儒家思想高度契合。孔子说："仁者乐山，智者乐水。"看见山与水，在内心里是要与"仁""智"等儒家理论趋向一致，才是正统。皇帝祭祀泰山，就是皇权"受命于天"的仪式表达。隐士"只在此山中，云深不知处"的放形于山野，是对现实不满、转而求道的表达。桂林的

---

1 ［美］约翰·布林克霍夫·杰克逊：《发现乡土景观》，商务印书馆，2016 年，第 21 页。

游山访水寻洞之游，并不和这些强大的政治理念或人生哲学相关，而纯粹是一种审美层面的身心放松。从前人留下来的游桂林山水诗文中，我们几乎找不到追求纲常秩序、求仁求德的心理寄托，而完全是一种“本我”的释放。

三、文人在山水间的诗文踪迹

唐代以诗为盛，通过科举登第的士子们，都擅长写诗，故在桂林山水间徜徉时，很自然地会写下自己的诗作。

初唐诗人宋之问，是文坛才俊，亦是律诗的奠基人之一，在诗坛颇有影响，与沈佺期齐名，人称“沈宋”。他的诗风词采绮丽，音韵协调，深得武后喜爱。“神龙政变”后中宗复位，武后退位，宋因媚附武后宠臣而获罪，先是被贬泷州（广东罗定），逃回洛阳因告密起复，后再度卷入纷争，又迁越州（浙江绍兴），再贬钦州，途中滞留桂州，后赐死于桂州寓所。

宋之问在宫廷里的应制诗，多苍白空泛，流放以后，作品转向充实真挚。在桂州期间，其所著诗中有多首传世，尤其他登逍遥楼写下的两首诗，使得桂林这座建于唐代的逍遥楼之知名度远在其他地方同名楼宇之上。

《桂州陪王都督晦日宴逍遥楼》：

晦节高楼望，山川一半春。
意随蓂叶尽，愁共柳条新。
投刺登龙日，开怀纳鸟晨。
兀然心似醉，不觉有吾身。

他在桂州期间写的《下桂江龙目滩》《江行见鸬鹚》《桂州黄潭舜祠》和《始安秋日》，都是脍炙人口的名篇。《始安秋日》的首联：“桂林风景异，秋似洛阳春”一下子就把桂州与京城气候物象不同之处勾勒出来了。

杨衡，唐贞元间登进士第，曾在桂林优游。他在桂林期间，游桂赋诗，内容多为与好友举酒观景送别，如《秋夜桂州宴送郑十九侍御》：

秋至触物愁，况当离别筵。
短歌销夜烛，繁绪遍高弦。
桂水舟始泛，兰堂榻讵悬。
一杯勾离阻，三载奉周旋。
鸦噪更漏飒，露濡风景鲜。
斯须不共此，且为更留连。

诗中写的短歌、夜烛、高弦、桂水泛舟等，很清丽地勾画出当时入秋的桂州黄昏入夜时的生活景象。他的另一首《送公孙器自桂林归蜀》，诗首几句“桂林浅复碧，潺湲半露石。将乘触物舟，暂驻飞空锡”，将清澈的漓江写得如在读者眼前。

孟简，字几道，唐贞元七年（791）进士，唐元和元年（806）以刑部员外郎身份巡视桂州。他在桂州，正遇三月三，是传统节日上巳节，孟简在这一天游览了城内的独秀峰，并题名于此：“刑部员外郎孟简。元和元年三月三日。”第二天，游兴未尽，与僧人明觉、道行等 5 人一早就出门游览，先到北郊寻访幽岩奇洞，然后于中午赶到栖霞洞吃午饭，至夜方归。栖霞洞摩崖石刻上留下了孟简这次一日游的简约而完整之记录：“几道、直之、明觉、道行、普愿，元和元年三月初四日晨曦，偕游桂州北郊幽岩奇洞，午饭栖霞，盘桓终日。”

元和十二年（817），裴行立从安南都护兼经略招讨使任上转任桂管观察使，来到桂州为官。他主持规划建设的訾家洲景区在落成时举办了盛大的官方庆典活动，还邀请各州官员前来助兴，柳宗元是裴行立的下属，也是裴行立的好朋友，从柳州赶来庆祝訾家洲景区的落成。

李昌巙任桂州刺史，政绩颇佳。在教育方面，他于独秀峰下建孔庙、府学，以贯彻儒家学说；在保一方平安方面，剿平了西原蛮反抗；在发展经济方面，为农民提供耕牛、种粮，帮助农渔樵商恢复生产；在文化建设方面，他亦注重与文化人士的交流，以发挥他们的才智。李昌巙的参佐任华，著有《送宗判官归滑台序》，文中对桂州风光做了详细介绍：

二三子出饯于野，霜天如扫，低向朱崖。加以尖山万重，平地卓立，黑是铁色，锐如笔锋。复有阳江、桂江，略军城而南走，喷入沧海，横浸三山。则中朝群公，岂知遐荒之外，有如是山水？山水既尔，人亦其然！

深秋时节，二三同僚相游于郊，原野中置席而饮，不亦乐乎！这类游览方式，是唐代游客观赏游玩桂林山水时的常态。

诗人戎昱，漂泊来到桂州，像个行吟诗人，埋头吟诗。没想到戎昱正巧住在李昌巙隔壁，这位刺史在月夜中闻人吟诗，啸然有致，不觉好奇，敲门相问，引为知己，聘戎昱为参谋。

戎昱诗作，仅以“桂州”为篇目的便有不少，如《桂州口号》《桂城早秋》《桂州岁暮》《桂州腊夜》《桂州西山登高上陆大夫》《宿桂州江亭呈康端公》等。

漓江东岸之七星山，因山脚建有东观而闻名。从府衙东渡漓水，穿田陌，涉灵剑溪，便到东观山。从山腰的栖霞洞口西望，可见田野、漓江、城垣、远山，层层风景层层诗画，很养眼，也育诗，是官员们非常喜欢的游览胜地。重阳节，本来就是停止公干、放假休闲的好日子，官场中同仁，或相邀一聚，或携家人同游，都是很好的度假方式。唐宣宗大中年间，桂管观察使张固于重阳节在七星山下东观宴请僚属，也是典型的官场集体郊游活动。酒至半酣，官员们喜欢吟诗助兴，张固的下属卢顺之在席上吟诗一首：

渡江旌旆动鱼龙，令节开筵上碧峰。
翡翠巢低岩桂小，茱萸房湿露香浓。
白云郊外无尘事，黄菊筵中尽醉容。
好是谢公高兴处，夕阳归骑出疏松。

——《重阳东观席上赠侍郎张固》

这首七律，介绍了那天聚酒的美好环境，爽朗深秋，尘事不扰，欢饮尽醉的情景。江中游船热闹，峰上开怀畅饮，真是良辰佳景美酒。因诗助兴，张固也非常高兴，随即回诗一首：

乱山青翠郡城东，爽节凭高一望通。
交友会时丝管合，羽觞飞处笑言同。
金英耀彩晴云外，玉树凝霜暮雨中。
高咏已劳潘岳思，醉欢惭道自车公。

——《重阳宴东观山亭和从事卢顺之》

由午至暮，人坐山间，丝管伴酒，放纵身心，跃然诗行间。

李群玉，湖南澧州人，古人说他“好吹笙，善翰墨。如王、谢子弟，别有一种风流”，是湘中名士，但不喜功名。他多次来桂，足迹流连于山水之间，也在这里交了很好的朋友，常来桂林，有访友之游的成分。他写了两首怀念“佳人”的诗，如《桂州经佳人故居琪树》：

种树人何在，攀枝空叹嗟。
人无重见日，树有每年花。
满院雀声暮，半庭春景斜。
东风不知恨，遍地落余霞。

从诗中看，那位佳人已经不在世上了，这使得多愁的诗人更添哀愁。在写桂林的唐诗中，写景色的作品不少，但写桂林的人情世情的却不多，写得如此感人的，恐怕也只有李群玉了。

曾经当过阳朔县令的沈彬，在阳朔期间，对他的这个管辖之地显然是非常偏爱，他留下的《阳朔碧莲峰》成为阳朔上千年来最知名的风景诗：

陶潜彭泽五株柳，潘岳河阳一县花。
两处争如阳朔好，碧莲峰里住人家。

陶潜做过彭泽县令，潘岳做过河阳县令，两个人在史上都享有很高诗名。沈彬借二人名望，突出了“碧莲峰里住人家”的阳朔是比世外桃源更美的仙境。

苏州刺史杨汉公调任桂管观察使，为桂州风景所陶醉。桂州春夏之绵绵阴雨，让杨汉公不太适应，他很诗意地表达了对桂州春日阳光的欣喜：

桂林云物尽漫漫，雨里开花雨里残。
唯有今朝好风景，樱桃含笑柳眉攒。
——《訾洲宴游》

赵嘏以"倚楼"诗名传世，他在岭表当过幕府，到过桂州。杨汉公当桂管观察使，赵嘏给他去信，信中一气写了10首诗，每一首都以"无"韵收尾，世称"十无诗"，其中第三首写桂州訾家洲风景，恰如画在眼前一般：

遥闻桂水绕城隅，城上江山满画图。
为问訾家洲畔月，清秋拟许醉狂无？
——《十无诗寄桂府杨中丞》

晚唐诗人李商隐，其诗作构思新奇，用典雅致，诗风往往缠绵悱恻，深奥难解。唐宣宗大中元年（847）春，郑亚任桂管观察使，聘李商隐为幕僚。次年，李商隐曾短暂摄昭州郡事。他在桂林期间，游历风景，感受民俗，写下了《桂林》等一大批杰出诗作。

城窄山将压，江宽地共浮。
东南通绝域，西北有高楼。
神护青枫岸，龙移白石湫。
殊乡竟何祷？箫鼓不曾休。
——《桂林》

这首诗，写桂州端午前后的情形，让诗人想起了远方故乡。

李商隐的《桂林路中》将桂州乡村景致写得非常传神：

地暖无秋色，江晴有暮晖。
空余蝉嘒嘒，犹向客依依。
村小犬相护，沙平僧独归。
欲成西北望，又见鹧鸪飞。

四、桂林气候让游人印象深刻

游人在外，天气变化会让他们印象深刻。唐人对桂林的了解和描述，除了景致绝佳以外，气候也是他们所关注的。桂林的春、夏、秋曾多次在诗人的笔下得到不吝赞美，这里的冬天之严寒也让不少诗人感到意外。王昌龄《送任五之桂林》中“桂林寒色在，苦节知所效”、戎昱《桂州口号》中的“谁道桂林风景暖，到来重着皂貂裘”，这些诗句说明，唐朝的诗人，不论是否在桂林生活过，都知道这里的严冬有时也是很难熬的。范成大曾说：“雪，南州多无雪霜，草木皆不改柯易叶。独桂林岁岁得雪，或腊中三白，然终不及北州之多。灵川兴安之间，两山蹲踞，中容一马，谓之严关。朔雪至关辄止，大盛则度送至桂林城下，不复南矣。”[1] 他是知道桂林的冬天常有雪，但多止于兴安严关，非大雪不至桂林城。所以，在桂林遇大雪，他显得有些兴奋，在《喜雪示桂人》诗中说：

腊雪同云岭外稀，南人北客尽冬衣。
从今老杜诗犹信，梅片飞时雪也飞。

五、纯粹的游客出现在桂林

唐宋时代，虽然交通不便，人们普遍无法远行，却仍有一些经济条件好、文化层次高的人，愿意到处寻访山水，探究自然。桂林通过灵渠可以经湘江、过洞庭、下长江，再经汉水可至秦岭深处，或走大运河直到华北平原。水路虽慢，却比较舒适，只要经济宽裕、时间许可，借助舟船到桂林，是可以圆其游历之梦的。

---

1 ［宋］范成大：《桂海虞衡志》，中华书局，2002 年，第 128 页。

漳川居士赵夔在南溪山刘仙岩游玩时，就遇到来自海陵的83岁老人佘老。赵夔在惊讶之余，写诗相赠：

为人八十有三岁，游历名山几洞天。
若问老翁何所得，无心学道不求仙。
不求仙，仙自然，炼气炼形精亦炼，精全神旺合长年。
——《诗赠海陵佘公老人》

据说佘老是在南溪山刘仙岩学道。不论居士赵夔还是83岁的佘老，并非公务在身者，都是那个时代来桂林游玩的纯粹游客或学者，可见当时的桂州风景，已经名声在外。

也有在外地旅行奔波的桂林人，回到故乡时面对风景所发出的感慨。桂州人欧阳宾，在外打拼多年，回到故乡，家业全无，站在訾家洲畔，感慨“不及渔人有钓舟”。所有的风景，都不如安身立命重要。这是欧阳宾站在另一角度看风景的感受了。

六、名人赠诗中的桂林风景

唐以诗为盛，官员又通过科举走上仕途，故官员间互相写诗表达友情是贯穿整个唐朝的时尚。桂州偏寓岭南，交通不便，气候也每每让来自北方的官员感到不适应，但此地独特的风景，却能很容易地激发起他们的诗情。

通过这些来往于桂州官员们的赠诗赋诗寄诗，以及这些诗作文章在诗坛文坛的传颂，桂州风景开始深入人心，以桂州为中心的岭表之地，亦成为许多人神往的地方，无机缘来之者，则通过自己的笔端来表达对此处风景的兴致。王昌龄、韩愈、杜甫、白居易等并没有到过桂林的大诗人，都写出了脍炙人口的有关桂林山水的诗歌，并流传开来。

杜甫在《寄杨五桂州谭》里写道：

五岭皆炎热，宜人独桂林。
梅花万里外，雪片一冬深。
闻此宽相忆，为邦复好音。
江边送孙楚，远附白头吟。

他对桂林气候的赞许，是来自京城上层的传说。朱庆馀的《南岭路》就记载了这种传说：

越岭向南风景异，人人传说到京城。
经冬来往不踏雪，尽在刺桐花下行。

因为对岭南不了解，加之气候差异确实过大，一些官员外放岭南，不论是任职还是贬谪，多将之视为畏途。随着中原与岭南在人员和经济上的交流增加，人们对岭南不再有那么强烈的偏见。朝议大夫、前守秘书监、骁骑尉、赐紫金鱼袋严谟有基层理政经验，且“操行端和，文学精茂，宾寺书府，善于其官”，被朝廷任命为都督桂林诸军事、守桂林州刺史兼御史中丞、桂州本管都防御观察处置等使，属于重用，他的朋友、起草他的任命诏书的白居易写了《送严大夫赴桂州》相送：

地压坤方重，官兼宪府雄。
桂林无瘴气，柏署有清风。
山水衙门外，旌旗艛艓中。
大夫应绝席，诗酒与谁同？

“山水衙门外”一句，可知京城朝中人对桂林山水已经非常熟悉。

这位严谟，也是韩愈的好朋友，韩愈也写诗相送：

苍苍森八桂，兹地在湘南。
江作青罗带，山如碧玉篸。

户多输翠羽，家自种黄甘。

远胜登仙去，飞鸾不暇骖。

——《送桂州严大夫》

“江作青罗带，山如碧玉簪”，成为史上描绘桂林山水的名句。

王建、张籍也有送严大夫之桂林的诗作传世，鉴于他们都是同朝京官，很有可能他们是在同一桌酒席上赋诗相赠的。

没有到过桂林而又不吝文笔赞美桂林的唐代著名诗人，还有王昌龄、刘长卿、杜牧、李频、钱起、卢纶、戴叔伦等。

王昌龄的诗《送高三之桂林》：

留君夜饮对潇湘，

从此归舟客梦长。

岭上梅花侵雪暗，

归时还拂桂花香。

这些诗人歌咏桂林的篇章，成了那个时代对桂林旅游的最好宣传。在历史上流传最广的，也是这些并没有到过桂林的诗人们所写的桂林山水诗。

七、宗教文化通过旅游在桂林的传播

宗教对山水文化的影响很大。僧人可能是桂林山水最早的开发者，道教在桂林山水文化中也有一席之地。

佛教是东汉时期传入桂林的。[1]其传入路线有南北两条：南线是在东汉末年从海路经扶南（今柬埔寨）走合浦湾到苍梧，再沿漓江而上传入桂林；北线则从黄河流域下长江、走湘江传到桂林。隋朝的律宗高僧昙迁显然是因为宗教的原因

1 《桂林市志》下册，中华书局，1997 年，第 345 页。

桂林西山的唐代摩崖石刻

由北而南游历到桂州。作为南北两条佛教传播道路的交汇地，到唐代，桂林佛教已经有了比较突出的地方特色，成为广西佛教中心。

道教约在东汉末年传入桂林，主要途径一为广东至苍梧再至桂林，二为江西龙虎山传来。[1]

南朝梁武帝在位期间（502—548），桂州城南修建了缘化寺。隋朝兴建了舍利塔。唐高宗显庆二年（657），缘化寺更名为善兴寺，后重修舍利塔，葬佛舍利20粒，由桂州都督褚遂良手书《金刚经碑》，立于塔前。唐玄宗时期，善兴寺又改名开元寺。宋又先后改名为寿宁寺和永宁寺。自佛教入桂，外国游客造访桂州以及外国文化对桂州的影响，开始有了越来越多的记载。

1 《桂林市志》下册，中华书局，1997年，第351页。

唐高宗调露元年（679），昭州司马李寔在桂州西山摩崖造佛像一座。这座佛像，从造型分析，也是由西南陆路自印度传入，其风格与中国北方同时代的佛像有很大的不同。历史学家罗香林认真考据了李寔造像以及桂林西山一带其他的风格类似的唐代石刻，指出这尊佛像“面部圆长而端庄，鼻根虽高，而略有波度，眉不与鼻根相接，而甚昂爽，目形扁长而温肃，虽不甚类华人目形，然亦不类西北胡人目形”。他从造佛的发髻、鼻形、眉形、目形、耳形、颈形、胸形、乳部、腰腹、手势、足势、衣褶、年代等方面进行对比分析，认为桂林唐初的摩崖佛像与印度菩提伽耶大觉塔佛像十分接近，制作相同，“必有其图式传播，或工匠传习之关系”，且当时的印度经缅甸到安南有很多往来，而安南与两粤则更是交流密切，桂林又是两粤与北方交通之孔道，故认定桂林佛教由印度直传而来。[1] 虽然后人在研究中发现唐代桂林佛教的传播有南、北两条路线，但罗香林的观点是成立的，即桂林佛教与印度有直接的交流，受其直接影响。

全真和尚，俗姓周，赴杭州拜师学佛，又随师赴京晋谒了唐玄宗，于至德元年到湘源县创办净土院（今湘山寺），德行很高，湘粤信众颇多。全真享年 138 岁，湘源县后改名为全州，既因全真和尚而改名。

桂州道教在唐代开始兴盛。唐代庆林观、千山观、紫极宫，宋代元山观、七星观都非常著名。南溪山道士刘景是桂林道教的著名人物，享年 118 岁。刘景去世后，其在南溪山住处被民众称为刘仙岩，成为一处名胜。

八、外国游客在桂林的相关记录

从唐初桂林的佛教兴盛以及所受传承情况来看，早在唐朝，已经有很多的天竺（今印度）人、安南（今越南）人、真腊（今柬埔寨）人、骠国（今缅甸）人来往于此。

中唐时期，诗人陆岩梦游历桂州，穿行于官员雅士间，常有酒宴相陪。他在一次宴席上就遇到了在席间跳舞助兴的波斯女子：

1 罗香林：《唐代桂林之摩崖佛像考》，见《唐代文化史研究》，商务印书馆，1946 年，第 78—79 页。

自道风流不可攀，那堪蹙额更颓颜。
眼睛深却湘江水，鼻孔高于华岳山。
舞态固难居掌上，歌声应不绕梁间。
孟阳死后欲千载，犹有佳人觅往还。

——《桂州筵上赠胡予女》

从诗中可以判断，这位跳舞的波斯女子年纪不小了，自认为水平很高“不可攀”，却舞姿笨拙、歌声粗哑，且“深却湘江水”的眼睛，加上“高于华岳山”的鼻梁，长相实在不入诗人的眼，故陆岩梦对其舞姿歌声都评价不高。陆岩梦在桂州的这段经历，也反映了桂林当时旅游者的生活方式。

鉴真和尚则是在玄宗年间到桂林的，随同他到桂林的还有两位日本僧人荣睿和普照，以及他们路经滕州时，愿意跟随这位大和尚的两位新弟子。鉴真一行，抵桂林时，始安都督冯古璞等官员“步出城外，五体投地，接足而礼，引入开元寺。初开佛殿，香气满城。城中僧徒擎幡、烧香、唱梵，云集寺中。州县官人百姓填满街衢，礼拜赞叹，日夜不绝。冯都督来，自手行食，供养众僧，请大和上受菩萨戒。其所都督七十四州官人，选举试学人，并集此州，随都督受菩萨戒人，其数无量。大和上留住一年”[1]。影响甚广。

唐代元和十二年（817）秋，天竺高僧觉救因传播佛法游历桂林。在桂林，他认识了许多僧人朋友，游览了桂林西郊的芦笛岩。

觉救一行六人游览了芦笛岩，并且留下题名。这六个僧人来自东南西北不同的地方，由此可以判定他们不是结伴来到桂林，而是到了桂林以后才得以相识——很可能是借住在一个寺庙的云游僧。这六个人的名字是：怀信、觉救、惟则、惟亮、无等、无业。

除了游览芦笛岩，这几个僧侣还于当年重阳节结伴游览了南溪山，在元岩留下了题刻。此后，他们又游览了七星岩栖霞洞。

1 ［日］真人元开著，汪向荣校注：《唐大和上东征传》，中华书局，1979 年，第 72 页。

在唐代，不仅有许多的外国宗教人士来到桂州，甚至还有人长眠在这里。唐高宗上元三年（676）五月十九日，一位叫米兰多靳的杜火罗（即吐火罗）国人死在桂州，葬于西山。唐景龙三年（709），一位叫安野郍的胡人在桂州去世，桂林西山有存放其骨灰的瘗龛。这些记载，说明了唐代桂州宗教的兴盛，也从侧面反映了旅游的特点。[1]

唐调露元年（679），置安南都护府，桂州灵川县人欧阳普赞任安南都护。由于桂州是安南通往京城必经的大城市，桂州与安南的主要官员经常相互调任，如唐宪宗元和八年（813），安南都护马总任桂管观察使，元和九年（814），安南、桂管宣慰使马日温游览叠彩山，元和十二年（817），安南都护裴行立任桂管观察使，元和十五年（820），裴行立又再调任安南都护。这类官员的岗位调整，也促进了桂林与安南的文化交流。

唐德宗贞元元年（785），恢复桂管经略、招讨使，自桂州经安南到天竺，是唐朝通往西南域外的重要国际通道。安南官员赴京或离京返途路过桂林时，总会逗留数日，接受地方官的款待，并游览山水风景。

第二节 宋代的桂林旅游

宋代，官员们的休假已经有了非常完备的制度规定。《庆元条法事类》卷十一中对于官员假期有很细致的介绍：“节假：元日、寒食、冬至，五日（前后各二日）。圣节、天庆节、开基节、先天节、降圣节、三元、夏至、腊，三日（前后各一日）。天祺节、天贶节、二社、上巳、重午、三伏、中秋、重阳、人日、中和、七夕、授衣、立春、春分、立秋、秋分、立夏、立冬、大忌、每

1 桂海碑林博物馆编：《桂林石刻碑文集》，漓江出版社，2019 年，20—22 页。

旬，一日。”[1]此外，官员结婚有9天休假，亲友结婚也有5天休假。立大功、立小功也有不同的休假时间。武臣丁忧不解官，享受100天休假。到边远地区任职、出差，也有不同的假期。这些假期，为官员们的休闲旅游提供了时间保障。

到了宋代，官员已经有了公务消费资金的制度保证，他们在迎来送往、邀约出游等方面自然出手大方一些。

这时，官员制度已经非常完备，在经济待遇方面，官员们除了有职饷、职田等稳定收入来源，朝廷还不时发放实物，如茶、酒、厨料、薪、蒿、炭、盐、马料、纸等，其发放的种类和数量，按照官员的职级而不同。这些货币收入和实物分配，是官员们养家糊口的主要生活来源。

官场上少不了工作往来。在宋代，朝廷会向官员发放公用钱，用于职务消费：“观察使，三千贯至二千五百贯，凡二等；防御使，三千贯至千五百贯，凡四等；团练使，二千贯至千贯，凡三等；刺史，千五百贯至五百贯，凡三等。”守边者还要在这个基础上另加钱。

遇到节日，则发过节费：“诸州、军、监、县无公使处，遇诞降节给茶宴钱，节度州百千，防、团、刺史州五十千，监、三泉县三十千，岭南州、军以幕府州县官权知州十千。”

还有券：“文武群臣奉使于外，藩郡入朝，皆往来备饔饩，又有宾幕、军将、随身、牙官，马驴、橐驼之差：节、察俱有宾幕以下；中书、枢密、三司使有随身而无牙官、军将随；诸司使以上有军将、橐驼。”

“京朝官、三班外任无添给者，止续给之。京府按事畿内，幕职、州县出境比较钱谷，覆按刑狱，并给券。其赴任川峡者，给驿券，赴福建、广南者，所过给仓券，入本路给驿券，皆至任则止。车驾巡幸，群臣扈从者，中书、枢密、三司使给馆券，余官给仓券。”[2]

券属于出差补助，但不能变现，只能在系统内兑换服务，属于供给制。官员们借助公务出游，可借此解决路途费用。因为此类事渐多，朝廷规定了官员出行巡事的时间限制。

1　戴建国点校：《庆元条法事类》，黑龙江人民出版社，2002年，213页。

2　［元］脱脱等撰：《宋史》，中华书局，1985年，第4144—4145页。

一、郊游成为常见的官员生活方式

由于经济发展和财政制度的安排，宋代官场中人手头普遍比较宽裕，加上宋朝是个崇尚文化的时代，故桂州官场上，公余之郊游不但成为时尚，而且有了成熟的旅游线路。

一般来说，唐宋时期到桂林的旅游者，如果只是路过桂林，泛游风景，往往只是题名或者写写风景。若在桂林小住甚至为官，其视野就会开阔一些，会关注风景之外的风俗。

陶弼（1015—1078），永州人，曾任阳朔令、摄兴安令。陶弼的诗，语言清丽脱俗，有很强的画面感。他在桂州任官期间，留下了很多首诗，这些诗所传递出来的风景，十分撩人。他的诗作也写了桂州的民俗风貌，写了游客在风景中的感受。如《桂林》：

> 青罗江水碧连山，城在山光水色间。
> 尽道宜人惟桂郡，骖鸾客至只思还。

诗的前两句，化用韩愈的诗写桂林风景；后两句，则告诉读者：桂林之美有如仙境，唤起了云游仙客的思乡之情。

曾布到桂州为官，尤其喜欢率同僚游憩于风景间。仅宋神宗元丰二年（1079），也就是他到任桂州的第二年，通过他遗留下来的摩崖石刻等文字记录，后人能够确定的游览就有：

三月初三，上巳节，率家人乘船先游东观诸岩，再乘兴舟游雉山；

四月二十，旬休，与同僚苗时中、刘宗杰、齐谌、刘谊游龙隐岩；

五月十日，旬休，率同僚陈倩、苗时中、刘宗杰、齐谌、刘谊游龙隐洞；

六月初三，率同僚陈倩、苗时中、刘宗杰、齐谌、刘谊游叠彩山和伏波岩；

八月十五日，逢节日，率同僚陈倩、苗时中、刘宗杰、齐谌、刘谊游水月洞；

九月二十六日，由曾布主持开辟的普陀山冷水岩景点竣工，同僚来贺，僚属刘谊作《曾公岩记》。

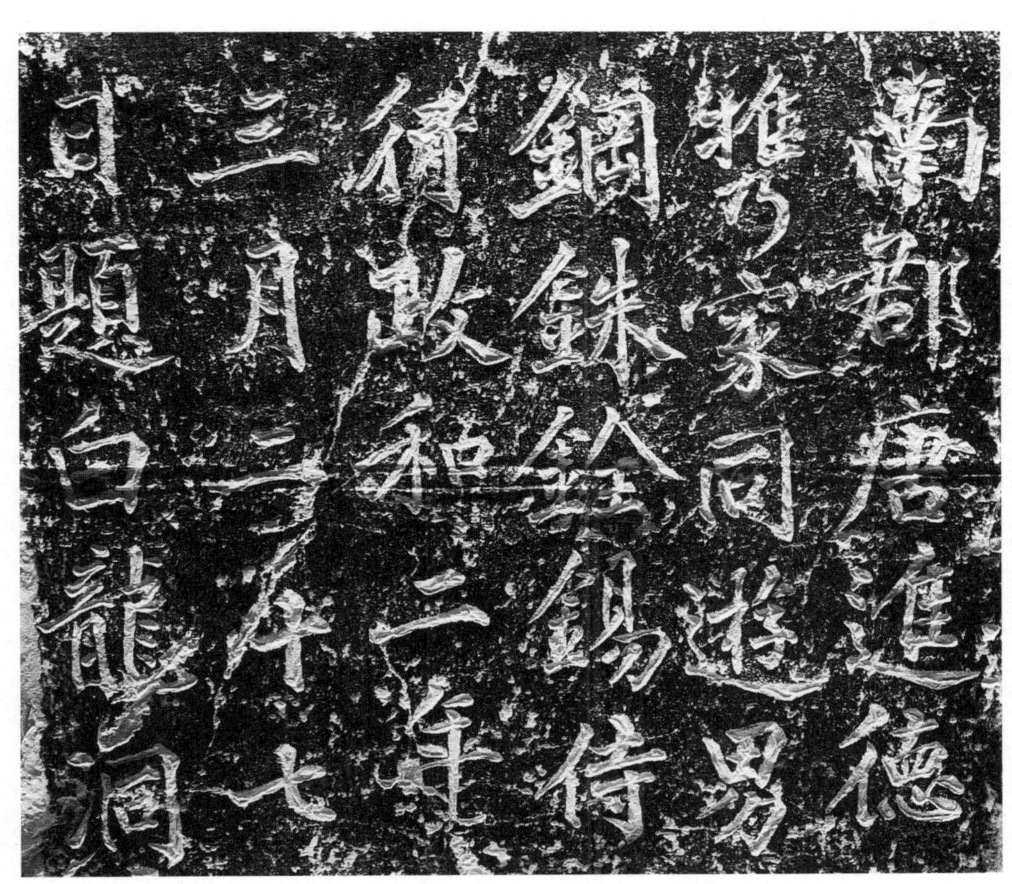

宋人唐进德携家人游南溪山白龙洞题名

从曾布的游历时间可以发现，利用休息时间与同僚亲友郊游，成为那时一种比较明显的生活方式，如张釜在象山水月洞题词所说："虽去乡益远，而公余登览，心开目明，归思为之顿释。"

张栻是理学大师，却也十分喜爱游玩山水。游玩之余，常将愉快感受写于诗中，不少这类诗作的篇幅还很长。他在桂州任职期间，清明后不久陪客人游览水东之景，归来有诗：

平生山水癖，妙处只自知。夙约常寡味，邂逅惬心期。
幅巾与藜杖，安步随所之。朅来坐官府，颇觉此原违。
城头望群峰，欲往类绊羁。三春苦风雨，晴日一伸眉。
沙边散车骑，竹舆从呕咿。独与三四客，野服相追随。
亭高俯空旷，洞古探瑰奇。悬崖隐日月，幽壑蟠蛟螭。
涧水杂鸣佩，松风发清吹。兴来即倾酒，语到亦论诗。
聊揩簿书眼，偿此闲暇时。所历固未厌，所感多余思。
昔游木叶下，今兹绿阴肥。江山虽可识，岁月乃如驰。
素餐岂不念，怀安敢云私。归来耿不寐，欹枕听晨鸡。

——《清明后七日与客同为水东之游翌朝赋此》

中秋那天，他又和友人游览水东岩，在碧虚亭吃早餐，然后移步栖霞洞、程公岩、张公岩、龙隐岩等处，晚上在松关小酌。餐毕，乘着酒兴，沐着月色，放舟到水月洞，直到深夜方归，玩得十分尽兴：

漓江即湘江，戢戢清见石。其东列群峰，秋色碧复碧。
日出雾露收，草径上逼侧。凭栏揩望眼，已足慰畴昔。
更窥岩穴胜，创见为惊咋。如何数里间，奇观相接迹。
宽同厦屋深，划若巨灵擘。日月递光景，风云变朝夕。
石桥几年成，乳窦时一滴。神龙旧隐处，仰视多辟易。
蜕迹凛犹存，隐隐印霜脊。下有澄湫深，余波漱苍壁。
往者已仙去，来者此其宅。薄晚扣松关，风过声索索。

聊麾车骑退，容我且散策。却望訾家洲，轻舫度前碛。

回首烟树林，已复挂蟾魄。宇旷净余滓，群物被光泽。

何所寄遐思，空岩皎虚白。清辉可一规，水色相激射。

天边与川上，亭亭如合璧。居然广寒游，不用假六翮。

班坐依微澜，晤赏共佳客。因之想千载，讵有今古隔。

箫鼓归夜阑，观者粲城陌。往往罗杯盘，班班见肴核。

谅因年岁丰，人意少舒适。视尔意少舒，于予亦忻怿。

——《八月既望要详刑护漕游水东早饭碧虚遍观栖霞程曾龙隐诸岩晚酌松关放舟过水月洞月色佳甚逼夜分乃归赋此纪游》

张栻改知江陵府，乘舟离别静江时，写的《静江归舟中读书》将自己的离别心情写得很到位：

南风驾小雨，群山净如沐。吾归及新凉，所历慰心目。

轧轧柔橹鸣，卧见山起伏。推枕意悠然，还取我书读。

平生领解处，于焉更三复。老矣百念疏，但欲斯境熟。

向来五岭游，日力半吏牍。小心了官事，终觉愧茕独。

世路自险夷，人情费追逐。翩翩孤飞翼，息荫望林麓。

本想躺在船中放松身心，竟然“卧见山起伏”！只好推开枕头，“还取我书读”。

在另一首诗中，他写道：“驱车出严关，触热归路长。”

张栻之后，知静江府詹仪之也是一位很心仪风景的官员。詹仪之非常敬重张栻，他拟在隐山上筑亭，在张栻即将离开静江时，请张栻预先为其题亭名“招隐”；张栻离开静江后，他还将张栻题写的孔子《问政》全文镌刻于弹子岩。公余，他与同僚结伴，先后游览过叠彩山、伏波山、弹子岩、曾公岩、栖霞洞、龙隐岩、榕溪阁、雉山、虞山、西湖、西山、隐山、水月洞、訾家洲等景观，修建了普陀山后面的寻源桥。

宋孝宗淳熙十六年（1189），朱晞颜到静江任广南西路转运判官，两年后调离，绍熙五年（1194）再回静江，任静江知府兼广南西路经略安抚使。在任期间，他整肃吏治，疏通航道，完善盐政，安抚民生，修静江城，还很注意弘扬文化，喜欢在山水间寻趣。他不但经常与同僚在山水间唱和，也常携家人游览周边名胜。在桂期间，他将石曼卿手书的《饯叶道卿题名》刻于龙隐岩，为这片无完壁之摩崖增色不少。桂林各山崖间，留下朱晞颜的石刻作品达 16 件之多。

在桂林周边游览，多以舟行，故雉山、龙隐岩等舟到之处是胜地，亦有骑马前往寻岩索奇者。庆元元年（1195）寒食节，朱晞颜与同僚胡长卿游南溪山白龙洞："牡丹盛开，小酌岩下，夕阳西度，并辔而归。"

二、丰富的游览方式

除了官位高、影响大的那些名人，在游宦桂林期间留下他们的诗文踪迹外，一些没有什么名气的小官员也同样喜欢探山玩水。历史的尘埃多将这些游踪抹去，幸运的是，往往会有一些犄角留痕，让后人去拼读当年的趣话。

宋孝宗淳熙八年（1181）中秋前后，12 位在桂林为官的江西同乡相会于湘南楼。这次聚会，是因为江西籍的徐梦莘从静江调任知宾州后回到静江度假，于是一干在静江官府里做事的江西同乡便约了一起相聚叙旧。酒至半酣，时过正午，把盏间感慨仕途的艰辛，以及为养家糊口而奔忙的无奈，一吐为快。徐梦莘，自幼聪慧，有过目成诵之本领，信笔将大家的感慨写成一首长诗。随后，众人兴致又起，乃移舟东渡，过漓水，绕小东江，进灵剑溪，一路拍舷长啸，欢唱而行。来到普陀山下的弹子岩，登洞，对弈，采药，畅谈。徐梦莘将一天的活动缘由、过程，以及友人间的相互鼓励、忠告，皆写进诗中：

吾侪生江南，远近俱邻乡。一官皆为贫，糊口走四方。
遇合良独难，动如参与商。谁知自有时，朋盍聚炎荒。
外台参计画，幕府佐纪纲。出宰得壮县，分教泣郡庠。
曹掾胜三语，簿领真仇香。不止似人喜，顿觉吾军张。
合坐尊序齿，避席敬行觞。岩洞纵登览，杖屦陪徜徉。

棋矢以相娱，啸歌情意长。举酒起祝规，爱我药石良。
古人尚植立，君子道其常。平生学忠孝，余力从文章。
临节不可夺，当官有何强。穷乃见节义，老当志弥刚。
鸿鹄在寥廓，骐骥终腾骧。愿言各勉旃，事业要辉光。
它日先上道，富贵无相忘。

——《徐梦莘李蹊等十二人弹子岩题名并诗》

徐梦莘是著名史学家，自离桂林回京城，著述《三朝北盟会编》一书，汇集了宋徽宗、宋钦宗、宋高宗三朝期间宋金战和的巨量史料，翔实丰富，是研究宋史的重要著作。

上述这些游览者，多喜欢与同僚、老乡、家人等结伴而游，在欣赏风情的过程中加深感情。也有独游者。宋政和乙未（1115）年大年初一，李彦弼一个人到还珠洞游览：“乙未元日，端臣只游。”过了一段时间，他又是独自一人去了清秀山：“欲骑日月，超然之韵。端臣独游。”还珠洞离府很近，过年时，若喜欢清静，一人徒步便可到那里遐思；清秀山远在郊外，也作一人独游，是否有什么心思，就不得而知了。

还珠洞内题刻：“欲骑日月，超然之韵，端臣独游”，北宋李彦弼题

桂林小东江上的花桥，始建于宋，是重要的游览交通设施

在游览中，出行工具也有多样化。常见的交通兼游览工具是乘舟，亦有骑马或步行者，并且形成了城东线路和城西线路两条主要游览线。城北虞山离城很近，一般并不需要借助交通工具，城南的南溪山稍有距离，有条件者常骑马而去。常见的舟行路线如：从还珠洞上登舟，经小东江至花桥，上岸游览七星岩诸名胜，再乘舟游览龙隐岩，然后绕至象山，形成一个环线，游毕便是一天。有时，从漓江经雉山，沿桃花江溯流而上到西山游览。

宋徽宗政和元年（1111）冬，转运副使权经略安抚陈仲宜等五人，“同游西山，饭于观音院，登西峰阁，啜茶盘桓，抵暮而归”，这是西郊一日游。宋徽宗宣和乙巳年（1125）季春初十，经略安抚蔡怿等六人“早饭灵隐，过曾公岩、栖霞风洞、程公岩烹茶，晚会于八桂伏波岩，抵暮而归”，则是典型的城东一日游。

三、桂林风景走进绘画

北宋著名书画家米芾曾在桂林为官，并在这里生下了大儿子米友仁。

宋神宗熙宁七年（1074），米芾被派任临桂县尉，来到了桂州。县尉以捕盗为主业，他也就有机会常常舟游漓江至阳朔。他曾说："余少收画图，见奇巧皆不录，以为不应如是。及长，官于桂，见阳朔山，始知有笔力不能到者，向所不录，翻恨不巧矣。"

米芾在桂林期间，遍访奇山丽水，细观烟云变幻，创制了"米氏云山"的绘画技法，曾有《阳朔山图》传世，元以后失传。

在桂林期间，米芾曾与好友驾小舟，遍游伏波山、龙隐洞等名胜，还镌刻题名纪念。他曾傲慢地评说颜真卿，"颜鲁公行字可教，真便入俗品"。不知他在桂林时，是否看过漓江边逍遥楼上颜真卿题的楼名。

米芾离开桂州27年后，他的好朋友程节帅桂州，米芾写了一首诗寄给程节和已在桂州的独游爱好者李彦弼。

米芾自画像，刻于伏波山还珠洞内

《送端臣桂林先生兼简信叔老兄帅坐》一诗，是米芾离桂 27 年后的怀友之作，由景及人，情深意切，颇为感人：

骖骞碧玉林，琢句白琼瑶。人间埃壒尽，青罗数分毫。
程老列仙长，磊落粹露膘。玉沥发太和，得君同逍遥。
刻岩栖乌鸦，陟巘透紫霄。南风匆赋鹏，即是登云轺。

程节也写了一首七绝诗回赠米芾。程节的诗，由幕僚李彦弼书写。两首诗由龙隐寺住持仲堪刻石于龙隐岩。

根据米芾留在桂林的这些摩崖题名、题诗和自画像，方信孺考察出米芾曾在桂林为官的历史，他还从米芾曾孙米巨秀处借出米芾自画像，摩刻于还珠洞。该自画像曾藏于绍兴内府，有高宗题赞："襄阳米芾，得名能书。六朝翰墨，渔猎无余。骨与气劲，妙逐神俱，风姿亦然，纵览起予。"如今，这幅米芾自画像石刻已经成为桂林摩崖石刻中的瑰宝。

米芾的画固然是瑰宝，就是一般人所绘的桂林山水图卷，也非常受欢迎。

陶弼身为阳朔县令，见多了雨中的山水，此种风光山色却难以画出，所以他感叹：

谈笑沧漪阁，藤花竹叶间。
易醒江上酒，难画雨中山。
——《桂林府沧漪阁》

不论诗还是画，都是远方朋友了解桂林风光的最好媒介。如果有朋友在桂林，那就很有可能写信索要桂林风景画图。陶弼写朋友来信索要桂州山水画：

朝夕云山满县郛，削成犀笋几千株。
游人借笔抄诗板，远客投书乞画图。
——《桂州（其三）》

黄庭坚流放岭南途中，曾系舟桂林，欣赏美景。后人在其系舟处营造景点以纪念

黄庭坚贬宜州，路过桂州时，在城外系舟小憩，远望四周青峰直立，云生其间，比画还美，不禁感慨自己不擅长绘画：

桂岭环城如雁荡，平地苍玉忽嶒峨。
李成不在郭熙死，奈此百嶂千峰何。
——《到桂州》

他叹惜李成、郭熙这样的名画家已经不在世了，可惜了眼前好风景，不能借助名家之手画与友人共享。

宋人邹浩也在诗中写到阳朔山水入画的细节：

阳朔千山与万山，生绡图写北人看。
君今款段穿云去，莫厌崎岖行路难。
——《送长卿（其二）》

可见，当时的“北人”，对桂林风光已经抱有极大兴趣，所以干脆把这风光画在绡绸上，拿到北方去给大家看。

也有人认为，即使是名画家的画作，也无法和真实的桂林山水相比。与陶弼同时代的广西提点刑狱章岘就说：

营丘水墨师，不识桂林山。
半世阅渠画，今始陋坚顽。
岭边千奇峰，浓绀梳云鬟。
肩舆兀醉梦，所窥才一斑。
偶投雉岩宿，洞穴穷孱颜。
旁通赤明天，南极地所寰。
更登云外顶，下视江湾湾。
群仙无我笑，畏汝碧玉环。
我久堕尘网，岁晚嗟良难。
往来等幻化，南北俱乡关。
却怜雪花儿，三生此山间。
愿力不汝无，永悟无所还。

——《雉山》

四、壮观的千人同游七星岩

栖霞洞深广难测，又与曾公岩等诸多岩洞相互沟通，那时的照明主要靠火把，举烛入洞后，往往被岔路所迷，走不出来，甚至有第二天才走出洞的游人。伴随着这种神秘和刺激，导游词的雏形开始出现，主要是以钟乳石的奇特，附会一些神怪故事。宋代开始逐渐成熟的旅游线路，也多是将这些奇幻有趣的岩洞串起来，以供游玩。

一些想游览深岩的普通游客，便想寻找傍上大官游览的机会同游。

赵师恕，字季仁，宋理宗端平元年（1234），以朝请大夫、焕章阁直学士官广西经略安抚使、知静江府。赵师恕与幕僚罗大经很谈得来。公余游览风景时，总是将罗大经带在身边，借着风景，讲一些做人上进的道理。比如他在游栖霞洞时说：“观山水如读书，随其见识之高下。”又说自己的雅好：“平生有三愿，一愿识尽世间好人，二愿读尽世间好书，三愿看尽世间好山水。”人在桂林山水间说这番话，显然认定桂林的好山水。

罗大经则记录了自己随同赵师恕游览栖霞洞的热闹情景："余尝随桂林伯赵季仁游其间，列炬数百，随以鼓吹，市人从之者以千计。巳而入，申而出。入自曾公岩，出于栖霞洞。入若深夜，出乃白昼，恍如隔宿异世。季仁索余赋诗纪之。"

诗曰：

瑰奇恣搜讨，贝阙青瑶房。方隘疑永巷，俄敞如华堂。
玉桥巧横溪，琼户正当窗。仙佛肖仿佛，钟鼓铿击撞。
赑屃左顾龟，狺狺欲吠尨。丹灶俨亡恙，芝田蔼生香。
搏噬千怪聚，绚烂五色光。更无一尘涴，但觉六月凉。
玲珑穿数路，屈曲通三湘。神鬼工剜刻，乾坤真混茫。
入如夜漆暗，出乃日珠光。隔世疑恍惚，异境难揣量。

——《陪桂林伯赵季仁游桂林暗洞》[1]

"巳而入，申而出"，游览七星岩竟然需要六七个小时！如此壮观热闹的旅游情景，即使与今天最著名的景区相比，也毫不逊色。从罗大经的诗中，我们也可以判断：宋人对七星岩等喀斯特岩洞的惊讶眼光和审美趣味，一直影响到现在。从这一则纪事，我们也可以知道：山水风景，只要路过，便可观赏。入深幽岩洞探奇，在当时尚不容易，才有这种官员游览、千人随行的热闹场面。

阅读唐宋两朝代描写桂林的诗作，我们会发现一个有趣现象：唐人往往是在散文中记述桂林的岩洞，诗作主要表现桂林风景的整体性，将其作为一个完整的画面吟颂，宋人则很喜欢把兴趣放在岩洞中。岩洞不易绘画，甚至难出诗篇，可宋人不但热衷于把游览桂林的岩洞作为一项旅游的重要内容，而且希望尽量多游，如宋人邹浩所写："游遍桂州岩穴后，更无闲梦到南方。"

南方酷暑难耐，北人闻之多怯。桂林山多有洞，洞穴里气温稳定，是避暑的好地方，故在盛夏时节，郡人往往结队前往各岩洞以避暑。七星山一带，洞穴众多，草木葱茏，更是消暑胜地。

---

1 ［宋］罗大经撰，王瑞来点校：《鹤林玉露》，中华书局，1983 年，第 317 页。

宋人梁安世有《西江月》写栖霞洞：

> 南国秋光过二，宾鸿未带初寒。洞中驼褐已嫌单，洞口犹须挥扇。
> 夕照千峰互见，晴空万象都还。羡它渔艇系澄湾，倚枕玻璃一片。

洞里虽然凉快，但洞内外的温差也是一种难得的体验。

岭南之气候，北人多恐惧，尤其众口所传之“瘴气”更是让一些没到过岭南的人闻之色变。古人甚至认为：岭南多瘴，桂林独无，因为这里是山谷平原，瘴气不易聚集生成。也有人游览了桂林后，心思不在山水，而是借题所发，通过这“三人成虎”的“瘴气”，写心中所思。

五、摩崖石刻成为重要的文化景观

自唐宋始，文人渐渐喜爱在桂林的山崖间题诗留名，摩崖于岩壁。宋人崇尚书画，遂将那些前人留下的摩崖石刻作为重要的文化景观，常结伴观赏。龙隐岩内，更是壁无完石，历代摩崖石刻很多，珍品亦不少，因而成为宋代的游览名胜。

北宋龙图阁学士梅挚，曾在昭州（平乐）为官，写了《五瘴说》：

> 仕有五瘴：急征暴敛，剥下奉上，此租赋之瘴也；深文以逞，良恶不白，此刑狱之瘴也；昏晨醉宴，弛废王事，此饮食之瘴也；侵牟民利，以实私储，此货财之瘴也；盛拣姬妾，以娱声色，此帷薄之瘴也。有一于此，民怨神怒，安者必病，病者必殒，虽在毂下，亦不可免，何但远方而已。仕者或不自知，乃归咎于土瘴，不亦缪乎！

南宋朱晞颜嘱人将此文刻于龙隐岩，遂成一人文景观。

元祐年间到崇宁元年，朝廷党争，不可开交。新党重新得势后，将120名官职大小不一的“元祐党人”，分别定罪状，称为奸党，由徽宗亲自写其姓名，刻于石上，称“元祐党人碑”，“永不录用”，其党人子孙不得留在京师，不得

桂林龙隐岩内，历代碑刻甚多，以宋碑最为著名，自古就是游人向往之名胜

参加科考。后来，这个名单扩展到309人，其中包括曾布等“新党”，由蔡京手书，刻石于各州县，大有永世不得翻身之势。崇宁五年（1106），即刻碑三年后，宋徽宗下诏毁碑，以清除这段历史。庆元四年（1198），元祐党人梁焘的曾孙梁律以家藏的刻本为底，将其重刻于龙隐岩，使其成为稀世之历史物证。这块碑刻，也是桂林摩崖石刻中政治影响最大、牵涉人物最多、最有历史价值的一件石刻作品。自此碑问世以后，观碑者不绝，往往有感于历史和时事，对碑叹之慨之。

六、桂林交通要道上的名胜

桂林往京城官道上的全州、兴安、灵川，以及南面的阳朔、平乐，都在交通要道上，这些县域的好风景，同样会被途经此地的士人官员们所关注、游览。

宋人吕本中途经兴安，舟行灵渠中，心情颇佳，于是赋诗：

淡日轻风细雨余，阴阴溪柳映溪蒲。
清流平岸舟行疾，野鸟时闻声自呼。

——《兴安灵渠》

兴安乳洞紧临灵渠，路过的旅客若在兴安盘桓游玩，乳洞是一处不可不去的名胜。该岩分上、中、下三层，唐代广州刺史卢贞、越州刺史元晦，都留有题词，给予美誉。桂管观察使韦瓘路过兴安时，在乳洞留有长诗，这也是韦瓘留下来可考的第二首诗作。李邦彦、张孝祥、范成大等都在途经此地时留有作品或者题名。

范成大别桂赴蜀，一干同僚相送，难舍难分，一直送到兴安，还一起游览了乳洞岩。“兴安乳洞有上中下三岩，妙绝”，范成大在饯别席上，兴之所至，赋诗一首：

山水敦夙好，烟霞痼奇怀。向闻乳洞胜，出岭更徘徊。
雪林缟万李，东风知我来。华裾绣高原，故人纷后陪。
系马玉溪桥，嵌根豁崔嵬。荡荡碧瑶宫，冰泉漱墙隈。
芝田溉石液，深畦龙所开。丐我一掬悭，颓此炎州埃。
仍呼轮袍舞，醉倒瑞露杯。但恐惊山灵，腰鼓轰春雷。
薪翁杂饷妇，圜视欢以咍。兹岩何时凿，阅世几劫灰。
始有此客狂，后会真悠哉。南游冠平生，已去首犹回。
岁月可无纪，三洞俱磨崖。会有好事者，摩挲读苍苔。

——《兴安乳洞》

如果说古长安送客，送到灞桥才分手，那么兴安的乳洞便是桂林官场中人送客相别之处了。除了范成大在这里与送客者相别，张孝祥、王正功等离别桂林时，都是与一干好友走在这里，畅玩一通才依依惜别。

宋人刘克庄过全州，深感此城寂寞苍凉，江中泊船与山上的湘山寺塔构成了桂北画图：

寂寞全州路，家家荻竹扉。

异僧留塔在，过客入城稀。

传舍临清泚，官亭占翠微。

沙头泊船者，多自岭南归。

——《全州》

李纲因力主抗金，得罪朝中势力，被流放海南，路过阳朔，有七绝留世：

溪山此地蔼佳名，雨洗烟岚分外青。

却恨征鞍太匆遽，无因一上万云亭。

——《道阳朔山水尤奇绝旧传为天下第一非虚语也赋二绝句（其一）》

灵川县西有灵岩，亦名龙岩，江贯其中，气势宏大，县以此岩而得名，唐宋已为名胜。周去非摄灵川令时，天久不雨，曾往祷雨：

方舟造洞，遥望大江平阔；直抵山根，横有一线之光。迩而望之，乃知洞穴表里明彻而然也。即其洞口，水面阽阽；正将枕山，不可得入者。舟子击水伏而进，仰视洞顶，与水面相去才丈余；水与洞顶皆平如掌。舟入渐深，楫声隐隐震洞，固已骇人心目；人声一发，山水皆应；大音叱咤，洞虚砉裂。当岩之中，洞顶穹窿如宝盖然，其下即神龙所居也。余敛板焚香，巫者以修绠下瓶汲深，奉之以归，辄有感应。是江也，西通瑶峒，日泻良材，贯岩而下。水深不施篙，撑拄岩顶而后得出。余求之事实，谓此江古来绕出山外；忽雷雨数日，神龙穿破山腹，以定窟宅，遂命曰灵岩。县曰灵川，亦以是得名。[1]

1 ［宋］周去非：《岭外代答》，中华书局，1999年，第19页。

张九龄的十世孙张唐一行四人，于宋熙宁四年（1071）到灵川县龙岩游玩，题名崖上。

宋宣和六年（1124），集贤殿修撰、前知桂州兼广西经略安抚程邻，在灵岩崖顶上刻留擘窠大书“灵川县”。他在此十多年前曾任官桂州，这次是应邀而题。

宣和乙巳端午，清湘人、进士唐时率乡人游灵川龙岩，亦留题刻。史载，有宋一朝，到龙岩游览后题名或者赋诗者为数颇不少。

平乐，古称昭州，李商隐在那里短暂摄昭州令。那时的昭州，匪乱不止，社会不宁，非常荒凉。这些悲伤的生活场景，也走进了李商隐的诗中。他的《昭州》诗描绘了这座桂江边州城的荒凉：

桂水春犹早，昭州日正西。
虎当官道斗，猿上驿楼啼。
绳烂金沙井，松乾乳洞梯。
乡音殊可骇，仍有醉如泥。

李商隐在昭州时间很短，只看到荒芜。梅挚在昭州为官，则充满感情地写下《昭潭十爱》，其一曰：

我爱昭州水，湘漓共一源。
本无泥滓污，去有棹歌喧。

桂林山水好景色，官员沉溺其中则未必是好事。张孝祥在桂林任职不到一年，居然因为“专事游宴”而被弹劾！[1]

七、桂林成为对外舞台

在宋朝，尤其南宋时期，处理与安南、大理等南方诸国的关系，包括政事往

1 秦冬发：《张孝祥在桂林》，载《桂林日报》2015 年 2 月 26 日。

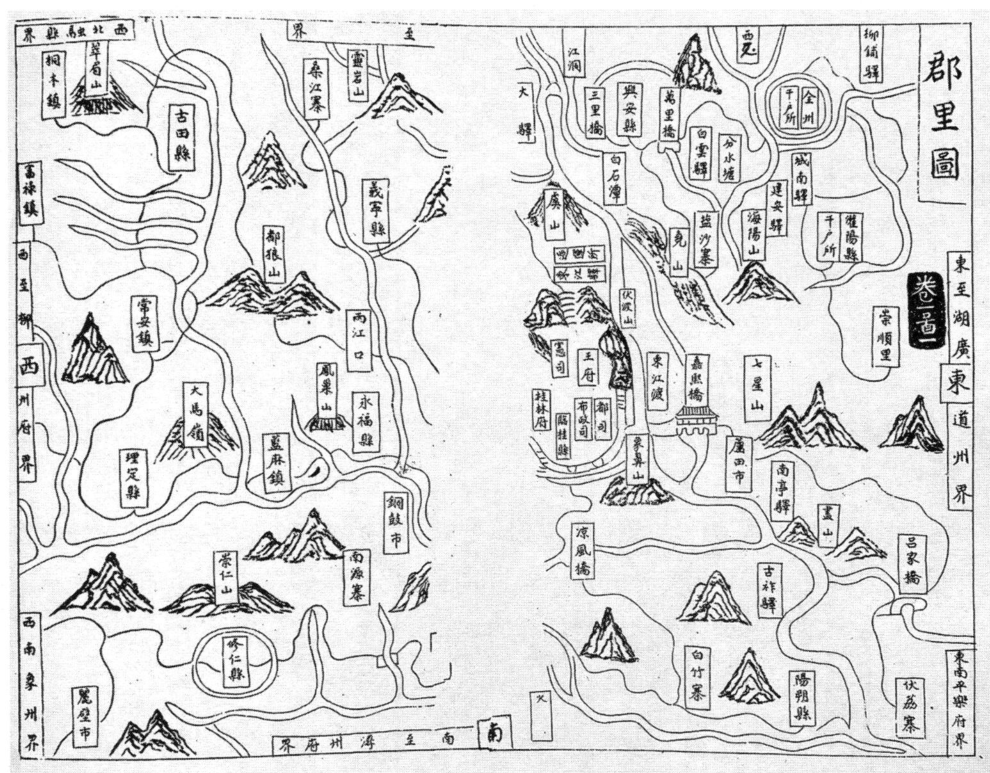

明初《桂林郡志》中的郡里图

来、平叛等，都是朝廷的大事。这些朝廷大事，很多需要依靠设桂林的官府任职的主要官员去处理或者给予协助：

宋真宗景德四年（1007），朝廷铸交趾郡王印，制安南旌节，付广南转运司就赐之。[1]

宋仁宗皇祐四年（1053），狄青率军经桂州，前往交趾平乱，途经桂林时，在南溪山进行战前动员。班师回朝时，在龙隐岩题名《三将军平蛮碑》。

宋仁宗至和二年（1055），交趾王逝世，广南西路转运使苏安世作为皇上特使，前往吊唁。

1 ［元］脱脱等撰：《宋史》，中华书局，1985 年，第 3591 页。

宋神宗元丰元年（1078），因考虑到交趾入贡往来需经桂州，朝廷调曾布权知桂州。

宋高宗建炎四年（1130），交趾南平王去世，广南西路转运副史尹东珣奉命前往吊唁，并奉命加封其子为交趾郡王。

宋高宗绍兴三年（1133），升桂州为静江府，辖广南西路25州及交趾、大理和临近藩国相关事务。

宋高宗绍兴六年（1136），大理国使节奉表进贡象和马，经过桂州，经略司奉命护送进京。

宋高宗绍兴二十六年（1156），安南使节一行进贡入京，路过桂州，所携贡品甚多，有大象5头，金器1200两，以及金瓶所盛珍珠无数。

后来，朝廷为了简化迎送往来，不再要求安南等属国到京城纳贡，只需要将贡品送至桂州即可，并指示地方官“只收其十分之一”[1]。

在完成了纳贡馈赠仪式后，驻桂林的主要官员总要陪同这些使节游览城郊风景，并设宴款待。

八、走出去的桂林人

自唐朝始，一些桂林人通过读书、考取功名，走上仕途，成为走出去的旅行者。

曹邺，字邺之，阳朔人，唐宣宗大中四年（850）中进士，曾在今山东、陕西等地为官，后辞归居桂林。曹邺在历史上有诗名，其诗或直击现实、悲悯百姓，或吟咏山水、友情相别。他写的《东郎山》《西郎山》等阳朔风景诗，是阳朔人向他乡游客介绍风光的范本，《田家效陶》则写家乡田园风光。

曹唐，桂州人，与曹邺同时代人，当过道士，四处优游，又考中进士，其游仙诗非常有名。

赵观文，唐昭宗乾宁二年（895）状元，史载事迹不多，为桂林新修的尧舜祠撰写了《桂州新修尧舜祠祭器碑》，是记述桂林名胜的名篇。

1 獃子：《桂林旧事日志》，光明日报出版社，2016年，第78页。

唐末桂州的裴说、裴谐兄弟也非常有名。裴说是唐哀帝天祐三年（906 年）状元，因战乱于奔离途中去世。《全唐诗》收有裴说诗一卷 52 首，其中不少旅游诗，如《旅行闻寇》写战乱中的旅行：

动步忧多事，将行问四邻。深山不畏虎，当路却防人。
豪富田园废，疲羸屋舍新。自惭为旅客，无计避烟尘。

裴谐是和裴说同榜的榜眼，亦有诗名。

王世则，永福人，宋太宗太平兴国八年（983）状元，曾出使交趾。王世则无诗名，但他在出使交趾时，注意观察交趾的社会经济情况和山川地理，是一个有心的公务旅行者。回朝廷后，他将自己的观察整理成文奏报朝廷，圆满完成公务。

第三节 唐宋时期桂林城市建设变化

在古汉语里，“城”与“市”是两个不同意思的词，后来，二者功能融合，所以在词语上也合二为一，成为双音节名词。

“城”的意思本来是指为守卫而筑之墙，是与军事力量结合在一起的。《礼记·礼运》说：“城郭沟池以为固。”

相似的意思还有：“百雉而城”——《公羊传·定公十二年》

“城为保民为之也。”——《谷梁传·隐公七年》

“城郭不备完，不可以自守。”——《墨子·七患》

“三里之城，七里之郭”——《孟子·公孙丑下》

唐人任华在他的《送宗判官归滑台序》中写桂林：“复有阳江、桂江，略

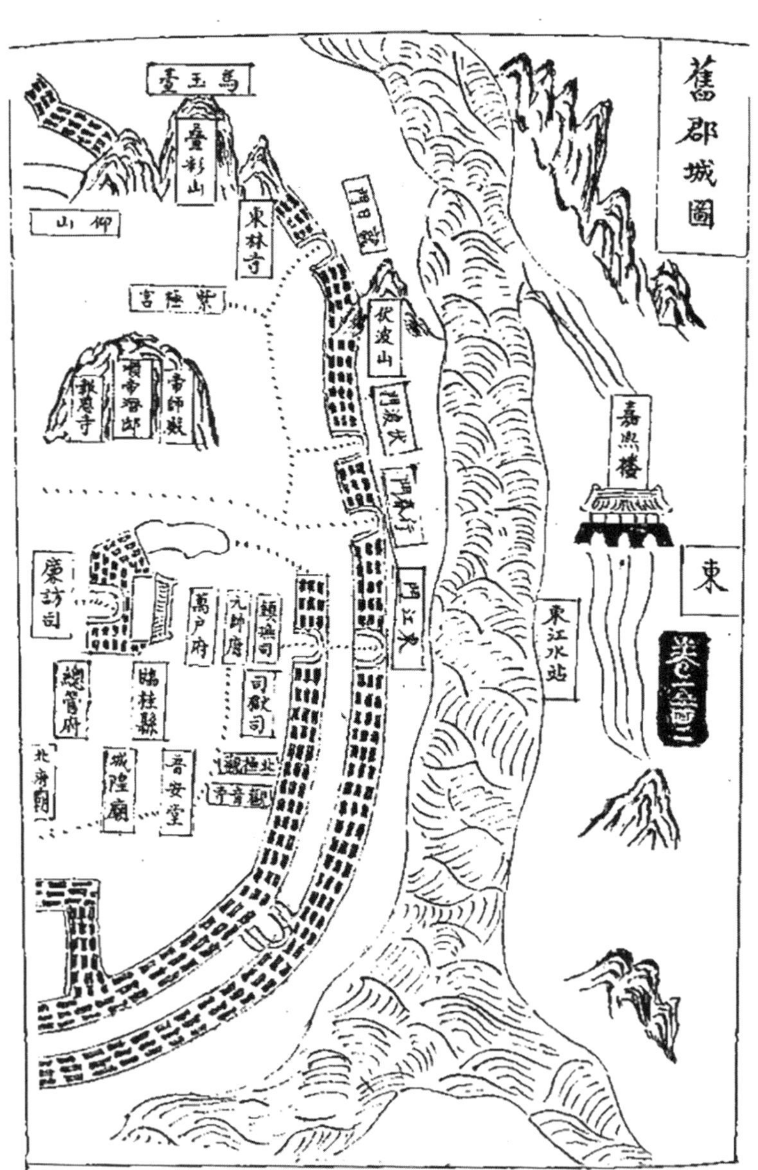

《桂林郡志》旧郡图（局部）

军城而南走”，其“军城”就是指的桂州。《桂林郡志》云：“桂林为地方千里，西南连浔、柳，东北接昭、湘，中则王府、三司在焉。以故，城池设险，尤非他郡所比。”

桂林的城市建设，最初当然是以军事为目的，构建一座易守难攻的城市。这个建设目标，就要结合桂林的城市特点，充分利用山形水势来规划和建设。

据《桂林历史文化大典》，桂林最早的城池，应该是楚怀王六年（前323）所建的洮阳城。西汉时期，重建洮阳县城，其遗址位于今全州县永岁乡。

秦统一岭南，置桂林、南海、象郡，今桂林大部属于桂林郡。秦军修建灵渠时，在南渠建造了秦城。宋人张孝祥有诗：“堑山堙谷北防胡，南筑坚城更远图。”该城久废，仅存遗址。

汉元鼎六年（前111）设始安县，城址今已不存，也无相关的建设史料记载。但既然南北朝时独秀峰已经在“郛邑间”，当时的始安城应该已经在现在的市中心了。

由唐至宋，桂林城经历了几次规模颇大的城市建设。

一、李靖建子城

如果略去洮阳古城、古秦城等在各县的古城遗址，桂林市区可考的最早的建城史，是唐武德四年（621）在独秀峰南所筑之唐城，由李靖领衔建设。

唐武德四年（621），李靖率兵过岭南，抵桂州，派人分道招抚，四方来归，得六十万民。唐高祖授李靖为岭南道抚慰大使，兼检校桂州总管。李靖在任期间，在独秀峰南以漓江为界建桂州城，周长3里18步，筑有3门，称“子城”，亦称衙城，以巩固统治。这是第一次在地方史上较清晰完整地记录桂林城建史。

建子城于此，是经过认真考量的：漓江是重要的交通通道，建城必须靠江边，方才便利。漓江西岸，田畴开阔，便于建城。漓江自东北唐突而来，至虞山突然转向东南，形成大湾，不便泊船；叠彩山南侧，有洲渚没于江中，舟行亦不便。至伏波山以南，水面宽阔平稳，岸线很长，且江流处于东侧，故此段江面之西侧非常适合建码头。

李靖还在今七星岩下建庆林观，以图通过宗教等手段对居民进行教化。除了这些建设工程以外，他还以桂州为基地，南巡抚慰，“存抚耆老，问其疾苦，远近悦服”[1]。

此后，桂林陆续经历了若干次大规模的城市建设。总的来说，这几次城市的扩建改造，主要是为提升军事能力、增强防卫功能而实施，客观上也促进了桂州的城市发展。

唐中宗景龙四年（710），桂州都督王晙加固了城池，在城北修水库，垦农田，撤屯兵。这个王晙，便是与宋之问在逍遥楼上饮酒欢宴的王都督。

唐贞元十四年（798），桂州刺史王拱修筑了回涛堤，以阻遏漓江洪水对城垣的冲击。

唐宣宗大中年间至懿宗咸通二年（861），桂州向西扩建外城，都防御使蔡袭组织了这次扩建。这次扩建，志书上说周长“三十里”，计 8 个城门，最远的“通波门”在雉山之南，可见规模确实浩大，主要是扩大了居民区。估计城墙并未连成一体，而是借助了山形水势而建之。

二、陈可环扩建夹城

唐僖宗光启二年（886），桂州都督陈可环抽调万人扩建夹城。《桂林风土记》“夹城”条说：“从子城西北角二百步，北上抵伏波山。缘江南下抵子城逍遥楼，周回六七里。光启年中，前政陈太保可环创造。三分之二，是诸营展力，日役万人，不时而就。增崇气色，殿若长城。南北行旅，皆集于此。”[2] 夹城建好以后，商旅多聚于此，城市功能有了较明显的区分。《桂林郡志》说，“大略依山并江以为固”，“桂岭”也在其间。

城市扩建以后，逐渐繁华起来。唐代，桂州城沿漓江西岸，由城东至城北，分别是东山亭、拜表亭和碧浔亭。东山亭接望月楼，近子城；拜表亭，位于望月楼和碧浔亭之间，东靠漓江，西临雉堞。

---

1 《桂林市志》下册，中华书局，1997 年 12 月，第 3385 页。

2 ［唐］莫休符：《桂林风土记》，商务印书馆，1936 年，第 5 页。

碧浔亭由韦瓘所建，接逍遥楼，馆宇宏丽，制作精致，冠诸亭院。韦瓘21岁中状元，仕途正健，意气风发。他到桂林任官以后，信心勃勃地规划城市，以图再建一座新城，惜其在桂州任职时间太短，仅半年就迁职他处了，宏大的规划无法落实。离开桂州时，他留下一首感慨万千的诗作《题留桂州碧浔亭》来表达自己理想未酬的遗憾：

半年领郡固无劳，一日为心素所操。
轮奂未成绳墨在，规模已壮闳闳高。
理人虽切才常短，薄宦都缘命不遭。
从此归耕洛川上，大千江路任风涛。

五代时期，战事频仍，桂州城多次横遭兵燹，一度成为没有百姓居住的军营。

三、王安石撰记的桂州新城建设

宋朝是中国历史上市民社会得到发展、城市经济文化等各方面都得到明显提升的时期。进入宋朝以后，随着宋王朝逐步控制了岭南，桂州的城市建设又开始兴起。

鉴于桂州房屋多由茅草、竹木材建成，易遭火患的情况，宋真宗景德二年（1005），知州曹克明请来北方军匠，教导桂州人学会烧砖制瓦，以建砖屋，使城市街道少遭火患。

宋仁宗至和元年（1054），亦即狄青平定侬智高后的第二年，权知桂州余靖深感城池不牢则难守、城池难守则匪乱多，故开始筹资扩建桂州城，中央政府在财政方面也给予了鼎力支持，余靖则在工程建设中努力节约。这次城建，用工20万余，历时10个多月完工，算是当时规模宏大的一次城市建设，名“桂州新城”。新城方圆6里，有“宁远”“迎恩”“平秩”“利正”“行春”和“东江”6个城门，街巷闾里，规整有致，城市面貌为之一新，在北宋时代很有影响，王安石还亲自撰写了《桂州新城记》：

寇平之明年，蛮越接和，乃大城桂州。其方六里，其木、甓、瓦、石之材，以枚数之，至四百万有奇；用人之力，以工数之，至二十余万。凡所以守之具，无一求而有不给者焉。以至和元年八月始作，而以二年之六月成。夫其为役亦大矣。盖公之信于民也久，而费之欲以卫其材，劳之欲以休其力，以故为是有大费与大劳，而人莫或以为勤也。[1]

四、南宋的城池扩建

宋理宗宝祐六年至宋度宗咸淳七年（1258—1271 年），广南制置使李曾伯、经略史朱禩孙、赵与霦和胡颖等几任静江府主官，更是全面加固静江城，连续 4 次扩建城池，以防敌犯。这一次大规模的城市建设，以今榕杉湖为南缘，东至漓江西岸，北抵鹦鹉山，西临桂湖，共筑有 6000 多米的城墙，设城门 15 个，均为砖石结构，有团楼、硬楼、藏兵洞等军事设施。这几次扩建的情况，包括城池图、用工用料、监工负责人等，都非常详细地记录在城北鹦鹉山南侧的山崖上，至今仍在，成为我国城建史上不可多得的历史资料。如广西经略使胡颖负责的工程之一：

西月城一座，长六十二丈，城身高二丈……壕面阔二十五丈，深二丈二尺至二丈五尺，并有水。……以上浚筑总用过：军夫义士匠共计一百九十万五千九百二十一工；砖二百九十万八千四百一十二片；石灰三百二十七万五百三十四斤；木一万一千九百八十七条；石三万六千三百九十七块；钱一十一万五千三百二十四贯二百三十一文省，并系经、漕、府三司支，关子七百六十六贯文省，十八界会二千五十五贯道。银二百六十两一钱。米七百硕军。盐八千二百七十二斤。[2]

镌刻于鹦鹉山上的《静江府城池图》，用于军事目的，忽略了山峦景观，强调了河流津渡，官署、军营标示清楚，尤其这幅图采用了混合比例法和 36

1　王水照主编：《王安石全集》第 7 册，复旦大学出版社，2016 年，第 1451 页。

2　桂海碑林博物馆编：《桂林石刻碑文集》上册，漓江出版社，2019 年，第 558—559 页。

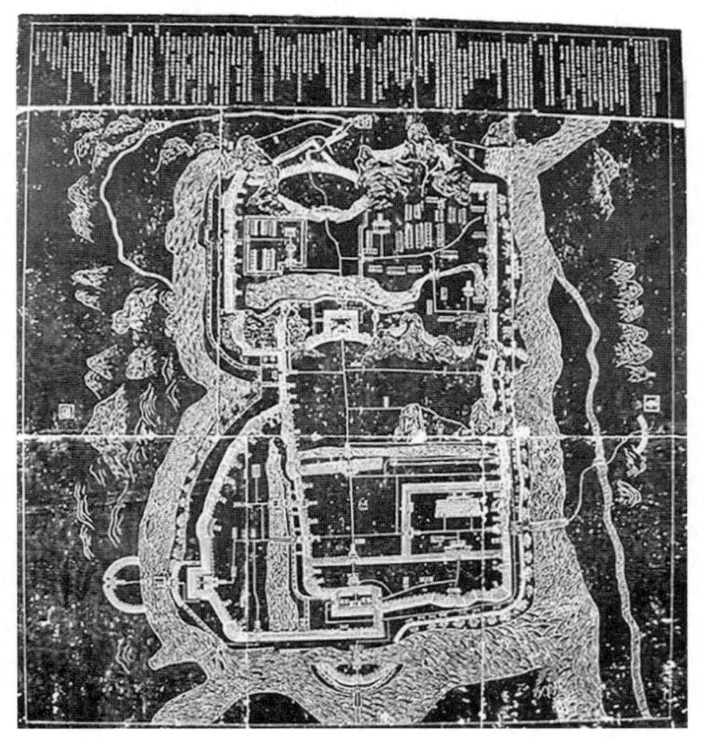

南宋的《静江府城池图》，是我国重要的城市规划建设历史文献

种图例，使得整个图面清晰明了，实用性极强。这样的建设图及费用清单，是后人了解当时大型建筑工程在规划设计、组织施工、人工调配、经费安排等方面不可多得的宝贵资料。通过这张图，我们可以大致把握宋代桂林城的发展、演变的历史过程，这也是研究中国城池发展的重要史料之一。张驭寰研究《静江府城池图》得出结论：这次静江城池扩建，计有瓮城二、团楼七、硬楼三十八，均为守城之军事设施。另外，静江府城的丁头路、拐角路多，弯曲的路不通城外，这种规划也是出于军事考虑：当敌人攻入城时不易找到方向。这种丁字路格局，桂林迄今也有较多遗留。除了军事功能外，这次扩城也适当考虑了一些寺观和游观设施。[1]

1　张驭寰：《中国城池史》，百花文艺出版社，2003 年，第 177—178 页。

第四节 景观建筑成为桂林建设的亮点

马尔科姆·安德鲁斯说："游客想要发现未经人类触动过的大自然，但是，一旦发现了这样的大自然，他无法克制自己的冲动要去'改善'它，哪怕只在想象中……'改善'的冲动得之于一种教育出来的意识：是什么构成了理想的风景。"[1] 人们对风景的认识，从最初的认识自然层面进化到文化理解层面，即要素合适、尺度恰当的风景能够给人带来愉悦。逐渐地，人们在内心深处会提出某些欣赏风景的"标准"或者原则。符合这样的"标准"或者原则的，就是"好风景"。不太符合的，就会去改造它，使它"美起来"，比如种植合适的树木、挖掘整理池塘、垒石造景等。如果人们认为某个地方是"穷山恶水"，人力无法改造，最好的方法就是远离。因此，构筑风景，是人类社会将自己的美学理念不断作用于自然环境的过程。

风景进入审美境界的最核心要素，一是尺度，二是距离。这两个方面，桂林的景观特色体现得非常充分。在尺度方面，桂林诸山，皆不太高，也不太大，多瘦而成形，结构完整，各个角度俱成风景，"山好容人四面看"[2]。以个人体能而登山，对于绝大多数人来说都可以实现。每座山因为岩石结构，形态多变。这样的尺度，让人有亲切感，有优游的冲动，有整理的想法并能付诸实施。距离方面，这些石山均距城不远，甚至就在城中，一日可达。山与山之间又有必要的空间地带，或为水面，或为田舍，没有山岭重叠之压迫感，也没有一日难至的疏离感。约翰·布林克霍夫·杰克逊说："在任何景观中，最基本的政治要素就是边际。每种景观都是空间的组合。"桂林这些石山，或独自成景，如独秀峰；或相邻者也能构成图景，如穿山与塔山、普陀山与月牙山；或

1 ［英］马尔科姆·安德鲁斯：《寻找如画美》，译林出版社，2014 年，第 3 页。

2 ［清］孙耘：《余墨偶谈二集》，光绪刻本，卷二，第十六页。

与水共同构成图景，如隐山。桂林诸山，其高度在几十米至二百米之间，这种高度符合士人们审美要求的构图，不但让人们有欣赏的愉悦感，也让人有让其进一步“完美”的冲动。

唐代，对山水的审美逐渐成为士大夫阶层的共识。建设风景，成为唐朝的时尚潮流。从初唐到中唐，桂林的风景建设，以市中心独秀峰为核心，向周围扩展，包括城北的叠彩山、虞山，城东的栖霞山，城南的南溪山，城西的隐山和西山，江流中心的訾家洲等，都成为游览名胜。城东的栖霞山，更是以岩洞幽深而受称道。

由于桂林山水具有天然品质，古人们在构筑桂林风景时，并不去改造景观本身，而是为了充分地展现这种山水自然景观，去进行一些辅助性的建设，如铺石径、架木桥、凿山蹬等，便于游人到达风景之处。在一些适合憩息观景之处，如山顶或者可歇脚的山腰，构建必要的亭台。这些建设，以自然景观为主题，以提供游览便利为原则，是“天人合一”价值观在风景建设上的体现，也是生产力低下时代的必然选择。

到了宋代，桂林的景观建设在手段上显得更为丰富，岩、渠、桥、堤等都得到了很好的运用，宗教设施和摩崖石刻成为重要的游览内容。

一、李昌巙辟建独秀山和虞山

唐代宗大历十一年（776），桂管观察使李昌巙在独秀峰前建孔庙，办州学，为桂州城教育之兴起的大事。建孔庙时，他也将独秀峰开辟为游览地。监察御史里行郑叔齐，仕宦桂州，正好遇到这一盛况，遂写下了《独秀山新开石室记》：

> 城之西北维，有山曰独秀。宋颜延之尝守兹郡，赋诗云：“未若独秀者，峨峨郛邑间。”嘉名之得，盖肇于此。
>
> 不籍不倚，不骞不崩，临百雉而特立，扶重霄而直上。仙挹石髓，结而为膏；神凿嵌窦，呀而为室；嚣滓可远，幽偏自新；胜概岑寂，人无知者。
>
> 大历中，御史中丞陇西公保障南服，三年政成，乃考宣尼庙于山下。设东西庠，以居胄子；备俎豆仪，以亲释菜。虽峻址可寻，而丛薄未剪。

公乃自常从以上，刃指荒榛而授事，为力无几，得兹穴焉。宏而外廉，隘以傍达；立则艮其背，行则踬其腓。于是申谋左右，朋进畚锸。壤之可跳者，布以增径；石之可转者，积而就阶。景未移表，则致虚生白矣。岂非天赋其质、智详可用乎？何暑往寒袭，前人之略也。譬由士君子，韬迹独居，懿文游艺，不遇知己发明，则蓬蒿向晦，毕命沦悟，盐车无所伸其骏，和氏不得成其宝矣。篆刻非宠，庶贻后贤。建中元年八月廿八日记。[1]

李昌巎还重修了虞山的舜庙，特意请了韩云卿撰写了《舜庙碑并序》，请李阳冰篆额，韩秀实书写。其中，韩云卿以文辞享誉于朝，李阳冰被称之为秦汉后篆书第一高手，韩秀实则是隶书名家。三人合作之碑刻，本身就是难得的稀世珍宝，尤值得远近游客专程观赏。

桂州的名人居所，也成为名胜。宋之问被流放钦州，滞留桂州，居所在城南二里。宋被赐死桂州后，其故居由夫人孙氏改为玄山观，后因避讳改为元山观，再改名真山观，也渐成一处人文胜迹。南宋著名诗人、词人刘克庄曾"闻说宋公曾住此"，来游此观，"来瞻石像看唐碑"，这与今天被桂林历史文化吸引而来的游客已没有太大区别了。

二、裴行立开发訾洲

唐宪宗元和十三年（818），御史中丞裴行立转任桂州观察使不久，即被衙署周边景致所倾倒，"于是厚货居氓，移于闲壤。伐恶木，刜奥草，前指后画"，着手辟建訾家洲（今名訾洲）园林，使之成为当时名胜。在訾家洲园林建成庆典时，裴行立还特意邀请柳宗元参观。柳宗元被桂州之风光和訾家洲的园林建设工程所陶醉，对裴行立构建风景时独具慧眼的选址和訾家洲园林的规划设计赞叹不已，写下了名篇《桂州裴中丞作訾家洲亭记》，充满激情赞訾家洲：

1 桂海碑林博物馆编：《桂林石刻碑文集》上册，漓江出版社，2019年，第31页。

万山面内，重江束隘，联岚含辉，旋视具宜。常所未睹，倏然互见，以为飞舞奔走，与游者偕来。乃经工化材，考极相方。南为燕亭，延宇垂阿，步檐更衣，周若一舍。北有崇轩，以临千里。左浮飞阁，右列闲馆。比舟为梁，与波升降。苞漓山，涵龙宫，昔之所大，蓄在亭内。日出扶桑，云飞苍梧。海霞岛雾，来助游物。其隙则抗月槛于回溪，出风榭于篁中。昼极其美，又益以夜，列星下布，颢气回合，邃然万变，若与安期、羡门接于物外。[1]

裴行立与柳宗元的个人友谊十分深厚，也非常感激柳宗元对訾家洲景观设计的肯定。次年，柳宗元病逝于柳州，裴行立还特意解私囊派人护送其妻儿返回京师。《旧唐书 · 柳宗元传》说 ："观察使裴行立为营护其丧及妻子还于京师，时人义之。"

三、李渤倾力构建城郊风景

在裴行立开发訾洲不久，唐敬宗宝历元年（825），李渤被任命为桂州刺史兼御史中丞、桂管都防御观察使。李渤甫到桂州，热情倍增，随即着手开拓盘龙冈。盘龙冈即今隐山，位于桂州城西郊，溪水环绕，山体小巧玲珑，洞穴颇多且互通，是游玩极佳之处。李渤在山顶筑亭，沿途建廊台阁榭，且将六洞铺路命名，各洞名称分别为"北牖""朝阳""嘉莲""白雀""南华"和"夕阳"，山脚溪泉亦命名为"蒙泉""蒙溪""蛟渠"等。李渤的副官吴武陵作《新开隐山记》，文采斐然，介绍此地之胜 ："自石门西行二十步，得北洞，坦平如室。室内清缥若绘，积乳旁溜，凝如壮士，上负横石，奋怒若活。乘高西上，有石窗，凌窗下望，千山如指。自石室东回三步，得石岩。岩下有水泓然。疑虬螭之所宅，水色墨绿，其浚三丈，载舟千石。舟可坐数十人，罗丝竹歌舞，飘然若乘仙。岩之南壁，有石磴，可列乐工十六人。其东若畎浍，贯石流去，不知所止。"吴武陵将隐山各处引人之景观用文字一一详绘之后，对隐山风景修筑的竣工深发感慨 ："他日会新亭之下，辱命纪事，奉笔遽题于北荣曰 ：'成纪

1　桂海碑林博物馆编 ：《桂林石刻碑文集》上册，漓江出版社，2019 年，第 40 页。

隐山六洞，由唐人李渤所开凿，为桂林千年游览胜地

公，字浚之，不名，重也。内则为伊、周，外则为方、召。疏山，发隐也；决泉，启蒙也；作亭，子来也。三者其异乎四贤之志乎？不异也，故书'。"[1]行舟于湖上，闻乐于山间，实为快事。

前来桂林考察公务的中官侍御史、户部员外郎韦宗卿亦有《隐山六洞记》记载其事："桂林郡郛，千岩竞秀。世情贱目，俗态无心，故兹山接城郭之间，亿万斯年，石不能言，人未称焉。"待隐山整修告竣，"可以施栏槛为载酒之场，可以构檐楹为更衣之所。乃作水阁，立风廊，辟厨户，列便房，华而不逾，俭而不逼。面兹池以滉漾，对他山之青翠。丝竹竞艺，宾僚满觞，歌声遏云，舞影临水。取乐今日，乡心暂忘"。

1　桂海碑林博物馆编：《桂林石刻碑文集》上册，漓江出版社，2019年，第46页。

次年，李渤又开辟南溪山景区，将白龙洞和玄岩洞整理出来，以资游览。他记下了发现南溪山的经过："桂水过漓山，右汇阳江。又里余，得南溪口。溪左屏列崖巘，斗丽争高；其孕翠曳烟，逦迤如画。右连幽墅，园田鸡犬，疑非人间。泝流数百步，至玄岩。岩下有污壤沮洳，因导为新泉。"他兴奋地描述了南溪山这处胜景，说："余获之，自贺若获荆璆与蛇珠焉，亦疑夫大舜游此而忘归矣。"于是"命发潜敞深，隥危宅胜，既翼之以亭榭，又韵之以松竹。似谳方丈，如升瑶台，丽如也，畅如也。以溪在郡南，因目为南溪"[1]。他的哥哥李涉路过桂州，李渤不但请哥哥游览了新开发的南溪山，还与哥哥一起写了有关南溪山的诗文。李渤的诗作是《南溪诗序》，前引文为其片段。李涉的文是《南溪元岩铭并序》。兄弟俩的诗文均刻岩留存。户崎哲彦认为，为李氏兄弟诗文撰书的，是韩方明，唐代著名书法家，擅长八分书，当时为李渤之幕僚。韩方明"昔岁学书，专求笔法"，此为其仅存作品。[2]惜户崎哲彦仅是依据韩方明为李渤之幕僚而猜测，依据尚不足。

李渤在桂林为官两年余，在规划并构筑桂州风景方面可谓不遗余力，除了开辟隐山和南溪山，他还组织力量疏浚了灵渠。离别桂林时，他尤其对自己开发的隐山和南溪山依依不舍，写下了《留别隐山》和《留别南溪》两首充分表达内心里与桂州离别之愁绪的诗，其《留别隐山》：

如云不厌苍梧远，似雁逢春又北归。
惟有隐山溪上月，年年相望两依依。

四、元晦构建城北风景

唐武宗会昌二年（842），谏议大夫元晦任桂管观察使。元晦到桂州任职后，即着手整理叠彩山风景。叠彩山位于桂州城北，为巍峨屏障，又依江耸立，风景独绝。山上有风洞贯穿南北，尤其酷暑季节，是避暑之佳地。登至山顶，凭栏

1 桂海碑林博物馆编：《桂林石刻碑文集》上册，漓江出版社，2019 年，第 52 页。
2 ［日］户崎哲彦：《唐代岭南文学与石刻考》，中华书局，2014 年，第 204 页。

北望，可一解官员们的思乡愁情。元晦筑山道、构亭栏，景观为之斐然。他又撰《叠彩山记》说：“山以石文横布，彩翠相间，若叠彩然。”在叠彩山风洞处，元晦修建了越亭。莫休符说：“越亭在府城北，与圣寿寺接连。有岩洞、庭台，高峰碧嶂，山穴透出北面，因名北牖洞（即今风洞）。远眺长江，极目烟水，北人至此，多轸乡思。会昌初，前使元常侍晦，搜达金貂，翱翔翰林，扬历台省，性好岩沼，时恣盘游。建大八角亭写其真，其院即为写真院。歌台钓榭、石室莲池、流杯亭、花药院特为绝景。于时，潞寇初平，四郊无垒。公私宴聚，较胜争先。美节良辰，寻芳选胜，管弦车马，阗隘路隅。”[1]

之后，元晦又开辟了四望山、宝积山，将漓山（今象山）改名为仪山。他说四望山“山名四望，故亭为销忧”，在四望山筑销忧亭，乃取建安七子之王粲《登楼赋》“登兹楼以四望兮，聊暇日以销忧”之意。

元晦调往他处任职时，同样对他精心打造的桂州难舍难分，在送别晚宴上写有《除浙东留题桂郡林亭》诗：

紫泥远自金銮降，朱旆翻驰镜水头。
陶令风光偏畏夜，子牟衰鬓暗惊秋。
西邻月色何时见，南国春光岂再游？
莫遣艳歌催客醉，不堪回首翠蛾愁。

户崎哲彦认为，元晦不仅是整理了叠彩山、宝积山诸风景，而且借助这些工程加强桂林周边城防的整备：“唐代的桂州城，它的东面是南北流向的漓江，南、西、北被山野包围。此中元晦开发的是位于桂州城东北部的叠彩山周边以及西北的宝积山周边。就是说，城北是他开发的重点。比这更早些时候的宝历元年上任桂州观察使的李渤（773—832）到城西南的隐山、城正南的南溪山等地游玩，筑亭、题名、题诗文，对城南周边地区进行了开发。而元晦开发的正是余下的城北的周边地区。从另一方面说，李渤对北侧的景胜不感兴趣。在这

1 ［唐］莫休符：《桂林风土记》，见［明］张鸣凤《桂胜 桂故》，中华书局，2016年，第150—151页。

一点上，可以想象出李渤和元晦对山水的美感是不同的。此外，地区的不同，并不只是美感、兴趣的不同。李渤的开发是在离城稍远的地方，而元晦的开发是与此邻接的地区。从独秀山（即今独秀峰）南麓的子城眺望，则叠彩山、宝积山可以说起到了构成天然城壁的外壁的机能。由元晦进行的城北开发，不单是为了‘公私宴聚’，也不仅是为了进行开发行乐地，还可以说是进行了城外周边的整备。”[1]

桂林固然以山奇水秀见长，但在唐宋时期，它的风景是以奇山异洞为主要特色。柳宗元形容桂林的山“桂州多灵山，发地峭竖，林立四野”，范成大在《桂海虞衡志》里说桂林的岩洞“山皆中空，故峰下多佳岩洞，有名可纪者三十余所，皆去城不过七八里，近者二三里，一日可以遍至”。可见，唐宋之间，旅桂官员士人，在桂州城郭间作一日之游，是很常见的休闲活动，故这些风景的开发，都在一日游程范围内。

唐人看桂林，多为青峰之峻秀所倾倒，亦为烟雨空濛之漓江而叫绝。宋人游桂林，兴趣更集中在钟乳石洞穴上。在宋代的文人们看来，山，各地皆有，形状各异；水，亦各地皆有，清浊不同；然洞穴之丰富密集，非桂林莫属。尤其那些深邃难探的洞穴，就更是勾起人的好奇心来。游桂林者，莫不游洞穴。经营桂林风景者，亦开始对洞穴进行规划设计建设，或凿道，或铺径，或伐木砍藤以通畅，或架桥置石以涉溪。程公岩、曾公岩、张公洞，均为地方手握大权的官员亲自谋划建设。

五、曾布开发曾公岩

宋人曾布在桂林为官期间，喜欢游览，常悠游于山崖洞穴间，“访寻桂之山水奇胜处”，尤其喜欢江东胜景。他看见栖霞山下的冷水岩，感叹其岩洞奇特，钟乳漫漫，溪流淙淙，乃花心思在此架桥铺径，修建风景，便游人往之，成为游观宴休之处，“自是州人士女与夫四方之人无日而不来”，该岩“遂为桂林绝观”。后人为纪念之，将此岩取名“曾公岩”。他的下属刘谊撰文记之：

1 ［日］户崎哲彦：《唐代岭南文学与石刻考》，中华书局，2014 年，第 258—259 页。

元丰元年冬，交人入贡，上方择人处置疆事，乃诏曾公自广州移帅桂府。二年，南方无事，民和岁丰，公以其余暇访寻桂之山水奇胜处。一日，率郡僚游所谓风洞者，纵步而东行，得一岩于榛莽间。岩之前有石为之门，屈曲而入，则流水横其中，碧乳垂其上。周环四视，其状如雕镌刻镂，殆出于鬼工而不类于融结者也。公于是拂石求前人之迹，则未尝有至者焉。乃构长桥，跨中流而渡，以为游观宴休之处，且与众共乐之。自是州人士女与夫四方之人，无日而不来。其岩遂为桂林绝观。夫桂之洞穴最多，南有白龙，北有石门，回穴据其东，隐山在其西，皆唐名流之所尝游也。观其咏歌序刻，莫不极道其胜概而叹前人之所遗者。斯岩之景，亦冠绝矣，而乃独遗之，是真可叹也已，岂当时忽于寻访而不见邪？将唐人所谓天作而地藏之，必待君子而后显邪？余生长东吴，号为山水窟中，如天台、雁荡，最为奇观，然未有过此者也。邦人乐公之德政而愿以“曾公”名其岩，以比甘棠之思。余故为书之，且以告后人收入为图经盛事云。公名布，字子宣。

其年九月廿六日管勾本路常平前江山县丞　刘谊记[1]

在这个新景点竣工的庆典仪式上，陈倩、苗时中、彭次云等一众官员纷纷赋诗以表庆贺，刘谊也和了诗：“寻得新岩冠一州，使君从此做鳌头。”

有意思的是，刘谊与他的领导曾布在政见上极为不同。王安石倡新法，曾布大力支持，刘谊坚决反对。政见如此矛盾的上下级，却经常一起游览桂林山水，吟诗题名于风景间。也许，游览是他们放下矛盾的重要手段。

六、范成大和方信孺对桂林风景的贡献

南宋孝宗乾道九年（1173）三月初十，范成大抵达静江，知静江府兼广南西路经略安抚使。他到任后，大力抓经济、问民疾、革民风、整风景。旅桂期间，范成大或公干巡视或闲暇私游，踏遍桂林各名山，似乎最钟情伏波山，在伏波山筑癸水亭、正夏堂、进德堂。

1　桂海碑林博物馆编：《桂林石刻碑文集》上册，漓江出版社，2019 年，第 140 页。

此外，范成大还在栖霞洞前筑碧虚亭，在屏风山修壶天观、所思亭，在月牙山构骖鸾亭等。

范成大到桂第二年，公务走向正轨后，他组织疏通了壅塞许久的朝宗渠。

在景观建设和宣传推广方面，范成大对桂林风景建设贡献颇多，写有《碧虚铭》《复水月洞铭并序》和《壶天观铭并序》，均为介绍桂林风景的名篇，其离桂途中所写的《桂海虞衡志》则是介绍岭南地理文化尤其是桂林风景的重要地理学著作。

南宋宁宗嘉定六年（1213），方信孺任提点广西刑狱，两年后任广西转运判官，羁桂 4 年。方信孺酷爱山水，在桂林期间，奉公之暇，游屐遍及各处名胜。他还在西山筑馆，名“碧桂山林”，又在象山南麓建云崖轩，还设法弄来米芾的自画像，镌刻于伏波山还珠洞。桂林各处风景间，他留下了 24 件石刻，为宋人之冠。[1]

明末，桂林人在原云崖寺故址建范方祠，以纪念范成大和方信孺开发桂林山水的功绩。

七、人文景观开始建设

一些人文景观也在桂州建设起来。

宋哲宗元祐五年（1090），知桂州孙览在独秀峰下建五咏堂，内刻颜延之代表作《五君咏》。

张栻是南宋的理学大师，与朱熹、吕祖谦一起，被人称为“东南三贤”。张栻年轻时，因为理学修养深厚，被聘主教岳麓书院，著有《岳麓书院记》，与朱熹在岳麓书院就“中和”问题进行会讲。今天的岳麓书院，仍然保持着朱、张二人会讲的场景，可见其对后世影响之大。

张栻 42 岁那年，权知静江府经略安抚广南西路，到任后，建祭台，抓农事，理财政，禁佛事，扩建了静江府学，请了朱熹作《重修静江府学记》，并在府学旁建了“三先生祠”，以纪念理学家周敦颐和“二程”。尤其是花大力气整修了虞山，以期重振虞帝的仁和思想。在建设虞帝祠时，他发现了虞山脚的韶音洞，遂

1 《桂林历史文化大典》，广西师范大学出版社，2018 年，第 414 页。

在旁筑南薰亭，并亲撰《韶音洞记》。作为一个文人，他也喜欢纵情于山水间。他在雉山寺青箩阁旧址建褉亭，也常登湘南楼，远望山景，沉思其中，因为他的居所就在湘南楼旁。但他最喜欢的地方是城西的西湖和城东的冷水岩诸处。他为西湖隐山上拟建的小亭题名“招隐”，冷水岩至少去了三次，离别静江时专门与友人相约于此作纪念。

除了文人和官吏营造的景观外，桂林的民居也给人留下深刻印象。史载桂林民居“富家大室覆之以瓦，不施栈板，唯敷瓦于椽间。仰视其瓦，徒取其不藏鼠，日光穿漏。不以为厌也。小民垒土击为墙而架宇其上，全不施柱。或以竹仰覆为瓦，或但织竹笆两重，任其漏滴。广中居民，四壁不加涂泥，夜间焚膏，其光四出于外，故有‘一家点火十家光’之讥。原其所以然，盖其地暖，利在通风，不利堙窒也”。“深广之民，结栅以居，上施茅屋，下豢牛豕。栅上编竹为栈，不施椅桌床榻，唯有一牛皮为裀席，寝食于斯。”[1]这类与黄河流域和长江流域很不同的民居，成为外来旅游者很好奇的人文景观。

八、宗教设施渐次丰富

唐代，桂林已经有不少颇有影响的宗教建筑。这些场所，是信徒们常聚之地，也是普通游客和市民常去的地方。

唐高宗显庆四年（659），在桂州城南已经建有善兴寺，由隋代缘化寺演化而来，有舍利塔。开元年间，改为开元寺。桂林西山在初唐已是佛教胜地，建有寺庙，中唐时得名延龄寺，北宋末年改为资庆寺，是桂州著名寺庙，这里“峰峦牙张，云木交映，为一府胜游之所。寺有古像，征于碑碣，盖卢舍那佛之所报身也。此地元本荆榛，先无寺宇。因大水漂流巨材至，时有工人操斧斤斫伐。将欲下斫，忽见一梵僧立在木傍，有曰：‘此木有灵，尔宜勿伐。’既而罢去。又有洗蔬者于其上则浮，濯董辛于其上又沉，雅契梵僧之言。由是咸知有灵，遂刻削为僧佛”[2]。颇有传奇色彩。阳朔鉴山寺、全州湘山寺也有盛名。

桂州东岸有道观庆林观，又名东观。东观在七星岩前，并且以岩著称。《桂

1 ［宋］周去非：《岭外代答》，中华书局，1999 年，第 154—155 页。
2 ［唐］莫休符：《桂林风土记》，商务印书馆，1936 年，第 9 页。

林风土记》载："观在府郭三里，隔长河，其东南皆崇山巨壑，绿竹青松，崆峒幽奇，登临险隘，不可名状。有石门似公府之状而隘。秉烛行五十步有洞穴，坦平如球场，可容千百人。如此者八九所，约略相似，皆有清泉绿水，乳液葩浆，怪石嵌空，龙盘虎踞，引烛缘涉，竟日而还，终莫能际。"[1] 此外，尧山有白云观、伏波山有紫极宫、西山有千山观等。

九、桂林周边的景观修建

桂州周边各县，在唐宋时期，有关风景的构建也不少。

恭城，建有御史台，因为宋御史周渭是此地出去的官员，他的故居成了乡人纪念他的好地方，建御史台，"秀峰罗列，溪水环流"，为当年之名胜。县衙附近，有天与堂，为宋代进士齐术所建，也是士民往来休憩之所，宋人邹浩著有《天与堂记》。

民国十八年（1929）《灵川县志》载，这个县仅宋代所建的寺庙道观就有近百所，如尧庙、七娘庙、龙母庙、龙泉寺、珊瑚山寺、明心寺、方广寺、宝王寺等。著名的有：

尧庙，始建于唐，唐代状元、桂州人赵观文有《桂州新修尧舜祠祭器碑记》一文传世。此庙后来多次重修，比较著名的一次重修是由张栻主持的。

七娘庙，位于董家洲（今属叠彩区），始建于南齐永明四年（486），可能是桂林有志可考的最早寺庙了。据传说，这里常闹水怪，故乡人在此设庙以供奉七位女神：湘妃、湘夫人、云华夫人、楚娥、湘英娘娘、慈应娘娘（碧霞元君）和天御金印娘娘。初封嘉济娘娘，再封加靖娘娘，未妥神意，水怪复作，嗣后题请三位真妃，曰慈应、义和、昭德，分立三庙：七娘庙在董家洲，六娘庙在崖头，九娘庙在下水东。[2]

海阳庙，祀湘漓二水之源，范成大请封灵泽侯赐庙额，陈邕著有《海阳山灵泽庙之记》。

---

1 ［唐］莫休符：《桂林风土记》，商务印书馆，1936 年，第 2 页。

2 民国十八年版《灵川县志》，成文出版社，1975 年，第 284—285 页。

灵川县北的枕流亭，因宋人邹浩在此赋诗而著名。

宋代，平乐的胜迹亦不少，如文庙、梅公亭、梅花园、天绘亭、龙兴观及敬公井、感应泉等，方志皆有记。

桂林之地，多雨潮湿，物品易损坏。这里的建筑，基本以竹木为材料，其损毁的速度很快，需要不断维护。否则，后人来游，已是残垣。宋人刘克庄来访訾家洲，面对颓景断碑，以诗表示自己无以言表的失望：

来访唐时事，荒洲暮霭青。
遍生新草棘，难认旧池亭。
毁记欺无主，存祠怕有灵。
今人轻古迹，此地少曾经。

——《訾家洲二首·其一》

裴柳英灵渺莽中，鹤归应不记辽东。
遗基只有蛩鸣雨，往事全如鸟印空。
溪水无情流滮滮，海山依旧碧丛丛。
断碑莫怪千回读，今代何人笔力同。

——《訾家洲二首·其二》

第五节 相关设施的建设

唐代已经设有完备的交通、市场和旅游管理机构：户曹司户参军掌户籍、计账、道路、逆旅，田畴、六畜、过所、蠲符之事，而剖断人之诉竞。士曹司士参军掌津梁、舟车、舍宅、百工众艺之事。市令、丞掌市廛交易，禁斥非违之事。上关设令、丞、录事、府、史、典事、津吏等职位；中关设令、丞、录

建于北宋时期的阳朔仙桂桥

事、府、史、典事、津吏等职位；下关设令、府、史、典事、津吏等职位。关令掌禁末游，伺奸慝。凡行人车马出入往来，必据过所以勘之。典事掌巡划铺及杂当。津吏掌桥船之事。[1]

桂林之地，多山多谷，水道纵横，自古交通多有不便，成为制约这一地区经济社会发展的重要因素。唐宋时期，为了解决交通问题，地方官府以及民众，都注意建设必要的交通设施。

从政府管理来说，唐宋时期，对于交通、关津、市场、旅舍等，都设有管理机构。对于公务出行，更是有完备的制度。

据《唐六典》，掌管交通设驾部郎中一人，员外郎一人，掌邦国之舆辇、车乘，及天下之传、驿、厩、牧官私马、牛、杂畜之簿籍，辨其出入阑逸之政

1 ［唐］张九龄等原著，袁文兴、潘寅生主编：《唐六典全译》，甘肃人民出版社，1997年，第739、756页。

令，司其名数。凡三十里一驿，天下凡一千六百三十有九所（二百六十所水驿，一千二百九十七所陆驿，八十六所水陆相兼）。若地势险阻及须依水草，不必三十里。每驿皆置驿长一人，量驿之闲要以定其马数：其马官给。有山阪险峻之处及江南、岭南暑湿不宜大马处，兼置蜀马。凡水驿亦量事闲要以置船，事繁者每驿四只，闲者三只，更闲者二只。凡马三名给丁一人，船一给丁三人。凡驿皆给钱以资之，什物并皆为市。凡乘驿者，在京于门下给券，在外于留守及诸军、州给券。凡诸司有备运之车。[1]

桂州城外，虞山附近漓江边，便设有桂林驿。此外，兴安、灵川、阳朔等均有驿站。

设驿站则必有交通。水路和陆路都是重要的交通设施。从运力而言，水运是最重要的交通手段。在冬季水浅或者需翻越山岭、水路不通的地方，官道显得十分重要。官道遇河，或以舟渡，或以桥行，也需要相关的建设和管理。

一、相思埭建设与灵渠维护

自唐代始，桂林的战略地位逐渐变得重要起来，成为北方中央政权管辖岭南的一个重要节点，不论官员，还是兵员，多经桂林南下至各地。传统水路，经桂江而下，到梧州转西江，费时颇长，且桂江滩险流急，冬季枯水、夏天洪流，往往不便交通，影响政令通达和行政管辖效率，官方受此自然水路之限制久矣。鉴于此，有必要像秦朝灵渠那样，寻找合适的地理位置，开凿一条人工运河。

桂州辖下，始安县境内，今会仙一带，雨量充沛，地势平缓，积水难以排泄，成为一大片石山间的自然湿地，其东为漓江流域，流水缓向东流；其西为柳江流域，其水渐向西行。这样的地理环境就成为开凿运河的理想选择：稍加人工沟通，便可使漓江与柳江经此处相连起来。武周长寿元年（692），桂州临桂县在此组织力量，筑相思埭。相思埭，又名桂柳运河，其东连漓江支流良丰河，西接柳江支流洛清江。这条运河，因水向东西两个方向流淌，自此“永

1 ［唐］张九龄等原著，袁文兴、潘寅生主编：《唐六典全译》，甘肃人民出版社，1997 年，第 185 页。

不相见”，故取名“相思”。相思埭的规划建设，在交通上，开辟了桂州至柳州的近道。相思埭建成以后，桂林至柳州的路程缩短了四分之三。经相思埭至柳州、河池，乃至贵州方向，比之旧道，要便利多了。《新唐书》卷四十三说：临桂“有相思埭，长寿元年筑，分相思水使东西流”。清光绪补刊《临桂县志》介绍相思埭：“自县属辨塘山流出狮子岩，汇分水塘，一东流曲折十五里至太平脚陡，经蒋家坝至相思江口入漓江；一西流湾折十五里至鲢鱼陡，下大湾，达苏桥，合永福江以至柳州。”[1]

灵渠是连接漓江和湘江的重要通道，然南方每年均有多场暴雨，对河道、村庄、农田都有较大的破坏，灵渠也因此经常被洪水损毁或者因淤泥而壅塞，使通途变为死路。和平年代，大军不动，这个问题尚不突出。若要举兵南下征讨，则灵渠的通畅就变得非常重要。所以，疏浚灵渠一直是当地官员的一项重要任务。历史上，灵渠也多次进行过重大的疏浚工程。

唐宝历元年（825 年），桂管都防御观察使李渤主持整修了灵渠，使得灵渠得以重新通航。他还在兴安县城东门外的灵渠上兴建了万里桥，以便邑人出行。万里桥是广西最早修建的石拱桥之一。

宋崇宁三年（1104），知桂州王祖道开朝宗渠，引漓江水通贯市区，入西湖、通阳江。范成大旅桂时，朝宗渠已经损毁严重，他又着手疏浚修缮。朝宗渠，主要功能是为护城濠塘补水，也是桂州城内的游览线路。

二、交通要道和风景区的桥梁建设

桂林是多雨山区，溪河众多，交通中最感不便的是涉溪过河。不论官道、商道还是乡道，都要解决建桥问题。唐代的桥梁，今已不存，史料也缺乏记载，目前可看到的材料，是柳宗元在《桂州訾家洲亭记》所写的跨漓江的浮桥：“左浮飞阁，右列闲馆。比舟为梁，与波升降。”进入宋代以后，由于印刷术的普及，文字记录增多，我们可以了解到更多的桥梁建设情况，还能按文寻踪地找到一些始建于宋代、后来又多次重建的古桥或者桥址。

1 ［清］蔡呈韶等修：《临桂县志》卷十一，见《中国方志丛书》第十五号，成文出版社，1967 年，第 170 页。

宋·李坦 重修龙隐二桥记

全州飞鸾桥，位于全州县城西，跨越万乡河，是桂林官道上最大的石墩台木梁桥，始建于宋代。

青带桥，亦叫通济桥，即今阳桥。唐宋时，桂州城南由护城河环绕，南来北往皆需经过此处，宋宣和年间，知桂州吕源重建，可见此桥的历史要早于宣和年间，元代伯笃鲁丁再次重建，“桥左右为商贾，所藏宝物番货，以有易无，日以千百计”[1]。后屡废屡修，护城河演变为湖塘，叫阳塘，桥名亦变更为阳桥。

1 ［元］伯笃鲁丁：《阳桥记》，见《粤西文载校点》第三册，广西人民出版社，1990年，第28页。

元丰元年（1078）冬，曾布在七星山下整理开发岩洞时，“入洞十余步，有涧水横其前，不可涉”，曾布便命人梁石为桥，以便游者。[1]

龙隐岩前有小东江，邑人设桥以利行。“龙隐二桥，东浮而西植，阅日滋久，材愈弗堪。”政和七年（1117）夏，广南西路兵马钤辖、知邕州兼安抚都监李坦到此，深感民众往来不便，乃捐资造龙隐二桥。

阳朔仙桂桥，位于遇龙河畔旧县村，始建于北宋宣和五年（1123），南宋绍兴七年（1137）重新修建，桥体结构为单拱石桥，桥拱处有建桥石刻，还有工匠的名字在上面。这座桥历时800余年仍保持较完整，是目前发现的广西最古老的石桥之一。

临桂于公桥，据载，建于南宋绍兴三年（1133），是中庸通往义宁的重要通道，由南北岸两块长石构成。

绍兴十三年（1143），有秦姓信士组织在灵川潮田建阚碧桥。几年后，洪水冲毁此桥，秦姓信士再次组织信众，“约用百缗，百废兴工，甃高三尺，择良材重新架造，置栏楯构连，登者如履平地”。虽是信众自发组织，却注意发挥社会各界力量：“富者输财，巧者输工，壮者输力”[2]，使工程得以顺利进行。

淳熙十四年（1187），詹仪之修建了普陀山下的寻源桥。普陀山是当时的重要风景区，这座桥的架设，为游人踏寻风景提供了方便。

张釜于宋绍熙四年（1193）来到桂林，任广西转运判官。在任期间，张釜修驿站、疏灵渠、造浮桥、植路树，做了许多建设旅游设施的事情。

宋端平年间，广西经略安抚使赵焕章在任上修建了永济桥，即横跨漓江之浮桥，桥址在今解放桥一带。端平三年（1236），因有感于赵焕章之德政，桂林乡贤秦祥发等在七星岩刻石记有赵焕章建桥便民之事迹：“辟岩洞以与民同乐，山川为之改观。造□桥以壮丽藩府，城郭为之增辉。”赵焕章所建的这座永济桥，应该是对柳宗元所提到的那座“比舟为梁”的浮桥进行重建，从碑刻中“造□桥

1 ［宋］孙觌：《鸿庆居士集》卷三，见《文渊阁四库全书》第1135册，台湾商务印书馆，1986年，31d页。

2 据卯兴明采摘于灵川县潮田乡报古塘村梯岭古道摩崖石刻。

以壮丽藩府，城郭为之增辉”[1]的形容来看，原桥已经被洪水冲毁许久了，才可能有“壮丽藩府”“为之增辉”之誉。

嘉熙年间，灵剑溪上建了嘉熙桥，以便市民往江东游览时行走便利。

三、道路的修建

水路不达之地，或者枯水季节无法通航的地方，则由官方修筑官道。民间的便利往来，则有商道或者乡道联通。

据《广西通志·交通志》:“自唐代以来，桂林官路累有修葺。路幅逐渐拓宽到1.5—3米左右，大部分路段铺筑块石、条石或大砾石路面，还迭次改建桥渡和险隘路段。如清湘（今全州县）西郊的盘石脚，两山峙立，罗水中流，悬崖峭壁，道路险阻。唐代曾修栈道维持交通。北宋大观二年至政和三年（1108—1113），僧人永玞募捐招工，‘构木桥者二十间，砌石路者几百步’。”[2]

桂林市象山区二塘乡与临桂区会仙镇交界处，至今仍保留有南宋淳熙六年（1179）由寺庙比丘筹资修建道路的摩崖石刻。碑文内容为:“石清寺住持比丘如玉谨抽衣资命匠补砌清穴上大厄路道一径垣平今既完成殊利上答四恩普资三友者淳熙六年己亥岁十月日干缘比丘永坚海裕谨题。”[3]这里并不是古代的官道，所以由民间筹资修路。

桂林至安南大路桂林至柳州路段，唐代已是主要通道。元和十年（815），柳宗元贬为柳州刺史，即取此道赴任。当时大路兰麻至理定间相距25千米，道路崎岖，山溪险恶，遇兰麻溪流涨水，涉者常丧生，行人视为危途。[4]

始建于宋代的灵川三街古驿道，由主道、副道和中轴线组成，主要由鹅卵石和小砖铺设，主道与副道有明显高差，显然考虑到了雨季的行走问题。

1　桂海碑林博物馆编:《桂林石刻碑文集》上册，漓江出版社，2019年，第498页。

2《广西通志·交通志》，广西人民出版社，1996年，第4页。

3　蒋桂英、李曦:《桂林临桂区唐、宋、元各时期石刻调查》，载《桂林博物馆文集》第四辑，广西师范大学出版社，2018年，第183页。

4《广西通志·交通志》，1996年，第4页。

桂林南郊的宋代修路碑，王秋红摄

四、多种类型的旅游设施建设

桂林最有名的游览设施，莫过于子城东北角的逍遥楼。逍遥楼取名于《庄子·逍遥游》之意境气象，具体建楼时间不详，不早于李靖建桂州子城，不晚于宋之问被流放到桂州，宋之问有两首关于逍遥楼的诗，传唱甚远。其中一首《登逍遥楼》："逍遥楼上望乡关，绿水泓澄云雾间。北去衡阳二千里，无因雁足系书还。"因写尽了游人的思乡情而成为名篇，可见逍遥楼是那时达官贵人饮宴待客的好场所。传由颜真卿题写的"逍遥楼"碑立于逍遥楼前，更是为这座名楼增辉。

驿亭是古代官方人士旅行时休憩的场所。唐宋时期，桂州城外有驿，城内有亭。《康熙字典》:“停也。道路所舍，人停集也。亭，留也，行旅宿会之所馆也。”逍遥楼附近，有碧浔亭：“亭馆，大中初前韦舍人瓘创造。在子城东北隅十余步，接近逍遥楼角，近大江。馆宇宏丽，制作精致，高下敞豁，冠诸亭院。”[1] 距离碧浔亭不远，又有拜表亭：“北接碧浔，南连望月，东甫长河，西邻雉堞。”这些所在，是官员往来聚离的重要场所，为游客提供食宿服务。诗人曹邺就在碧浔亭与友人相聚，赋诗怀知己：

荻花芦叶满溪流，一簇笙歌在水楼。
金管曲长人尽醉，玉簪恩重独生愁。
女萝力弱难逢地，桐树心孤易感秋。
莫怪当欢却惆怅，全家欲上五湖舟。
——《碧浔宴上有怀知己》

这么多的亭楼相邻，临江观景，把酒欢聚，可见唐朝时桂州的热闹。

此外，桂州城还有东观、舜庙、伏波庙、迁莺坊、开元寺等许多人文胜景，这些设施与周边的自然景观融合为一体，可谓美不胜收。

到了宋代，程节督建的湘南楼在逍遥楼附近落成，成为宋代桂林招待游人、观景宴客的又一处名胜。李彦弼为湘南楼写了文章记述此盛事，文中说，因为侬智高，朝廷扩大了桂州城的等级规模，“故其隍池楼橹之列，有瑰鸿侈丽之势。阅岁滋久，城东之门，柱欹缀颓，栋桷腐桡，卑陬褊迫，甚非所以为边庭壮观也。公乃因旧，奏而鼎之。运修城之金，裒羡戍之卒，搜山度材。以其心匠，授内殿承制兵马都监和议，俾董厥功。惟议精核经营，赞明巧思，初无扰纷，土木告办。兴于建中靖国之秋，成于崇宁初元之夏。下拔峻墉，上耸丽谯。霍若云峨而山峙。骧檐牙以挂斗傍，萦栏楯以跃林杪，赪糊丹绮，与朝日争辉；高牖疏棂，与游氛袭气，观者忡愕，谓是功不訾矣！”

1 ［唐］莫休符：《桂林风土记》，商务印书馆，1936 年，第 4 页。

程节自己也陶醉于湘南楼之绮丽："兹楼揭孽轮囷，压百雉之纡徐；爽豁空濛，睇千里之超忽；平开七星之秀峰，旁搴八桂之远韵；前横漓江之风漪，后涌帅府之云屋。环以群山，叠众皱而昂孤骞，若神腾而鬼趡，若波骇而龙惊，兹亦胜概之绝伦者矣。"[1]

宋哲宗元符三年（1100），由广西经略安抚使、知桂州的程节规划建设的八桂堂落成。八桂堂位于州城东北侧，独秀峰和伏波山之间，近水潭，临府衙，是十分便利的休闲赏景之处。

李彦弼《八桂堂记》将这座宋代的园林刻写得非常细致：

湘水之南，粤壤之西，是为桂林。秦以郡置，唐以管分。遥制海疆，旁控溪峒，宿兵授帅，襟喉二十有六州，巍然为会府，盖承圣宋之御图也。尧仁舜恩，覆被无外，黠傺效顺，师徒弗动，而边境自拓。斯民乐其业而安其生，喜见太平官府。故桂邦之俗，岁时载榼提醪，口箫腰鼓，以游遨燕赏为事。然而郡山蜿蟺，环辏郛郭，幽岩邃壑，穷栏密槛，多栖于烟岚、风磴之外，不足以容邦人车盖之盛，舆情患之。

龙图阁鄱阳程公，自绍圣四载，拥旄开府，今阅五春矣。公渊沦胸襟，恬澹坛宇，阖开权谋，不运声气，而威扬泽霈，瘴尘消廓，卧鼓边亭。于是裘轻带缓，时为逍遥游。因欲以豁邦人郁纡之情，乃度州治东北隅有隙野焉，兰皋芜原，陂陀轩霍，万景献秀，可以圃而堂之。尔乃薙莽斸榛，扫除猩猱、鼯鼬所以嗥风啸雨之区，而为穹台曲榭，峥嵘瑰丽之观。独秀屹其孤，伏波業其伟。前缭以平湖，为菰蒲、菡萏之境；中辟以广庭，为车骑、乐舞之场；右峙"迎曦"，以宾朝暾；左开"待月"，以呼夕魄。山川满目，桃李成蹊。铺迟日以采蘩，激光风而转蕙。而对植丹桂，为苍苍之林，散蟾窟之天馨，飘薄于几席之间，是为八桂堂也。轮吸清漪，筒奔迅注。泛兰舟而载雕觞，环嘉宾而算醇醪，是为流桂泉也。凿芳沼而耸中洲，叩浅栏而数游鳞，倏然有濠上之趣，不减惠庄之真，是为知鱼阁也。因冈为台，凭高徙

1 ［宋］李彦弼：《湘南楼记》，见《桂林石刻碑文集》，漓江出版社，2019 年。

倚，蘸波影于檐楹，漱滩声于眉宇，而峻以青琮，荡空而嬉，士女喧咽，心醉物华，不知珥坠而簪遗，是为熙春台也。

公乘休暇，则驱貔貅，抗幢旆，引贤士大夫而来游。相与傲清昼，撷芳鲜。酌桂浆之金波，浮先春之玉乳。投骁壶而敲芳枰，西晷颓光，鸣珂而归。夹道之人，仰公高致，邈在物表。谓公雍容燕衎，坐镇数千里于尊俎之上，若将与民相忘者。虽山季伦之醉习池，羊叔子之登岘山，风流之敏妙，僚侣之英华，未足多谢。彦弼乃招稠人而语之曰："尔知公之所以游乎？夫君子长者之于人，未有不先同其忧，而后同其乐者。盖数炊秤爨，足以享己，而不足以享人。此小知之士，所以长见笑于大方之家。公之帅桂也，明政事，练甲兵，销患未萌，而人无骇舆之变，此先同其忧也。公之辟圃也，敞扉通途，无隔塞之禁，而不忍擅一身之私，此后同其乐也。惟忧乐与斯人共之，是为公所以建八桂之意欤？"于是众口嗟咨，感公盛德，谓山石可泐，川湍可涸，斯堂之景，岂有既乎？虽然，景则无时而尽，公则有时而去。一日归拜明光，密侍严凝，则吾人思公之心，亦岂有既乎？愿得公之文，以纪无既之景，垂无既之思！仆曰："公手植八桂于堂之砌，异时公归在朝，尔邦之人，拥翠干而培深根，徘徊抚玩于浓阴之下，想风采而咏芳馨，期为勿剪之千龄，则是真甘棠之思也。顾吾之文，亦何与哉！"谨记。[1]

《八桂堂记》是那个时代难得的一篇记述楼堂馆所的长文，因而很有历史价值。通读此文，我们至少知晓了如下事实：程节在桂州为官期间，因其治理能力，桂州在几年时间中治安良好，官兵"卧鼓边亭"，民众得以安身，乐见太平。因感受到当地民俗之"载榼提醪，口箫腰鼓，以游遨燕赏为事"，却因为周边自然风景"不足以容邦人车盖之盛，舆情患之"，故程节决定"乐民众之所乐"，在府东北择地构建了八桂堂。八桂堂规模宏大，设计精巧，内容完备，有湖有舟，有席有酒，有亭阁泉鱼，有美木芳草，可泛舟，可凭栏，可对饮，可撷鲜。此堂

1 樊平：《古代桂林山水风情散文百篇》，广东教育出版社，2011 年，第 58—62 页。

建成，凡遇公休，皆“引贤士大夫而来游”，“士女喧咽，心醉物华”，好一幅官民同乐图。

程节、程邻父子先后在桂州任主官达十余年，尤其程节在任，兴边除弊，功勋卓著，深得皇帝信任。程节在桂林还在月牙山修建了环翠阁。

程节以后，八桂堂一直是官场上迎来送往、文人们把盏言欢的重要场所。宋高宗绍兴四年（1134）十月，孙觌北归时，经略安抚使刘彦适设宴于八桂堂，为孙觌送行。八桂堂也是宋代桂州一处重要的旅游设施，绍兴十八年六月，潮阳人刘昉自蜀还乡，经桂林，便下榻于八桂堂。刘昉想起30年前，年幼的自己曾随父官居于此，然后中进士走上仕途，不由感慨。他这次路过桂林，借助少年时对各山岩之印象，泛舟于伏波山、雉山等处，儿孙相随，游辄题名。人尚在静江，接到朝廷让其帅湖南之命，坚辞不获，遂从桂林北行，老家也没回成。

宋徽宗崇宁三年（1104），王祖道权知桂州，他到任之后，继承前任经营构造桂林的做法，在城北开辟朝宗渠，引城东北之漓江水，入位于城西的西湖。水系完工，形成全市水路纵横，山水相映的格局。朝宗渠完工后两年，正好遇洪涝，桂州城内，平地水深一丈，有民众为防洪涝，采取了壅塞朝宗渠的行为。为确保朝宗渠的通畅，朝廷于大观二年（1108）特意立法规定：壅隔朝宗渠者，以盗决黄、汴两河堤防法治罪。[1]

范成大之后，张栻知静江府。张栻是南宋著名的理学大家，对理学贡献颇大。他在执掌静江府期间，精心建造了虞山景观。他重修了虞帝祠，并请朱熹撰《有宋静江府新作虞帝庙碑》，镌刻于虞山。虞山有洞穴，张栻认为只有韶乐可与虞帝祠相配，故将其洞命名为韶音洞，亲自作《韶音洞记》。他还在雉山青萝阁旧址建禊亭，并题诗。

宋淳熙庚子年（1180），广西经略安抚使、知静江府刘焞在栖霞山的弹子岩买地置圃，隔桥筑亭。刘氏园圃建成之后，广西转运判官梁安世应邀去刘焞那里做客，仰观崖石，如坐冷泉对飞来诸峰，认为刘焞园址是桂林胜游之最。

桂林地处偏远不便之地，经济一直落后，自然景观不错，旅游设施却很落

---

1 ［明］张鸣凤：《桂胜　桂故》，中华书局，2016年，第243页。

后，住宿条件差强人意。旅游住宿方面，唐朝的相关记叙几乎阙如。庙宇是古人出行的重要投宿地。民间游客，自是投宿寺庙道观或者街市小店，栖身即可，安全为要，其他就顾不上了。唐代，桂林先后建造的著名寺观有开元寺、延龄寺、东观、龙泉寺、临桂浮洲庵、阳朔鉴山寺、全州湘山寺、宝鼎寺、平乐龙兴寺、永福澄心寺，宋代释迦寺、铁牛寺等，都可以为游人提供歇息之所。

官员士人的出行，总是比较讲究的。唐朝，在桂林城北虞山南，有望秦驿，望秦驿前竹树林樾，交接互映。柳宗元途经望秦驿，有诗作《桂州北望秦驿手开竹径至钓矶留待徐容州》留世。也有人认为今人误读了柳诗题目，原义应该是"向北眺望秦驿"，因为秦驿在兴安秦城附近。即使如此，柳诗题目中"手开竹径至钓矶"，应该是他在虞山南侧桂林驿以钓鱼打发时光等候徐容州的情形。宋朝已经有桂林馆和朝京馆，这些都是为官方人物出行提供食宿的专门场所。桂林驿站，虽历史很久，却常常失修。宋高宗绍兴二十一年（1151），桂林馆落成，馆址就是原来的桂州旧驿舍，地点紧靠衙门。桂林馆是用于公务接待的宾馆，主要任务就是接待过往官员和军人。静江通判汪应辰撰写了《桂林馆记》，记述此事："逾衡湘而南，静江为一都会。崇墉复宇，显敞壮丽。通衢之广衍，阛阓之阜盛，称其为都会之府。独所谓传舍者，在府治之西不数十步，圮垣败屋，积久不治。腐者欲折，攲者欲仆，过者即趋，惧将压焉"。官府决定筹资重修驿所，名为桂林馆，以达到"大以待部使者之按临，而其次，盖将使士夫羁旅于道路者，得其所安，亦不以别异于吏民，知所以重，此皆朝廷美意，其可以阙然哉！于是即其旧基，一新其栋宇，为堂面阳而列于左右者，其位各四。门之大可以方轨，庭之广可以合乐。至于庖湢之所，几榻之具，莫不遂其处而备焉……"[1]

宋太宗至道二年（996），陈尧叟任广南西路转运使，来到桂州。陈尧叟在桂期间，除了认真履行转运使职责，还很注意解决民生问题。在桂州为官期间，陈尧叟见此地炎热潮湿，北人多因此患病，便潜心收集民间治疗湿热病的药方；又见岭南人患病，多不求医，而是问卜，便收集了一些有价值的中医

1 （光绪）《临桂县志》，广西人民出版社，2013年，714—715页。

验方，刻于石上，立在桂林驿，供南来北往的旅人和当地民众抄用疗疾。当地人多取河溪之水饮用，若居住距河较远，则多有不便，陈尧叟便教居民凿井取水。他还组织人力种植行道树，为路人遮阴。旅客长途旅行，无论遇酷日还是风雨，多有不便，陈尧叟便命人们在路边建凉亭，供旅客休息，有的凉亭还设有茶桶和水勺。这些善举影响了其他州县官员的仿效。此后，桂州官民行于道中，无酷暑之苦矣。陈尧叟作为政府主要官员，组织进行的这些工作，是桂林可考的最早旅游公共服务。他还针对桂州及广西的实际情况，向农人推广新农具，提高耕作效率；向上申请减少广西税负，争取制作军服等财政订单，以解决邑人的生计问题。

陶弼任阳朔县令时，也组织百姓在官道两道种植树木，以荫往来行旅者。此后，种植行道树的传统，一直被后来人继承下来。

祈求神灵是唐宋时期重要的文化现象，这类宗教活动，是古代重要的群众性聚集游览活动，并在这类活动的参与过程中，潜移默化地接受敬天地的价值观。

桂州重修尧舜祠时，桂州人赵观文曾著《桂林新修尧舜祠祭器碑》一文。

李商隐在桂州当幕僚期间，曾为主官撰写多篇祈赛文，包括《赛舜庙文》《赛尧山庙文》《赛兰麻神文》《赛荔浦县城隍神文》《祭全义县伏波神文》《祭桂州城隍神祝文》等。[1]

海阳山为海阳坪山间谷地一个孤山，有水流自北麓流出，古人误以为此为湘漓二水之源，唐即建有祠宇供奉。范成大在桂林为官时，曾奏请宋孝宗御赐庙额为“灵泽”。宋孝宗淳熙十一年（1184），孝宗皇帝封静江府灵川县海阳山灵泽庙敕，“可特封惠济侯”[2]由此，湘漓水源神的祭祀成为国家祀典，由朝廷遣官致祭。[3]

1　江田祥：《唐代桂州地方神祠与祈雨空间研究——以李商隐诗文集为中心》，载《社会科学战线》2018 年第 12 期。

2　曾桥旺：《灵川历代碑文集》，中央文献出版社，2010 年，第 17 页。

3　林京海等：《石语墨影——广西古代石刻选萃》，广西科学技术出版社，2014 年，第 104 页。

第六节 旅游线路初步形成

唐朝初期，因为各景点多为自然景观，缺乏人工设施，攀登不易，所以旅游行为多表现为对单个景区的观赏。例如，到城北的虞山去朝拜庙宇，登叠彩山鸟瞰山川，披荆斩棘踏寻南溪山，乘舟到江东去游玩栖霞山、龙隐洞等。

唐宪宗元和九年（814）春，安南桂管宣慰使马日温等 3 人游叠彩山风洞时，这里尚无观景的道路，需要在岩石间寻找药农踩出的小径上山，这也让几位身居高位的官员们乐于一试。当他们到达风洞，极目四望，那种兴奋可想而知，于是在风洞口留下了记录此行的题刻。

最早走到深山里去的，可能是佛道界人士，他们或者需要寻找可建寺庙道观之处，或者需要在山崖间镌刻佛像和经文，以及在山间采药。释怀信就在七星岩口留有一首五言诗：

石古苔痕厚，岩深日影悠。
参禅因久坐，老佛总无愁。

桂林自唐宋以来的摩崖石刻，蕴含了许多有价值的信息，是历史文化的瑰宝。访读这些石刻，我们会发现一个有趣的现象：在唐朝，对桂州城郭间各山峰岩穴的探游，多为少数人个别人的活动，频次也不多，且基本是一次只看一个地方。

唐敬宗宝历元年（825），李渤一行，以泉石为娱者，搜奇访异到了城西，发现了大山怀抱下小巧玲珑的隐山，“水石清拔，幽然有真趣，可以游目，可以永日”，遂动了开发隐山的念头。这应该是开发之前的资源考察了。这一次，他们只考察了隐山。

李渤题诗南溪山，是与他的哥哥李涉一起。这一次，他们也只是游览了南溪山。

宋朝以后，由于桂林的上述景点已经逐渐有名，心向往之的人很多，公休日的落实也使得官员可以安排自己的闲暇生活，加上朝宗渠的开凿使得这些景点能够通过舟船连接起来，于是就有了比较完整的游览线路。当时，桃花江还是通过故道从雉山方向与漓江汇合，故雉山也在行程中，从而成为一处名胜。南宋后期，漓江上的浮桥和小东江上的嘉熙桥已经建成，也使游人前往东江游览更为便捷，栖霞山又有若干岩洞可供游玩，元风洞更是成为夏季避暑的好地方，故栖霞山一带在唐宋时期已经成为游人络绎不绝之所。

一、游览线路逐渐形成

一些不甘心只拘泥于传统线路的人，会骑马到更远的地方去游玩，如清秀山、辰山等。总之，以市区为中心，舟马为交通工具，一日行程的范围内，已经有很多山形奇特、洞穴深幽、川水绕流的景观可供游玩。“跃马泛舟”是旅桂游客们对游览方式的生动写照。

进入宋代，最初的游览也是把整天的时间用在单个景点上，逐渐地，陪同的客人越来越多，游览的队伍越来越大，游客也越来越会玩，人们不再仅仅满足于某一天只到一个景点去打发时光了。产生这些变化的原因，一是因为桂林周边的风景区都已经有了必要的设施，使得游览比以前方便，一些商业服务也跟上来了，比如租船就成了比较受欢迎的服务项目；二是社会人士已经把游览作为一种文化追求，是上层人士生活的一部分，游览式的活动不但多了起来，而且队伍越来越大，时间越来越长，一次出行去探寻游玩的地方也越来越多。

嘉祐五年（1060）十月晦日，贾师雄、余靖一行 8 人，游览了元风洞、月牙岩、龙隐岩。

治平四年（1067）春季望日，太常少卿章岘从龙隐岩泛舟至雉山，留下诗歌：

清溪几曲转澄湾，朝发龙岩晚雉山。
林叟野僧休笑我，平生所乐是官闲。

——《自龙隐岩泛舟至雉山》

从章岘的诗中可见，那时的游览，若是一天将几个景点串起来，还是比较新潮、比较让人难以理解的。估计龙隐岩的僧人或者雉山的农人就表示了这种不解，故诗中有“林叟野僧休笑我”之句。

熙宁七年（1074）六月八日，时值盛夏，张觐、刘彝等3人相约同寻龙隐岩，“经臣张觐、执中刘彝、志康傅燮，熙宁甲寅六月八日同寻回穴山，饭于是岩，酌石乳之溜，试郝源新芽，香色味相得皆绝，叹赏数四，遂同舟以游风洞”。

宋宁宗庆元四年（1198）正月初八，还在过年期间，静江的气温可谓天寒地冻，董世仪等18位江西同乡却顶着寒冷，“集松关之翛然亭，既而拏扁舟，延缘过龙隐，为水石更酌，及暮登新桥以归”。可见，从漓江西岸走水路到龙隐岩、普陀山去旅游，在那时已经成为经典线路。

南宋理宗绍定四年（1231）重阳节，在桂林为官的卓樗、赵繇夫等21位福建同乡，先是饮宴于湘南楼，以贺佳节，然后骑马去游览西郊的千山、东郊的栖霞、七星、龙隐诸景，再泛舟往訾洲、水月洞，在水月洞饮酒赋诗，称“人物与众山俱清，情无涯而乐亦无涯也”，阅尽山水乃归。

张孝祥在桂林为官时，有诗《游千山观》云：“朝游七星岩，暮上千山观，东西两奇绝，势略岭海半。”七星岩位于桂林城东，需跨江而抵；千山观则在桂林城西，或步行或骑马而去。早上游览七星岩，下午再登千山观，在时间上恰好合适，也使一天的游览内容更加充实。张孝祥这首诗，在这一点上没有任何夸张，完全是叙事。

唐宋时期，从桂林去阳朔游玩的人很少，公余之游程，尽在桂林周边。但宋人周去非去了阳朔，他从风景角度，对阳朔评价极高：“乃若阳朔诸山，唯新林铺左右十里内极可赏爱。青山绿水，团栾映带，烟霏不敛，空翠扑人，面面相属，人住其间，真住莲花心也。桂林负郭诸山，颇不及耳。”[1]

二、多日游开始出现

宋徽宗宣和七年（1125），一位叫杨损的华阴人从都城来到桂州，称山水奇

1 ［宋］周去非著，杨武泉校注：《岭外代答》，中华书局，1999年，第15页。

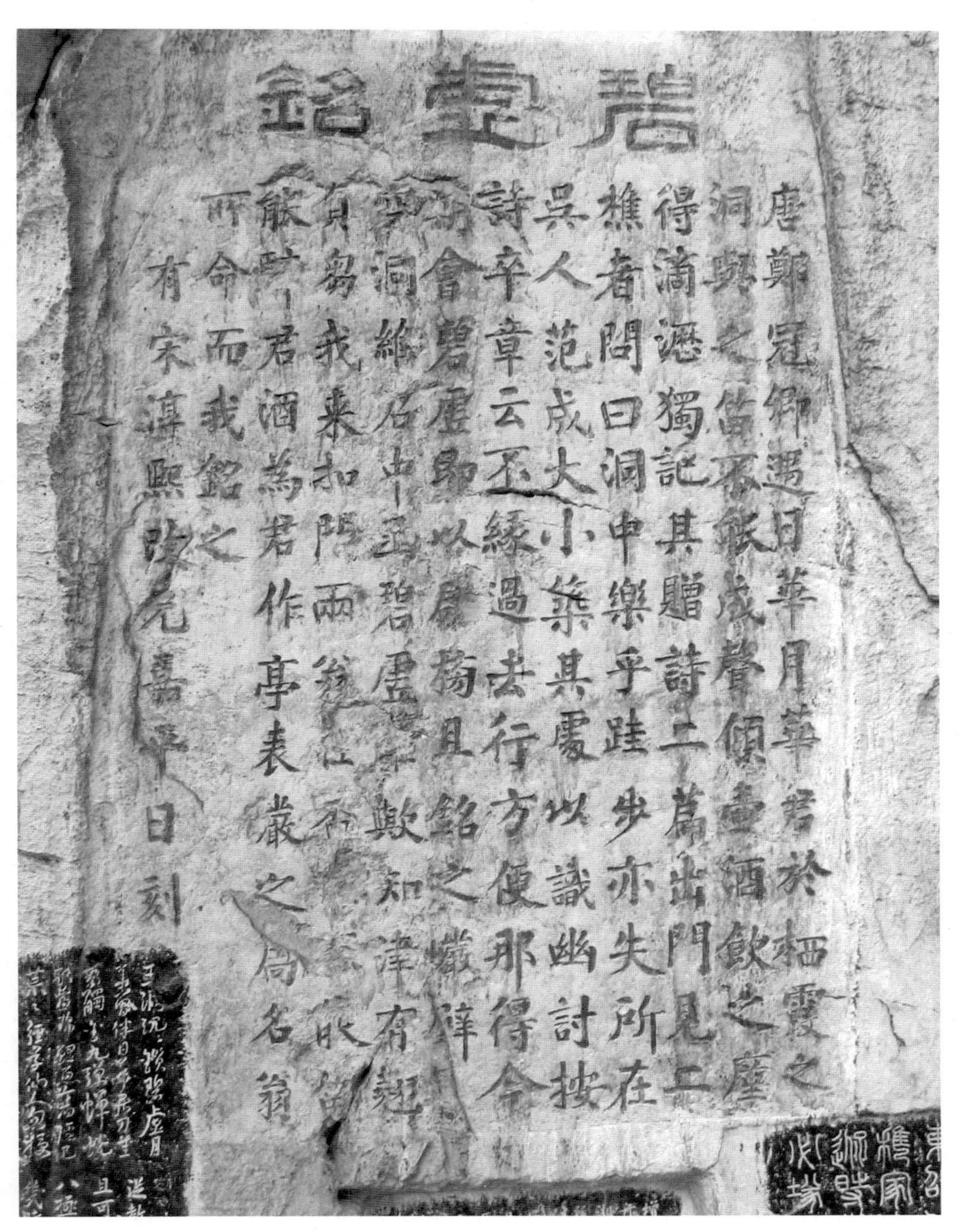

七星岩自古就是桂林风景名胜，岩洞周边有不少碑刻，是桂林历史文化的重要组成部分

秀，叹未尝见。于是，桂州的朋友相邀而行，登超然，过八桂，升雉山，探风穴，入栖霞，扪七星，濯缨于伏波，烹茶于灵隐，酌酒曾公岩中，泛舟妙乐堂下，竟三日方兴尽而返，传为一时佳话。

杨损的三日游，是因为他在这三天中一直沉浸在风景里。事实上，除了当地的官员文人，外来的旅游者，其游览时间往往需要数日。由于桂林风景可人，让游者流连忘返，以至于官员们每每耽误行程。唐朝末年，朝廷为此专门下达规定：官员出差，需日行两驿，在桂州的逗留时间不得超过20日。这个规定，从一个侧面说明了当时“多日游”的常见。

三、在风景中饮宴成为时尚

在风景中与朋友欢饮，是宋朝桂州很时尚的生活方式。

宋英宗治平元年（1064），余藻等四人“自寿宁院抵庆林观，少休风洞，上登栖霞洞，却下漾楫，泊龙隐岩，肴觞啸咏，日薄西渡”。溪边岩下，边饮边唱，反映了游者的快活。

宋徽宗宣和二年（1120）六月初二，毛子嘉等8人携酒往伏波岩避暑相饮，酒酣而散。众酒友分手时约好次日再会于此。第二天，有人如约而来，有人爽约不至，也有新友加入，此生活细节也被镌刻在还珠洞崖壁上。

宋高宗绍兴四年（1134）七月，正值酷暑，赵少隐端着酒壶，与好友刘立道、陈景渊等数人，来到栖霞山下的元风洞来风亭，借此处凉快而畅饮，尽兴乃归。绍兴十八年（1148），静江府帅张渊道在雉山设宴，为“自蜀还乡，道过桂林”的好朋友刘方明饯行。

宋宁宗嘉定辛未年（1211）中元后，“计台临汀杨公子直复出按未历之郡，宪台括苍管定夫、帅守济北李诚之载酒白龙洞留款。先是，去夏六月大暑，公初行郡，亦尝觞此”。

品茗抚琴也是文人雅士兴游桂林山水时的重要活动。宋神宗熙宁戊申年（1068），章岘登环翠阁，见风景“群峰半出重林外，小艇横浮一水间”，沉醉其间，夕阳西下仍不愿归，“更鼓清琴数弄还”。宋高宗绍兴甲戌年（1154），吕愿忠等四人在独秀峰读书岩游玩："访颜氏读书岩，瀹茗鼓琴，裴回久之。"[1]

这些石刻中的记载，留下了宋人游览的生动细节。

第七节 唐宋桂林的特色商品与生活方式

唐宋时期，桂林城市规模渐次扩大，其集散商品的能力也有所增强。尤其南宋时，桂林已成西南都会，为岭南重要商品集散地，岭南的许多贡品、特产，都需要通过桂林转售出去，故商业相对比较繁华。

一、享誉京城的名产

桂林产奇石，自古驰名。颜延之在独秀山下所辟之读书岩，亦以奇石著称，他别离始安时，还舟载奇石以返。"颜延之守始安，载石峰长三丈，过洞庭，风雷覆舟，石沉风息。其石原出独秀山。"[2]唐贞观十三年（639），桂州贡瑞石，翻山涉水运至长安。唐太宗见之，甚喜欢，赞说："碧桂之林，苍梧之野，大舜隐真之地，达人遁迹之乡，观此瑞文，如符所兆。"[3]

唐宋时期，桂林著名的物产有：钟乳石、铜器、麖皮、靴箪、蕉葛、蚺胆、翠羽、白布、傩面等。

岭南产蚺蛇，蚺蛇之胆，主治杀虫附痔；明目去翳；消肿止痛。《旧唐书·本纪十七》记载文宗善心之事，有如下语："帝与侍讲学士许康佐语及取蚺蛇胆，生剖其腹，为之恻然。乃诏度支曰：'每年供进蚺蛇胆四两，桂州一两、

1 以上数则摩崖题名题诗，分别见于《桂林石刻碑文集》第121、215、240、258、442、125、289页。

2 ［明］邝露著，蓝鸿恩考释：《赤雅考释》，广西民族出版社，1995年，第174页。

3 ［清］汪森编，梁超然等校注：《粤西丛载校注》，广西民族出版社，2007年，第698页。

贺州二两、泉州一两，宜于数内减三两，桂、贺、泉三州轮次岁贡一两。’”[1]

桂林山深林密出翠鸟，翠鸟之羽制成的饰品尤其受到京城有身份的人士所欢迎。

韩愈诗中说桂州“户多输翠羽，家自种黄甘”。翠羽是孔雀和锦鸡之类飞禽的羽毛，岭南甚多，宫廷尤其喜爱。黄甘是指黄皮果，盛夏成熟，口甘生津，可惜不能远运，“自种”亦有自食之意。

周去非说：“静江人善捕飞禽，即以其羽为扇。凡扇必左羽，取羽张之，以线索系住，俟肉干筋定，乃可用。鹫，大禽也，以其羽为扇，长数尺，黑色多风，勇士用之，颇壮观。鹭羽洁白，轻质而风细，士夫多用之。以胶漆涂其筋骨而丹之，颇亦雅尚。交趾人又用鹤羽，以线编比羽管，而别施柄。其说谓交趾地多蛇，鹤能食蛇，蛇闻鹤羽之气，必远避之。用鹤以却蛇也。”[2]

桂州白布，亦称桂管布或者桂布，是京城畅销品。《旧唐书·列传第五十一》“韩佽”条下记载这样一件事：春衣使内官到桂州采购衣布，富商们竞相行贿官员。韩佽是桂管观察使，主管桂州官场事务，察知此情，表面应诺。待春衣使离去，便将商人笞背治罪。唐代佚名著的《玉泉子》介绍桂布：“夏侯孜为左拾遗，常着桂管布衫朝谒。文宗问孜衫何太粗涩。具言桂管产此布，厚可以御寒。他日，上问宰相：‘朕察拾遗夏侯孜，必贞介之士。’宰相曰：‘其行，今之颜、冉。’上嗟叹，亦效着桂管布，满朝皆仿之，此布为之骤贵也。”[3]大诗人白居易也专门写诗《新布裘》：“桂布白如雪，吴绵软于云。布重绵且厚，为裘有余温。”

为适应高端市场需求，桂布纺织者开发出一种质细布，叫蕉葛，适于夏天穿着。

蕉葛与蚺胆、翠羽，在唐代就成了岭南产出的受皇室喜爱的贡品，自然也是旅桂人士愿意携带的特产。

1 ［五代］刘昫等撰：《旧唐书》，中华书局，1975年，第529页。

2 ［宋］周去非：《岭外代答》，中华书局，1999年，第205页。

3 ［清］俞樾：《茶香室丛抄》卷二十，见《笔记小说大观》第三十四册，江苏广陵古籍刻印社，1985年，第118页。

宋神宗年间，广西的贡品有广西锦、银、桂心，此外，还要上交苎麻、黑豆、麦等。被列入贡品名单的土产，其产业发展和商誉都有较强竞争力。除了这些贡品外，一些特色商品的生产，也具规模和影响。

傩面，也称戏面，本是氏族社会里祭祀驱鬼用的道具，后来用于舞台演出。宋代，有了瓦肆勾栏，舞台演出非常活跃，傩面从这里走上舞台，成了表现人物身份的重要手段。因为演出受欢迎，傩面也演化为著名手工艺品。在南宋，临安的都市消费和文化市场都很发达，带动了各州府的相关产业。比如傩面制作，逐渐成为桂州之地的传统产业，很多桂州人靠制作傩面发了财。陆游在《老学庵笔记》里写道："政和中大傩，下桂府进面具，比进到，称'一副'。初讶其少，乃是以八百枚为一副，老少妍陋无一相似者，乃大惊。至今桂府作此者，皆致富，天下及外夷皆不能及。"[1]范成大在《桂海虞衡志》说："戏面，桂林人以木刻人面，穷极工巧，一枚或值万钱。"

当时的桂州，将傩面产业做得如此突出，其关联产业即勾栏演出，也会带动起来，虽然不能和京城相比，却也会显示出自己的特点。周去非撰写的《岭外代答》里记录了傩面在桂林人生活中的情形："桂林傩队，自承平时闻名京师，曰静江诸军傩。而所在坊巷村落，又自有百姓傩。严身之具甚饰，进退言语，咸有可观。视中州装队仗似优也。"京城的生活时尚传到桂林，这里结合地方特点和等级制度要求作了改编，其傩戏演出竟然比中州的水平还高，甚至名声远传京城。

二、著名的地方出产

唐代张籍诗写桂林："有地多生桂，无时不养蚕。听歌疑似曲，风俗自相谙。"桂树和桑树是唐代桂林景观的重要特点。养蚕者多，说明纺织业尤其是丝绸业发展不错。

唐人段公路在《北户录》说桂州兴安的一种鱼叫乳穴鱼："全义之西南，有山曰盘龙山。有乳洞斜贯，一溪号曰灵水。《洞记》曰：山曰灵山，水曰灵水，

1 ［宋］陆游：《老学庵笔记》，中华书局，1979 年，第 4 页。

幽而有灵，是以名也。且地志山经所不载。又云：鱼无大小，修尾四足，朱丹其腹，游泳自若。渔人不敢钓之。”[1] 这可能是今人所称之娃娃鱼。

范成大在《桂海虞衡志》里提到不少桂州的特产。岭南飞禽种类多，各色羽毛是很好的饰品。各地所捕之孔雀、翠鸟、锦鸡等，其漂亮的羽毛，主要通过桂州转运至京城，求个好价。

漓江出产的虾鱼、竹鱼，都是珍品：“竹鱼，出漓水，状似青鱼，味如鳜鱼。大抵南中鱼品如鲤鲫辈，皆有之，而以虾竹二鱼为珍。”

桂州在消费能力上固然比京城要差很远，但追逐时尚之风却很盛：“桂林具有诸草花木”，哪怕只能“存形似而已”，也要将牡丹、芍药、桃、杏之类引进栽培。

周去非写桂州生活最仔细：这里到处都有路边卖白酒者，十四钱可买一大白和豆腐羹，叫“豆腐酒”。卖酒挣了钱，就去投资造铅粉，卖给京城，挣更多的钱。修仁产茶出名，制成銙茶出售，銙茶尺寸越小越是品质好。山里人喜欢腌制鱼鲊：先用盐面腌渍，再置于瓮中，封之于水，使不透风，鲊数年生白花，好像变质其实没有。亲友馈赠，悉用老鲊为上。家中有女儿的，不问女红如何，只要会制鲊，便是能干。

静江腰鼓，“最有声腔，出于临桂县职田乡，其土特宜乡人作窑烧腔。鼓面铁圈，出于古县，其地产佳铁，铁工善煅，故圈劲而不褊。其皮以大羊之革，南多大羊，故多皮。或用蚺蛇皮挽之。合乐之际，声响特远，一二面鼓，已若十面矣。”[2] 这种质量的腰鼓，与桂州出产的傩面，都是当时文化产业的上品。

三、与旅游相关的商品和服务

一些名气大、价格高且携带方便的产品，是旅游者所心仪的纪念品。

桂州产的零陵香，用来制成座褥。传言此香在岭南不香，出岭则香。这样的口碑，实在是有利于旅游者购买。

宋人爱美，常施铅粉化妆。融州产铅，桂人购进用来制作铅粉，因为桂水之

---

1 ［唐］段公路：《北户录》卷一，清光绪十万卷楼丛书本，第 17 页。

2 ［宋］周去非：《岭外代答》，中华书局，1999 年，第 253 页。

清，很受市场欢迎，故桂粉声闻天下。因为桂粉的市场口碑好，居然有冒牌的桂粉了："西融州有铅坑，铅质极美，桂人用以制粉。澄之以桂水之清，故桂粉声闻天下。桂粉旧皆僧房罨造，僧无不富，邪僻之行多矣。厥后经略司专其利，岁得息钱二万缗，以资经费，群僧乃往衡岳造粉，而以下价售之，亦名桂粉，虽其色不若桂，然桂以故发卖少迟。"[1]

钟乳石，古人认为可入药，故桂林钟乳石也是一种特产。这里岩多洞深，盛产钟乳石，且质量好，成为别处不可相敌的名贵特产，利润高，也因此成为帅司所属的官业："静江多岩洞，深者数里。岗穴之中，或高不可逾，或下不可隧。石脉滴水，风所不及，悉成钟乳；风之所及，虽曰结乳，色乃粗黄，不堪入药。钟乳之产也，乳床连延，乳管倒垂，渐锐而长，滴沥未已，冰筋成列。长者一二尺，短者四五寸。人以竹管仰插而折取之，煮以七复之重汤，研以三旬之玉槌。试之肌纹，以观其细；澄之灰池，而干其体。日以烜之，其色微轻红，真者细妙，服之刀圭，沦肌浃髓。凡乳通如鹅管，中无雁齿，或破如爪甲，文如蝉翼者，上也。《本草》所谓石钟乳是也。管无梢，连石床者，商孽也。乳床之石，明洁如玉者，孔公孽也。三物本同种，《本草》以石钟乳居玉石上秩，商孽、孔公孽皆在中秩，其功用必有优劣尔。今广西帅司所造钟乳粉，率二孽也。所谓鹅管石，盖什之一二耳。"[2]

周去非还介绍了另一种桂州特产滑石："静江瑶峒中出滑石，今《本草》所谓桂州滑石是也。滑石在土，其烂如泥，出土遇风则坚。白者如玉，黑如苍玉，或琢为器用，而润之以油，似与玉无辨者。他路州军，颇爱重之，桂人视之如土，织布粉壁皆用，在桂一斤直七八文而已。"[3]在本地不值钱的东西，其他地方却颇爱重之，那是再好不过的旅游商品了。

有一种叫"无名异"的小黑石子，桂林山中极多，一包数百枚。这种无名异，不知其作用，估计是旅游者喜欢买的纪念品。

陶弼的诗中，也有当地生活景象和产品出现，如他的《题阳朔县舍》：

---

1 ［宋］周去非：《岭外代答》，中华书局，1999 年，第 277—278 页。

2 ［宋］周去非：《岭外代答》，中华书局，1999 年，第 279 页。

3 ［宋］周去非：《岭外代答》，中华书局，1999 年，第 281 页。

石壁高深绕县衙，不离床衽自烟霞。
民耕紫芋为朝食，僧煮黄精代晚茶。
瀑布声中窥案牍，女萝阴里劝桑麻。
欲知言偃弦歌化，水墨屏风数百家。

那时的桂州人，常以紫芋为主食、黄精为茶，种桑麻是重要农事，普遍爱饮酒，闲暇时喜唱弦歌。这类特色饮食和场景，是受游客喜爱的。

唐宋时期，桂州也产荔枝。李师中《桂林题别》有“两岸荔枝红，万家烟雨中”的句子。《东京梦华录》中，京城人的消费中已经有金橘、荔枝、龙眼、甘蔗等岭南水果，桂林是岭南都市，尤其南宋时已被称为“西南会府”，是岭南重要的商品集散地，这里出产或者经这里转运至京城的岭南鲜果、稀罕物品，如香料、器物、珍禽、异兽等，各类数量都不会少。在这种密集的商业往来中，京城里的生活方式也会影响到桂林。京城里的酒楼、瓦肆等行业以及由此带来的生活方式，也会对桂林产生巨大影响。范成大在《桂海虞衡志》“志花”条里说 :“桂林具有诸草花木，牡丹芍药桃杏之属，但培溉不力，存形似而已。今著其土产独宜者，凡北州所有，皆不录。”可知牡丹、芍药、桃、杏等，均从北方引种过去了，只是不擅培养，品质退化。范成大在下文介绍中，强调“凡北州所有，皆不录”，说明桂林已经有大量的原生北方的植物。他只介绍岭南独有的植物，也是希望引起北人的兴趣，引种过去。

桂林所产罗汉果，在宋朝也有影响。张栻有诗《赋罗汉果》:“黄实累累本自芳，西湖名字著诸方。里称胜母吾常避，珍重山僧自煮汤。”以罗汉果煮水，是僧人待客的妙品。

与旅游相关的一些服务，也发展起来。游客来到桂林，或者观景，或者代步，往往离不开小船，租船就成了桂林一种常见的商业服务。孙觌去游雉山，就租了小船。他在《雉山寺青罗阁》里写道 :“便拟买舟随钓叟，一蓑烟雨系沧湾。”

第八节 桂林旅游推介的发端

初来乍到的远方游客，显然希望能够很快地了解桂林有哪些地方值得一游，对桂林旅游景观的推介，自唐宋时开始出现并逐步成型。

一、对桂林风景的认识提升

文人对桂林风景的评价，在唐宋时期有一个明显的升华过程。唐代文人在评价桂林时，主要描绘山水的胜景；北宋文人，相当一些人的兴趣转到了桂林岩洞方面，探洞揽奇成为桂林有别于他处的独特旅游方式。南宋开始，文人们对桂林山水开始有了一种整体性的评价，且把这种评价置于一个广大的空间中去对比、突出、强调。

李纲被贬海南，路经阳朔时，竟然能够心情很好地赞美阳朔风光："道阳朔，山水尤其绝，旧传为'天下第一'，非虚语也。"

在李纲游览桂林几年后，孙觌也给出了类似评价，且把评价扩展到整个桂林："桂林山水奇丽，妙绝天下。"

范成大帅桂府时，深爱这里的风景。在他离开桂林后写的《桂海虞衡志》里，开篇就说："桂山之奇，宜为天下第一。"他的评价，直白而坦率。

张釜的评语稍微含蓄一些："桂林山水之胜，冠绝西南。"

权知静江府事的王正功，在与举子们饮宴时，更是豪情满怀地喊出"桂林山水甲天下"的声音来！

经过历史的演变和沉淀，王正功在诗中的这个表达，被受众们愉快地接受了。

二、与桂林相关的传说

唐宋时期，与桂林有关的传说故事也多了起来，仅《桂林风土记》里就有多则，如《开元寺震井》讲佛教禁忌，《道林和尚》讲善有善报，《徐氏还魂》讲特异功能，这个故事中的地名，至今仍在使用。还有一些与山水有关的传说，如《舜祠》《訾家洲》《欧阳都护冢》。

另一部影响很大的著作《太平广记》里，也有不少以桂林及周边为背景的故事，《申光逊》讲一个桂林人叫申光逊的，擅长岭南的治病方法；《苏芸》讲一个叫苏芸的进士在岭南游览，见到许多假官；《岭南淫祀》讲岭南人有病祈祀的风俗；《斑子》讲岭南一种传说中的动物山魈的传奇。一些与桂林有关的历史人物，也成了故事的主人公，如桂林人曹唐苦吟诗句而致恍惚；桂管观察使韩佽在任上对两位行贿商人治罪。其他如《桂林韩生》《桂林猴妖》等志怪故事，也都带有岭南的神秘，能够让游客对桂林产生兴趣、有印象。

这些故事，通过旅桂者或者从桂林走出去的人传播开去，被录入各类书籍中。

三、有关桂林风景的专门著述

唐光化二年（899），客居桂林的致仕官员莫休符写了一部《桂林风土记》，完整详细地介绍桂林的历史沿革、自然景观、人文景观和接待设施，以及与桂林相关的历史名人和传说故事。从篇目结构和内容来看，是一部和今日导游类图书体例非常接近的著作，也是历史上第一部介绍桂林的志书。原书共 3 卷，到宋代已经佚失 2 卷，存 1 卷，计 42 条，编入《四库全书》。

至宋朝，文人们普遍认为桂林风景之亮点在其岩穴，认为桂林洞穴之丰富多样在他地是没有的，故人们的游兴往往喜欢与揽洞探奇结合起来。宋高宗绍兴年间，赵夔将当时市区周边著名的十二岩、十二洞编成歌诀，即成桂林《二十四岩洞歌》，以便他人传颂导游：

伏波岩　读书岩　叠彩岩　龙隐岩　刘公岩　穿云岩
仙迹岩　白雉岩　中隐岩　吕公岩　曾公岩　程公岩
秦皇开郡为桂林，古号名邦五岭阴。山琢玉簪攒万叠，江分罗带绕千寻。
青青四顾列群山，生自天工巧若镵。玲珑拔地笋层秀，峥嵘嵯峨星斗间。

其中有岩十二所，伏波灵显存祠宇。颜公读书窟室中，叠彩北山如列布。
何年龙隐冲霄去，鳞鬣形模镵石路。仙人刘公飞升时，岩壁宛然遗旧题。
穿云仙迹次左右，清虚道气多南溪。白雉听经生人类，萧寺丰碑有元记。
信知一性无不通，石窦阴阴苔藓蒙。西南中隐尤胜绝，穿处得名因吕公。
曾公程公皆旧迹（三公皆桂帅也），遗爱在民传古昔。
沉沉岩谷有余光，炎方胜概神难藏。周回不远郛郭下，轮蹄追赏何忙忙。

栖霞洞　白龙洞　水月洞　玄风洞　华景洞　虚秀洞
朝阳洞　南华洞　夕阳洞　北牖洞　白雀洞　嘉莲洞
宜人之地少陵诗，阅玩前贤词意奇。烂然五咏非虚语，位压坤方占一维。
青青四顾列群山，生自天工巧若镵。玲珑拔地耸层秀，峥嵘嵯峨星斗间。
其中有洞十二所，七星山下栖霞府。日月华君显迹灵，遇者当时郑冠卿。
归到人间已三载，仙洞光阴时未改。至今旧记传无穷，玄岩蟠蛰闻白龙。
一泓澄碧寒潭莹，水月圆明下翠峰。枕城楼观环俯视，绿锁桥林春日媚。
秦碑柳记已难观，漓水南流泛渺漫。庆林巽穴玄风出，华景高明隐丹室。
西方虚秀贯山腰，南华朝阳风景饶。夕阳北牖通仙径，白雀嘉莲池渌净。
许多佳致卒难题，留与词人赓雅咏。[1]

《二十四岩洞歌》把当时已经很出名的每个岩、每个洞的主要特点作了归纳，两首诗还有相同的“导语”：“青青四顾列群山，生自天工巧若镵。玲珑拔地耸层秀，峥嵘嵯峨星斗间。”这四句导语是对桂林景观特色的概括性表达，故这两首岩洞歌也可说是桂林旅游史上可考的最早的完整全面的导游词。

宋绍熙四年（1193）秋，张釜携友人游览了曾公岩、栖霞洞、龙隐洞、訾家洲、水月洞、慈氏阁和千山观，为各景点赋一诗，计“七咏”，后人刻录于龙隐岩，意呈“是用镵诸岩石，以传示方来。”

1　桂海碑林博物馆编：《桂林石刻碑文集》，漓江出版社，2019 年，第 275—276 页。

范成大在离桂的路上，写了《桂海虞衡志》，计 13 篇，较全面地介绍了当时广西的景观风俗特产，是后人了解当时广西包括桂林的一部很有价值的志书，也可谓是一部宋代广西旅游攻略手册。他写临桂的花腔腰鼓：“出临桂职田乡。其土特宜鼓腔，村人专作窑烧之，细画红花纹以为饰。”写少数民族的药箭：“药箭，化外诸蛮所用。弩虽小弱，而以毒药濡箭锋，中者立死，药以蛇毒草为之。”写桂林酒：“瑞露，帅司公厨酒也。经抚厅前有井清洌，汲以酿，遂有名。今南库中，自出一泉，近年只用库井酒，仍佳。”写山里少数民族的待客风俗：“老酒，以麦麹酿酒，密封藏之可数年。士人家尤贵重，每岁腊中，家家造鲊，使可为卒岁计。有贵客，则设老酒冬鲊以示勤。婚娶亦以老酒为厚礼。”[1]这风俗至今还在一些地方保留着。”

周去非在淳熙年间当过静江府通判。在任职桂林期间，他曾将所闻所见记录下来，达 400 余条，在返乡途中，这些记录稿居然遗失了。他回到家乡后，“乃亲故相劳苦，问以绝域事。骤莫知所对者，盖数数然。至触事而谈，或能举其一二，事类多而臆得者浸广”。后来，他得到范成大的《桂海虞衡志》，又在药裹中找到一些记录稿，于是整理成《岭外代答》一书，分 10 卷 21 门 294 条。

四、隐藏在史料后面的旅游服务者

从史料上，尚看不出唐宋时期出现了导游这种职业，但可以判断出来，游客们在游览七星岩这种惊险刺激的景观时，一定是需要有人带路的。

宋孝宗乾道年间，僧了达向官府状陈：清秀岩古有圣迹佛像，又有官员在清秀岩建造了亭台佛殿，但年远荒废，无人扫洒，了达与了当二僧遂发心住持缘化，在山下西畔化荒地一所，自躬雇召人工，开掘土壕围园，栽种松林竹木。接了达状陈后，官府发给二僧执照，同意他们在清秀岩洒扫，看管园林。二僧所为，为信众和游客提供了一个较好的敬香和游览环境。

范成大在《碧虚铭》里写唐郑冠卿在栖霞洞中遇到日华、月华二君的故事，如此玄虚：与之笛，不能成声；倾壶酒饮之，仅得滴沥。交谈几句，出来竟已岁

1　以上数则，见《桂海虞衡志》，中华书局，2002 年，第 98—100 页。

月久矣！这类道家故事，依附于深邃岩洞，就是因为洞深莫测，外人好奇之。洞中岔道极多，又分上、中、下三层，一般人入洞探奇，只能浅尝辄止。当“列炬数百，随以鼓吹，市人从之者千计”，且“入自曾公岩，出于栖霞洞”，则必然需要导游引路了。

那时的导游，当然只限于七星岩这类奇险迷径之处。一般的风景区，只有渔夫、马夫的相关服务以及道士、僧人帮助沏茶之类了。孙觌在另一首诗《砻岩寺》中写道“老僧惯见客”，便是当时风景区里一种非常真实的写照。

CHAPTER THREE

第三章

元明清时期
桂林旅游的多样性

元朝时期，不论文化发展，还是经济建设，均无明显建树，但桂林的城市建设和风景构建，亦有可称道之处。

朱元璋建明以后，对文化人极不信任，故明朝对文化的破坏很大。建明之初，朱元璋便行封藩，将其侄孙封为靖江王，驻守桂林。桂林城中出现一个世袭王爷，是明朝与前后各朝均不同的地方。王爷虽不理政事，却是一个政治象征，朝廷高官和外籍人士，到桂林总要谦恭地拜会靖江王，成为这个朝代桂林的政治特色，尤其城中的王府，威严又神秘，是很让旅桂人士好奇的。靖江王本人并无什么自由，通过与来访的客人交流，来达到了解社会的目的，也是奇异现象。

清代，桂林的私家园林有了很好的发展。这些园林，以桂林特有的自然景观为背景，注重造园手段的运用，强调文化的展现，成为清代桂林重要的旅游对象。旅游设施的建设维护方面，仍然如古人一样，官方负责官道以及要冲桥梁的建设，民间关注家乡附近的通行便利。因为并没有工程学和材料学的革命，除了元代的城市改造，用巨石取代砖土构筑城墙以外，与以前相比，并没有十分突出的变化。

经唐、宋两朝的建设和宣传以及元的过渡，到了明清，桂林风景的名气已经很响亮，更多来游的远客，未必是以官员之身、公务之便而旅桂，不少人是慕名专程而来，其中包括不少无心为官、一心向学、寄情山水的人士。他们对桂林旅游的介绍，丰富了很多细节。西方大航海时代以后，更多的外国人因为各种原因来到这座城市。桂林的商业服务，也在与外界日益密切的往来中变得更丰富。

明、清两朝，桂林考出去的读书人越来越多，朝中亦不时有桂林籍官员。他们回乡后，在积累桂林文化、修建当地风景、与外来名人交流等方面，都会有比较开阔的视野。有机会周游各地的桂林学子，对于家乡的风景，也有了更深的自豪感。曾任钦州同知的临桂举人李受彤曾说，其同乡某人曾足迹半天下，归家后有“五岳归来成一笑，名山还让故乡多”之感慨[1]。光绪年间，桂林人李秉瑞、潘乃光，先后以官员身份出使过德国、奥地利、荷兰、比利时、丹麦、锡兰、埃及、法国、意大利、芬兰、俄罗斯诸国，是早期游历世界的桂林代表人物。

第一节 文人旅游成为亮点

进入明清以后，随着时代的发展，桂林旅游发生了较为明显的变化。从旅游者身份来看，文人之游尤为突出。虽然唐宋时期的游桂官员也多有文人身份，才能在历史上留下名字，但毕竟其旅桂、羁桂，多与其官员身份有关。到了明清，同样有不少官员包括黄福、王士性、阮元等因公务到桂林旅游，并因文人修养而在历史上留下了他们在桂林的身影；而徐霞客、袁枚、康有为、张宝这样的纯粹文人，同样对桂林心仪有加，用手中的笔写下、画下了他们对桂林的喜爱。

由于大量文人到桂林游览，也由于印刷术的普及，文人的著作发行比之以前较容易，使得这一时期的桂林旅游呈现出更多的历史细节。

一、黄福的旅桂日记

黄福，明成祖时任工部尚书。安南属明时期，任交趾承宣布政使司布政使兼提刑按察使司按察使，途经桂林前往上任，旅途所记，为《奉使安南水程日记》。

1 ［清］孙柸 :《余墨偶谈二集》光绪刻本，卷三，第十八页。

黄福这次公旅，从永乐四年（1406）七月初一离开南京会同馆，日行夜宿，每日不歇。二十二日，至湘桂交界的柳浦驿，该驿隶属全州，晚宿山角驿，亦属全州；二十三日，宿兴安白云驿，此驿在灵渠中段，距县城半里地，驿北陡门十，驿南陡门二十六，每处设军二人守闸放船，这是对灵渠运行方式相当生动的记载；二十四日，至桂林城外东江驿，却没有宿在驿站，而是馆于紫极宫，报名典仪所；二十五日，见免礼（晋见靖江王）；闰七月初五日，报名典仪所；初六日，辞免礼（向靖江王辞行），午后，行至南亭驿，驿之前有榕树，一本九枝，其根盘错，延袤甚远，其阴婆娑殆有顷，估计是宋代植；初七日，至广运驿，驿隶平乐县；初八日，离开桂林境。

观黄福日记所记之行程，他在路过武昌、长沙等其他省城或王室驻地时，并没有过多逗留，却在桂林歇息了整整十天，显然为的是好好游览一下桂林风景。尽管他的公务日记里没有记载游览事项，我们却不难作出这样的判断。

因为此行是公务，在途费用由公家开支，所以规定了行程时间。这样，在桂林逗留的日子里，个人开支所需花费均应自理，故他没有住在驿站，而是住在了紫极宫，因为驿站是不能收现钱的。这个细节，从一个侧面说明了黄福这位高官是比较注意政纪约束的。

典仪所，是明代王府所置机构，掌礼仪事项。黄福经过王府，必须通过典仪所安排，向王爷请安。到达的时候要报到，离开的时候要辞行。这份日记，透露了明代官场上层人物出行时与此相关的诸多细节。

南亭驿，自明末已废，今人多不知。黄福简略的日记记述中，难得有场景描述。

二、王士性注意到封藩制度的问题

王士性，浙江人，万历年间进士，当过广西参议，爱旅行，其足迹几乎遍及全国，著有《广志绎》《广游绎》《五岳游草》等地理著作。由于当过官员，他在游记中不仅注意描绘山河景色，也非常注意民生经济。阅读他的作品，可以更全面地了解当地的情况。

王士性在万历二十五年（1597）完成的《广志绎》一书中，对桂林的风景、农业、治安、交通、商业等，都有很到位的介绍，评价也见深度。

他写桂林风景："自灵川至平乐皆石山拔地而起，中乃玲珑透露，宛转游行。如栖霞一洞，余秉炬行五里余，人物飞走，种种肖形，钟乳上悬下滴，终古累缀，或成数丈，真天下之奇观也。广右山多蛇虺，独不藏匿，洞中极其清洁。若舟行阳朔江口，回首流盼，恐所称瀛海、蓬莱三岛不佳于是。"

写桂林奇石："桂林石细润，玲珑奇巧，虽雕缋不如，胜于太湖数倍，一种名灵芝盆，觚岸如荷翻状，其洿隙成九曲之池，大小随趣，以置净室前，种小花树其上，养金鱼数十头，亦奇赏也。"

写舟楫不便："平乐以上，两岸咸石壁林立，则溪中皆沙滩无石，舟堪夜发。平乐以下，两岸土山迤行，则江中皆石矶岩笋，动辄坏舟。"

写两广通商："广东用广西之木，广西用广东之盐，广东民间资广西之米谷东下，广西兵饷则借助于广东。广东人性巧，善工商，故地称繁丽，广西坐食而已。"

写旅途之危险与官府之整顿："府江两岸六百里湍流悍激，林木翳暗，傜僮执戈戟窜伏，钩引商船，劫夺盐米，甚至杀官伤吏，屡剿不止，只为深林密箐，彼得伏而下，我不得寻而上也。万历戊子，韩少参绍议召商伐去沿江林木，开一官路，令舆马通行。平乐抵昭潭二百里，昭潭抵苍梧界三百三十五里，各冲会哨六百四十里，自贺县抵东安乡又抵庞冲，共二百三十六里。总之凿石五千二百五十二丈，为桥梁四百七十有五，铺亭一百三十有三，渡船十有三，率用戍守士卒，止用库银六千两。松林、鼓锣二峡尤称险绝，并力凿之。自此傜僮种田输租，不敢出劫舟船，昼夜通行，可谓耀暗汶于光明者矣。"

写社会纷争械斗："土官争界、争袭，无日不寻干戈，边人无故死于锋镝者，何可以数计也。"

王士性来到桂林，自然会注意到市中心那显赫的靖江王府："虽禄千石，爵视郡王，其尊贵乃在诸亲藩之上。宗室二千人，岁食藩司禄米五万两，故藩贮不足供，而靖宗亦多不能自存者。"[1] 可以说，他是较早明确提出封藩制度会产生严重社会经济后果的一个文人。

1 ［明］王士性撰，吕景琳点校《广志绎》，中华书局，1981 年，第 113—118 页。

王士性是早于徐霞客的著名旅行家。由于身居高位，他的视野更具宏观性，但细节不如徐霞客文笔生动。

三、狷客邝露写桂林

邝露，广东人，明末名士，生于书香之家，工诗词、晓兵法、善乐律、喜书法，浪漫豁达，性格本不适合做官，南明永历皇帝时期，出于传统忠诚观，出任中书舍人职。清兵入粤时，邝露与兵士死守广州，城陷，抱琴而死。此前，邝露因得罪上司，逃避到广西，略早于徐霞客游历广西各地，他写的《赤雅》，与徐霞客的《粤西游记》差不多同时成书。《赤雅》一书，采录传说的成分很多，但对桂林风景的描绘大气、传神，被誉为绘写桂林山水的名篇。

邝露写阳朔道上诸峰："阳朔道上诸峰，如笋出地，各不相倚。三峰九嶷、析城、天柱者数十里，如楼通天，如阙刺霄，如修竿，如高旗，如人怒，如马啮，如陈将合，如战将溃。漓江、荔水，绸织其下。蛇龟猿鹤，焯耀万态。退之'水作青罗带，山为碧玉簪'，子厚'海上千山似剑铓，秋来处处割愁肠'，子瞻'系闷岂无罗带水，割愁还有剑铓山'，鲁直'桂岭环城如雁宕，苍山平地忽嵯峨'皆实录也。"

从全州至桂林，沿途皆为古松，乃古人为游客避暑所植。邝露写："自桂城北至衡湘七百里，皆长松夹道。秦人置郡时所植，少有摧折，历代必补益之。龙拿凤跱，四时风云月露，任景布怪，色色绝伦。"在邝露游桂林后不久，徐霞客一行来到桂林，初下客船，徐霞客对这古松大道就有深刻印象，以"大松夹道"之句赞叹之。

邝露笔下的恭城银殿山，让人神往："银殿山，在昭州恭城，与九嶷相望。山皆白石，四隅生白石笋。其高触天，浮云绕之，状如宫阙。"[1]

他好像是历史上第一个把灵渠与相思埭合在一起来描写的作家："灵渠自北而南，三十二陡（实为36陡）。由漓通铜鼓，水自东徂西，入永福六陡。六陡冬月涸绝不行。予过陡时，水长月明，如层台叠壁，从天而下。"[2]

1　以上数则，见《赤雅考释》，第70—72页。

2　《赤雅考释》，第106页。

桂林市中心，自古很多湖塘水域，与城中诸山相互映照，构成佳景，尤以榕湖、杉湖为胜。在邝露游历桂林时，榕杉湖叫阳塘，邝露特意写了《阳塘记》：

> 漩桂皆山，漩桂皆水也。漓江、阳江、弹丸、西湖、白竹，瓕城郭，匝日域，姑未暇论，即城中揭谛、梓潼、华景、西清，色色入品，惟阳塘最胜。
>
> 阳塘东西横贯，中束以桥，东曰杉湖，西曰莲荡。征蛮幕府，镇守旧司，南北相望，演漾各数百亩。临水人家，粉墙朱榭，相错如绣。茂林缺处，隐见旌旗。西枕城闉，阳水入焉。
>
> 予先一日忆吾家花田游舸，有诗云：
>
> 芙蓉叶烂不还乡，五月玄岩尚怯霜。
> 梦见花田看越女，手擎丹荔倚斜阳。
>
> 及游阳塘，风开翠扇，水泛红衣。杜若芳洲，不减花田珠海；红蕖白蕊，不减丹荔素馨；纨绮王孙，不减三城侠少；词郎佳句，不减水部风流；金谷佳人，不减滨海素女。至如玉山紫黛，金削芙蓉，倒蘸冰壶，天光上下，则吾家之所无也。
>
> 昔人谓楚南山川，造化以慰夫贤而辱于此者。予虽非其人，而所慰倍多于人。观其所慰，而天地之情见矣。[1]

桂林为岩溶地区，所产石玩自古闻名。邝露写桂林石："颜延之守始安，载石峰长三丈，过洞庭，风雷覆舟，石沉风息。其石原出独秀山，延之诗云：'未若独秀者，峨峨郛邑间。'今桂林石峰，长二丈许，洁白有态者，价不过四十金，皆市于王孙家。其长四五丈者，有神守之，人不敢动，石工望之而走。"[2]可见桂林城中的石玩市场皆为王孙们所把持，二丈（6 米）巨石也被采下当商品买卖，也可推断彼时桂林园林之盛。

1　樊平：《古代桂林山水风情散文百篇》，广东教育出版社，2011 年。
2 《赤雅考释》，第 174 页。

邝露对桂林民俗也非常关注，他写桂林龙舟："桂林竞渡，舟长十余丈，左右衣白数人，右麾白旗，左麾长袖，为郎当舞。中扮古今名将，各执利兵，傍置弓弩。遇仇敌，不返兵，胜则枭而悬之，铙歌合舞。十年一大会，五年一小会，遇甲午为之，有司毫不敢诘。"[1]

四、大旅行家徐霞客游桂林

徐霞客，江阴人，明代著名旅行家，厌恶功名，热爱旅行，留下的《徐霞客游记》不但是一部壮丽的旅游文学作品，也是一部珍贵的地理学著作。

明崇祯九年（1636），51岁的徐霞客从家乡出发，经江西、湖南、广西，进入云南，历时三年余，步行上万里，爬山索川，探洞访奇，写下了不朽的《徐霞客游记》。

从崇祯丁丑年闰四月初八（公元1637年5月31日）进入全州黄沙镇起，到六月十二日（8月2日）离开永福县止，徐霞客此行在桂林逗留了足足两个多月，留下了数万字的考察日记。徐霞客在日记中，不但详细记录了桂林各名山的特点、历史遗留，分析了钟乳石的形成过程，而且对桂林的市井风情、商业格局、官民举止也有记录，是一份十分珍贵的了解明末桂林的全景图。

在进入桂林之前的湖南旅途中，徐霞客一行在湘江舟中被盗匪所劫，幸好徐霞客在盗匪登船前携资入水而走，不然无盘缠前行矣。一路行来，已经是闰四月初八，雨后放晴，徐霞客从全州黄沙河弃船登岸，与同行的静闻和尚择路步行南下，先是到全州县城，考察了湘山寺及周边名胜，又翻山去了资源的宝鼎瀑布，再折返，经界首，到兴安，行五里峡，往高尚田、海洋方向进入桂林，至二十八日进桂林城。从全州到桂林，经全州、资源、兴安、灵川四县，将沿途的河流山川和有特点的山岭洞穴都尽可能仔细查看记录，可谓专业仔细。

在全州的白竹江，徐霞客看见西北有高山，问是何山，乡人答曰"真宝鼎"（《徐霞客游记》中记为"金宝鼎"），便生好奇，于是请了向导，翻山越岭几十里一路寻去，用了三天时间，过高岭后依涧而行，终于看到了属于资江流域的宝鼎

1 《赤雅考释》，第161页。

瀑布："涧复坠路东破峡出，连捣三潭：上方，瀑长如布；中凹，瀑转如倾，下圆整，瀑匀成帘。下二潭俱有圆石中立承水，水坠潭作势潆回尤异。"

在徐霞客笔下，位于全州与兴安交界处的界首，其市况要比兴安县城热闹得多：界首"乃千家之市"，而兴安县城"城墙环堵，县治寂若空门，市蔬市米，唯万里桥边数家"。

徐霞客到达桂林住下后，便开始了他紧张而繁忙的考察。北面的虞山，东面的普陀山、月牙山、穿山、龙隐岩、辰山，南面的南溪山、雉山、象鼻山，西面的西山、隐山、清秀山、中隐山，乃至很难寻访的琴潭，他都去攀爬、观察、考证，记录了重要的石刻资料，分析洞穴钟乳的形成原因等。此时的桂林，正值盛夏酷暑，燋热难当，徐霞客经常袒衣赤膊，以解酷暑。如他在东岸辰山考察洞穴，"有窍南入，甚隘。悉去衣赤体，伏地蛇伸以进"。在阳朔，考察劳累之余，亦是"解衣避暑"。从阳朔归来次日，终于"连日炎威午烁，雨阵时沛，既倦山跻，复厌市行"，不想动弹，甚至第二天也是"是日暑甚，余姑憩不出"。五月初十那天，王府有戏可看，看戏本是明人一大享受，然徐霞客"余时暴日中暑甚，不欲观戏，急托阑内僧促静闻返，乃憩寓中。"

古人多惜笔墨，记事甚简，后人读之往往感到缺乏细节，然徐霞客游记，可谓详略得当，文采斐然，为我们记录了很难得的明末桂林市井风情。

有很热心的村民：徐霞客考察辰山时，辰山之洞穴较高，难以攀爬入洞，房东"庆宇乃肩梯束炬前导，为青珠洞游"。待探洞归来，"庆宇之母，已具餐相待。是夜月色甚皎，而蚊聚成雷，庆宇撤己帐供客，主仆俱得安寝"。

有重友情的读书人，端午节那天在雉山："四君携酒至，复就青萝饮之。"

徐霞客在漓江候船时遭王孙宗室纠缠，"与之升米而去"，并未给予评价，不知他是否如王士性那样思考过封藩制度的问题。他在阳朔与乡民的沟通，以及在寺庙道观与僧人道士的来往，以及在桂林市郊与乡民打交道，都写得十分有趣，勾勒出明末桂林的市井风情图。在琴潭岩，为入岩计，请村中老妪煮茶售之，以拉近双方心理距离；寻访中隐岩时，"闻平塘街小儿呼噪声，已而有数十人呼山下者，声甚急"，原来，村人见山上有陌生人，以为是歹人，故"执枪挟矢"而至。下山后在村里投宿时，听到村女们唱蛮歌（即山歌）浪曲等，皆是非常有趣的风俗场景。

五、名士袁枚访亲桂林

袁枚，钱塘人，清代乾隆年间进士，虽做过小官，但仅30余岁便辞归家，以文学和美食成就在史上留名。袁枚两次因访亲而游历桂林，一次是12岁时，一次是60岁时，两次跨度达48年，足以激发起这位被称为“随园老人”的名家对桂林的真切感受。他在《游桂林诸山记》中写道：

凡山离城辄远，惟桂林诸山，离城独近。余寓太守署中，晡食后，即于于焉而游。先登独秀峰，历三百六级，诣其巅，一城烟火如绘。北下至风洞，望七星岩如七穹龟，团伏地上。

次日，过普陀，到栖霞寺。山万仞壁立，旁有洞，道人秉火导入，初尚明，已而沉黑窅渺，以石为天，以沙为地，以深壑为池，以悬崖为幔，以石脚插地为柱，以横石牵挂为栋梁。未入时，土人先以八十余色目列单见示，如狮、驼、龙、象、鱼网、僧磬之属，虽附会，亦颇有因。至东方亮，则洞尽可出矣。计行二里许。俾昼作夜，倘持火者不继，或堵洞口，则游者如三良殉穆公之葬，永陷坎窞中，非再开辟，不见白日。吁其危哉！所云亮处者，望东首正白，开门趋往，扪之，竟是绝壁。方知日光从西罅穿入，反映壁上作亮，非门也。世有自谓明于理，行乎义，而终身面墙者，率类是矣。

次日，往南熏亭，堤柳阴翳，山淡远萦绕，改险为平，别为一格。

又次日，游木龙洞。洞甚狭，无火不能入。垂石乳如莲房半烂，又似郁肉漏脯，离离可摘。疑人有心腹肾肠，山亦如之。再至刘仙岩，登阁望斗鸡山，两翅展奋，但欠啼耳。腰有洞，空透如一轮明月。

大抵桂林之山，多穴，多窍，多耸拔，多剑穿虫啮；前无来龙，后无去踪，突然而起，戛然而止；西南无朋，东北丧偶；较他处山尤奇。余从东粤来，过阳朔，所见山业已应接不暇。单者，复者，丰者，杀者，揖让者，角斗者，绵延者，斩绝者，虽奇鸧九首，獾疏一角，不足喻其多且怪也。得毋西粤所产人物，亦皆孤峭自喜，独成一家者乎？

记岁丙辰，余在金中丞署中，偶一出游，其时年少不省山水之乐。今隔五十年而重来，一丘一壑，动生感慨，矧诸山之可喜可愕哉？虑其忘，故咏以诗；虑未详，故又足以记。[1]

袁枚少年时初到桂林，曾在巡抚署衙见到一位传奇性人物韦铁髯，此人精方术，懂养生，著有医书，名气颇大，其所建之钵园也是当时桂林城中的名园。48年后，袁枚再访桂林，当年仙风道骨的铁髯老人早已仙去，袁枚专程去就日门内的钵园旧址凭吊一段往事，那著名的钵园早在岁月的变迁中成了一座佛寺，袁枚叹道："大抵神仙多解蜕"，作诗《访韦铁髯钵园旧居》以纪念之。

攀登独秀峰时，袁枚有感而发，写下《独秀峰》一首，成为后人称赞独秀峰、借景抒怀时常借用的作品：

来龙去脉绝无有，突然一峰插南斗。
桂林山形奇八九，独秀峰尤冠其首。
三百六级登其巅，一城烟火来眼前。
青山尚且直如弦，人生孤立何伤焉！

就写景诗来说，袁枚的《由桂林溯漓江至兴安》最为传神：

江到兴安水最清，青山簇簇水中生。
分明看见青山顶，船在青山顶上行。

六、名宦阮元游桂林

阮元（1764—1849），字伯元，号芸台，是清代著名的金石学家和书法家。嘉庆年间，阮元任两广总督时，曾多次到过桂林，甚至他的上任和离任，都曾路经桂林。桂林的山光水色给他留下了很深的印象，他曾在诗中称赞漓江画山"天成半壁丹青画，幡然高向青天挂。"

1 ［清］袁枚：《小仓山房诗文集》，上海古籍出版社，1988年，第1793—1794页。

明靖江王府南门，原名端礼门，后改为正阳门

三元及第碑，作者为清代著名学者、金石家阮元

阮元在桂林留下的墨宝共有3处，最著名的当然要数王城正阳门上的榜书“三元及第”。桂林学子陈继昌在科举中夺得解元、会元、状元之荣誉，是清朝科举史上两个“三元及第”获得者之一，殊为不易。消息传到桂林，阮元恰巧在桂林视察工作，闻讯自然为治下的岭南学子取得如此成绩而高兴，便欣然提笔，饱蘸墨汁，写下这几个大字，铭刻于已经成为广西贡院的王城正阳门，以勉励后世学子继续努力。此后，桂林学子不负前辈期望，果然连获佳绩，连出状元和榜眼。桂林的士绅们也学着阮元，分别在东华门和西华门上镌刻下“状元及第”和“榜眼及第”的匾额。现在，这三块石刻匾额，已经成为记录这座文化名城科举史的珍贵史料。

阮元56岁那年，是在桂林过的生日。依清例，总督生日，皇上总有赐赏，属下更是要张罗庆贺。对于皇上的赐赏，阮元当然喜欢，也乐意接受。但对于属下的庆贺，阮元却尽量回避，以防不正之风由此而生，这既是官员应有之自律，也是文人清高的表现吧。这次在桂林过生日，也不例外，他早早起床，策数骑，来到西郊隐山避寿。在隐山，或依岩小憩，或沿湖问柳，作一日小隐。

公事的暂且放松，使这位总督文趣兴起，写下《隐山铭》这篇美文：

> 士高能隐，山静乃寿。浚之主名，辟此奇秀。一山尽空，六洞互透。不凿自通，虽探莫究。穴无雨来，岩如天覆。虚腹开潭，垂乳滴溜。寒澈镜奁，响传壶漏。引月入峡，吸云穿窦。磴曲风抟，泉清石漱。仰壁藤垂，摩崖苔绣。莲忆古香，桂疑秋瘦。招隐岩前，朝阳洞右。凉堂北开，高亭东构。独出春城，静观清昼。晓岚入怀，夕阳满袖。一日小隐，千年古岫。何人能复，西湖之旧？

阮元还在漓江画山题有榜书“清漓石壁图”。

阮元因公几次乘船路过阳朔，也泊船玩景，对阳朔喜爱有加，并说，宁愿当个阳朔县令。

七、访亲友游桂林的诗人张维屏

广东番禺人张维屏，以诗名传世。道光十七年（1837），他专程溯桂江而上，到桂林探亲访友，流连于桂林山水园林间，留下相关诗作不少。他在沿漓江来桂林途中作《自阳朔至桂林舟中看山放歌》，长篇放歌，一气呵成：

山近桂林争作峰，峰峰突出撑青空。
如竹抽笋鞭箨龙，如花吐萼攒芙蓉。
我闻地脉犹肢体，群山皆自昆仑起。
尾闾渐下要维持，万指齐伸巨灵臂。
又闻五岳视三公，名山次第膺分封。
阳朔诸山侪附庸，奋起秉笏思朝宗。
我疑五百阿罗汉，南海西头登彼岸；
忽然僵立证菩提，老幼相依犹不散。
又疑娲皇将土抟为人，余土堆积同灰尘；
偶然博物物各肖，山山虎豹犀象熊罴麟。
我思虞舜耄期勤不倦，泰华嵩衡巡已遍；
胡为死独在苍梧，或者爱山魂魄恋。
又思大禹刊旅躬胼胝，欙橇未历蛮荒陲；
当年导山若到此，应叹中原无此奇。
诸葛武侯遗八阵，地上留传半疑信。
何似天边矛戟至今排，共识汉代戈船由此进。
伏波将军计尚疏，功成北去遭谗诬。
不如留此日日啖薏苡，况有山水一一供嬉娱。
一峰如宾一峰主，一峰才缺一峰补；
两峰聚首如私语，一峰掉头欲高举；
一峰孤立甘离群，数峰相联如弟昆；
一峰昂然意态尊，一峰侍立如童孙。
千峰百峰磊磊落落丈夫气，笑彼巫峰十二梦中行雨还行云。

李杜韩苏老词伯，可惜山灵不相识；
不然大笔濡淋漓，能使奇山倍生色。
李成郭熙古画师，真迹已恨人间稀。
眼前何不师造物，化工巧力非人为。
山形到此天如纵，风起峰峦欲飞动。
我歌虽放留有余，八桂前头好岩洞。[1]

八、变法领袖康有为两次到桂林作讲学游

康有为是晚清有影响的变法代表人物，应向往新学的桂林人龙积之邀请，曾两次游桂林。第一次是光绪二十年（1894），他乘船沿西江而上，仅漓江段就行走了好几天，一路好风景让他诗兴大发，作诗不少，如：

锦石奇峰次第开，清江碧溜百千回。
问余半月行何事？日读天然画本来。

这次到桂林，康有为住了40多天。龙积之安排他住在叠彩山景风阁，即风洞南侧，举目皆景。在这里，他收徒授业，讲述他所理解的科学和改良。讲学之余，康有为也喜欢游览周边名胜，“桂林山水极佳，山居舟行皆宜”，“日日搜岩剔壑”，陶醉在风景中。他在叠彩山找到两处小洞穴，并分别以自己的姓和号命名为“康岩”和“素洞”。还骑马去参观了龙隐岩，驻足在蔡京撰写的《元祐党籍碑》前，心中的政治情怀被激发起来，写下了《观元祐党人碑题记》：

光绪甲午之腊，南海康长素以著书讲学被议，来游此岩，睹党人碑而感焉！自东汉党人，南宋庆元党禁，晚明东林党人，并此而四矣。其攻党人者，则曹节、蔡京、韩侂胄、魏忠贤；其为党人者，则李膺、司马公、朱

1 ［清］张维屏：《桂游日记》，道光丁酉年七月，听松庐藏版，第10—11页。

康有为在光绪二十年（1894）到桂林讲学之余，广登名山，发现二洞，分别为其取名为“康岩”“素洞”。这是康有为的石刻书迹

元祐党籍碑

子，高、顾二先生也。后之观者，亦不必以党为讳矣。人亦乐为李、马、朱、顾耶？抑甘从侯览、魏忠贤耶？[1]

光绪二十三年（1897），康有为再次来到桂林，这时的他，已经是政治变法的领军人物，红极一时，地方官绅对他的态度也由倨而恭。这次来桂，除了继续讲学，以传播他的政治理想，他的兴趣点好像不在风景而在这座城市的人文景观了。他与居在桂林的唐景崧、岑春煊以及臬台蔡希邠等当地名人往来密切，还在他们的支持下，创办《南风报》，共同看戏，互相赋诗。在四月间一个晴好的日子里，一干地方贤达，陪同他再访龙隐岩，他则踌躇满志，写下三首《游龙隐岩绝句》。

九、画家笔下的桂林

很多著名画家，不顾旅途难行，来到桂林写生，以丰富他们的创作经历，甚至提升改变他们的创作风格。

明代画家朱泽民，有画名。沈周写诗赞朱泽民山水："睢阳老人营丘徒，意匠妙绝绝代无。"此评价甚高。朱泽民应该是元末明初人，洪武年间诗人袁凯有诗《观朱泽民所画山水有感》，说到朱泽民的画作"南及衡阳抵桂林，东入会稽连海岸"。

张宝，南京人，生于乾隆二十八年（1763），少年时便无意功名，迷恋游览，喜诗爱画，其画尤佳。张宝游历过全国很多省份，是当时的旅游大家，并印行过《泛槎图》多册，影响甚大。

道光七年（1827），已是65岁的张宝，终于有了机会与朋友自广州乘舟往桂林，一睹心仪多年的桂林峰峦。从昭州至桂林二百余里水程，"峭峰森立，千态万状，难以名言。漓水曲折，环绕潆洄，其间莲峰白云、山庄红叶，渔歌唱晚于夕阳，风帆出没于烟岛，离奇突兀，各呈其形，因作《漓江泛棹图》，约略写其大概，系以长歌。"他在桂林客馆里精心创作的《漓江泛棹图》长卷，长达三丈

1 《桂林石刻》下册，桂林市文物管理委员会，1978年，第432页。

余，自昭州至桂林二百余里，万峰排列，漓水环绕其间，村舍渔舟，城堞亭榭，尽入画卷中，又请诸名公题咏，广为印行，以志游踪。这幅作品，是迄今所知的古代最巨幅的漓江风景画。《漓江泛棹图》出版，成为古代不可多得的图文并茂的桂林导游图。

张宝在桂林期间，除了绘画创作，还写下不少诗歌，其中若干，摩崖于叠彩山、月牙山等游人常去处，皆为后人喜欢传颂的佳作，如他留在叠彩山的《口占一绝题壁以纪游踪》诗歌：

> 奇石嵯峨古渡头，訾洲红叶桂林秋。
> 洞中穿过高楼望，人在荆关画里游。

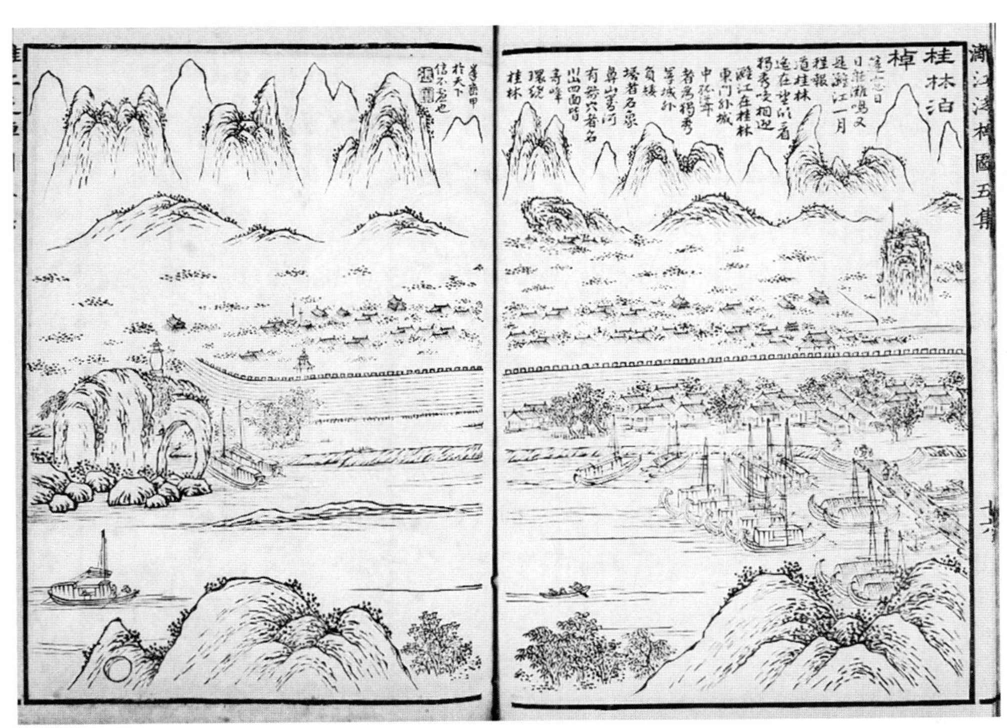

清代画家张宝所绘的桂林城

叠彩山风洞，南北贯穿，清风徐来，游人穿洞而过，举目又是一片景色，尤其向桂林市方向看去，城楼山峦，真是好景致也。荆浩、关仝是五代时期的著名山水画家，其作品意境深远。张宝登上叠彩山，四望之，认为桂林的风景天然就是好画，故有“人在荆关画里游”之谓。

作为画家和诗人，张宝自然对桂林的摩崖石刻有着浓厚兴趣，还冒着细雨到隐山六洞去读古碑。

桂林本地画家罗辰，颇知欣赏山水，在榕湖边筑有芙蓉池馆，享受生活。他能诗善画，当过两广总督阮元的幕友，深得阮的赏识。罗辰曾绘《桂林山水图册》，取画 33 幅，均为写桂林及周边阳朔、兴安、灵川、全州、永福等县风景名胜，并配以诗作，由名流广东学政徐士芬题字，刊行以后，多次重印，时人誉为：“诗画双绝，游山者手携一编，可为助胜之具。桂林山水特离奇，说与游人半信疑。赖是星桥（罗辰字星桥）一枝笔，无声诗为有声诗。”[1]

在桂林为官的张祥河，绘画水平很高。他虽身为高官，也喜欢公余以绘桂林山水为乐事，绘有长幅画卷《桂林名胜图卷》。

清光绪三十一年（1905），绘画治印已经有一定名气的齐白石，应广西提学使汪颂年的邀请，到桂林小住半年，靠卖画为生。他在《齐白石自述》中说：“画山水，到了广西，才算开了眼界啦！”[2]

旅桂半年，正值壮年的齐白石走遍了市区的叠彩山、独秀峰等名胜以及从桂林至阳朔的漓江沿岸诸峰，创作了一大批以桂林山水为题材的作品，如《独秀山图》等。桂林山水对齐白石的创作影响巨大。他自己说：“我在壮年时代游览过许多名胜，桂林一带山水，形势陡峭，我最喜欢。别处山水，总觉不新奇，就是华山也是雄壮有余秀丽不足。我以为，桂林山水既雄壮又秀丽，称得起‘桂林山水甲天下’。所以，我生平喜画桂林一带风景，奇峰高耸，平滩捕鱼，即或画些山居图等，也都是在漓江边所见到的。”[3]

---

1 ［清］孙枟：《余墨偶谈初集》卷八，光绪刻本，第三页。

2 《齐白石自述》，山东画报出版社，2000 年。

3 《齐白石谈艺录》，河南人民出版社，1984 年。

多年后，他为朋友画了一幅桂林的《独秀峰图》，在题款时，他写了一首诗来表达桂林山水对他的影响：

逢人耻听说荆关，
宗派夸能却汗颜。
自有心胸甲天下，
老夫看熟桂林山。

齐白石笔下的桂林山水

十、桂林城的豪杰身影

明末，清军攻打桂林，守将瞿式耜、张同敞不降而死，有浑融和尚冒死收尸安葬，又将二人在狱中唱和的诗作加以收集，辑为《浩气吟》传世。道光年间，广西巡抚梁章钜为二人立碑。

顺治年间，浑融将七星岩下寿佛庵“恢基为殿，增建堂宇”，更名为栖霞寺。浑融和尚不持戒，不参禅，不托钵，待人不分贵贱，时人敬之，前往栖霞寺交游之仰慕者，不分官民，络绎不绝。浑融成为名僧，栖霞寺成为名寺。浑融生前著有《栖霞寺志》，记录往来于栖霞寺的名流士人及官员为栖霞寺所写诗文数百篇。

晚清，一群革命党人先后来到桂林从事培养革命力量的工作。蔡锷、李书城、何遂、钮永建等，就是在那个时期应邀到桂林来兴办广西陆军干部学堂。广西陆军干部学堂最初的校址，就在象鼻山麓，紧傍漓江，实在是观赏桂林风景的好地方。这些革命党人，后来都成了国民革命的中坚力量。

十一、为文化做积累的桂林人

元明清时期，从桂林走出去的士子就更多了。仅清一朝，585 名广西籍进士中，就有 298 名桂林籍，超过一半。加上以举人身份做官的，这个数字就更多。桂林没有经商的深厚传统，仕途是走出去的重要条件，桂林人的视野因此变得开阔起来。明清两朝，桂林籍人士的功名考得比以前好，有 4 个状元、2 个榜眼和 1 个探花；官阶也比以前做得大，明朝的蒋冕、吕调阳，清朝的陈宏谋、唐景崇，都是各自时代的朝中重臣。

从做学问来说，由明至清的桂林人，在学问方面也大有进步，张鸣凤著《桂胜》《桂故》，将桂林名胜、历史人物、石刻文献精心整理，为后人研究桂林历史文化和旅游发展提供了很好的基础条件；石涛是靖江王后裔，明亡后颠沛流离，后居扬州，曾游览黄山，是中国绘画史上的大家，其画论著作《画语录·山水》中云“搜尽奇峰打草稿”，可谓游学之经典语；陈宏谋为官治学皆受称道，其著《五种遗规》曾是官员和学子们的必读书；唐景崧改编桂剧，培养人才均有成就；刘名誉的《纪游闲草》亦是记录桂林风景的重要文献。

在旅游设施建设方面，由江西旅桂的盐商李宜民之后人，在桂林城中倾力建设的环碧园、湖西庄、拓园等，或成为西南名园，或成为文化收藏的名胜；龙启瑞曾随父亲在湖南黔阳县（今洪江市）生活，他父亲主持重建芙蓉楼，一家人为名楼重建题诗绘画，尽文化之力；唐岳在雁山修建雁山园，成为岭南一代名园。一些桂林人，不以做官经商为目的，通过外出旅游来开阔他们的视野，如石涛“搜尽奇峰打草稿”，罗存理曾“足迹半天下”，丰富的游历对于他们观察世界以及绘画创作颇有裨益。

第二节　元明清时期战争对桂林的破坏

常态的旅游，是和平时代的产物。战争所及之处，旅游莫不受到严重破坏。元明清时期，桂林屡遭战争焚毁。朝廷更迭的重大战争经常使桂林城被毁灭，然后经和平建设而再生；周边地区的动乱，朝廷大军为镇压叛乱的调动，也对桂林这座城市历史产生巨大的影响，继而对桂林的旅游发展产生影响。

一、元军攻打桂林城

南宋末年，蒙古军攻打桂林城。

南宋景炎元年、元至元十三年（1276）七月十四日，元世祖手令静江府大小官员投降，被护经略司印马塈拒绝。七月下旬，平章阿里海牙增兵 3 万，南北夹击静江。南宋景炎元年、元至元十三年十二月初六日，元军接连攻破外城和内城，马塈与部属均被屠杀。娄钤辖集合残部 250 人，守月城十余日，力竭，拥炮自爆，城区一片焦土。[1]

元治桂林后，在元朝残酷统治下，桂林周边的山民不断地起来反抗官府，桂林城常处于征战状态，文人游客对桂林的关注不多。虽仍有一些游客的碑刻、题记，但无论数量还是题字者的知名度，均无法与唐宋盛时相提并论了。

二、明朝时期桂林军事活动频繁

进入明朝以后，朱元璋虽然严肃吏治，却并没有从根本上关心民生疾苦，仅他所封的靖江王，就使广西之地的民众负担不断加重。明人王士性在《广志绎》中就指出："靖江府御门而见藩臬，坐受一拜，以次而起，虽禄千石，爵视郡王，

1 《桂林市志》，中华书局，1997 年，第 46 页。

其尊贵乃在诸亲藩之上。宗室二千人，岁食藩司禄米五万两，故藩贮不足供，而靖宗亦多不能自存者。”官民矛盾不断积累，桂林的农民起义频次更多，规模也更大。仅《桂林市志·大事记》所列明朝时期桂林规模较大的农民起义就有：

永乐十六年（1418），广西一些山区民众四处出击，桂林城戒严。

成化元年（1465）七月，全州苗民武装拟攻桂林城，巡按方佐武装城内居民，轮班巡守，几天后苗民撤退。

正德十四年（1519）饥荒，死人甚多。次年，古田壮民武装逼近桂林城郊，杀指挥朱铠。

嘉靖元年（1522），荔浦县壮民武装潘公银部袭击桂林府城，杀临桂县主簿曹时。

嘉靖四十三年十二月二十四日（1565），韦银豹率古田壮民武装夜袭布政使司金库，杀粮储参政黎民衷，缴获库银 7 万两。次年八月，韦银豹再次夜袭布政使司和靖江王府。

漓江沿岸，被袭扰的官船民船就更多。董传策《渡漓江记》中就有他与同道乘舟顺流而下时，在阳朔与平乐间江面上遇险之情景：“俄而窗缝稍豁。因卷帘瞩两岸。山乃有狞恶僚人数百，群挟戈戟伺险滩上。”社会不安，游人出行风险甚大。

因为农民起义多，规模大，驻桂林的官军兵力不足，就需要朝廷从别处派兵驻扎桂林。永乐三年（1405），镇压桂柳地区少数民族武装反抗后，楚军 1 万人留驻桂林府各地；成化四年（1468），由湖广、贵州增兵 1.5 万人防卫桂林府。为了镇压韦银豹起义，更是调集了 14 万大军到桂林进剿。这些军队到来，仅军粮筹措就给本不富饶的桂林之地带来巨大压力，但率兵的官员则有一览桂林风光的机会，一些有雅兴的官员或者督军者还会题名留诗。

三、明清战火焚毁靖江王府

明末，清军取得决定性胜利，南明小王朝曾短暂以桂林为中心抗争。崇祯十七年（1644），桂王朱常瀛携子经桂林逃往梧州。次年，朱常瀛死于梧州，朱由榔接桂王位。这一年，弘光帝朱由崧被俘。唐王朱聿键称帝，年号隆武；桂林靖江王朱亨嘉自称监国，但在争帝位过程中兵败被俘。隆武二年（1646），隆武帝战败，桂王朱由榔任监国、接帝位，即永历帝。次年初，永历帝设行宫于桂林，因战事临近，很快又逃往全州。三月，数万清兵攻桂，“直抵桂林，入文昌门”。赶来救援的焦琏“未释鞍，即与巷战，搏斩冲锋者数十骑”，清兵乃退至阳朔。年末，永历帝回桂林，奥地利教士瞿纱微入桂林传教，永历王室接受洗礼入教。永历二年（1648）春，“郝永忠大掠桂林。自全至桂，三百里无人迹。敌乘虚直扣桂林北门，瞿式耜急召琏自平乐返，昼夜驰至，未释鞍，与敌骑遇于北门，巷战搏斩十数人，距阐固守”[1]。

南明永历四年、清顺治七年（1650），清军二万人在定南王孔有德率领下，突破兴安严关，明军溃散。瞿式耜、张同敞不逃不降，坐守空城，两人“乃秉烛行酒，各赋绝命诗”，火光烛城中，城门无守者。

守将瞿式耜、张同敞兵败被杀。清将孔有德被清廷封为定南王，靖江王府改为定南王府。之后，明、清两军又多次对桂林展开争夺。李定国率军攻打桂林，孔有德不支而自杀，自杀前将定南王府焚毁。由于桂林民房基本是竹木结构，故战争对桂林城市破坏极大。这一时期，兵燹之中，旅游难寻。偶尔的游踪，也体现出战乱气氛。

一直到康熙十八年（1679），广西巡抚傅弘烈收复桂林，桂林的战事才算平息下来。

战事平息以后，百姓休养生息，教育重上轨道，经济逐渐正常，旅游才慢慢恢复。

清咸丰二年、太平天国二年（1852），太平军北上途中，围攻桂林月余，虽未能进城，却炮战不止，战争再度对桂林的平和生活造成极大破坏。

1 ［清］王夫之：《永历实录》，北京古籍出版社，2002 年。

第三节 摩崖石刻与旅游文化

一、对唐宋石刻的欣赏成为重要内容

桂林的摩崖石刻，自唐宋开始兴起，以宋为盛。到了明朝以后，桂林在唐宋时期留下的石刻作品，不但内容丰富，品种多样，其中不少还成为历史珍迹，例如逍遥楼的颜真卿题刻、还珠洞的米芾刻像，龙隐岩中的元祐党籍碑、独秀峰下的黄庭坚书《五君咏》，以及褚遂良、李阳冰、燕肃、石曼卿、张孝祥、范成大、陆游等的手迹留痕，都是游桂文化人士一饱眼福或者悉心观摩的对象，参观石刻成为风景观光之外的重要内容，尤其龙隐岩"壁无完石"，更是让人惊叹。清康熙年间广西巡抚陈元龙在游览龙隐岩时，曾赋诗感慨："看山如观画，游山如读史"，对桂林石刻的丰富内涵给予高度评价。晚清金石大家叶昌炽在《语石》一书中赞赏桂林石刻："桂林山水甲天下，唐宋士大夫度岭南来，题名赋诗，摩崖殆遍。"并认为"唐宋题名之渊薮，以桂林为甲"。这种评价，不仅是作者学养积累所形成的个人见解，也是游客文士的普遍看法。

二、元明清的石刻特点

元明清时期的游客，不但喜欢品鉴欣赏桂林的历史石刻作品，一些有条件者也如前人那样，喜欢在山崖间留下自己的作品，并且逐渐形成了新的特点。

在内容上，元明清时期的桂林石刻，不仅是游人官宦的游记题名、登台赋诗、一些刻在行人往来密集处的便民药方等，本地官府和居民，也开始普遍地利用石刻平台，将一些村规民约、市场管理之类的条文刻石存世，丰富了桂林摩崖石刻的内容。靖江王及宗人，也愿意通过石刻来表达自己的趣味。

也许是审美趣味的变化，擘窠作品在明清时期明显增多。

元明清的桂林摩崖石刻，类型也更加多样化。例如刻石的图像在种类上比以前多了，元人在独秀峰镌刻了孔子像，那是元人心目中的孔子，头戴官帽，脸颊

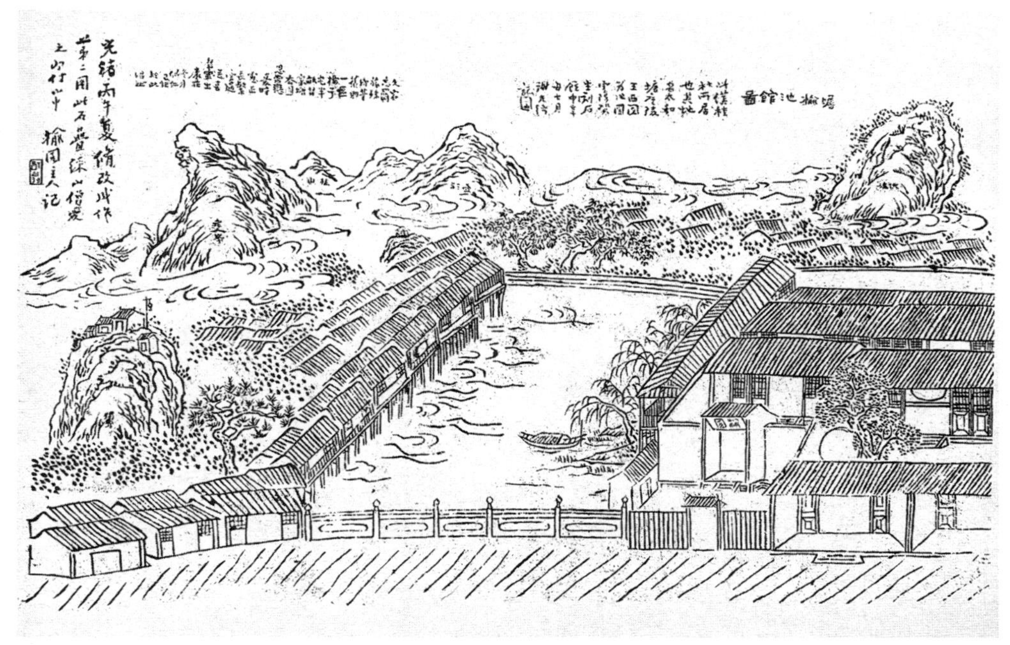

《瞻榆池馆图》，所绘之景是清人谢光绮在桂林太和塘住所，原碑刻于其馆中，因叠彩山僧所爱，又刻于叠彩山风洞处，是了解桂林城市生活的重要作品

饱满。到了明清时期，桂林各山崖上的摩崖刻像数量更多，各类更丰富。除了佛像、观音像，还有老子像、关公像、诸神像、刘仙像、官员梁章钜像、廖裕贵造像、刘仙岩形胜图、李秉绶兰竹图等。其中，以明代会仙岩的刻像群最为壮观。

靖江王府官员潘文起，因建寿域，邀宗室及王府官员聚于会仙岩雅集，并刻各与会者之像于崖上。这些画像中的人物，或读书，或品茗，或弈棋，均为文人所好之雅事。

一些题刻，虽然无画像，却与画图有关。谢光绮，书画家，官至广西按察使，致仕后定居桂林，在太和塘筑瞻榆池馆，请刻工将画作刻于馆中。毕竟私家堂馆，知晓者不多，谢光绮干脆作《瞻榆池馆图并诗》，刻于叠彩山风洞这个游客常来的地方。林德均将《仙人采药图词》和《题罢钓归来图》刻于龙隐岩和月牙岩，虽无图，词作也很有画面感。

明代，桂林驻有靖江王。靖江王虽不理政事，但毕竟是王室，容易引起人们的好奇。由于制度限制，靖江王并不能轻易出府，也十分憋屈。府中有独秀峰，四面陡峭，可供题刻，故历代靖江王会写一些诗文，刻之于崖。一些与他们往来的官员，有时也会和之。这些摩崖石刻，时人并没有什么机会去欣赏，只是王室中人自娱自乐，或是前来拜谒的官员们被引到山下崖前，做一番观赏研读。明亡以后，这些王室的摩崖石刻就成了后人了解这些王爷生活和思想的参照。藩王宗室，政治经济待遇固不如王，但毕竟有些自由，有的宗人，会根据自己的条件，在山间造园，或者到处题刻。

有明一代，因广西常发生山民起义，官府需要组织军力剿灭，战事颇多。这些战事，经常由朝廷派人下来督战，太监经常成为督战人选。

明正德年间至嘉靖年间，太监傅伦被派往桂林督战，在桂林至少住了 15 年。傅伦在桂林期间，公务之外，特别喜欢到风景区去游玩。他自称“犹不能为诗”，却在桂林写下许多首风景诗，而不是撰写《平蛮颂》之类文字。他的这些诗作，有的被当地官府派人摩刻在各风景区的山崖上。

傅伦最喜欢去的风景，是叠彩山。今人无法确定他究竟登了多少次叠彩山，只知他为叠彩山题的诗文，录入《桂林石刻》一书的就有 8 首（篇），今人亦有说考证出 10 首诗和一件题记的。他的第一篇《游风洞山记》，作于正德戊寅夏（1518），第一首《题叠彩山诗》作于正德己卯正月初七（1519），第二首作于嘉靖庚寅年季春吉旦（1530），第三首和第四首作于同年的仲夏吉旦，另有三首未注明写作时间。多年重游叠彩山，且每次都还有诗作，这恐怕也是桂林旅游史上的一个纪录。

进入明清，近体诗早已走了下坡路，游人在桂林风景间游览题刻留下的诗作，却比唐宋时期更多一些，当然还有好多诗人并没有将自己所写的桂林山水诗摩刻在山崖上，而是采取刊行的方法与别人分享，毕竟到了明清时期，刻书业逐渐发展起来了。

广东人许炳焘，咸丰年间的举人，楷书不错，没有当过什么官，光绪初，年纪不小的他，到桂林来旅游，徜徉于山水，忘情于自然，在叠彩山、隐山等处都留有诗作。他的《隐山诗》写他颇想在这里养生终老：

人隐入深山，山隐归何处？
我欲从山游，问山山不语。
与山偕隐去，避俗早逃名。
山深人不识，来此学长生。

——番禺佛庚许炳焘题

陈维湘在月牙山饮茶，不言茶，却赞煮茶之泉：

昔有看山癖，看山到此山。
阑回疑路曲，树老碍云还。
新月楼三面，斜阳水一湾。
煎茶汲石乳，长以驻华颜。

——与古闽张哲文来游即景

接纳石乳滴下的山泉，用以煮茶，且眼前景致是“新月楼三面，斜阳水一湾”，印象必定深刻。

清代，游览者中有不少人喜欢写篇幅长、气势豪放的放歌体诗歌。广西巡抚张联桂，将自己的两放歌体长诗刻于山崖，分别为《风洞山放歌》和《伏波山放歌》（后者已毁）。他还写了《望桂林阳朔沿江诸山放歌》，有“开窗仰视皆突兀，壁立千仞摩苍穹”之类写景融情的诗句，但未刻石。

明清时期，最让桂林人感到荣耀的，应该是正阳门上由阮元书写的“三元及第”榜书。这幅石刻，并不是摩崖石刻，而是请刻工刻好后嵌上去的。书家阮元，不但身居两广总督之高位，而且是有清一朝著名的金石大家。最有意义的，是这幅石刻的内容，是表彰一位桂林学子陈继昌在科举场上取得的瞩目成就。陈继昌是乾隆朝老臣陈宏谋的玄孙，清嘉庆二十五年（1820），他在科举中不但摘得状头，而且在乡试、会试、殿试中皆中魁首，成为稀世之“三元及第”者。消息传来，家乡桂林人为之雀跃，正在桂林公干的阮元也不禁兴奋起来，提笔书写了“三元及第”，命人刻成石匾，嵌于贡院之正门上，以示鼓励，倡导教化。此

清人林德均在桂林山崖间留下的题诗，充满了那个时代游人的审美趣味

后，这幅石刻就成了桂林文化兴旺的写照。后来，桂林人果然又陆续摘得三个状元和一个榜眼，邑人也学阮元，在贡院东门上嵌“状元及第”石刻、西门上刻“榜眼及第”石刻。三块科举石刻，为桂林的文化史添色不少。因为阮元的这帧石刻，人们竟然附会出许多故事，成为桂林人文旅游的谈资。其中一则是：陈继昌参加会试这一年，礼部尚书黄钺曾梦见两广总督阮元来拜。黄钺醒来，不解其梦。待发榜，陈继昌连中三元，黄钺方悟：阮元字伯元，名字中就有“三元”，督府设粤东，但“阮”的“阝”在西，合起来便是“陈”，原来暗指来自粤西的陈继昌三元及第。[1]

清朝，寺庙题刻也多了，尤其是栖霞寺，成了官员游客都喜欢去的名胜，在那里留下的摩崖石刻更多。

1 ［清］陈康祺：《郎潜纪闻初笔二笔三笔》卷十五，中华书局，2008 年，605 页。

一些石刻，与风景无直接关联，与游览无直接关系，而是桂林的民生事宜，但对于想了解这座城市社会风俗的游客来说，很有可读性，如刻在象山的《八街公议禁约》，其中包括究忤逆、防盗贼、止扒船、绝唱灯、罢出龙、禁打鱼、禁赌博、惩奸淫、正买卖定挑抬以限码头等内容。这些禁约内容，有些今人一看便理解，如禁赌博、究忤逆、防盗贼、惩奸淫等；有些可能不太好理解，如绝唱灯、罢出龙、止扒船等，其目的一是为了防止淫词传唱，二是为了防止斗殴，三是为了倡导节约；正买卖定挑抬以限码头，属于市场秩序规范；禁打鱼则是为了“遂生机”，因为象山就有放生池，放生是为了环境生机，再打鱼则于理不合。刻在盐街西巷的《禁止侵占官道告示碑》，是官方对于公共设施的管理条款。木龙洞内《临桂县限制义渡勒索行人告示》：“设立义渡，普济行人，诚恐渡夫日久弊生，遇客往来勒索钱文，或逢水涨措不开行。为此示禁，各宜凛遵。如敢故违，定即提惩。”[1] 这则告示，可说专为远方游客免遭渡夫勒索而设。游客阅读这类碑刻，可以很好地了解桂林之地的民俗风情。

到了清后期，桂林的摩崖石刻作品，还有一个新的特点出现，这就是擘窠大书多了起来。这些擘窠大书，与其说是作者创作欲望的表达，不如说是为了使作品本身成为抢眼风景更合适。

江苏人黄国材，于康熙四十八年（1709）到桂林任广西布政使。他是一个喜欢游览的官员，在桂林几年时间，不但饱览了各处风景，而且在多处景区题字。他可能是桂林摩崖巨幅榜书的始作俑者，其最著名的是在独秀峰东面悬崖上留下的巨幅榜书“南天一柱”，单字约一丈，气势宏大，为独秀峰气韵增色不少。他还在象山题了“放生池”、在普陀山题了“玉笋参天”等颇有规模的榜书。

道光十三年（1833），自称王羲之后裔的王元仁，在隐山朝阳洞题写了一个巨幅草书单字“龙”，字径达 4 米，可能是当时桂林摩崖石刻中最大的单字了。为了解释写这个巨字的意义，他还在旁边写了序，说明写这个“龙”字的原因：桂林常有火灾，他想起在广东时，松筠总督在衙门里写一个大大的“虎”字避邪的往事，也想通过写这个“龙”字来祈祷桂林市民们能够避开祝融的光顾。在隐山还是旅游胜地的时候，游客非常关注这个巨幅草书。

1　桂海碑林博物馆编：《桂林石刻碑文集》下册，漓江出版社，2019 年，507 页。

与龙隐岩相邻的龙隐洞内也有非常丰富的摩崖石刻作品

第二年，王元仁被派到阳朔任代理县令，他在这里写了一个更加巨大的单字草书“带”，摩崖在碧莲峰靠漓江方向的山崖上，字高近 6 米，宽 3 米，游客在船上，远远就可看见。观赏这个巨幅草书的游客多了，这个单字居然被附会出含有“一带河山、少年努力”的笔意来，成为阳朔上百年来一直有影响的旅游文化符号。

同样是道光年间，还有一大批的擘窠大书被刻于各山崖，代表性的有：

道光十八年（1838），广西巡抚梁章钜书写的颜真卿诗句“峨峨郛邑间”刻于独秀峰读书岩外崖壁，隶书，高 2.2 米，单字字径约 0.4 米。这时的独秀峰，还是广西贡院所在地，广西各地学子均会到这里考功名，这样抢眼的书法作品自然成为有影响的人文景观。

道光二十五年（1845），广西布政使张祥河，书写了巨书“紫袍金带”，刻于独秀峰东麓崖壁，径 2.3 米。游客一直认为独秀峰“有王者像”，张祥河的这几个字算是为此说作注，故很吸引游客兴趣。

其他较有影响的巨书石刻还有郭司经刻于叠彩山的“寿”、独秀峰的“福”，傅恩荣题在龙隐洞的“破壁而飞”、林绍年刻于还珠洞的“心迹双清”等。罗炳勋刻在风洞的“清风徐来”，字虽不算很大，但内容是对风洞特点的介绍，也给人留下深刻印象。

桂林全州人赵炳麟，宣统时为皇帝侍讲，上《劾袁世凯疏》，要求朝廷除去袁世凯，摄政王载沣令袁回河南“养足疾”。次年，又上疏弹劾奕劻，得罪宗室，被调离京城，回桂林任桂全铁路督办。在桂林期间，他游览风景时，想起爷爷赵柳溪在同治年间游七星岩所作的诗，孝心大发，请人将这首诗刻于普陀山普陀岩。

“政治正确”的观念也在这一时期的摩崖石刻上有所表现。康有为在龙隐岩观元祐党籍碑写的《观元祐党人碑题记》，被镌刻在龙隐岩，后康有为因为变法失败被朝廷通缉，这块碑也被毁。不过，这些被毁掉的石刻，自助游者是没法知晓的，只能依靠文化学者去讲解了。在桂林发迹的张联桂，从桂林府盐运、水利同知起步，一直爬到广西巡抚的高位，除了工作能力以外，政治忠诚是非常重要的。光绪甲午年（1894），慈禧六十大寿，满朝官员同贺，慈禧则给每一位品位高的官员回赠寿礼，即由她手书的“寿”字。张联桂自京回桂，即派人将慈禧所赐的这幅字刻在独秀峰上，以显示自己受宠的待遇。

第四节 园林构造欲与山水争辉

明清时期，桂林人似乎不满足于自然山水，或者说不满足于在自然山水间修路筑亭，也开始学着江南风尚，构筑起私家园林来。

一、明代的王府及宗人园林

靖江王府内部，便有王府园林。一般人无法一窥这座园林之貌，但达官贵人和外国人则或有机会进到王府里去观察一番："到处生长着野生树丛，有栎树、栗树、柏树、松树、雪松以及我们这儿没有的其他野生树木，形成了一个郁郁葱葱、独一无二的树林，胜于在其他很多地方看到的。林内有很多鹿、羚羊、公牛、母牛和其他野兽，可供他在那里消磨时间，足不出户便可以得到各种享乐。"[1] 这座王府园林，追求的是一种自然状态，以使不能自由走出王府的王爷能够寻找走进自然的代用品，故这里没有太多的园林设计。

明末，徐霞客在桂林期间，曾考察过两家王府宗人的私家园林。可惜这两座园林也都不够精致，徐霞客对其评价不高。

五月初九，徐霞客到樵楼买纸扇后，"从县后街西入宗室廉泉园（廉泉丰仪修整，礼度谦厚，令童导游内园甚遍）。园在居右，后临大塘，远山近水，映带颇盛，果树峰石，杂植其中，而亭榭则雕镂缋饰，板而无纹也。"[2] 在徐霞客看来，廉泉的私家园林，山水草木皆佳，尤其远山近水，景致颇好，就是那亭榭的雕镂实在太过粗糙。由于主人热情，令书童遍游，故也"停憩久之"。

过了两天，徐霞客再过葛老桥，"东入一王孙之苑，中多果木，方建亭饬庑

1 ［葡］费尔南·门德斯·平托著，王锁英译：《葡萄牙人在华见闻录》，海南出版社，1998年，第80页。

2 ［明］徐霞客著、朱惠荣校注：《徐霞客游记校注》，云南人民出版社，1985年，第336—337页。

焉。地幽而制板，非余所欲观也”。这个王孙的园苑，同样让徐霞客觉得过于呆板，少了趣味。

徐霞客还看到了王室宗人垄断了奇石交易，奇石又是造园的重要材料，可判断明代桂林与相关地区的园林构造者保持着较密切的关系，可能对于园林的发展有一定了解。但明代的桂林园林，自然景观不错，设计和建造水平不高，也是事实。

二、清代的私家园林

到了清朝，桂林的私家园林开始有了突飞猛进的发展。比较有代表性的有：

临桂人朱亨衍，于康熙五十年中举后，在西北为官，历任直隶、甘肃知县，摄固原州事、平凉府盐茶同知等职，有政声，后人称为“良吏”。后“引疾归，买隙地，种竹凿池，构堂其上，虽规模草创，处之夷然皆然，钱尚书维城、邹阁学一桂，皆为绘《引泉筑室图》以美之”[1]。

乾隆年间，桂林就日门内的钵园也盛极一时。况周颐在《阮庵笔记五种》里写道：

> 扬州韦铁髯进德，字修己，初以事徙桂林，著《医学指南》若干卷，多见道语。善剑术，能以两指空中掇蝇，百不失一。年八十余，一日，以药付其弟曰：“夜半有急难，但闻帐中有声，即以药进，尚可救，过此当得百岁。”其弟坐而假寐，若有人抚其肩曰：“去矣。”惊寤，则铁髯已逝。髯又善画龙，向日吸气嘘纸，日不过五六笑，积月乃成。每阴雨辄生云气。盛百二《柚堂续笔谈》：“临桂就日门内有荒庵，颜曰‘钵园’，韦铁髯故居也。”辛巳、壬午间尚存。[2]

韦铁髯，扬州人，身高七尺，好读书，重义气，雍正时为年羹尧门客，助年羹尧平叛有功，功成而不受禄。年羹尧被杀，韦铁髯受牵连，谪广西思恩，

1　光绪版《临桂县志》，广西人民出版社，2013年，第822—823页。

2　张宇《〈阮庵笔记五种〉校注》，广西大学硕士论文2008年，第282页。

以行医谋生。雍正十年（1732），桂林大疫，每天有上百人死亡，广西巡抚金鉷急招各地医生入省城救治，韦铁髯遂到桂林。韦铁髯医术高明，救人无数，名声渐起。因为他是戴罪之人，不能回乡，亦不愿意再回到思恩，于是定居桂林，以挂牌行医为业。最初，他居无定所，租房为居。乾隆五年（1740），鉴于就日门内原硝局旧址早已废弃，官府于是将此地块评估，作价56两白银，挂牌出售。就日门在叠彩山南麓，正对着伏龙洲，地僻幽静，韦铁髯喜静，便有意买下此地，结庐而居。当时的广西按察使唐莪村，是韦铁髯的同乡，便出力襄助韦铁髯。唐莪村不但自己慷慨解囊，还张罗社会支持，请求来求治的病家根据自己的病情和经济条件来给予一些资助。韦铁髯医术高，知识广博、性格开朗，结缘甚广，高官、文人、富商、乡绅等，皆愿与之来往，故建园之资的筹措也不算困难。经逐年经营完善，钵园名声渐起。“钵”之名，乃地处一圆形凹地，故形象称之。

钵园，并不以园林构建而著名，它的名气，完全是主人的名气所致。人们去访钵园，更多的是为了一睹名医韦铁髯。时任广西参议的杨廷璋乾隆九年（1744）所作《清虚道院碑记》全文记叙了钵园的由来、杨廷璋本人与韦铁髯交往的经过，以及钵园改为清虚道院的缘由。清嘉庆年间桂林人阳星南曾撰《题钵园联》：

眼底双峰，玉洞风光凭领取。
指南一卷，铁髯门户任推敲。

两广著名盐商李宜民，本江西临川人氏，以伞一柄、笔一枝只身来到桂林从商，后因总理广西盐务而成两广著名富豪。李宜民在地方文化建设上颇有贡献，教子也相当成功，其子李秉礼、李秉绶都有文化成就。李秉礼之子李宗瀚，中进士、入翰林，官至工部侍郎、浙江学政，曾回桂林养亲10年，在榕湖西建造湖西庄，供其父养老。自己则在榕湖东南侧建拓园，潜心收藏金石拓片和名书画、名砚台，成为清季有名的收藏大家。李秉绶则买下叠彩山北侧原靖江宗室的别业故地，建成环碧园（又名李园）。此外，李氏一族还修建了招隐园、我园、云林山馆等。他们所建的这些园林，当时就非常有影响。

况周颐在《阮庵笔记五种·蕙风簃随笔》卷二中不厌其详地引用了邓显鹤几则关于李氏园林的记录。邓显鹤的《李氏招隐园一枝亭铭记》记载招隐园及一枝亭：

芸甫（李秉绶字芸甫）水部辟桂城东隅为招隐园。垒土为山，杂植桂树数十本，嘉卉蓊翳，怪石嶙峋，坳洼坻垤，曲随地势，崤崒逶邃，削若天成，其北为宾馆，南为崇台，飞阁浮梁，延宇垂阿，规折武接，不劳登涉，而目极千里。又于其东为亭，高踞山脊，俯瞰木杪，群峰送青，遥天混碧，翠阴成幄。白云流影，旦夕异候，晴雨咸宜。

亭成，招宾客侍松甫先生，宴其上而落之。水部请所以名亭者，先生曰："兹园据桂城之幽，兹山据丛桂之杪，余既羁栖于此，诸君复辱余之栖以为栖，殆蒙庄氏所云'巢林一枝'者，取以名亭，庶有合于攀援桂枝之义。"众曰善。先生之名斯亭也，词质而义赅，言约而旨远，其可无辞以纪？乃属某记而铭之。其词曰：

桂山之幽，桂树之稠，有园一区，聊以淹留。桂山之陲，桂树之枝，有亭一椽，聊以栖迟。亭兮回旋，枝兮连蜷。一觞一咏，息焉游焉。我园在左，哦亭在右，同声不孤，如耕获耦。建木千寻，上林万树，岂无旧巢，匪我倾慕。缟纻四海，广厦千间，岂无嘉宾，共此攀援。王孙归来，平子所思，邈焉高风，千古一枝。树焉滋茂，堂焉肯构，我铭不夸，公德是懋。[1]

邓显鹤又写有《我园记》记录我园之地理位置、借景造景及园主情怀之寄托：

我园者，韦庐（李秉礼号韦庐）先生之园也。先生侨居桂岭，名其园为"我园"，番禺吕君坚曾记之。道光癸未，先生移居独秀山之西，辟其旁

1 ［清］邓显鹤撰，弘征校点：《南村草堂文钞》，岳麓书社，2008 年，第 128 页。

废地为园。因洿而沼，植援而径，高树荫日，修篁引风。又于其西为水榭，面峙秀峰，青壁斗绝，若天坠地出，献媚逞奇。于是独秀之秀，遂独为此园有。落成，先生仍大书“我园”于其上，而属余为记。且曰：“余之以‘我’名园久矣，有我斯有园，园从我生，我以园寄。今我无异于故我，兹园岂异于昔园？湛然者亦我之池，峨然者亦我之山，蔚然翼然者亦我之木石亭榭，凡可以娱我之耳目、怡我之神智者，皆可作我园观，必欲执园而求之，是何异指迹以求履、刻舟以求剑也。吾子居我园久，可无言以纪？”

余曰：“达哉先生之言！天地一逆旅也，何一为我之所有？造物无尽藏也，何一非我之所有？滞我则固，丧我则荡，惟至人无我而无往不得其为我，可有园亦可无园，可我园亦可人园。我我非主，人我非宾，昔我非幻，今我非真。去我就我，何疏何亲？我失我得，何果何因？明乎此而后天下无不可处之境，无不可与之人。”语次，客有进者曰：“昔漫叟居永，以吾名溪，今先生之名园也，将毋同？”或又曰：“兹园蔽于昔而显于今，有俟之道，殆昌黎所云‘俟德之邱’者。”是皆不可以无言，遂书其语，以告后来之游斯园者。[1]

李园即环碧园，位于叠彩山北麓，原为靖江宗室别业：“李园，在桂林城北华景洞白鹤峰下故明藩旧址，以多李树得名，旧为宋氏有，故又名宋氏园。今归芸甫水部。往余客粤时，与水部群从春湖侍郎、小松提举诸君侍其兄松甫丈觞咏于此，非一日矣。余去粤后，水部葺而新之，极林壑亭台池榭之盛。”[2]徐珂说李园“陂水可数十亩，闻其四至，占城中十分之三。盛时船艇游泳，极似江南，亭沼花木，备极清华，四方文学之士过从宴乐，不减淮浙盐商诸家”[3]。

孙柼记得李园的对联十分传神，体用兼得：“十亩林塘诗境界，四时花果隐生涯。”

1 ［清］邓显鹤撰，弘征校点：《南村草堂文钞》，岳麓书社，2008 年，第 128—129 页。

2 张宇《〈阮庵笔记五种〉校注》，广西大学硕士论文 2008 年，第 300—301 页。

3 ［清］徐珂：《清稗类钞》，中华书局，1984 年，第 208 页。

道光丁酉年（1837），广东诗人张维屏，应其姻亲李秉绶邀请，到桂林游玩了一个多月。张维屏在其《桂游日记》中对李园和湖西庄均有介绍。他写李园：

> 园以岩洞为尤胜，洞在岩下者，一名林屋，一名冰壶，又一洞缭而曲、黝而深，名墨云深处。洞在岩上者，一名瞻鹤，一名明月。瞻鹤洞有招鹤亭，明月洞最高，皓月东升，清辉满洞，故以名焉。陂陀既尽，楼观斯崇，厅事三楹，曰簪碧堂，上为看山第一楼，北为补萝芳榭，外为深柳读书堂，后为射圃，圃后莳菊一区。有亭曰澹如堂，之右有水通以石梁，曰小虹，接以修廊，曰倚虹，临水一亭，曰知乐水。南有榭曰藕香。又南曰一笠亭，其旁为竹楼。楼外编疏篱园丁，设酒肆，悬酒帘，曰杏花村。园故多栗树，有小门扁，曰栗里。出藕香榭，折而右，水际有舟，名恰受航。泛舟过玉雨洲至镜亭，亭圆如镜，在水中央。亭下之水通留春桥，过桥即岩之麓，循崖而上，有亭曰寄云。历磴而升，有台曰豁然。再上，即碧霞洞，一名仙鹤洞，明宗藩自号瞻鹤道人，故又名瞻鹤洞。[1]

张维屏还在仙鹤峰西北题有“仙鹤飞来”巨书。李秉绶自己写了10首赞赏环碧园的诗，题刻于碧霞洞旁。

李氏家族的另一处园林湖西庄，位于今榕湖西侧，张维屏也应邀去那里游玩。他在日记里写湖西庄：

> 李春湖（宗瀚）少司空别墅也。门临杉湖（今名榕湖），湖面绿波与绿阴相映带，门内数武，流水小桥，过桥有屋，屋后有轩，轩前有园。少空族侄李春同寓园中，春同工篆书，精刻竹石。是时绿阴似水，榴火初然。主人编竹为篱，灌畦种菜，烟光树色，隔断市尘，地虽不宽，颇饶野趣，屋上有楼，登楼则城外诸山耸翠浮青，宛列屏障，主人于轩中置笔砚，桂舫挥毫泼墨，写桂林岩洞之奇。[2]

1 ［清］张维屏《桂游日记》，见《历代日记丛钞》第46册，第193—194页。
2 ［清］张维屏《桂游日记》，见《历代日记丛钞》第46册，第200—201页。

张维屏为湖西庄写诗一首：

杉湖西畔路，城里似江乡。
流水绕蔬圃，绿阴开草堂。
画图留指爪，笑语接壶觞。
相对澹弥永，主宾形已忘。[1]

在桂期间，张维屏多次到湖西庄与诗友雅集。临别桂林时，又为李园赋诗 8 首。桂林的李氏诸园林，让他印象深刻。

桂林南乡士绅唐岳，出生于耕读世家。父亲唐仁，嘉庆十九年（1801）举进士，后升内阁中书。唐岳受家庭影响，自小爱读书，19 岁中解元，一时踌躇满志，后赴京会试不中，返回家中，又遇太平天国起义，乃辅佐父亲办团练，阻击太平军有功，升郎中，加封鸿胪寺卿衔，赏顶戴花翎。唐岳好游历，喜欢诗文，咸丰四年（1854），将吕璜、王拯、龙启瑞等师友文集辑成《涵通楼师友文钞》，对地方文化的整理颇有贡献。唐岳读书甚多，潜心于打造一座类似大观园那样的园林，遂将父亲留下的财产全部投入，在家乡大冈埠附近购得一块石山洞穴、溪泉田林皆有的数百亩之土地，请人仿造大观园的设计，经多年营造，建成了雁山园。唐岳的同代人农代缙，曾以斯园为本，绘有《雁山园图》，详细记录了雁山园的造园特色、结构布局，可惜此图在“文革”中不知所终。

雁山园内有方竹山、乳钟山，有相思洞、龙骨岩、蛇岩，还有青罗溪、碧云湖，故在设计和建设中注意将真山真水融入园林规划，因地制宜地凿池构亭，筑榭建廊，使之天然有趣。澄砚阁、临水楼、玄珠桥、花神祠、山亭等布列园中，相得其趣。雁山园中有涵通楼，为唐岳藏书之所，《涵通楼诗友文钞》《鹦鹉赋十二首》等书籍的底版亦藏于此。唐岳喜欢石刻拓片，尤其是十分珍稀的唐碑拓片，收藏不少。清人刘名誉在其《纪游闲草》中，对雁山园有详细介绍。

1 ［清］张维屏《桂游日记》，见《历代日记丛钞》第 46 册，第 202 页。

建于清代同治年间的雁山园，是桂林尚存的私家园林，曾为广西大学驻地，文化积淀深厚

雁山园初成，唐岳因患脑出血突然死亡，其后人终无力打理，任其荒废。几经周折，斯园为晚清名宦岑春煊购入手中，民国后又转赠广西省政府。

晚清词人王鹏运，在杉湖（今榕湖南）有别墅，其有词作《百字令·杉湖别墅》记之："杉湖别墅，先世小筑也，其地面山临湖，有临水看山楼、石天阁、竹深留客处、蔬香老圃诸胜。朱濂甫先生作记，见《涵通楼师友文钞》中。天涯久住，颇动故园之思，黯然赋此，将倩恒斋丁丈作《湖楼归意图》也。"[1]

榕杉湖沿岸还有画家罗辰修建的芙蓉池馆、致仕官员唐景崧修建的五美园，太和塘有谢光绮的瞻榆池馆等，都名盛一时。其他一些士绅的园林别墅，虽无规模，却也精致：寄园，桂林邑绅王氏别墅，园不甚宽，布置甚雅，临水挹酌。[2]

1　王鹏运著，沈家庄、朱存红校笺：《王鹏运词集校笺》，上海古籍出版社，2017 年，第 305 页。
2　[清] 孙柱：《余墨偶谈初集》光绪刻本，卷一，第十页。

第五节 外国游客对桂林的介绍

元朝，桂林已经是一座有名的岭南都邑，安南使节赴京途经桂林时，甚至常住下来，吟诗度日，还将一些诗作摩崖在桂林的山崖上。越南使臣的燕行纪录中，有许多对桂林城市风貌、风景的介绍。高丽国王虽然没有来过桂林，却委托游历僧人给全州湘山寺送来金轮相顶、八宝毗卢、《华严经》、金钵盂等礼物[1]。

明清时期，欧洲的航海冒险家们足迹已经环游地球。因此，除了亚洲人以外，一些欧美人士也因各种原因来到桂林，他们更注意对这座城市风土人情的介绍。

一、葡萄牙人来到桂林

1549年，即明嘉靖二十八年，一个叫盖略特·佩雷拉（Galiote Pereira）的葡萄牙传教士，在中国的福建被当作海盗而俘虏，经过辗转押送，来到桂林。这位传教士回国后，写下了他的《中国报道》[2]。由于当时的欧洲人正在扩大国际贸易，非常迫切地想了解这个东方大国，故他的作品成为畅销书。

他在书中写下了对桂林的观察。那个时代，欧洲人尚未明显受到中国山水文化影响，故佩雷拉的记述中基本没有对这座城市山水的描述，他注意的是桂林的人文方面。

桂林这座城市的繁华，是让他感到惊讶的。漓江上，大大小小的船只川流不息，船上载着从广东运来的物品如盐、咸鱼、胡椒和其他商品。他对官方用军队护送商船以策安全的做法非常赞赏。他写道：“这儿土地平坦，郁郁葱葱，凡是

1 《〈湘山志〉校释》，中华书局，2019年。

2 《葡萄牙人在华见闻录》，海南出版社，1998年，第29页。

叫得出名字的东西样样都有，唯一没有的是海鱼，因为这儿离海太远，不过鲜鱼极多，鱼池里总是满满的。”[1]

在这座城市里，他看到许多的鞑靼人、穆斯林、缅甸人和老挝人，他自己则是葡萄牙人，这说明当时的桂林非常繁华，交通也相对方便，是一个较为开放的大都市。

佩雷拉对这座城市感兴趣的地方还有那座著名的王府和里面的主人公，以及漓江上鸬鹚捕鱼的情景。他写王城的城墙非常宽阔，王爷坐在自己的轿子里，在城墙上面巡游，属下们则骑着马跟随在后面，那巡游队伍几乎看不到尽头。他后来明白，王爷之所以在城墙上巡游，是因为制度不允许他离开王城。想看城外风景，或者说想让城外的百姓看到他的仪容，采取在城墙上巡游不失为一种别致的方法。佩雷拉到桂林那一年，靖江王府里是第七任靖江王朱邦苎，时年 35 岁。

为了帮助欧洲的读者了解中国，佩雷拉花了相当的篇幅来介绍靖江王这个皇帝的“亲戚”：他们住的地方是红色围墙和红色的大门，以便识别。靖江王和宗室成员，按照与皇帝关系的远近，可以定期在官府那里领到一份相应的生活用品。因为他们终身不能任职，不能掌权，无所事事，整日就是吃吃喝喝，所以一般都长得肥肥胖胖，在众人中很容易一眼就认出来。王爷富有教养，彬彬有礼，又无所事事，就常请这几位葡萄牙人到家里去吃喝（虽然这些葡萄牙人还是戴罪之身）。有意思的是，佩雷拉这位俘虏经常成为座上客。有时候，找不到这些葡萄牙人或者这些葡萄牙人不想再去吃喝时，就拉他们的黑仆去凑数，让黑仆们坐上席。佩雷拉说，这样的盛情，在别的地方从来没有遇到过。这个细节，说明了王爷在精神上的极度空虚：王爷在物质享受上应有尽有，但终身不得走出城外，所以请客是他们重要的消遣方式。他们闲时也弹琴自娱。弹琴是一种特权，除了王爷，一般的市民是不允许弹琴的，当然盲人和未婚少女除外。

---

1 《葡萄牙人在华见闻录》，海南出版社，1998 年，第 77 页。

在明代的桂林，观赏鸬鹚捕鱼，已经是达官贵人喜欢的旅游表演节目了。佩雷拉写道："当捕鱼时间到时，把所有的船只集中起来，在水上围成一个不太高的圈子，这时在鱼鹰（鸬鹚）的喉囊处已经系上了一个颈套，从翅膀下面系上。鱼鹰都跳起潜入水中，有些在上面，有些在下面，我从来没有看得这么眼花缭乱。当囊内装满鱼时，每只鱼鹰各回自己的船把鱼吐出来，紧接着又去捕鱼，直到不愿再捕为止。"[1]

佩雷拉兼有商人和军人身份，他在桂林的时候，是以俘虏的身份出现的，是极为特殊的个案。在明清时期，更多来到桂林的外国人，是以传教士身份到这座城市传教的。

明万历十三年（1585），罗马教廷罗明坚（Michele Ruggieri）牧师路经桂林。在未得到官方批准时，他决定入城，想拜见靖江王，但被拒绝，让他有事去找巡抚。他直接去找了巡抚，也没有受到欢迎。官方让他迅即离开这座城市。[2]

南明永历元年（1647），永历皇帝到桂林。次年，永历帝以下，以太后、皇后、皇子为首，数十百人他在这座城市里接受了来自奥地利的天主教神父瞿纱微施行的洗礼。

清光绪二十五年（1899），来自英国的传教士裴乐义用给市民看病的办法来接触桂林市民，他白天给市民看病，晚上只能回到船上去就寝。

二、美国旅行家盖洛对桂林的描述

美国著名的旅行家和地理学家威廉·埃德加·盖洛（William Edgar Geil，1865—1925）从1908年起，四次来到中国，游览了清政府所辖的十八个省，写了四部在中国旅行的重要著作。其中，《中国十八省府》出版于1911年，那一年，中国爆发了辛亥革命。桂林是广西省府，也在盖洛的考察和介绍之列。他从桂江溯江而上，来到桂林，不但用心记录了桂林的山水风光、官情民俗，还配了多张照片，使得读者对这座城市有了更直观的感受。盖洛游览七星岩，自然也请

1 《葡萄牙人在华见闻录》，海南出版社，1998年，第81页。

2 《利玛窦中国札记》，中华书局，2010年。

莫理循拍摄的 1905 年桂林拥护立宪会议的会场

了导游。他把导游评为明星，并因此把七星岩改名为八星岩。盖洛认为：“桂林招徕游客的主要原因还是它的山水和当地居民的好名声。”[1] 他已经从一个旅游城市的角度来观察和评价桂林了。盖洛在桂林，看到了因病逝而葬在桂林骝马山的一位美国女传教士的坟茔。

盖洛是坐船溯桂江而上到桂林的，在船上几天时间，得以对船民的物质生活和精神面貌有详细的观察，并且把这观察写进了游记。桂江滩险水急，逆流而上，需要拉纤。他写道：“那些在岸上走的纤夫都是些结实、强健的男人；竹绳子已经加长，船桅得以加强，尖尖的长竹篙也都拿在手上；船员们全都脱掉了衬衫……纤夫们都前倾得用手撑地，沿着江岸极其缓慢向前爬行，就像是奇怪的四足动物。平底船上的每个人都紧张到了极点，船在起了漩涡的水里悬荡。我们也用尖头的竹篙帮了一把忙。经过拼命努力之后，我们穿过了那个湍滩，船夫们的

1 ［美］盖洛：《中国十八省府》，山东画报出版社，2008 年，第 97 页。

号子声才停息下来。”船老板告诉盖洛：这一片水域有“鬼”，起码有几百个。就在上个月，有一条船在这里沉了，死了8个人，“鬼”把他们收走了。所以，在行船前，船老板要做仪式，要“贴红”。

桂江上游，亦即漓江的风光给盖洛留下深刻印象：“当我们试图将从平乐到桂林这一连串湖泊的美妙告诉别人时，我们的词汇顿时变得苍白无力。清晨时分，当一轮朝阳将其半数的曙光投射于群山之上时，这儿简直就是一个仙境。每一座山都令人回想起古希腊神话中的神祇。那些由巨石形成的小山活像是仙境海岸上的灯塔，加上它周围华美的倒影和更为实在的景色，足以让特纳的心陶醉，让华兹华斯的乐琴调出和美的谐音，给大卫王的竖琴装上动听的琴弦。我们预言，那些倦怠了欧洲之乏味的游客们将会在不远的将来来到长城、扬子江、黄河，以及桂江上游地区那美妙的仙境。桂江，你好！我们沿着你溯流而上，来到了广西的省会桂林，在扬子江与西江流域分水岭往南只有几英里的地方。”[1]

盖洛不但观赏了桂林的风景和历史遗迹，也考察了这座城市的建设情况。比如，他在书中介绍：晚清的桂林，有一所模范监狱和武备学堂，并且在教育方面预示着一种新精神，不但有小学、中学，还有一所技术学院、一所师范学院和一所农业学院，配备有外籍教授，还有相对独特的校务管理机构。盖洛在书中配了很多图片。比如那所模范监狱、桂林中学堂，以及桂江风光，均有照片作为插图，有助于读者更直观地了解这座城市。

三、德国建筑师眼中的桂林

1906—1909年间，一位叫恩斯特·伯施曼（Ernst Boerschmann）的德国建筑师，穿越了中国12个省，对中国的古建筑进行了全面深入的考察，借助照相机，拍摄了数千张中国古代建筑的图片。回国后，伯施曼出版了好几部论述中国建筑的专著，成为西方建筑学界研究中国建筑的权威。

1　[美]盖洛：《中国十八省府》，山东画报出版社，2008年，第104—105页。

伯施曼约在1908年末或者1909年初，自北而南来到桂林。进入广西后，他从兴安走陆路，经高尚、长岗岭、乌岭进入桂林，然后乘船沿桂江往广东。作为一位建筑师，桂林的建筑，是他关注的主要对象，他用相机为后人留下了晚清的桂林城图景，这些图景包括桂林城鸟瞰、古老的花桥、装饰精美的福建会馆、灰塑屋脊的平乐广东会馆、秀丽的漓江风光，以及桂林府附近的商道、长岗岭路边豪华墓茔。[1]由于桂林独秀峰位于这座城市的中心，伯施曼得以登上峰顶拍摄桂林城的俯拍全图，完整记录了当时桂林城市建设与环境的关系，是那个时代很难得的城市全景图。这些图像，是今人了解清代桂林城市风貌的稀缺资料。

四、越南奉使团在桂林

由元至清，越南（安南）长期为中国藩属国，与中国往来密切，官方派遣的奉使团，经常出使中国，晋见中国皇上。这些奉使团的行走路线，绝大多数会经过桂林。路过桂林时，奉使团在他们的工作日志中会记载下对桂林这座城市的公务和观光感受，有的人还会留下诗作，摩崖于桂林诸山，成为桂林摩崖石刻中的另一种风采。

在越南奉使团眼中，桂林风景“一面临江，三面阻山，广洞壮大，其地名胜甚多，相传有八景，城中并列巡抚、布政、按察、提学、叶镇、府县各衙门，并居三市六街，商贾萃聚，城外临河有湛恩亭，使船到省必泊亭下河津。两岸舟舫鳞集于巡司处，横江泛舳舻五十余只，傍催铁索，上铺平板，人马通行。对岸地名水东街，房屋连延，贩卖亦广。两边人烟凑集，洵是西南之一大都会也”[2]。桂林八景是这些使节们津津乐道的景观，他们在桂林逗留一般有数天甚至十多天，会在公余去游览这些名胜，还经常为桂林名胜赋诗。漓江西岸浮桥边的湛恩亭，是广西地方官员迎送越南奉使团的地点。

---

1 ［德］恩斯特·伯施曼：《中国的建筑与景观（1906—1909年）》，中国建筑工业出版社，2010年，第208—220页。

2 复旦大学文史研究院、越南汉喃研究院编：《越南汉文燕行文献集成》（5），复旦大学出版社，2010年，第272—273页。

桂林風景

廣東省城一面臨江三面阻山廣洞壯大其地名勝甚多相傳有八景城中並列巡撫布政按察提學叶鎮府縣各衙門並居三市六街商賈萃駢城外臨河有港思亭使船到省必泊亭下河津兩岸舟舫鱗集於巡司處橫江泛舳艫五十餘隻停僱鉄索上鋪平板人馬通行對岸地名水東街房屋連延販賣亦廣兩邊人煙湊集洵是西南之一大

《越南汉文燕行文献集成》中关于桂林风景的描述

越南奉使团到达桂林时，会依例向广西巡抚、按察使直到知府等官员递上官文，报上官职，呈验随行贡品，表达问候。广西地方主官会宴请使团全体成员，致酒三巡，还会请这些客人看戏。因为这些使团出使周期一般会达一年多，如果遇到季节变更，比如遇到秋冬，广西的地方官员还会赠送冬衣等给使团成员们。

奉使团一般会住在当地公馆或者驿站，有时也会住在船上。船夫和押运的官兵，则由沿途地方政府负责，每到一站，予以更换。在这些使臣的记录中，我们可以了解到许多当时的生产生活细节，例如从桂林乘船过灵渠到湘江，就颇为耗时费力，严重的竟然用时一个月之久。若遇使团到达桂林时是秋冬季节，地方官会建议他们走陆路，陆路则仅需几天时间。

灵渠也是这些使臣们关注的历史遗迹。越南阮朝时期的历史学家潘辉注，被任命为使清团副使，随团出使中国清朝。在省城桂林拜会巡抚、按察使等各位官员后，补充了给养，继续北行，过灵川，进兴安境。端午节这天，这支使清团的船队抵达兴安县城南边的马头山。潘辉注在日记中写道："山在灵渠右畔，此八陡之始。按：始凿灵渠以通漕运，渠流萦绕、水浅，至马头山尤浅难行，历代修渠辄障水以便通舟，其陡口两崖砌石，各以木栅填塞，使水盈科而后舟可进行。自此山至于湘江，凡三十六陡，七十二湾，迂回转折，故谚云：三十六陡，七十二湾，湾湾望见马头山。盖其萦回也。使舟以五月朔过大融江八渠，五日始至此山陡口。""使舟至大融江，转入灵渠，泝上浅流，一路迂回曲折，转湾过堤，层层储水，旬日间方达湘江，舟行最为艰阻。"他对灵渠功能的记录也很全面："农功之赖以灌溉者，不知其几百亩，又有运铅重载、输毂商艑，往来牵挽，遵漕而途发，篙师榜人，操舟而过，稳如安步，为固本乎天然者。"他也提到，因为灵渠经常发生堤岸崩塌，影响运输，"楚米连舶而来者，悉止于全州，卒不能进""关乎政事得失"[1]。这些文字，成为今人了解灵渠历史作用细节的重要记载。

桂林的风俗民情，甚至生产方式，都是这些奉使团关注的对象。郑怀德有诗写漓江鸬鹚捕鱼："临渊不结网，江鸟捕江鱼。"[2] 武辉珽在桂林看端午竞渡："北俗每逢端午，人多操舟竞渡，踏板长歌，节以笙鼓。"[3]

第六节　元明清时期的旅游设施建设

元明清时期，桂林的城市规模得到扩大，城市中的景观布局也有了一些变化，原来的城南护城河演变成了风景，象山则成了漓江和桃花江汇流之处，西湖一度重整，个别传统景观如清秀山则受到了冷落。与城市和风景格局变

1 《越南汉文燕行文献集成》(10)(11)，复旦大学出版社，2010年。
2 《越南汉文燕行文献集成》(8)，复旦大学出版社，2010年。
3 《越南汉文燕行文献集成》(5)，复旦大学出版社，2010年。

化相呼应的相关设施，或者因为年代久远而重建，或者有了提升。甚至，一些细节也受到重视，例如全州的路树种植，为行人带来荫凉而受到好评。解缙在《全州杂兴》中写道："国朝太守张君复，种得青松夹路长。夏日行人多驻马，全州万树比甘棠。"

一、恢复西湖

元朝时期，相对于前朝来说，桂林风景建设显得较平淡，但恢复城西西湖，以强调桂林山水之"水"的特色，是值得记之于史的。

元人郭思诚，于至元年间来桂林任职期间，编《桂林郡志》，疏西湖以畅游。

桂林西湖，唐初时"渺然有江海趣"，南宋时期先后经张维疏浚、范成大引朝宗渠入湖，使景观灿然，方信孺在湖边西山建馆造景。元朝初，被人壅塞围田以获私利，湖景不再。郭思诚到任后，对照旧志，认为当时的桂林风景"山有余而水不足"，深感有再辟西湖之必要，乃命人疏通水源、铲除堰坝，恢复湖景，并刻《新开西湖之记》于西湖边之西山，以纪其事。

二、元明清时期的城市改造与基础设施建设

宋以后，元代曾对桂林城进行过重建。"以至正十六年冬，十月甲子鸠工，军民就役者五千余人自北而东，由南而西，城广袤三千七百丈，监筑官吏分命督役，凿石于山，督工吏士九千二百余人，计日取石，皆有数。工匠及军民充夫役者，日给盐，折钱一百文，廪米三升。凡城内外，自顶至踵，皆砌以大石。沉米为膏，炼石为灰，捣如墐泥，涂泽其中。城内厢皆砌石三重，基址坚厚，自下树石，栉比而上，端方周正，文理致密，缭绕周回一十余里，起于东北宝积山连风洞，因山为城，增卑益高，筑女墙，建睥睨各数十余丈。"[1]

这次重建，城市规模没有扩大，主要是将城墙由砖改为巨石，开辟了 14 座城门，城门上建有楼阁。巨石筑墙，使得城墙更加坚固，后人誉称"铁打桂林城"，即由此来。

---

1 ［元］杨子春：《桂州新城记》，见《粤西文载校点》（2），第 167 页。

［明］包裕撰《广西省城碑记》

明洪武年间，桂林城得到扩建，城南扩张到以桃花江为界，并且从今虹桥坝处向东开凿一段护城河，至象山与漓江汇合，使之成为新护城河，原护城河成为城中内湖，逐渐演变为桂林城景观。虹桥坝处设一滚水坝，河水少时可拦水向东护城，洪汛时期则可使河水漫过虹桥坝沿故道向南从雉山附近汇入漓江。城门改为 12 座。城中建设了靖江王府，形成城中有城的格局。

明正德年间，当局考虑到桂林城“历宋而元以迄于今，凡四百有余载矣，而环壁甃石之固犹旧，第以楼宇久而□颓，雉堞或至圮毁”，决定再次重建桂林城。这次修建，臬库出钱，军卫出力，历时两月，厥功告成，计“为楼一十有六，为铺三十有四，饬雉堞三千六百八十有奇，堆石炮三百八十有三”；对损毁城墙的修补，则“三千三百七十有八丈”[1]。

清雍正及乾隆年间，两次高筑、重修城墙，以固城防。咸丰二年（1852），因太平军攻城，城郭毁坏严重，战后又有重修。总的来说，由元至清，桂林城池明显扩大，城市格局有了较突出变化，城墙由砖为石，且城墙高度和城门都有变化。因为城门是城内与城外交通的必经之处，城门的变化也影响着城内外交通的变化。

桂林周边各县城，这一时期也有比较突出的城市建设。如明弘治年间永福县建新城，“捐俸资以继之，守备都司麻公林出军夫以助之”[2]。正德年间建平乐府城，“乃度东岸亢爽之处为城，一百八十余丈，为门二，为楼八，为屋七十楹，移驿舍巡司于城内，虚其地三之二以为民居。而于三城之外皆环以壕堑，其深与广俱十余尺。坚旗标于方隅，严钲鼓于旦暮，凡攻守之具，无一而不给焉。总其费砖以万计者一百七十有奇。瓦半之。木与石视砖，杀十之九，用银以两计一千五百有奇。然皆出于公帑，未尝滥征一钱。其力则取于轮戍之兵及所居之民，未尝他役一夫”[3]。

桂林至今仍遗留下来数百座明清时期的桥梁津渡，反映着那个时代的交通繁荣景象。

---

1 桂海碑林博物馆编：《桂林石刻碑文集》中册，漓江出版社，2019 年，第 167 页。

2 ［明］姜洪：《永福县新城记》，载《粤西文载校点》，第 186 页。

3 ［明］蒋冕：《府江三城记》，载《粤西文载校点》（2），第 192 页。

漓江上的浮桥，早在唐宋就已建成，成为两岸交流的重要通道。但是，漓江上常有洪水来袭，浮桥常毁于洪水。洪水过后相当长一段时间内，只能借助舟渡。舟渡运力有限，限制了两岸人员往来和物资交流。于是，在经过一段时间后，地方主官会把重建浮桥当作任期内的一件大事，来加以解决。

明正德年间，桂林人包裕告老还乡，正值桂林进行城市建设，重修永济浮桥是其中一项。包裕写《永济桥记》，记录重修桥事：

> 省城东之巨津，广七十丈有奇。水发源兴安海阳山，合大、小融江众流泾津，而南汇西江，性急冽奔湍，涉者病焉。况遇春霖夏潦，汹歘澎湃，若雷电然。舟人渡子，乘时射利者，百计索需，因而人舟垫溺者有矣。一壶千金之叹，宁保其必无也哉？
>
> 正德丁卯，右都御史陈公金，奉玺书膺两广军民重托，广询博访时政利病而兴革之者，盖非一端也。适桂林知府汪侯金恩有事于梧，公询前弊得实，乃会镇巡藩臬诸司，曰："一夫不获时予之辜，其可不加之意乎？"佥曰："然。"乃支公帑，鸠工庀材，造舟五十。铸铁柱四，各丈八尺，埋峙岸浒，半入地中。铸铁缆二，各长百丈余，横亘舟上，索舟于缆，索缆于柱。镇铁猫于水以固舟，甃石块于堤以固岸。两侧翼木为栏，以防蹉跌。两岸甃石为蹬，以便往来。综理周密，足为经久之图[1]。

全州人文立缙，明代万历年间的进士，名重一时。他于万历八年（1580）捐款给家乡修建了一座横跨源江的大石桥，名东峰桥，桥长33米，是一座当年相当大的工程。当地习俗：凡乡人中功成名就者，应为家乡献力公益事业。文立缙最初去赶考时，曾梦见自己从木桥上掉进河里，以为不吉，打算弃考，母亲鼓励他说：梦是相反的。你若考上，家境改善，捐建一座石桥，不是造福于乡亲吗？故文立缙在有了条件以后，遵母亲愿望，捐资建此桥以报答父老乡亲。

清康熙五十六年（1717），平乐府江浮桥竣工。

---

1 ［明］包裕：《永济桥记》，载《粤西文载校点》(2)，第37—38页。

兴安、灵川通往桂林大道，须跨越甘棠江。甘棠江上，古时曾有大石桥，惜久废无修，仅以小舟渡之，渡河艄公虽不乏收入，却苦哉旅人。康熙五十年（1711），陈元龙以礼部侍郎出任广西巡抚，路经甘棠江，深感无桥之不便，便虑心于在此建桥，以利通衢。次年，他决定按照桂林城东门外永济浮桥的建设方式来仿造一座甘棠桥，一年，事成。他又考虑到多年后甘棠浮桥的维护问题，乃设护桥田。他写了《架设甘棠渡浮桥记》记录这件由他亲自谋划、筹资、建设此桥的过程以及对桥梁日常管理的安排等全过程：

考《周礼·夏官》所载，司崄知川泽之阻，而达其路道，则桥梁之设其来已久。《诗》云“造舟为梁”，即所谓浮桥是也。国家当升平郅隆之日，制度周详，废坠具举，东西朔南，凡在地维以内者，关隘津堠釐然毕修，行旅商贾之往来，遍历天下而无阻。西粤僻处岭表，万山重叠，溪流多深广湍激，利济维艰。桂郡灵川县有甘棠渡，为楚南往来之冲。旧有大石桥，久废，仅以小舟渡行人于激流中，延袤奔突，有覆溺之虞。或驿使旁午趋渡争舟，彼此蹴蹋，行者病之。康熙辛卯之冬，予奉简命入境，即经此渡，次年壬辰，公事之暇，与有司建议，此桥相度经营，工费以万计。采石于山，经岁不能运集。而粤无良工甃石，架梁稍不合度，遇水潦冲啮，旋且倾圮。试问曩时之桥于今安在？将何以垂永久利涉之计？踌躇久之，藩伯黄君进而请曰：“石桥横亘，云构虹舒，诚边地之壮观，今虽不惜金钱，不计岁月以为之，而崇山峻岭，森峙上流，揆厥地势，成之难，保之尤难。莫若浮梁之制，事半而功倍。”予憬然曰：“郡城东门外之浮梁，君所建也，有成效矣，曷不仿而行之？”爰檄郡佐黄君之孝往偕灵川令徐君吴治亲履其地。量度鸠工，自南岸至北岸，广四十丈，造船三十只，桥广七尺五寸，二舟相连，留空隙凡一十有六，以杀水势，而以厚板架其上，每二舟镇以大铁一，重三百余斤，维以大铁索，长十六丈，又于两岸累巨石为码头。建大铁柱四，复以大铁索，长七十丈，直径南北，系于铁柱之上，使舟不得荡漾；舟之两旁翼以扶栏，以防失足。其规制悉与郡城东门外之浮梁同。共用工料银九千九百九十四两有奇。经始于康熙五十一年壬辰孟冬之初，至次年癸巳正月而桥成。凡四方之出入于其途者，去险就坦，易危为安，众口称便。是役也，郡佐黄君实董理之，昼夜栉沐于此地，故财用省而工竣甚速。黄君既告成事，请置酒以落成之。予曰："未也，数年之后，舟得毋有朽敝乎？铁索得毋断坏乎？守视者得毋怠工去乎？不图善后不可久也。"于是藩伯黄君、参议张君、郡守吴君偕郡佐黄君、灵川令徐君并起而前曰：微公言，相与筹熟矣，守桥不可以无夫，夫不可以无食金。议额设桥夫十五名，给口粮以专责成，又虑夫之更易无定，即募附近之居民充之，复于口粮之外，又给桥旁荒地七亩，为制耒耜、立沟塍，令之开垦，以赡其家，名曰"护桥田"。免其起科，禁其转售，俾永久守此桥，勿致迁徙，倘遇霖潦水涨，则此十五家之父兄子弟可以协力相助，桥可以无虞矣。而修桥不可以无备，以捐建桥之所余，令良贾权全子母，岁收其息，储之于官，以供不时修补之需。如是行之守而弗失，则此桥千百年长存可也。予喜而起谢之曰："善乎，诸公之思深而虑远也。"夫兴一利而利在一时，而后之道弗讲，即插天蝃蝀、跨海鲸鲵无庸也。今借诸公之硕画，用意周立法备，月考有程，岁修有蓄，后之人踵而善守，铁索断者亟续之，舟板朽者旋易之。垂之永远，为利无穷，安在浮梁之逊于石桥也哉。是为记。[1]

由陈元龙之文可见，甘棠桥尺寸与漓江上的永济桥有异，但原理完全相同。

清乾隆年间，全州建成了虹饮桥。虹饮桥位于湖南通往广西的交通要道上，为石墩木梁架构，长近 60 米，有琉璃瓦顶桥廊，两侧有座凳，气势雄伟轩昂。

由兴安至桂林，灵川是非常重要的官道途经之地。今三街镇在历史上长期是县衙所在地，潞江从这里汇入漓江，涉溪是旅者面临的困难。至迟在元至正年间，这里曾架有石板桥，以济行人，后废。清乾隆年间，知县王雨溥有感于行人过河之苦，在原桥址处建五孔石桥，命名为"凤凰桥"。同治年间重建时，改为七孔桥。

灵川县的龙头桥、大观桥，亦多次由附近村民集资再建。

1　曾桥旺：《灵川历代碑文集》，中央文献出版社，2010 年，第 108—109 页。

行人不多且河面较宽的地方，当地人会修建石硌，以助通行，如龙胜各族自治县平等镇的广南古石硌。石硌，由一块块跳石组成，置于河床，露出水面，能较好抵挡洪水冲刷，在无洪水情况下，既能便利过河，又不碍河水下行。月牙山龙隐岩前，也有通往大洲的石硌。

明清数百年间，对官道也多有修缮。明永乐十一年（1413），桂州、昭州和梧州共同整修了桂梧大道，含道路沿途桥梁157座，是当时相当有规模的交通建设工程。清道光八年（1828），永福县改建了永福至兰麻、理定至潘圩驿道。[1]民间力量则关注于对商道和乡道的维护。明崇祯九年（1636），郡人胡士贤夫妇捐资修建了木龙洞桥。道光十六年（1836），灵川江头村考出去的进士周启运返乡后，组织修建了家乡附近的大官桥，桥长四丈（约13米），包括桥两边道路九十余丈（300多米），平为坦途，便利乡亲[2]。

明清时期，桂林的风景格局有一些较明显的变化。清秀山、琴潭岩等城西的风景逐渐被冷落，榕杉湖则由于城市扩大而成为内湖，演变成风景区。

清道光十三年（1833），广西巡抚祁𡎴就增修了独秀峰山景设施，包括登山道、寿佛殿、魁星阁、望月亭、大观亭、小憩亭、文笔塔等。[3]旅桂盐商李宜民，乐善好施，先后资助修建了开元寺、虞山庙、华严庵、法藏禅寺、府学、文昌桥等，是桂林历史上以个人之资修建公众设施最多的人。

道光二十四年（1844），从河南按察使任上被罢官的况澄，回乡后重修了七星岩磴道：

> 听月亭至碧虚亭磴道，岁久倾圮，登览者苦之。邑人况澄□吴于道光二十四年甲辰孟冬月命工重修。

1 《桂林交通志》，广西人民出版社，1996年。
2 曾桥旺：《灵川历代碑文集》，中央文献出版社，2010年，第292页。
3 《桂林石刻》，桂林市文物管理委员会，1978年，第304页。

三、渡口、码头和公馆驿站

除了遇水建桥，更多的过河道路要靠渡船，有的是商渡，有的则是义渡。叠彩山下木龙洞口、灵川三街镇与兴安交会之小溶江等主要津渡，均设有义渡。义渡艄公生活靠义渡公田，不得向行人收费。木龙洞义渡处刻有石碑，明文规定艄公不得与民争利，即指不能向渡客收费。小溶江义渡，则有乡民在渡口修建了渡亭，为旅者提供休息便利。渐渐地，亭边成为圩市，名“义渡圩”，又在临河处建了楼，名“得月楼”，旅者登楼眺景，亦一快事。

桂林之地，盛夏酷暑难耐，严冬寒风亦伤人，人在旅途，诸多不便。不论官道、商道，甚或乡道，在一定距离间，必有凉亭可资旅行者休息。灵川县大圩镇福岗岭凉亭，即由上下数村乡人集资建成。现叠彩区上塘边村、临桂区下山尾村、灵川县三月岭古道、阳朔县兴坪镇一带，尚可见到明清时期遗留下来的凉亭。光绪二十八年（1902），灵川县大圩周边乡民襄资重修了万寿桥和福岗岭凉亭。桥今仍在，亭已不存。光绪乙巳年（1905），灵川县长岗岭村人莫崇玖在三月岭建凉亭，并捐田以租为行人施茶，凉亭今仍存。

历史发展到明清，不论游客到访还是物资转运，都比以前明显增多，水运码头也相应有了很多增加。大河圩码头、王家碑码头、龙门村码头、柘木圩码头等漓江沿岸的码头，都得到了建设或者修缮。各码头的规模也依据地理条件不同而有很大差别。相思江的东村码头、渔船上码头基本是附近圩镇村民所用，规模不大；湘江岸边的柳浦码头、塘市码头，桂江的湖广码头等，则可以停泊较大的船。

相思埭也得到了改造提升。金鉷《广西通志》说：“旧时所建止鲢鱼一陡，奔流激湍，垒石多已颓圮。雍正七年，叠蒙皇仁轸念西南水利，发帑兴修，与兴安灵渠工役并举。于是建闸水之陡二十座，凿去碍船之石三百八十六处。开浚河流，如石槽形，水得容蓄，长流不竭。”[1] 经过改造后的相思埭，水势平缓多了，河道也变得宽阔，行船相会都通畅了。相思埭运河，在公路运输兴起前，一直是桂林往柳州的交通要道。

1　见金鉷修：《广西通志》卷 21。

鄂尔泰对重修灵渠和相思埭，有《重修桂林府东西二陡河记》述之甚详。他认为在两工程中，“天平之石，分水之塘，资费最繁，而倾颓亦最易，非大加修长，其何以经久远耶？”他亲自踏勘，条具规划，上奏朝廷，委与兴安知县王勃董事程役。工竣，绘二陡河图呈皇上，“临桂之河，凡以陡以闸水者二十。兴安之河，为陡门者十有八，为堰蓄水者三十有七，为长堤一，为月堤一。其滩心危石比栉，共凿去碍船者，两河各百有数十处。于是近渠之田，资灌溉者，不下数百顷，水旱无虞，前此荒塍，悉登膏沃。若乃舟楫之便利，惠贾通商，则自灵渠而北，曲赴湖南，自鲢鱼陡而西，直际黔省之古州。粤土虽瘠薄，得二渠以储民福泽，可俯视秦关郑白矣。”[1] 此二运河之工程，经费要报朝廷，效果要呈皇上，亦是当时国家之大工程了。

公馆驿站是接待往来官员的重要设施，每个朝代都注意对公馆驿站的建设和维护。明代，在灵川县城建设了桂州公馆（《粤西文载》误为“桂川公馆”，今据曾桥旺《灵川历代碑文集》更正），这所公馆建好后，欣欣然成为圩市：“揭木筑土，徙居环聚者二百余家。率三日为市，盖巍然一巨镇矣。”[2] 临桂与永福间的苏桥，也是官吏出行的交通要道，“旧惟邮宇一区，其后以民间社学增置公馆，湫隘浅陋，门不容车，仆从无所适，并邮宇颓圮，风雨不蔽，无论一介行李，即院道必兼程而进”，欲重修而缺钱，“于是廉官吏之积弊，惩豪右之不法者，共得三十余金，鸠工集材，于社学故址而创造焉。有堂有室，厢廊称之”[3]。

元代，桂林的驿站有七处。明代，桂林的主要驿站有：

临桂县：

东江驿：马五匹，马夫五名，驴三头，驴夫三名，船十只，水夫百名，馆夫二十名；

苏桥驿：马二匹，马夫二人，驴二头，驴夫二名，船三只，水夫三十名，馆夫十名；

南亭驿：船五只，水夫五十名，馆夫三名。

1 见金鉷修：《广西通志》卷 116，第 22—24 页。
2 ［明］张守约：《桂州公馆记》，载《粤西文载校点》（2），第 223 页。
3 ［明］邵以仁：《苏桥公馆记》，载《粤西文载校点》（2），第 224 页。

灵川县：

大龙驿：马五匹，马夫五人，驴三头，驴夫三名，船五只，水夫五十名。

兴安县：

白云驿：马六匹，马夫六名，驴三头，驴夫三名，船五只，水夫五十名。

阳朔县：

古祚驿：船五只，水夫五十名；

蒲驿：马五匹，马夫五人，驴三头，驴夫三人。

永福县：

三里驿：船三只，水夫三十人。

修仁县：

在城驿：马五匹，马夫五人，驴三头，驴夫三人。

理定县：

横塘驿：船三只，水夫三十人。

荔浦县：

山月驿：马五匹，马夫五人，驴三头，驴夫三人。

全州县：

城南驿：船五只，水夫五十人；

建安驿：船五只，水夫五十人；

山角驿：船五只，水夫五十人；

柳浦驿：船五只，水夫五十人；

上述驿站，尚不包括平乐在内。

驿站费用颇大，成为朝廷的沉重负担。据《平乐县志》（民国版），平乐的昭潭驿编制和费用为："驿丞一员，俸三十一两五钱二分；书办一名，工食银七两二钱；皂隶二名，每名工食银七两二钱……明时本驿额设差船二十只，水手十四名，差马二十五匹，马夫二十五名，以供寻常应付。若遇皇华贵使、本省上司亲临例出，本地蜓舡协济走差。顺治十六年……每马一匹应夫三名。设旱夫二十名，差舡十四只，每船水夫二名共二十八名，其舡五年一造，每舡工价十三两。三年一艌，每舡艌价一两七钱，俱在本县驿站项下开销。然差使繁难，日不

平樂縣志　卷七　交通

榕津鄉之榕津街郵政信箱
張家鄉之張家墟郵政信箱
陽安鄉之陽安街郵政信箱
金華鄉之源頭墟郵政代辦所
以上新採

驛遞附錄

查舊日驛遞祇於傳達官府公文供給差遣久已廢置茲照全志轉載以供參考

昭潭驛在西城外臨三江口今廢

舊驛丞一員俸三十一兩五錢二分書辦一名工食銀七兩二錢皂隸二名每名工食銀七兩二錢順治十六年奉文裁汰驛務歸併知縣管理祭故明時本驛額設差船二十隻水手十四名差馬二十五四馬夫二十五名以供尋常應付若遇皇華貴使本省上司親臨例出本地蜓舡協濟走差順治十六年按院田題准次衛廢差馬一項每馬一四應夫三名設旱夫二十名差舡十四隻每船水夫二名共二十八名其舡五年一造每舡工價十三兩三年一艌每舡艌價一兩七錢俱在本縣驛站項下開銷然差使繁難日不暇給康熙六年內知縣藍奮興呈請撫院金題允添設差船六隻水

民国版《平乐县志》中关于驿站的记载

暇给。”[1] 平乐县除了昭潭驿，还有广运驿，广运驿在压缩编制后，仍有马十二匹，差舡八只，水手十六名，又增膳养夫三十名，有驿丞一员、典史一名、馆夫一名、公馆门子一名。

上述都是明账。往来官差的食宿玩耍费用亦在其中，虽说食宿费用可以列支，但官员们往往携家带小，超员出行屡见不鲜。更有甚者，一些有事相求的人如豪绅、商人，往往会有商船相随同行，帮助买单。徐霞客见到的南田驿“百家之聚”，其多数建筑都是依附驿站所建的民间逆旅，专门接待那些无资格入住驿站的官员随行者。

驿站本是军事设施，为朝廷大事而设。《大明律》规定“凡铺兵递送公文昼夜须行三百里”，否则问罪。但对于有身份的官员来说，在驿站所设之处逗留，往往是当地官员非常喜欢的，一些驿站处于好风景处，更有视察民生的好理由。

1　张智林纂《平乐县志》卷七，见中国方志丛书第 121 号，成文出版社，1967 年，第 442 页。

位于漓江草坪乡的南亭驿，在明早期和中期都是官员经水路上行或者下行时的休息接待场所。黄福奉使安南，离别桂林时，在此住过一晚。《奉使安南水程日记》中载："是日午后，遂行至南亭驿，驿至临桂七十里，隶临桂县。驿之前有榕树，一本九枝，其根盘错，延袤甚远，其阴婆娑殆有顷，余人云自宋有之。近五百年余。"明嘉靖年间的广西右参议田汝成和广东左参议王宗沐先后游览过冠岩，就是因为附近的南亭驿可以使他们歇下脚来，观赏周边风景。

徐霞客乘舟往阳朔，见南亭驿（原书写作"南田"）尚是一处热闹的所在。待返程时，在冠岩附近泊舟上岸巡察洞穴，吩咐舟人将舟候于南亭。天黑后，徐霞客下山，"抵南田驿，觅舟不得，遂溯江而北，又一里，乃入舟"。舟人不将舟泊于徐指定的南亭驿旁，而是泊在上游"又一里"处，很可能是驿站不许民舟停泊。

明崇祯年间，朝廷裁撤了一大批驿站，亦引起混乱，李自成原本是银川驿卒，因驿站裁撤而失业，于是起兵。顺治十六年，有感于前朝在驿站问题上的负担太重，朝廷下决心裁撤了大部驿站。

明清时期，人文景观增加较多，如栖霞寺、定粤寺、圣母池、云峰寺、法藏禅寺、祝圣寺、铁佛寺等。随着宗法文化在岭南影响日深，宗祠建筑也兴盛起来，在乡设宗祠，在外建会馆，在文化上起着宗族认知作用。迄今仍有不少宗祠散落在乡间。这些宗祠，是祭祀祖宗的地方，是族人行礼仪之处，也是凝聚远方游子的场所。但唐宋时期所创建的人文景观，消逝的更多。

第七节 商业服务相对多样化

明清时期，商业服务变得相对多样化。由于印刷术的发展，也由于文人的介入，明清时期写桂林的诗文要比唐宋时期详细得多，这也使我们对明清时期桂林的商业服务有了更细致的了解。

一、桂林市场的繁荣及特点

这一时期，桂林的市场状况，来自葡萄牙的佩雷拉写得详细而全面：

> 我们认为这个城市以及我们所看到的其他城市还有一点做得极好。即虽然城里已经有了那么多的市场，里面什么都有，但在大街小巷还有小贩叫卖各种东西，如牛肉、猪肉、鲜鱼、蔬菜、油、醋、面粉、米等，应有尽有，这样城里人家就不需要佣人，因为任何东西都会送到家门前。全城有无数的商人，其中大部分在城外，因为正如我在前面说的，像这样的城市每晚都关闭城门，商人们为了做生意，更乐意待在城外。[1]

从佩雷拉的记述，可知明代的桂林，街市上有各种店铺、市场，出售市民生活需要的各种用品食物，也有各类沿街叫卖的小贩。喜欢待在城外的商人，应该是从事长途贩运的批发商，需要在天亮之前接洽采购远道运来的大宗货物，而不至于被官方按时关闭城门的制度所影响。既在城外，又便于运输，则漓江东岸的大洲是最好的地方。故明清时期，大洲已经是一处商业繁华、大宗货物往来集散的所在。另几处比较合适的地点，分别是城北的虞山和城南的安家洲。虞山对岸设上关，安家洲对岸则设下关，以便对南北两个方向进城的货船征税。相当于今天海关的河泊所则设在象山南侧。桂林城东漓江水面上，大船小舟，熙来攘往。大船运货，小舟载客，十分热闹。桂林城是桂东北都会，又是水运的重要集散地，沿海的食盐、绸布、洋货，以及湖南等地运来的粮食，都在桂林销售或从桂林转运周边各县。各县的土产山货，如茶油、木材、木炭、竹器等，则在桂林集中后又转运至远方市场。收货和贩货的商人，成为一支相当有规模的商务旅游队伍。

二、桂林的住宿与餐饮

官员因公务到桂林，仍然按照制度宿于公馆或者驿站。民间人士的住宿，主要是各种商业性小旅馆或者宗教场所，也有住朋友家中的。商人投宿，一般是商店货栈所附设的客栈。

---

1 《葡萄牙人在华见闻录》，海南出版社，1998 年，第 80 页。

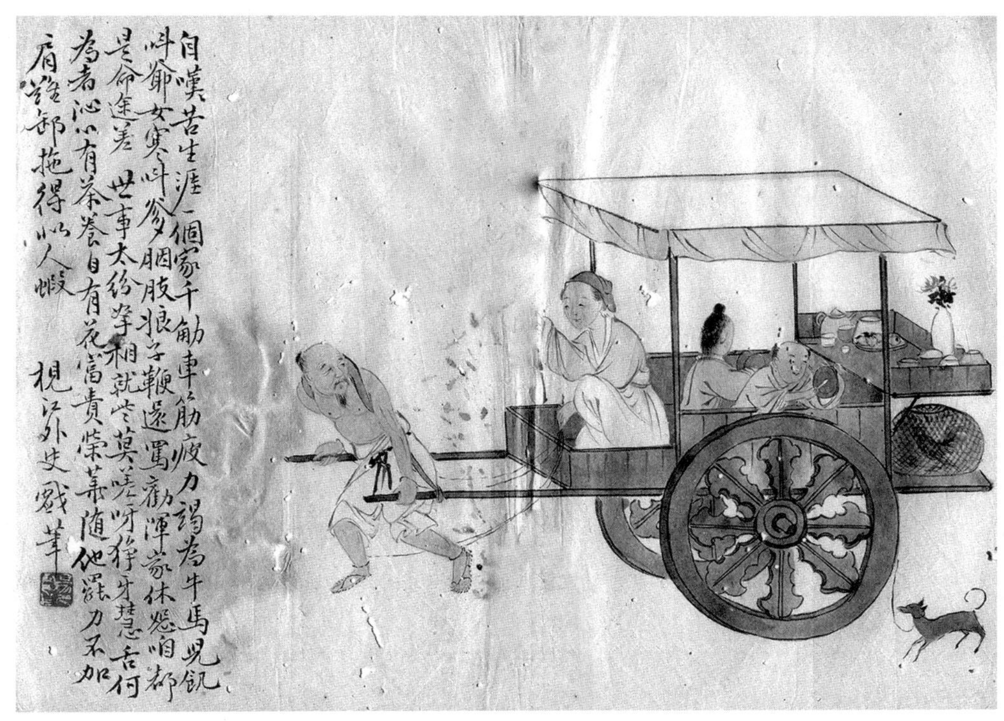

清代桂林画家阳元晖所画桂林晚清街上柔姿车

黄福到桂林，居住在紫极宫。

《徐霞客游记》里记载，徐霞客一行在桂林期间，主要是住寺庙、旅馆和民宿，偶尔会在岩洞中或舟上小住：

5 月 31 日（本书所引用的徐霞客游记内容，日期均改为公历），宿于全州牛头冈蒋姓家；次日，宿于清泉庵；6 月 20 日，宿于旅馆；7 月 5 日，宿洞中；7 月 13 日，宿舟中。

初进桂林那天，徐霞客“宿于逆旅”，即商业性旅馆。第二天，“乃迁寓于都司前赵姓家，以其处颇宽洁也”，但被子要自己洗。徐霞客一行在赵家寓所住了 20 天后，乘舟下阳朔。及阳朔归来，因赵家女儿出痘，“遂携寓对门唐葵吾处”。往来阳朔 8 天时间，俱宿于舟中。

明清时期，会馆已经发展起来。会馆最早出现于京城，是由同乡出资兴建、管理，为远在他乡的同乡们提供必要的食宿服务和乡情交流的场所。在桂林客居的湖南人很多，同乡间需要有情感交流，也需要互相照应。最初，桂林城先有湖南人建的濂溪书院，因会馆日盛，便将濂溪书院改成湖南会馆，馆址在榕荫路。除湖南人以外，桂林的广东人、江西人也不少，甚至也有不少四川人、福建人、江浙人，故这些省人也在桂林陆续兴建会馆：四川会馆在四会路、福建会馆在环湖路、江南会馆在盐行街附近。广东会馆也叫粤东会馆，有好几座，分别在安家洲、王辅坪和大洲。除市区外，周边各县甚至一些大的乡镇，也有这类会馆，如平乐县城和该县的榕津镇有粤东会馆，灵川大圩镇和熊村有湖南会馆、阳朔江西会馆、荔浦石阳宾馆、福建会馆、龙胜楚南会馆等。全州还有水运会馆，专门为船工和乘船客人服务，会馆有馆田收入维持费用。

会馆提供的服务多种多样，除了大事相聚、食宿安排以外，老乡聚餐、书信传递、信用借贷、祝寿堂会等，都可借会馆之地进行。可以说，会馆是那个时代同籍旅人的旅游服务中心。

在饮食方面，徐霞客记得比较生动。在村野旅行时，徐霞客多就餐于村民家中，有时"饭于庵"，有时干脆"与静闻就裹巾中以丛竹枝拨而餐之"。当然，其一路行来，在餐饮上也常体验野趣之妙。从全州去寻找宝鼎瀑布的路上，为了防止迷路，"一路采笋盈握，则置路隅，以识来径"，后来则"导者益从林中采笋，而静闻采得竹菰数枚，玉菌一颗，黄白俱可爱，余亦采菌数枚。从旧路下山，抵刘已昏黑，乃瀹菌煨笋而餐之"。这次采摘的野笋，没有吃完，徐霞客居然至少背负余笋翻山越岭五天以上。因为五天后的日记写道："（莲花庵附近）村妪出所炊粥羹饷，余以炙笋酬之，（余自大鼻山刘家炙得观音笋，即觅一山篮背负之。路拾蕨芽、萱菌可食之物，辄投其中，抵逆旅，即煮以供焉）。"同样是在全州，"遥见两人入箐棘中，问云知为掘青暑者，而不辩其为何。过题龙庵，又见两人以线络负四枚，形如小猪而肥甚，当即竹鼦也。笋根稚子。今姑见之矣。大者斤许，小者半斤，索价每头二分，但活而有声，不便筐负，乃听而去。盖山中三小珍：黄鼠、柿狐、竹豚。惟竹豚未尝，而无奈其活不能携，况此时笋过而肥，且地有观音美笋，其味未必他处所能及。"

兴安县城，市面冷落，“城墙环堵，县治寂若空门，市蔬市米，唯万里桥边数家。炊饭于塔寺”。

灵川县鎔村（即今熊村），当时就比较繁华，“墟上聚落甚盛，不特山谷所无，亦南中所少见者。市多鬻面、打胡麻为油者，因市面为餐，以代午饭焉”。

在桂林市区，他的第一餐是在街上餐馆里吃的包子和粥：“此处肉馒以韭为和，不用盐而用糖，晨粥俱以鸡肉和食，亦一奇也。”更多的时候，则是“就面肆中”。

当时的桂林，餐馆外卖不是稀罕事，尤其是市民云集观戏时：“市酒传餐者，夹道云集”。

端午节那天，徐霞客在雉山亭中，以蒲酒、雄黄自酬节意，庠友杨子正和几位朋友携酒来会，相聚于青萝阁，高歌畅饮。当时，官府禁扒龙舟，而乡民乐于此，于是徐霞客看到了一场偷偷摸摸的龙舟竞技：“舟人各以小艇私棹于山下，鼍鼓雷殷，回波雪涌，殊方同俗，聊资凭吊，不觉再热”。

在桂林住的时间不短，徐霞客也有设宴待客的时候。6月23日，在朝云岩意外遇到老朋友融止和尚，徐霞客欣喜非常。在离开桂林前往阳朔之前，他就让静闻去朝云岩请融止和尚到寓所来做客。

有时候，是上市场买食材回来自己做饭。一般情况下，是顾仆负责煮饭做菜。静闻、顾仆俱病之日，徐霞客则亲自操作炊事，那天买的还是狗肉：“市犬肉，极肥白，从来所无者。”

桂林的胡饼是徐霞客极喜爱的零食，他在日记中几次写到买胡饼吃胡饼的场景。

《徐霞客日记》对桂林的水果也有记述：“桂林荔枝极小而核大，仅与龙眼同形，而核大过之，五月间熟，六月即无之，余自阳朔回省已无矣。壳色纯绿而肉甚薄，然一种甘香之气竟不减枫亭风味。龙眼则绝少矣。六月间又有所谓‘黄皮’者，大亦与龙眼等，乃金柑之属，味甘酸之，其性热，不堪多食。不识然否？”[1] 如果不是他在日记里有如此详细的记录，今天的桂林人未必知道在明朝的时候，桂林也是产荔枝的。

---

1 《徐霞客游记校注》，第381页。

桂林人用鹧鸪做羹，算是一道特色美食，但很多外来的游客认为“尤觉伤雅”。荔浦产一种叫狗鱼的鱼，巨口无鳞，四足双脊，能升木食果，冬燰卧树，每为人所获。阳朔崖洞里出产一种无目鱼，这些他地不见的怪鱼，是一些游客喜欢尝鲜的箸下美食。醉虾，将活虾沉入酒中，虾醉而跳，箸夹而食之。一些人对这样的饮食方法好奇，另一些人则认为和宋朝的“蜜唧”一样，无法下箸。[1]

因漓江东岸普陀山、月牙山一带游人日盛，花桥这处城郊结合处的周边也成为商业服务繁华的场所，况祥麟家住花桥旁，夫人朱镇有诗说花桥“树影分樵路，山光压酒旗”，便是写这里的餐饮生意热闹。

荔浦芋在清朝已经很有名气了，但多是用来做芋泥，可调诸味烹食。也有仿苏东坡做五糁羹的做法，将芋头做成羹的。

三、旅游服务和旅游商品

对于外地游客而言，导游是非常需要的服务工作。明代，桂林七星岩因洞深道岔，历史悠久，颇具传奇，已经有了比较成熟的导游服务。洞口的道观，基本垄断了对七星岩的讲解。

明嘉靖三年（1524），余祐到桂林任广西按察使，游览普陀山四仙岩，留诗说“数人持火炬，前导路多疑”，因为洞穴内岔路多，需要导游带路解疑；“羽士为我言，仙踪昔多遗”，道士的讲解，多与仙踪有关，可能有种职业心理起作用。

同样是嘉靖年间，广西参政胡直与同僚游览七星岩，穿过真武阁，“令道士前导”。

王士性在《桂海志续》中更是描绘了导游如何变动手中火炬的角度使景观变幻的情景：“束炬照之，傍列万形。命黄冠一一指之：此为象，则卷鼻卧；此为狮，则抱球而弄；此为骆驼，则长颈而鞍背；此为湘山佛，则合掌立；此为布袋和尚，则侧坐开口。”[2]

明人俞安期游览七星岩，对讲解不满意，“余以退之、汝成二王孙导游，摭其实际，加饰鄙辞，组为斯篇，殆得十二，虽不类汉、晋诸公宏制，

1 ［清］孙枟：《余墨偶谈二集》，“醉虾”条见卷五第二页，“无目鱼”条见卷六第三十页。

2 ［明］王士性撰、周振鹤点校：《五岳游草广志绎》，中华书局，2006 年，第 112 页。

颇拾唐初四子之遗，羽王其稍能释憾否耶？”[1]亲自改编七星岩的导游词，方使他以为心安。

徐霞客对七星岩的讲解评价不高。他到了七星岩，找不到岩洞口，“询寺僧岩所何在，僧推后扉导余入”。原来，僧房已经挡住了洞口，七星岩成了寺庙的专营业。在洞内游览，因为岔道甚多，且洞内高低不平，黑暗无光，也必须要有专人引导，“时余先觅导者，燃松明于洞底以入洞，不由台上，故不及从，而不知其处之亦不可明也。乃下台，仍至洞底。导者携灯前趋”。导游者讲解的重点和行走的节奏也都与徐霞客不合拍：“导引行急，强留谛视，顾此失彼，然余所欲观者，不在此也。”

在南溪山，徐霞客也是付钱买火炬请僧人导览。在城北刘岩山（从方位判断，应为今铁封山），有庵在山麓，庵后有洞，洞口高悬，需登梯而入，僧人白云为向导时，尽力渲染其洞穴之神秘。

除了景区旁边的僧人、道士等提供导游服务外，徐霞客在桂林境内，还多次烦劳本地居民指路、带路、讲解。

6月4日，在大坪村，徐霞客在田垌里寻觅带他去登金宝顶（今称真宝鼎）的人。当晚，他宿于农夫刘家。次日晨，请刘家孙子为导游：

> 乃腰镰裹餐，仍从村后夹涧上。一里，中道至飞瀑处，即西攀岭，路比前上更小。一里，至南来大道，（乃从南大源上此者）三里，逾岭隘，一里，至角庵基。复从庵后丛中伏身蛇行入，约四里，穿丛棘如故，已乃从右崖丛中蛇行上。盖前乃从东峡直上，故不得道，然路虽异，丛棘相同。由岐又二里，从观音竹丛中行。其竹即余乡盆景中竹，但此处大如管，金宝顶上更大，而笋甚肥美。一路采笋盈握，则置路隅，以识来径。已而又见竹上多竹实，大如莲肉，小如大豆。初连枝折袖中，及返，俱脱落矣。从观音〔竹〕中上，又二里，至宝顶殿基，则石墙如环，半圮半立，而栋梁颓腐横地，止有大圣像首存石垆中。[2]

1 ［清］汪森：《粤西诗载校注》(3)，第5页。

2 《徐霞客游记校注》，第300页。

7日，因无导游，便迷路了。8日也相应耽搁一天。

6月25日，徐霞客在隐山朝阳寺，则请东洞僧月印导游。当时，隐山六洞已为水漫，徐霞客想从南华洞涉水入洞，月印力劝："今水大，深处莫测，而蛇龙居焉，老僧不能导。"一个月后，徐再到隐山，仍想入洞谒老君像，月印仍力言："六洞之下，水深路嫱，必不可入。"徐霞客说，有个姓邓的老人愿意为我带路。僧曰："此亦谩言，不可信而以身试也。"徐霞客并没有听僧人劝告，去找到邓老所居。邓老说："既欲游洞，何不携松明来。余无觅处，君明晨携至，当为前驱也。"徐霞客又问哪里有售松明处，答曰："须往东江门。此处多导游七星者，故市者积者俱在焉。"[1]可见七星岩当时已经是游客云集之地，且出现了松明售卖市场。

桂林旅游，乘船观赏是非常重要的游览方式。明代，桂林的游船游览服务已经非常完备。《徐霞客游记》描述象鼻山水月洞前的小船提供这类服务："时有渔舟泊洞口崖石间，因令棹余绕出洞外，复穿入洞中，兼尽水陆之观。"

游览漓江而下阳朔，除少数达官贵人外，一般需要等候便船，徐霞客便是乘坐便船去阳朔。

到了明清时期，漓江上的舟船，类型已经多样化了。孙枟在《余墨偶谈》中说："两人四桨者，曰蜻蜓艇，言如四翼鼓动也。一人两桨者，曰双飞燕。"

徐霞客在他的日记中记录了在桂林购物的一些情况，足资今人了解那个时代的旅游商业状况：

今桂湖边，有一户藩王宗室，喜欢收藏奇石，环置户内外。"余入观之，择其小者以定五枚，俟后日来取"。过了几天，"市石于按察司东初旸王孙家，令顾仆先携三小者返寓，以三大者留为包夹焉"。没想到回到宿处时，"令取前留初旸所裹石，内一黑峰，多斧接痕"，对石玩进行拼接，显见这一行当有相当大的市场。真正的玩家，当然还是喜欢石头的本质模样，于是，"下午，复亲携往换，而初旸观戏王城后门，姑以石留其家"。终于，两天后换了一块奇石，说明不满意可退货这一商业规则，已经适用于当时桂林的石玩市场。不幸的

1 《徐霞客游记校注》，第377页。

是，这换回来的石玩，却又被裱工弄坏了："过初旸宗室，换得一石，令顾仆肩之，欲寄于都府街东裱工胡姓家。适大雨如注，共里余抵胡。胡亟来接，入手而石尖砼然中断。"[1]

徐霞客还到街上去买纸扇："过樵楼，市扇欲书《登秀诗》赠绀谷、灵室二僧，扇无佳者"，也只好买了，第二天，题了诗，冒着酷暑，"同静闻以所书诗扇及岳茗赍送绀谷"。

徐霞客在启程往阳朔前，寻了一位拓工，请其拓象山水月洞的范成大、陆游书碑，并先付了拓纸钱为定金。待徐霞客从阳朔回到桂林，该拓工居然并未拓下该碑。在徐霞客及静闻、顾仆几次三番上门催促，拓工看出了徐霞客要赶路，故意拖沓。等到这位拓工总算交了拓片，却"尾张少二字"，徐霞客只好让其重拓，没想到重拓之本竟然"每行少二字"。再经反复上门索碑，直至临离别桂林的时候，"静闻及仆以碑至，拓法甚滥恶，然无如之何也"。

明清时期，桂林的茶叶已经很有一些名气，刘仙岩产的茶最好。徐霞客在虞山顶忘归，僧上乃登顶招下山饮茶。康熙年间在桂林任广西巡抚的陈元龙，养有一诗婢叫红玉，工诗善书，喜欢栖霞山，年十七而卒，陈元龙将她葬于栖霞山下，为其建青萝阁，遂成一名胜，其墓旁茶树所产之香茗，被人呼为红玉茶，竟也成抢手货。

张宝游览月牙山时，山上道士亦热情烧茶待之，张宝留诗于月牙山小广寒：

峭壁巑岏俨月牙，高亭极目望无涯。
螺峰远近堆千点，雉堞回环锁万家。
玉笋瑶簪山似画，丹枫紫柏叶如花。
道人也解游人渴，为我新煎六垌茶。[2]

龙胜的虫茶，"春时每有青虫蚀叶，遗矢如细蚕沙，土人筹之以售，过客云

1 《徐霞客游记校注》，第 343 页。
2 《桂林石刻》下册，桂林市文物管理委员会，1978 年，第 378 页。

其性最凉，可治目疾”，也是让游人好奇的。[1]

桂林居民对旅游者的热情，也可从前人的著述中找到相关记载。

徐霞客根据文献，知道城东的辰山是值得一去的地方。但是，他人走到辰山附近，打听具体路线时，却无人听说有这么一座山。“问所谓辰山者，自庵至渡头东街，僧俗少及长俱无一知。”后在路人的描述和推荐下，决定先看“老虎山”。在这老虎山上寻一洞穴，“支峡后裂，层度上悬，俱莫可度”，不知路在何处，一位村民携了耒（一种农具）前来引路。及至洞中，见到岩壁石刻，方知这就是苦苦寻找的辰山。这位农民叫王庆宇，“庆宇乃肩梯束炬前导，为青珠洞游。不约而随者数十人，皆王姓”。青珠洞有窍“甚隘。悉去衣赤体，伏地蛇伸以进”，费时颇长。待出洞时，已经是暮笼四野。皆返庆宇家，“庆宇之母，已具餐相待”。

清末，桂林街头已经有了为游人服务的人力车，康有为称之为“柔姿车”。桂林女性多大脚，肩挑负贩，与男无异，甚至有女人抬轿，人呼“八卦轿”。

桂林的上层人物，有好客送礼的传统。越南奉使团在桂林拜访地方官员时，地方官员会送一些礼物给这些客人，包括丝绸、酒、墨宝等。若遇节庆，比如春节时，会送上年糕；换季时节，还会赠送御寒衣物。广西巡抚接待盖洛一行时，得知这些访桂的美国人对中国历史有兴趣，特意赠送了几幅珍贵的桂林石刻拓片，其中包括一幅宽 10 尺、长 14 尺的虞山舜庙“三绝碑”拓片。

四、演出和饮宴

明代桂林，演戏成为民众的精神生活享受。徐霞客在游记中记录了靖江王在王府演戏、民众围观、街市热闹的情况。为了观戏，连饭都顾不得吃，肩挑的小吃就很受欢迎。

到了清代，为了庆祝大河圩开圩，相邻各村纷纷请戏班演出，首事们还编制了各村演出的顺序，刻石立碑，说明了演出受欢迎的程度。清代涌现出来的会馆，也多建有戏台，逢大事喜事时，同乡们可以聚在一起观剧庆贺。

---

1 ［清］孙枟：《余墨偶谈二集》卷五，第 21—22 页。

唐景崧从台湾回到桂林，不但亲自改良桂剧，还在自家的五美园组织戏班演出。康有为到桂林，就应邀到五美园去观看过桂剧。越南奉使团在桂林过端午，说桂林凡节日宴客必有吹打以助酒兴。

饮宴是桂林上层人士招待客人的重要方式。佩雷拉在桂林，对王爷的宴请印象极深。盖洛到桂林，当地最高级别的官员——广西巡抚张鸣岐，在宝积山孔明台上宴请了盖洛一行，宴会的菜单包括：燕窝汤、鱼翅、鸽子蛋、甲鱼、鸡肝、蘑菇、河虾、鸭掌等。盖洛不惜笔墨记录这些菜名，是因为这样的款待给他的印象太深。

越南奉使团每到桂林，都会受到宴请款待。宴请前，先款茶：依次是乳、糖、果茶。用茶毕，再进入饮宴环节："赐宴肉器共十六大碟，是谓大席，其行随分坐门外，鸭鸡各一腿，猪肉二方，汤一碗，是谓满席。酒至三旬，倡儿二十人，先祝一品当朝，次祝寿比南山，次祝连生贵子。戏演三出，一天官赐福，二邦甲封王，三万国来朝，礼极整肃。"[1]饮宴规模之盛，可见一斑。尤其三出戏剧，其内容显然是专为这种接待定制的。

五、市场管理

桂林各乡，交易之地叫"圩（墟）"，意"聚而为市，散而为虚"之意。赶圩，不单是互通有无的经济往来，也是年轻男女谈情说爱的机会。对于旅游者来说，参与赶圩，可以更好地体验当地风土志情。于当地人而言，设一圩市，乃是兴旺大事，也是周边各村落的喜事。乾隆六十年（1795），桂林城北漓江边设立大河圩，乡民立碑纪事，各村排队演戏以庆贺，这也是郊游看戏的好机会。

明清时期的市场监管，既有政府的力量，也有居民的自我约束。

明清时期，随着水运日渐繁华，漓江东岸大圩逐渐成长为一个颇具规模的圩镇。由于地理位置关系，临桂东乡、灵川东部，甚至兴安南部都借此处集散货物、聚分旅行。广东运来的盐，从这里走陆路到上述各区域，各乡的出产，也从这里运往上下游市场，故大圩被誉为广西四大圩镇之一，几乎每日都

1 《越南汉文燕行文献集成》（5），复旦大学出版社，2010 年。

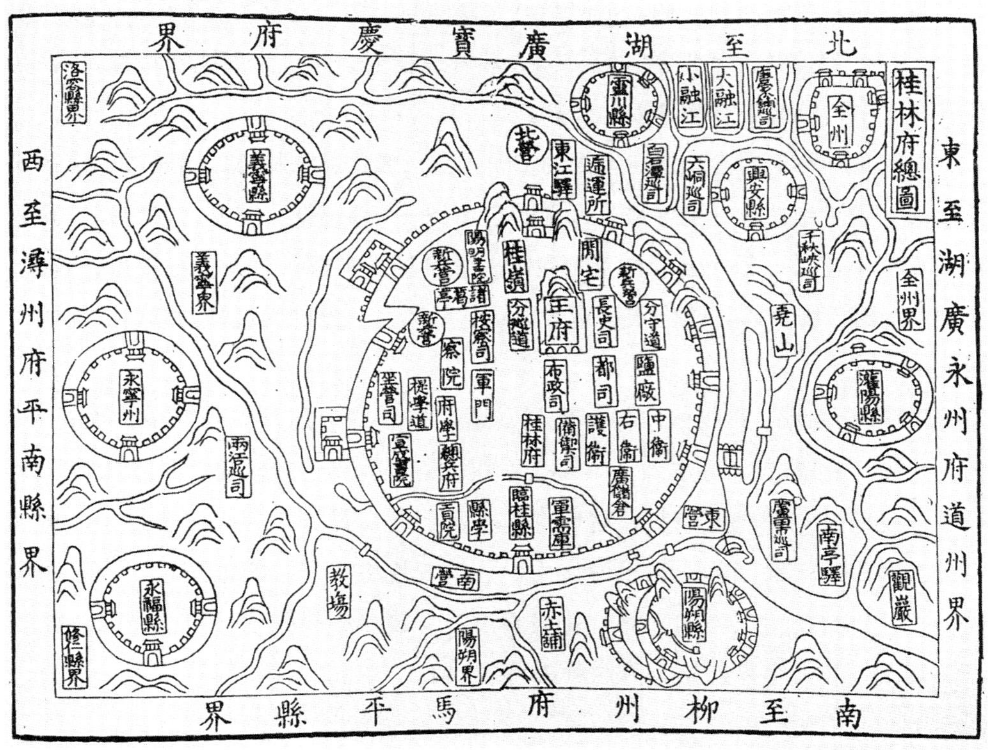

明代万历年间的桂林府总图

有二三百只货船泊岸。鉴于这里商业繁盛，清嘉庆六年（1801），政府在大圩设立了桂林府盐运水利分府，对大圩的市场秩序行使管理职责。这个盐运水利分府成立伊始，便告示地方：严禁招摇撞骗，以靖地方，以安民业。署内之日用，均照市价“现钱发赏”，书差人等，不得勒索、不得渔利。如有人以分署名义渔利欺民，决不宽贷。

因为船多人杂，一些混混占据码头欺负客商旅者，坐地开价、偷盗货物、夺取钱财的事时有发生，码头搬运工团之间为了抢生意也常发生斗殴之事。为了地方清明、市场有序，盐运水利分署与地方团绅、客商代表商议确定：“本分府会同省河水师，当即传上码头廖佛林等五十九名、下码头麻四九等四十四名，取具和好，以后各照章程，上下不敢混挑，不得假故挟仇。如有混乱领挑者，公同议罚，送官究治。若有遗失客货者，照价赔偿。有勒索挑力钱文，查出一律照议等

叠彩山脚木龙古渡，有官方对于渡口管理的规定刻于石崖上

罚。”[1] 上码头包括寿隆寺码头、更鼓楼码头、清真寺码头、社公码头、石矶码头、大码头、渡船码头和狮子码头计八个码头，下码头则包括塘坊码头、五福码头、秦巨利码头、鼓楼码头和卖米码头计五个码头。官府还将搬运货物价目表刻石立碑于码头上，供客商知晓，以免受骗。在上述管理体制中，分府与省河水师，属于官方力量，地方团绅和客商代表则属于社会力量的自我约束。

同治六年（1867），官府在叠彩山木龙古渡处摩崖刻碑，告知渡客设立义渡，该义渡取代私渡后，私渡不得在此载客营利。

从社会管理考虑，明清时期，游人远行，仍然需要政府出具证明，各关卡方

1　熊昌锟：《清代民族地区圩市发展中的国家力量——以广西灵川县大圩为中心的探讨》，载《中央民族大学学报》2015 年第 4 期，第 113 页。

予放行。通行证上，各款项记载十分详尽。同治十年（1871）秋，在贵州军队里任职的荔浦人龙镇国回乡省亲，由贵州省布政使签发护照，准予放行。护照上写明：“护照事照得该勇告假回籍，合行给发护照，沿途关津隘口验照放行，毋得留难阻滞；该勇亦不得逗留、滋事、夹带、包揽、借骗厘税，至干查究须至获票者。”[1]

六、旅游宣传与相关文献

元代至元年间（1335—1340），吕思诚任广西廉访司佥事，将他眼中的桂林景观归纳为八景，分别赋诗，包括尧山冬雪、舜洞秋风、西峰晚照、东渡春澜、訾洲烟雨、桂岭晴岚、青碧上方、栖霞真境。其《东渡春澜》诗：

东门东渡柳青青，雨后晴澜春水生。
月影流来波影碧，浪花飞起雪花轻。
涟漪忽动鱼翻藻，浩荡初开凫喋萍。
终日静观还有得，层层天色一舟横。

吕思诚的诗，主要绘景，诗境不足，但他把桂林众多景点进行了选择平衡，按照时人喜欢“八景”的表达，以“桂林八景”命名，影响很大。与他差不多同时期的刘志行，可说是亦步亦趋地也以这八景同名作诗。明洪武年间，曾官至工部上书的严震直，也以同名赋诗桂林八景。

吕思诚将桂林山水景观归纳为“八景”，选择的是不同类型的景观代表：山岭、洲渚、江流、光照、气象、儒学、道观和寺庙，很有官方平衡色彩，兼顾各方，却未能很好地突出桂林的风光特色。清同治年间，随父亲在浙江的邑人朱树德，在尊重前人的基础上，决定“续成八景”，这新八景基本围绕着桂林的自然景观来做文章，主题突出，光绪十七年（1891），朱树德在叠彩山风洞留下《桂林八景题记》记述此事：

1　吕建伟：《荔浦春秋》，现代出版社，2017 年。

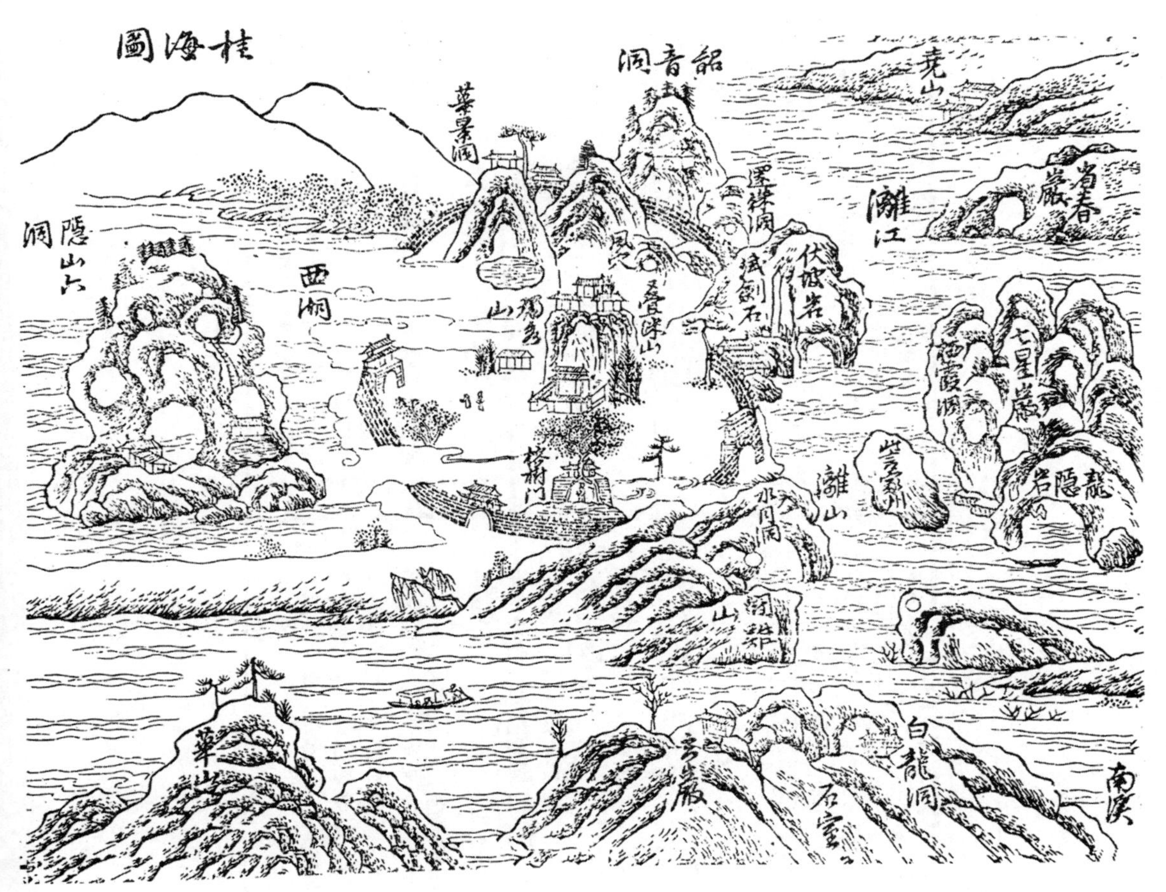

明代万历年间的《桂海图》，描绘的是桂林风景布局

浮橋東
水東街　花橋腳街　賜恩樓街
姜家園街　馬平頭街　下水東街
下關口　泥灣里　雷祖廟前後街
五通廟前後街　山門口　金絲馬頭
半邊街　打船洲街　上關街
南門內
南門大街　西街口　縣門口
義井頭　壩頭巷　經堂里
井巷　忠義廟街　鐵川林

南門外
南門外大街　竹木巷　義姑祠門口
富義橋街今名火神廟街　二聖店　缺江口
鐵川林街
西門內
西門大街　西城腳　牌坊腳
清福里　大巷口　崇善庵街
灣塘里　黃泥井　白果巷
義倉街　芙蓉巷　聯陞巷
殷家巷　五美塘　伍家園

三多巷　小井邊
西門外
西門外大街　牛巷　黑窯巷
朱紫巷　甘橋頭街　西山寺街
西關口　東嶽廟街　古茶庵街
牌坊腳　水溝腳　米墟街
圈門腳
北門內
北門大街　捕盜廳街　東鎮門街
水車巷　書院前街　臬司前街

科第塘　鳳凰街　金雞巷
麒麟巷　三皇廟街　學院街
義學巷　平章廟街　高井腳街
梓潼街　又一村
北門外
北門外大街　驛門前街　老米行街
清風橋街　豬行口街　豆子行街
北關口街
麗澤門內
麗澤門大街　棠梓巷　鄭家巷

光绪版《临桂县志》中有关桂林街巷的内容

桂林八景有：桂岭晴岚、訾洲烟雨、东渡春澜、西峰夕照、尧山冬雪、舜洞薰风、清碧上方、栖霞真境。同治壬申侍宦游浙西湖，回忆桂林诸胜，续成八景曰：叠彩和风、壶山赤霞、南溪新霁、北岫紫岚、五岭夏云、阳江秋月、榕城古荫、独秀奇峰，合十六景，各缀俚言，各备图说，付梓以答好名山者。石湖常评：桂林山水甲天下，又非诸胜所能尽述也。[1]

他将十六景一并收入，各写一段导游词（“各缀俚言”），绘风景画（“各备图说”），印行于世。朱树德对桂林旅游的贡献，不仅将桂林山水命名刻石，而且编印成了图文并茂的导游书册，以答“好名山者”。

在桂林旅游文献的整理著述方面，这一时期也有非常突出的成就。

明万历年间（1573—1619），桂林人张鸣凤完成了《桂胜》《桂故》两部非常有价值的地方史著作。《桂胜》有16卷，记载广西山水，主要是桂林风景和历代名人的相关诗文题刻，附有作者考注。《桂故》有8卷，主要记述桂林的地名沿革、历代官员的设置和主要政绩、桂林本地人才等。这两部书，从内容来说，前者为桂林自然旅游资源发展大观，后者是桂林历史人文史料辑要，堪称桂林最重要的旅游文献。

清代邑人刘名誉，光绪六年（1880）中进士第后在外面做官，晚年归乡，参与编纂《临桂县志》，对桂林风景、历史、民俗，多有考证，其《纪游闲草》《雁山园记》和《竹雨斋诗钞》均对桂林风景名胜做了介绍和讴歌。

---

1 《桂林石刻》下册，第 412 页。

CHAPTER FOUR

第四章

民国时期的桂林旅游

GUILIN

进入民国以后，中国国体和政体发生了巨大变化，这必然地要影响到社会生活的方方面面，包括旅游。

民国以前的桂林旅游，游客主要是官员和文人。民国时期，国人的自我意识开始觉醒，观察和了解世界成为许多普通人的精神追求，许多有条件的人到外国去开阔视野、求学强国，也有越来越多的普通民众到国内各名胜处去观光旅游。在这个变化中，桂林成为游客喜欢的旅游城市。民国办报自由，各种报刊争抢市场，旅游观光类的文章和图片成为吸引眼球的重要新资讯。照相技术的引进和普及使用，使更多外地人能够更直观地了解桂林风景特质。旅游业也在这个阶段开始走向商业化，出现了旅行社这类整合旅游资源、推销旅游产品的新型企业，组团出游成为一种时尚。

公路的建设、湘桂铁路建成和民用航空开通，为各地人士进入桂林提供了极大的便利。

“七七事变”爆发后，大量难民涌入桂林。这些涌入桂林的难民，很多是有文化、有资产的上层人士。这个群体的到来和短期逗留，对桂林的城市精神和建设思路形成强烈的冲击，普通桂林人的视野也变得开阔起来。尤其是桂林成为进步文化人聚集之地以后，各种思潮在这里交流、冲撞，桂林不再仅仅作为观光城市存在，也成为文化和思想沟通的重要空间。因为视野被打开，桂林有了建设风景城市的想法。最终，由于战争，这座城市还是以废墟的面貌出现在新的主人面前。

第一节 旅游者类型的丰富性

民国初，西风东渐，许多桂林人或到世界各地去寻求真理，或积极投身于革命洪流，各地也有许多不同身份的人因为各种原因来到桂林，使得桂林的旅游者更具多样性。民初的另一个非常明显的变化，是民刊民报开始丰富起来，许多游历桂林的人可以把自己的旅游感受写成文字或者拍成照片，在报刊上发表，让更多人分享自己的旅游体验，也使后人有更多的机会知道当时的旅游细节。

一、一些重要人物到访桂林

孙中山是民国时期的伟人。1921 年末，孙中山在桂林筹划北伐，驻跸桂林大约 4 个月。在这期间，孙中山除了忙于北伐大计，发表政治演讲，组织修建桂黄公路，会见各方名人绅士，也在公余时间游览了诸多名胜。在阳朔，他游览了来仙岩、天水寨；在桂林，他参观过雁山园，与宋庆龄同登叠彩山，在七星岩游览时不忘给尾随看热闹的孩子发放糖果。独秀峰在北伐大本营内，更是他常光顾的地方。

追随孙中山到桂林筹划北伐的，还有宋庆龄、胡汉民、李烈钧、程潜、朱培德、蒋介石等人。叶挺、叶剑英，作为孙中山的警卫人员，也与孙中山同时来到桂林。

孙中山在桂林期间，共产国际代表马林，在中共党员张太雷的陪同下，乘船从广州经桂江来到桂林，与孙中山讨论政治合作问题。马林被安排在厚富街的广西银行下榻，这里已经使用电灯了，让马林很惊讶，认为自己回到了文明世界。

蒋介石曾 4 次到桂林。1922 年元月，他追随孙中山到桂林，船快到桂林时，他感慨"连旬蒿目兵燹，愁叹民生，旅怀郁滞，至此为之一空"。他到桂林后住八桂厅，对这座旧藩署印象很好。在桂林期间，每休沐辄出游览，遍探象鼻山、七星岩、灵（龙）隐洞、铁佛寺、孔明台诸胜；望见龙隐洞削壁上，镌有宋代元祐党人名籍，用远视镜仰而读之；登叠翠（彩）山，又摩诵明代张同敞、瞿式耜殉难纪念碑，曰："虽异代有同感焉。"归期既定，早暮登城周览，曰："东北与东南两方，漓江环流，而西与西北，则为陆壤，奇峰怪石，攒茂城垣，昔人称桂林山水甲天下，余甚以亲揽兹胜为幸也。"[1]之后几次重游桂林时，蒋介石曾再住八桂厅，在那里度过他的结婚纪念日，亦游览了七星岩、虞山和灵渠。抗战期间，他到桂林，为躲避日机轰炸，也曾住在虞山下。在桂林期间，他除了开会、演讲、慰问将士、拜访李宗仁的母亲，也抽空观赏了桂林风光，包括去兴安灵渠考察。第一次去兴安，因道路被炸坏，无法通行，只好折返，第二次又去，终于来到灵渠边。由此可见，蒋介石对中国历史文化有着浓厚兴趣。

自孙中山返回广东以后，桂林成为广西各派军阀争夺的地盘，战火纷飞，生灵涂炭，民不聊生。尤其是1924年，旧桂系陆荣廷和沈鸿英在桂林进行的围城之战，历时三月，更是使这座省城遭受极大损失，元气大伤。《上海泰晤士报》载："桂林城门仍闭，守兵与敌兵日有战事，敌军每夜来攻，欲以云梯入城，皆被击回。四月二十日，守兵出城与敌兵战，由午后二时至六时止，守兵受伤入福音医院就医者，约及三十人。据官报，斯役杀敌不少。并夺得来复枪五十支。"[2]围城期间，旅游者或困顿于城中，或止步于城外，风景在战乱中成为模糊的背景。

1922年2月9日，孙中山与宋庆龄在叠彩山

抗战全面爆发后，桂林成为西南重

1 《蒋中正总统五记游记》，台北"国史馆"，世界大同出版有限公司，2011年，第18—19页。
2 《中外大事撮要·中国之部：桂林战事》，载《兴华》，1924年第24期，第30页。

北伐时期的桂林

镇，到桂林视察和部署工作的政治要人明显增多。

1937 年 4 月 7 日，国民政府主席林森由衡阳乘汽车抵桂林视察，白崇禧往全州黄沙河迎接，李宗仁在桂林主持欢迎仪式。林森在桂林逗留了四天三晚，工作之余游览了桂林山水，还为雁山园题词“山明水秀”。

国民政府不少要人，如何应钦、陈立夫、张道藩等，常因公干到桂林，多数会抽暇游览一下市内风景。蒋经国主要在赣南工作，他把情人章亚若安排在桂林，所以常来，他的一对双胞胎儿子在桂林出生。蒋经国到桂林，几乎不与当局来往，报刊上也没有相关报道。但是，他曾打电话给桂林版《大公报》主编徐铸成，表示要访问报社，并询问具体社址。徐铸成接了电话，赶紧去拜访这位民国第一公子。原来，蒋经国写了一篇纪念同事的文章，想在有影响的报刊上发表。

抗战期间，周恩来数度来到桂林指导工作。在桂林期间，他除了会晤上层人士，讨论抗战问题，也抽空游览风景。1938 年 2 月，周恩来率叶剑英、郭沫若，从衡阳到桂林，与蒋介石就国共合作的具体问题进行讨论。2 月的桂林还比较寒冷，但周恩来与叶剑英等乘小船游览了漓江，显然是工作顺利，兴致很高。

八路军桂林办事处（简称“八办”）于 1938 年冬设立，由中共长江局秘书长李克农兼任桂林“八办”主任。1941 年初“皖南事变”后，桂林“八办”奉命撤销。在两年多的存续时间里，桂林“八办”安排组织了大量中共干部、进步文化人士、爱国华侨的转移疏散工作，接受转运了许多抗战物资，做了卓有成效的工作，成为那个时期桂林重要的抗日旅游组织机构。

二、普通民众成为桂林游客

民国肇始，桂林就成为一些追求新生活方式的年轻人心仪的城市。

民国二年（1913），一位叫计宗兰的青年女子，应广西省立女子第一师范之邀请，到桂林来当老师，聘期一年。计宗兰是江苏吴江人，北京女子师范学院毕业，在校读书时就喜欢旅行，又爱丹青写作，常绘所游览之景、写旅行快事。有了桂林的邀请书，她是很开心的。这次旅桂，她从上海港乘英国太古邮轮到香港，换船到梧州。因为桂江水浅滩多，轮行不便，在梧州逗留了 6 天，方寻得一艘帆船前往桂林。日以舟当车，夜以舟为舍，旅途不堪其苦，也不减其乐。比如她写船入桂江后：“行四五日，连峰稍衰，日影渐见，未几则岩石中断，豁然出峡矣。回望峡中，烟岚回合，千态万状，疑非人世。余至此乃沥酒再拜，私相庆幸，以为更生。盖自梧至桂，约五百余里，而连日所经几五百里，且险隘之地，已尽经历。绿林之祸，又未或逢（按该地盗贼充出抢劫时有）不尤为事之可贺者乎？”大变革时代，偏远深山之地，社会混乱之态可想而知，计宗兰此行却一路顺畅，不知算是她的运气好呢，还是民初革命风气所至，社会变得安定？这样的记述，也让后人更了解那个时代的情况。梧州至桂林，船行 18 天，平均每天行程仅 14 千米，挤在小船一角，局促之苦，不言便知。仅在船行之时要行方便事，便是苦恼：需用绳索系于腰间，再用竹席拦住，脸朝内侧，将臀部递至船舷外，以行方便事。事毕，系好裤子，收拾竹席，再解开系于腰间之绳索！这番情景，既尴尬，又恐落水，只好憋住，待船泊岸后再解决问题。这样船行半个多月，待船抵桂林，她如小鸟脱笼，顿觉精神活泼，躯体自由！总之，人到桂林，此处风景使计宗兰不胜欢喜。[1] 计宗兰本是个喜欢观光的人，在师范任教之余，她跑遍了桂林城郭之名胜，还查阅了相关史料，返家乡后，将其在桂林之游历写成一长文，以飨读者。

广东人邓尔雅在 1915 年携家人来游览过桂林，拍摄了很多桂林风景照。1928 年，《非非画报》在香港创刊，邓尔雅聘任编辑，将自己在桂林期间拍摄的多幅桂林风景照以及所撰写的游历桂林山水古体诗发表在《非非画报》上。

一般来说，湘桂铁路通车前，能够到桂林旅游的，多是有些身份的社会贤达，因为他们有条件调动一些社会资源来解决旅途中的困难。作为普通民众，更多的是通过阅读社会贤达游览桂林以后写的文章、发表的照片，来了解这座风景城市。不过，也有一些具有探险精神的青年，会克服种种困难到桂林来旅游，以实现自己的愿望。

1934 年 2 月，广东一位叫崔龙文的气象工作者，于 4 日从广州出发，乘火车到三水，再换乘船只，经梧州转平乐，19 日才到平乐，又搭汽车到桂林。他此行的目的有三：调查交通状况、了解桂林气候、游览桂林山水。在桂林，他用了一天半的时间，游览了王城、隐山、七星岩、象山和虞山。20 日晚上，特意去拜访贝牧师，因为牧师那里有寒暑表（温度表），且牧师有记录每天气温的习惯，故通过查阅牧师的记录，可以了解到桂林的季节气候情况。这份资料，也是桂林最早的气象记录了。[2] 从他的行程记录看，从广州出发，用了 18 天时间才到达桂林，在桂林的游览计一天半时间，即使加上乘船游览漓江，也不到 4 天时间，若再加上返程回广州所耗时间，游玩一趟需要一个月以上——桂林的交通条件实在是阻碍了许多潜在旅游者的脚步，只有那些有闲有钱有意志的极少数人，才能一圆游桂林之梦。

1930 年 6 月，一个叫“中国青年亚细亚步行团”青年团队，从上海出发，号称要走遍亚洲。当这个旅行团到达越南时，只剩下一个叫潘德明的青年。这

1　计宗兰：《桂林旅行笔记》，载《妇女杂志》1915 年第 6 期，第 12 页。

2　崔龙文：《粤北纪行 桂林游记合编》，广州澄怀书屋，1935 年，第 40 页。

位青年还是在步行团已经出发后追上去加入的。在全团人散去之后，他孤身前行，或骑车，或步行，历时 6 年，一共环游了亚、非、欧、美共计 40 多个国家，于 1936 年从缅甸回到云南。潘德明从云南入境后，在返回故乡的路上，经过桂林，受到李宗仁的接见，李宗仁在自己的公馆里很认真地听潘德明讲环游世界的故事，并且为这位勇敢的旅行者题词“有志者事竟成”，还陪他漫游漓江。在桂林从事美术教育的徐悲鸿更是陪同潘德明游览了独秀峰、象鼻山、叠彩山、七星岩和月牙山等诸多美景。[1] 这位潘德明，也是世界上步行环游第一人。

由于战争，特别是上海、南京、香港等城市先后沦陷以后，辗转逃难到桂林的难民日复一日地增多，难民队伍中尤以文化人和商人突出。在桂林街头来往的行人中，不仅这些身份的人数量不少，而且他们活动的身影非常抢眼，因而引起更多的关注。这些难民逃到桂林以后，一些人打算长住下来，并且在桂林置地建楼办厂，以至这座城市的中心区多是传统低矮的民房，郊外却有不少的洋楼工厂。更多的人，则是以桂林为中转地，只做短暂停留，再打算下一步的去向。随着这些难民的到来，许多的工厂、商店以及许多出版机构和书店也迁至桂林，这座西南小城很快变得热闹起来。

产业结构的变化，使得不少旅桂者具有了从事本职工作的特点，即为公务而来桂林或者途经桂林。许多的旅桂游客，在桂林期间有了相互来往，不再是以前那些游客，多是面对风景或者与主人有些往来。现在，旅桂的张三可能会与不同时期、从不同方向旅桂的李四有所往来。

来到桂林的流亡学生数量很多，他们可以参加各种培训班，如果是大学生，或以插班到广西大学等学校继续学习。逢休息日，大学或者社会团体会组织这些年轻人开展一些郊游流动，包括骑自行车到大圩或者尧山，或者举行有规模的登尧山活动。1939 年 4 月 2 日《救亡日报》以《桂林首创青年旅行团》为题，介绍了一次这类活动：“三民主义青年团桂林分团以联络感情、交换智识、提倡集体娱乐，于四月六日上午在中山公园该团处集合，出发尧山一带旅行。闻各参加

1　李一德：《环球旅行记：旅行家潘德明的故事》，新蕾出版社，1983 年，第 224 页。

团员须携带水壶、毛巾、小刀、铅笔、什囊、拍纸簿、各种乐器（如有摄影机、单车等请带往），其内容有联谊会各种丰富节目，此次为桂林首创之组织春季旅行团，定以新姿态贡献给青年们。”

尧山至辰山、普陀山之间，是桂林市当局设想的风景开发区。人们喜欢到尧山去开展户外活动，除了骑车和登山，还在尧山建设了滑翔机场，企图把桂林建设成中国的滑翔机基地。遗憾的是，在一次飞行活动中，滑翔机场站的站长因事故身亡，这个设想受此挫折而停滞。

市区段的漓江水面是开展水上活动的好场所，有人把欧洲流行的划艇也引到桂林，在漓江上开展划艇活动。

三、社会名流涌向桂林

新桂系主政广西后，桂林成为广西对外形象的重要窗口。1936 年 10 月，广西省会重新迁回桂林后，许多到广西考察的社会名流都会在桂林逗留。“七七事变”后，不少政界、商界、文化界名流或者到桂林暂时落脚，或者经桂林转往西南，或者以桂林为自己的新阵地，使得这座城市变得喧闹起来。

1928 年，陈钟凡、姜琦、唐庆增、丁文江等学术界人士先后到访桂林。

1930 年冬，暂离政治中心的陈树人到桂林旅行散心。陈树人是民国时期的著名画家，“岭南画派”创始人之一，也是老同盟会员、国民党元老，曾先后担任过国民党中央执委、广州国民政府秘书长等职，拥护孙中山的“联俄联共扶助农工”政策。在桂林期间，陈树人创作了大量以桂林山水为题材的绘画作品，并于 1932 年举办了陈树人先生个人绘画展览会，出版了《桂林山水写生集》，这部写生集由汪兆铭题词并由汪和蔡元培等名流作序，影响很大。

1934 年 6 月，香港中华书局经理郑健庐，从香港出发，经广州到梧州，开始了 20 余天的广西之旅，共穿行了 25 个县，对广西的政治、教育、建设、交通、农林、矿产、工业、社团、名胜、古迹等进行了一次全面的考察。在桂林，他游览了中山公园、独秀峰、象鼻山、水月洞、浮桥、花桥、普陀山、七星岩、月牙山、龙隐岩、伏波山、还珠洞、叠彩山、风洞、木龙洞、虞山、韶音洞，仍游兴未尽，因为老人山、尧山、南溪山、宝积山等名胜，甚至桃花江、漓江都没有顾

桂林独秀峰下的中山塔与仰止亭

上游览，就乘汽车离开桂林了，这让他留下不少遗憾。故而，在离开桂林之前，他还特意跑到南门外的二我轩照相馆，购买了一批桂林山水风景照片！[1]

新桂系主政广西，倡导“三自一体”等政治理念，着力于地方建设，境内民风朴素向上，树立了广西新形象，引起不少中外人士的兴趣。新桂系当局或者邀请各界名人到广西考察旅游，一来可听取各方面的建设意见，二来可对外宣传广西，或者外省各界主动到广西考察调研广西的经验方法，再宣传出去。桂林自古以风景称誉，故邀请社会名流访问广西，桂林几乎是必到之处。在省会迁往南宁时，自北入广西的旅客，必然要途经桂林。即便是南来之访客，亦往往经水路考察南宁后，再到柳州、桂林，然后从桂林经水路返程。

1935 年元月，胡适应李宗仁、白崇禧之邀到桂林游览数天。本来，胡适早预定好了从香港去欧洲的船票，没有时间再到桂林，白崇禧开玩笑说：“我现在还可以根据广东方面的电报扣留你呢。”原来，在到广西之前，胡适在广州作了演讲，得罪了广东当局，广东方面发了通电要逮捕胡适，胡适却到广西来了。因为广西方面的热情与广东形成强烈对比，胡适接受了访问桂林的邀请，并请广西省政府给在香港的罗尔纲去一份电报，请求帮助船票改期。胡适是名人，他游览桂林，中央社发了消息，但这条短消息错误不少，只有日期和游览城市是对的，胡从何处来，然后到何处去，却写反了。

当时，桂林还没有民航，但胡适却是乘飞机抵离桂林的，因为桂系为他安排了专机，这样可以节省他的时间。

胡适在桂林待了 5 天，游览了市内风景、漓江风光和雁山园，自然也免不了要考察城市建设、社会风尚，还做了三场演讲，算是他为自己来桂林的费用买单。在雁山园，胡适应邀为相思山下岩洞命名为相思洞。在漓江游船上，他还注意收集船家女所唱的山歌。[2] 当然，他免不了要对广西作一番评价，他认为广西的破除迷信、兴办教育是极好的，人民的崇尚武化精神值得夸赞。他对广西薄弱的财力表示了担心，强调有为的政治必须依靠人才。

1 郑健庐：《桂游一月记》，中华书局，1935 年，第 125 页。

2 胡适著，曹伯言整理：《胡适日记全编》第 6 册，安徽教育出版社，2001 年，第 441 页。

民国二十七年（1938），湖南省政府主席张治中，派遣省政府委员宾敏陔一行 12 人，到广西考察政治。宾敏陔一行于 4 月 2 日出发，从湖南乘汽车到桂林，对广西的行政管理、市井风俗等进行了全面考察。返湘后，宾敏陔写了《桂游日记》一书，将此次考察内容、观感做了全面介绍，还请了晏阳初等名人作序。

宾敏陔在考察报告中，对桂林评价可谓极高。大到广西的政治体制、乡村情况、教育发展，小到乐群社的接待模式，都评价甚佳。广西省政府在乐群社接待宾敏陔一行，“席系西式，一汤一鱼一碟饭而已。不饮酒，以白开水代之，亦无纸烟供给，极其俭节。方之我湖南各界宴会，动辄海味，每席值价二三十元者，实有违反节约运动主义。若大家能节省无益之消耗，摈除饕餮之遗风，亦即俭以养廉之义耳”。

广西方面在安排考察团行走于各风景之间时，也就“顺便”让客人看到了桂林这座城市的风貌和市民们的精神面貌。外人的这类评价，正是新桂系的领导者们所乐见的。

爱国人士马相伯，是著名神学界人士，复旦公学创始人，社会名望极高，抗战爆发后任国民政府委员，虽不理具体事宜，却靠他的崇高社会影响，起到号召国人抗日的作用。1937 年 10 月，已是 98 岁高龄的马相伯老人，应李宗仁之邀，避居桂林，住在叠彩山上景风阁，即康有为当年游桂林时居住的地方。在这里，马相伯老人每天听孙女读报，了解时局，有时接待来访名流，畅谈对时局的看法。马相伯在桂林过生日时，桂系当局还为马相伯主持了生日宴会。后人为纪念马相伯，特意在叠彩山风洞镌刻马相伯肖像以纪念。

黄炎培是著名社会活动家和旅行家，曾游历考察欧美诸国并有游记问世。黄炎培的旅游是和社会考察结合在一起的。1937 年底，黄炎培应广西政府之邀，从长沙出发到广西考察，从黄沙河渡湘江进入广西，黄炎培便感受到广西着力宣传抗战的气氛。在黄沙河渡湘江时，他看到了江岸凉亭里石桌上堆着售卖的花生，标着价钱，却无人管理，任客自购的情景：一个铜子一堆，客人自取即可。这件小事反映着地方民风的纯朴，让他印象深刻。黄炎培在桂林过的新年，拜访了军政界要人和在桂林避难的马相伯先生，与马君武、张君劢等人乘小舟游览了象山一带的漓江，在舟上用晚餐。艇上侍女数人，皆“茅村王姓”（应是“毛

1938 年秋的漓江，徐义生摄

村黄姓”)。“水极清，艇中设餐，晚始归。”5 月，黄炎培再次访问桂林。这一次，他在途经阳朔时游览了今十里画廊一带风光和县城，途经兴安时寻访了湘漓二源处。[1]

1938 年，熊希龄夫人毛彦文在桂林创办北平香山兹幼院桂林分院，常往来于桂林与北平间。[2] 中共人士徐特立也多次到桂林演讲。

1940 年初，香港《星报》特派记者徐迟经桂林前往桂南采访昆仑关战役事，之后返回桂林，乘欧亚航空公司的飞机前往香港，这是徐迟第一次乘坐飞机。在桂林期间，徐迟免不了要拜访一些旅桂的文化名人如夏衍、艾青等。徐迟对从空中俯瞰的桂林美景印象颇深。

1 黄炎培：《黄炎培日记》第 5 卷，华文出版社，2008 年，第 241—259 页。

2 毛彦文：《往事》，百花文艺出版社，2007 年，第 86—88 页。

1940年8月下旬，著名华侨陈嘉庚到访桂林一周。在桂林期间，他与政界就抗战之华侨捐款进行了交流，资助了郭德洁创办的难童收养所，在独秀峰下太平岩和普陀山七星岩躲过防空警报。离桂前，租小船下阳朔游览了漓江风光。在他看来，桂林确实“风景名不虚”，就他走过的十几个省来看，未见有如此石山景致，可惜漓江“两岸树木甚少，又无人居屋舍，未免美中不足，盖完全为天然石山而已”[1]。

漫画家叶浅予数度来桂林。香港沦陷，他和妻子戴爱莲从香港逃来桂林，住在丽泽门内。叶浅予在桂林这段时间，目睹了桂林城市的巨大变化，并以“逃出香港”和“战时重庆”两个主题在桂林办了个人画展。期间，他还与茅盾等人发起了湘漓源头之游和乘舟游览阳朔等活动。游览阳朔的同舟者中，有丁聪、马思聪等人。木舟漂游，速度很慢，需要在途中泊岸过夜。恰逢皓月当空，同舟的艺术家兴致大发，马思聪在月色下演奏他的作品《思乡曲》，有声乐家轻声歌唱，叶浅予的妻子戴爱莲是著名舞蹈家，自然也免不了翩翩起舞助兴。[2]

1942年初夏，叶圣陶从成都辗转乘汽车到河池，再转火车到桂林。他在桂林逗留一个月有余，在其日记中对桂林风土人情均有细致描写。例如，他写道：桂林照相馆有快照服务，打霍乱预防针免费，浮桥两边皆泊木船，以便售物等。榕湖对岸的功德林素菜馆，园林雅舍竹瓦树木四围，两桌菜耗资120元。乘飞机要称体重和物重，票价1350元。深夜的桂林，“月光下照，诸山生辉，人群如流水”[3]。

1944年2月15日，由欧阳予倩、田汉等人发起的西南剧展在桂林开幕。这个剧展，一直到5月19日才闭幕，历时3个多月。来自广东、广西、湖南和江西的32个剧团参加了西南剧展活动，演出了话剧、平剧、桂剧等不同剧种达107场，观众人数超过10万。西南剧展除了剧目演出，还有展览和研讨等板块。这也是民国时期桂林跨时间最长、历史影响最深远的一次会展活动，如今已经成

1 陈嘉庚：《南侨回忆录》，上海三联书店，2014年，第223页。

2 叶浅予：《叶浅予自叙》，团结出版社，1997年，第177页。

3 叶圣陶：《叶圣陶日记》，商务印书馆，2018年。

为桂林抗战文化城沉淀下来的一个文化符号，西南剧展的中心剧场广西省立艺术馆已经被列为广西壮族自治区文物保护单位。

到桂林落脚的文人众多，他们会有各种大小不同的聚会，很为这座城市增添了一些文化气氛。例如，文人会与官员们通过一个叫“漓江雅集”的活动，来加强沟通联系。这种活动，每隔一段时间就举行一次。1941 年 3 月 25 日，第五次漓江雅集借广西建设研究会的地盘开展活动，省参议会的议长、副议长，省国民党党部书记长、广西建设研究会的常务副会长都参加了活动，与会者上百人，均为社会名流。他们或者朗诵新作，或者展示自己的书画作品，或者互赠纪念品，召集人建议大家把作品捐出来，先送月牙山会所展览，然后公开出版，以扩大影响。会后，由春秋书画印社的林半觉、龙潜招待大家晚餐。[1]

书画展之类文人互动的活动，那就更多了。1940 年秋，青年画家关山月来到桂林，住在七星岩附近一所简陋的“公寓”里，每日外出写生，还租了小船沿江而下，精心观察桂林山水。后来，他搬到一个广西省议员家里，才有一张桌子作画。1941 年 3 月，关山月在广西建设研究会举办了他新创作的《漓江百里图》画作展。这幅画，约 30 米长，在当时算是一幅相当惊人的长卷了。作品内容是他从桂林到阳朔所看到的最打动人的风光。画展随即引起轰动，不少媒体纷纷发表评论，也鼓舞了他的创作热情。至桂林大疏散前，他一共在桂林举办了三次画展。

国立浙江大学西迁至广西宜山后，继续办学。校长竺可桢，就经常从宜山乘汽车到省城桂林出差。在宜山期间，竺可桢大约有六次访桂的记录，却几乎从来没有花时间去看风景。他到桂林，主要任务是公干，包括开会、主持招生考试、采购等，也包括经桂林飞往重庆开会。在桂林期间，竺可桢会拜访一些官方人物、走访老朋友、结识新朋友。

1939 年 5 月 2 日，竺可桢从宜山（今宜州）乘汽车直奔桂林，天刚亮便出发，天近黑时才到桂林，此时桂林城南刚遭受一轮轰炸。入住乐群社，晚餐后到马君武位于湖边的寓所拜访。次日，到省政府、中央电工器材厂、玻璃制造厂、

1　桂林版《大公报》，1941 年 3 月 26 日。

竺可桢拍摄的阳朔渡口

中国科学印刷公司办公事。第三天拜见省主席黄旭初，与一干朋友聚餐。7 月 9 日再到桂林，恰好乐群社有战利品展览会。8 月 5 日到桂林，因乐群社被炸，改住环湖酒店。他去拜访老朋友李四光，住在乐群社附近的李四光家里也被炸了，李四光一家在老君洞躲避，逃过一劫。竺可桢这一次到桂林的主要任务，是参加招生监试委员会会议以及参加监试，也面见一些建筑企业要人，邀请这些企业参加浙江大学下学年的建筑工程投标，顺便还想从广西大学挖人去浙江大学。公务空档，参加了马君武长子马保之的婚礼，在婚宴上见到了国民革命元老邓家彦等人，留下了邓家彦的通信地址，后来还登门拜访过。8 月 30 日，竺可桢因赴重庆开会而到桂林乘飞机，这次住在锡业招待所，以便早起赶飞机。他想从广西大学挖人的事，因为广西大学忽然改为国立，当事人又改变主意了。[1]

1　竺可桢《竺可桢全集》，上海科技教育出版社，2010 年，第 80、120、135、150 页。

1941年8月，章士钊从重庆到桂林度假。在桂林的日子里，他认识了一位很有文学功底又非常热情的桂林青年朱荫龙。朱荫龙陪着章士钊，穿行于桂林与阳朔的风景中。章士钊的古体诗写得很好，以前却从来没有填过词，即使多位深谙诗词的朋友相劝，也仍然坚持不填词。朱荫龙“治小学、勤文辞，都有条理，尤笃于词，承其先辈半塘、夔笙之遗风”[1]，对于填词颇有心得，借了所藏的各种词本给章士钊读，劝章士钊不妨填词一试，章士钊且读且作，竟振笔不能休，在桂林两个多月的时间里，填词约200首，其中不乏佳作。朱荫龙整理文字、编辑书稿的功夫很好，他将章士钊在桂林填的这些词收集起来，编辑整理成了《长沙章先生桂游词钞》一书。

香港沦陷后，柳亚子几经波折，于1942年6月来到桂林暂且落脚。柳亚子是文化名人，桂林的文化单位非常多，不少文化人围绕追捧着柳亚子，让这位诗坛名人很是受用，用他自己的话说，“文酒酒会不少”。中秋节，与几个文友在牯牛山上赏月，下桃花江泛舟。10月28日，他与沈雁冰、熊佛西、朱荫龙等人泛舟阳朔，翌日方归。柳亚子在桂林期间，除了在那些人们常去的名胜留下足迹外，还去了一些外来游客难以造访或者想不到的地方。比如，地方士绅安排他去了兴安灵渠。那时，去灵渠确实是不太方便的，好在柳亚子是名人，关心他、愿意为他服务的人很多，一位爱好文化的叫王赞斌的中将很热心地张罗此事，还请铁路局加挂了一节客车，一切都弄得很妥帖。他甚至还去了西郊的桥头村寻找清代名士韦铁髯的墓园，居然找到了。柳亚子57岁生日那天，田汉、冰心、孟超、端木蕻良等几十位文化人士张罗着，在嘉陵川菜馆为他举办了一场祝寿的宴会，与会者有百余人之多，算是当时声势颇大的一次聚餐活动。这场宴会，大家都喝得很尽兴，一位叫尹瘦石的画家，将与会的各位嘉宾都画了下来，请大家签名纪念，命名为《百人祝寿图》，报纸还发了消息，配了图片，一时成为文化界佳话。柳亚子在桂林期间，最受关注的活动，是以长老身份，参加了国旗大献金活动。[2]

1 章士钊：《章士钊诗词集》，湖南人民出版社，2009年，第117页。
2 柳亚子：《柳亚子自传·年谱·日记》，上海人民出版社，1986年。

1944 年初，丧失生活自理能力的科普作家高士其来到桂林养病，并兼任盟军服务处技术顾问，至桂林大疏散时离开。[1] 这一年的 3 月，经济学家、国民政府财政部专卖事业司司长朱偰到桂林查案，利用闲暇时间，按照城东、城西、城南、城北的线路，先后游览了桂林诸名胜，然后乘汽车往梧州途中，又游览了良丰雁山园和阳朔县城周边风景。[2]

四、组团游桂林成为新风尚

进入民国以后，到桂林旅游的团体开始增多，这是旅游方式变化的一个重要表现。

1932 年，一个很有身份的旅游团，自取名为“五五旅行团”，专程来到广西旅游，桂林是他们最后一站。他们是从广州出发的。这个团队的成员来头不小：

“五五旅行团”成员高奇峰所画的独秀峰

伍朝枢：伍廷芳之子，曾留学美国，担任过广东军政府外交部长和南京国民政府外交部长、驻美公使、广东省政府主席、国民政府委员等职。

罗翼群：1907 年入同盟会，曾任北伐大本营兵站总监、国民党中央执行委员等。

叶恭绰：京师大学堂毕

1　高士其：《高士其自传》，科学出版社，2015 年。

2　朱偰：《漂泊西南天地间》，中正书局，1948 年，第 123—143 页。

业，民国后曾任交通部次长、总长、交通部长，并兼理交通银行、交通大学。以诗文、书画、考古见长，收藏和保护了著名的毛公鼎。

吴尚鹰：开平人，1908 年入同盟会，与孙科同学，第一次国共合作时被选为国民党中央执行委员会委员。北伐胜利后周游欧美，呼吁强国与民国建交，回国后任立法院秘书长兼经济委员长，主持起草宪法。反对蒋氏独裁。

傅秉常：曾任大元帅府秘书，1932 年 1 月年曾任外交部次长，先后任立法委员，起草法律多部。后任驻苏联大使。

高奇峰：高剑父之弟，岭南画派创始人之一。

刘体志：民国时期著名摄影家。

梁培基：广州人，1875 年生，1897 年毕业于外国教会在中国开办的第一所西医学校，开发了“梁培基发冷丸”，创建了光华医学堂（中山医科大学前身）。他所做的社会贡献中还有两件事与旅游直接相关，值得称道：一是主持创办广东首家“旅馆医院”——珠江颐养园留医院，二是开发从化温泉。

民国期间的花桥，刘体志摄

邓士章：国民革命军总司令部少将参议，后参加两航起义。

这次旅游，完全自费。伍朝枢为对外代表，罗翼群为团长兼出纳。每人交200元，女性折半。余亏待回程后再算。根据出发前所有团员的共识，此行只安排游览，不涉它事。

在桂林游览期间，高奇峰创作国画多幅，均由叶恭绰题诗。叶恭绰自己也题了诗。

回粤后，团员们撰写了长篇游记《桂游半月记》，当年第9期《旅行杂志》用了19个版面刊发了这篇游记，并配发了多幅由团员们拍摄的照片，引起强烈反响。据《广西省政府公报》云，自“五五旅行团”访桂后，来桂林旅游的客人呈明显增多之势。《桂游半月记》后独立成书刊行，书中增加了团员们在桂林的绘画作品和书法作品。团员刘体志拍摄了不少桂林山水的作品，陆续在各地报刊发表。刘体志于1934年出版了一部摄影作品集《美影志》，共收录其摄影作品40幅，其中有这次访桂创作的山水摄影作品8幅。

与“五五旅行团”一起游览桂林的团员中，还有一位叫张坤仪的女团员，是高奇峰的女弟子，也向叶恭绰学习书法，同时也是摄影爱好者。这次游桂，她不但创作了以桂林山水为题材的山水画，还拍摄了不少照片，发表在不同报刊上。

1934年8月，由广州基督教青年会组织的一个旅行团到桂林旅游。这个团队，团员计18人，其中香港13人，有华商总会主席黄广田及夫人；广州5人。青年会派出两位干事，负责一路行宿游览之具体协调安排，故这是一次完全意义上的旅行社组团性质的旅游行程。当时的桂林没有铁路，他们先从广州乘火车到三水，乘船到梧州，换小船到石龙，乘大汽车到柳州，再在柳州租五座汽车4台，大汽车1台（拉行李）往桂林。从柳州至桂林，车队沿途过河7次，耽误不少时间。中午在荔浦吃午餐，下午参观了当时是师专校园的雁山园，晚七点到桂林站，住院前街的榕湖饭店。

次日，两位行走不便的团员乘肩舆，其余人走路，先顺路拜访师部周祖晃（在八桂厅），然后经永福门、永寿门、太平门、天平门、维新门、明德门等六道门，到达景福楼——即正阳门上的城楼。游毕，又经法院、旧藩署、文庙、蒋翊武就义处等，到隐山游览。当时，隐山六洞只余一洞可观览，稍沮旅行团游兴。

旅行团第二天游漓江，计雇船五只，一只供保护他们旅途安全的军人乘坐，团员分乘其余四只，每船四五人。近九点到大圩泊岸购食品。下午三点到杨堤，遇暴雨，泊岸避雨。晚在兴坪停泊投宿，有团友租小船去看附近风光。次日上午到阳朔，县长来迎，介绍周边风景。茶叙后告别，至平乐，约好的电船在焉，换船下行回广州。

回广州后，这次旅行的组织者编印出版了一本小书《桂游鸿雪》，详细记录了这次游览的经过，这也是产生了广泛影响的一部游记。

抗战全面爆发前，桂林的接待条件非常落后，显然不适合广泛组织开展商业性的旅游活动。稍有条件的旅行团，在前往桂林之前，会动用一些社会关系，提前打招呼，以求旅途的安全、交通的便利和行程的顺利，甚至包括张罗比较合条件的住宿。1933 年 7 月，一个广州青年旅行团前往桂林旅游，就通过广西省政府致电广西教育厅和公路管理局：

> 奉李司令寒电，开广州青年组织赴桂旅行团，约三十余人，巧号等日由粤省途经梧、柳、平乐、桂林各地，请求给予安全保护，并帮助雇船雇车，以利旅行，等语。查，此次旅团多属港穗殷商，希即转饬，予以充分援助。桂林旅馆不洁，似以指定学校为其食宿较善，费用由该团自给，等因，奉此，自应照办。如该旅行团到境，仰苏局长、各该县县长即便妥为招待，并严密保护，以安行旅，至所经各地学校已放寒假（原文如此，应为“暑假”之误），当可借住，应请李厅长查照办理。黄荣华铣印。[1]

桂林旅馆之不洁，在省政府那里是挂了号的，所以，电文明确这个旅行团食宿都安排在指定学校，费用由旅行团支持。

抗战全面爆发后，中国旅行社在桂林设立了分社，向社会提供代售火车票、汽车票及飞机票业务，以及代理邮政电报、代旅客收受电信以及兼营各地货运业务。中国旅行社与相关部门关系极好，还在桂林火车南站设有服务台。1942 年 5

1 《广西建设特刊》，1933 年第 3 期。

纪念中国工程师年会在桂林召开的纪念章

月 24 日，由中国旅行社组织的一个百余人规模的旅行团，在湘桂铁路部门支持下，早 8：30 乘坐专列从南站（今桂林站）出发，到兴安灵渠做一日游。旅行团成员皆为社会上层人士，包括军人、公务员、工程师、银行商、记者、戏剧家、商人等。列车上，人们欢声笑语，团员中的艺术家们还即兴表演节目。兴安风景区修建委员会安排了欢迎茶会，请客人们品尝了兴安特产白果糖水，还在灵渠铧嘴设置了桌台，备好了笔墨纸砚，请团员中的书画家们挥墨。李任仁议长带头题诗一首，滕白也作了指画表演。[1] 剧作家熊佛西也参加了这个旅行团，写了《漫记兴安灵渠之游》，认为兴安风景最大的长处就是"平淡"，灵渠对民生的影响比都江堰更重大，因为它影响湘桂两省的交通与民食。游罢灵渠，他不由感慨：中国真是遍地黄金，无处不国宝，只可惜我们缺乏认识和摄取的方法。[2]

1943 年 10 月，中国工程师年会在桂林召开，与会代表达 1500 人之多。这是桂林第一次承办如此规模的展会，仅宴会就分别安排在三个地方。年会结束，有 300 多位代表分乘 30 余只木船游览了阳朔。400 多位代表和工作人员则乘坐年会组织者安排的专列到兴安游览灵渠，来自美国电机工程师协会的麦美伦教授参加了兴安灵渠的游览。如果说文化人到灵渠游览更看中其历史文化价值，这些工程

1　桂林版《大公报》，1942 年 5 月 25 日。

2　熊佛西：《山水人物印象记》，海豚出版社，2011 年，第 53 页。

师的兴趣则更多地放在了工程技术方面。这次从桂林到兴安的专列，由湘桂铁路局和桂林银行同业公会共同襄助。铁路局安排专列，每家银行承担活动费用并派出三位工作人员承担招待工作，设在桂林的中央电工器材厂派工程人员在专列上安装了播放器，沿途播放世界名曲，以助游兴。代表们游览了沧浪桥、万里桥、马嘶桥、陈公堤及铧嘴，并在铧嘴处用餐，上万乡民围观了这一盛景。专列早上8点从桂林出发，10点到达兴安，晚上万家灯火时返回桂林。[1]

不少驻桂的学校和社会团体，也会组织周边郊县的集体出游活动，如到尧山登山比赛、骑自行车到大圩等。最常见的这类活动是组织学生到农村去进行抗日宣传，或者乘坐火车到兴安去游览灵渠。

五、往来于桂林的外国人明显增多

申请到广西尤其是桂林进行考察调研的外国人士，也相对多了起来。对于外籍人士入桂，需要广西省政府批准。

民国二十一年（1932）9月，英国商人马克德（Masdermatt）夫妇及拉脱维亚人西加夫（Silgaiv）在广东申请游历广西，由广东省公安局局长电函广西当局，广西予以同意并电令各地放行且妥为保护，并要求各地将访客的出境日期报查。

1934年6月，广西省政府发出训令，要求各县局对英人包士辉等游历到境妥加保护。

民国三十四年（1935）6月，日本人木村康一、东中秀雄等分别到广西各地考察，广西省政府主席黄旭初从省会南宁给沿途各地发电报，要求“照章核发护照，依法保护”[2]。这类电文，在广西省政府的公文中经常出现，说明那一时期到访包括桂林在内的广西各地之外国游客为数不少。

1938年，由欧美医学专家组成的国际防疫委员会第三分团到广西进行疫情调查和防治，桂林是他们重要的一站。在桂林期间，这些专家认真考察了这座城市及平乐等周边县域的公共卫生、饮食条件和医疗卫生状况，组织开展了防疫宣

---

1 桂林版《大公报》，1943年10月29日。

2 上述各电，均见当年《广西省政府公报》。

传、环境卫生整治、改善饮水条件、修建公共厕所、接种疫苗、考察风土人情等工作，也欣赏了秀丽的桂林山水。第三分团中有来自法国的年轻博士穆克瑞，拍摄了许多有价值的照片，其中包括他站在尧山顶上拍摄的花江流域群峰图。分团长拉斯内认为，从柳州到桂林的风光，好像国际象棋的棋盘，可以与瑞士相媲美。[1]

1938 年，平乐县大中街的第二公厕，穆克瑞摄

抗战期间，胡志明、范文同、黄文欢、武元甲等越南革命者相聚在桂林，成立了越南独立同盟会办事处和中越文化工作同志会。胡志明还以“胡光”的化名在桂林待下来，名义上是八路军桂林办事处一名工作人员，实际上是在桂林组织领导越南的抗日工作。1941 年，胡志明在广西被张发奎的部队逮捕，几度转移扣押地，还在榕荫路法院被关押过。桂林城与山水交融，越南独立同盟会的会员们在桂林开展工作，免不了要与山水洞穴打交道。

1939 年春天，一个叫卡尔·曼扎瑞（Carl A. Manzaui）的意裔美国青年，花了 1500 美元，经法、德、意、印、缅、越等国，从云南河口进入中国，然后乘汽车辗转来到桂林。他后来在评价这座城市时说：“桂林的风景，老早就很有名了，我们叫她 Love City。”为了看风景，他在漓江边的一个旅馆里住下来，“从窗户就可以看到漓江东岸的风光，那些山峰、田野，都很入画。河边是很宽的马

1 钟文典：《抗战防疫进行时——国联防疫分团在广西（1938—1940）》，2014 年。

路，路边是美丽的山峰和红色的庙宇，在绿树的掩映下，色彩非常协调。当晚霞挂在天边时，色彩一秒一秒地变化着。早晨，当太阳初升时，淡淡的朝霞笼罩着山顶，江上是几只帆船，充满诗意。”[1] 这种观察，是西方人从油画审美的角度而来，对于大自然的光影变化特别敏感。

抗战时期，美国援华航空队进驻桂林，支持中国抗日战争。美国驻桂林新闻处主任格兰姆·贝克在他的著作中写到，桂林的美军人数已经由原来的不到一百人增加到几千人！而且，第十四航空队的前方梯队司令部也由昆明迁到了桂林。美军还在桂林城外为中国步兵设立了一个训练中心。[2] 由于桂林有众多的美军大兵，从美国本土到远东来劳军的明星们也会到桂林这座城市为美军们演出。

大量美国军人的到来，为桂林带来了西方的生活方式。城市里面出现了很多的咖啡馆、西餐厅，比如三教咖啡厅、菲菲咖啡厅、远东夜花园、乐群社、大华饭店等。甚至一些根本提供不了咖啡的茶室，为了招徕顾客，也在门店前写着“COFFEE”的招牌；舞厅、电影院等文化设施也丰富起来。逢休息日，驻在郊外的美军官兵们会乘坐军车到市区去，或者去教堂做祷告，或者进酒吧放松。咖啡、洋酒、西餐、舞场、霓虹灯等，在那时的桂林都是司空见惯的。在远东和缅甸作战的美国军人们，把桂林称作“东方巴黎”，因为桂林有许多漂亮的妙龄女郎、有秀丽的景色，还以戏院、书店、佳肴和美酒等吸引着世人。著名作家黄裳，那时是驻桂林美国空军的翻译，他写道：即使是桂林偏僻的小巷子里，也会有七八家茶馆和十几家餐馆，开业的多是逃难来的外地人。环湖中上的百乐门饭店“门口有一盏亮亮的盒灯，上面写着饭店的名字，挂着‘欢迎盟军’的招牌，也有两个美国宪兵在站着。两扇自动开关的玻璃门，上面是五彩的花玻璃。推门进去，里面的电灯雪亮。大厅里有十几张圆桌，都已经坐满了人。穿了黑拷绸短衫裤的老板，摸着他胖胖的大肚子，把我们让到一个角落里的桌子上坐下，他与 R 他们似乎都已经是老朋友了。招呼着要了酒菜，有红葡萄酒、杜松子酒和盛在洋瓶子里的竹叶青。招待所里的洋葱是不常见的，现在他们每人都要了洋葱放在面前。”[3]

---

1 《桂林印象记》，载于《浙东》1939 年 11 期，第 221 页。

2 格兰姆·贝克：《一个美国人看旧中国》，生活·读书·新知三联书店，1987 年，第 488 页。

3 黄裳：《过去的足迹》，人民文学出版社，1984 年，第 49 页。

民国年间，一群外国游客在桂林尧山麓的靖江王墓游玩

抗战时期中美空军混合团在桂林基地升旗

这样的场景，与战前的上海等大城市毫无二致。

美国著名记者史沫特莱、著名作家海明威、汉学家费正清，都在那时到访过桂林。

英国在桂林设有联络处和新闻处。香港沦陷时，撤往大陆的华人英军组成了“英军服务团”，约有 200 人。“英军服务团”司令部原设在曲江，后迁往桂林。到桂林一段时间后，其中一些人成为美国第 14 航空队的地勤人员，一些人就地退役，大部分人转往印度，被编入驻印英军。[1] 自由法国在桂林设有办事处。苏联在驻桂林的第五军也有不少的军事顾问。一些反战的日本军人、越南独立同盟会的骨干、朝鲜义勇队组织等，在桂林也十分活跃。日本反战同盟在鹿地亘的带领下，办刊物，演新戏，反对战争。在昆仑关战役中，一些反战同盟会员走到前线去进行反战宣传，对日军进行心理战，其中一些人的生命就终止在那里。朝鲜义勇队在桂林创办了通讯刊物，有时也开展宣传演出。

第二节 对桂林这座城市的旅游宣传与评价

据《桂林市志》，清代桂林先后有刻书坊 50 余家，但基本是传统刻板印刷，产出很低。清末引进了机器印刷技术，出版业有了较明显的发展。民国报刊开禁，出版业尤其是报刊业非常活跃，尤其是抗战全面爆发后，因为新桂系持相对开明的政策，许多文化人和文化单位集中到桂林，印刷厂即有 21 家[2]，事实上大小印刷厂达上百家，使得桂林的图书出版业进入蓬勃发展阶段，对桂林旅游的宣传介绍也因之有很好的提升。

1 邝智文：《老兵不死——香港华籍英兵（1857—1997）》，三联书店（香港），2014 年。

2 《桂林市志》中册，中华书局，1997 年，第 1843 页。

一、对桂林的社会评价

1930 年代，尤其是 1932—1935 年间，许多的名人和各类团体，纷纷到广西旅游、调研。国联卫生专家史丹巴（Dr. I. A. Stampar）、上海公共卫生委员会委员白仁德（A. T. Wilson Brand）、美国演说家艾迪（Dr. Sherwood Eddy）、新朝鲜社社长李斗山、上海大律师吴迈、《大公报》总经理胡政之，以及山东省政府参观团、中国工程师学会广西考察团等，不但访问了包括桂林在内的广西主要城市，而且发表了观感，对广西的政治、社会、民风、教育、经济发展诸方面，给予了让广西当局非常有面子的评价。徐悲鸿说："广西治安良好，建设猛进，风景优美，实为最合美术家修养之环境。"吴迈说他认为"广西有复兴中华民族之精神，将来开辟荒芜，增加生产，诸事皆有办法。"国联远东调查团团长李顿说："假如中国有两省像这样干去，日本就不敢侵略满洲了。"艾迪认为广西"是一模范省"。

作家持大在观赏桂林风景以后，站在游客的角度，认为旅游者出门旅游，必须具备"一长二需三具四备五宜"：一长，指游记、诗词、绘画、摄影，必长于其一，才不至辜负山水奇美；二需，需有人为导游，又需有气味相投之游伴；三具，则为相机、望远镜、手电筒；四备，历史志书备考据、地志地图备查察、古人游记备揣摩、名人画册备比较。五宜，宜钱包充裕，宜时间从容，宜春秋佳日，宜心事闲暇，宜体安脚健。[1] 这其实是对桂林风景的极好褒奖。

1935 年初，胡适应广西当局邀请，到桂林游览数天，写下了《南游杂记》，对桂林山川风物、社会风气评价颇高，因为在七星岩内摔了两跤，他还建议在七星岩内安装电灯，以便游客观赏。

黄裳当时是美国援华航空队驻桂林基地的翻译，他从自己的角度对桂林有独到的观察。女作家冰心，回湖南老家时，借道桂林，住在柳亚子家里，游览过桂林的一些名胜，她也用通讯的方式发表了好几篇对桂林风景进行介绍的文章。

画家丰子恺在桂林住了不短的时间，但在他看来，桂林的山"奇而不美"，因为他更钟情于自己家乡的风光。不过，他写的《教师日记》，在桂林出版，这

1　持大：《桂林纪游》，载《新垒》1934 年 4 卷第 5 期，第 87 页。

是记述他在桂林生活的经历，让读者从另一个侧面了解这座城市。他在两江的桂林师范任教，主要活动范围是两江圩以及附近的永福县。虽是较偏僻的圩镇，也有战时的景象，即外来人口和舶来品都是圩镇上常见的，比如操京腔的人、不同品牌的牛奶、照相馆等。他在圩上见到当地人家的窗棂，是用木条组成的吉祥汉字，如“富贵长寿”，觉得很有意思。一些竹制品如竹匣、竹碗，也让他爱不释手。还有一种木斗竹茎的长烟管，也觉得有趣，便买来送人。

柳亚子在桂林期间，几乎无日不诗，一共写了 900 多首诗。这些诗歌，有赞美桂林风光的，也有记述友情来往的，多发表在各报刊上。

二、宣传桂林旅游的出版物

1912 年，即民国初年，旅行游览已经成为一些文化人的生活追求。为顺应市场需求，商务印书馆在这一年印行了《中国名胜》一书，定价大洋三元。该书收入全国风景名胜图片 183 幅，配以中英文说明，桂林独秀峰、风洞山、花桥入选。

興安旅行記

學治會學術部幹事會虞洪

「興安」多麼令人羨慕的地方，在城市住得煩久了，總想換一換新的環境，呼吸一些新鮮的大自然氣息。訓導處早就定春假作全體旅行，結果，因氣候關係沒有成功。正當每個學會請求作遠足旅行的高潮情緒時候，乃由導師會議議決，八號早晨全體師生出發和興安旅行。這消息一傳出，同學們

《桂林师范学院月刊》上刊登的《兴安旅行记》

1927 年，《旅行杂志》由中国旅行社创始人陈光甫先生创办于上海。上海沦陷以后，杂志社随上海银行迁到桂林，继续办刊发行。因为桂林是重要旅游城市，加上有很多的文化人这一时期都在桂林落脚，所以这份杂志刊发了不少有分量的介绍桂林的文章，比如陈畸、金叶、俞心敬、茅于恭等，都在这份杂志上发表了他们在桂林的游记观感文章。俞心敬在桂林邮电局工作，对于桂林风景尤为了解，写的稿子就更多一些。其他报刊，如《良友》《非非画报》《大千》《英语世界》《图画时报》等，也经常刊登旅游文章或者风景照片，以期吸引读者。

1935年，赖彦于编印了《广西游历需知》一书，定价国币三角。该书包括交通、景点、旅馆、饮食、照相、汽车、娱乐、金融、洋杂、医药诸章，附有主要城市交通图和名胜古迹简介。其中，“桂林”一章，不但详细介绍了桂林的水路、陆路交通条件，在景观罗列上，将前人之游览悉数整理，不但有简洁的文字说明，而且还列了表，说明每处景观与市中心的距离、特点等。比如会仙岩、琴潭山、侯山、圣水岩等，皆时人不去之地，但古人写过，所以均录入该书，以备读者索游之。至于旅馆、酒楼，更是详列各店之地址、电话、房价或者餐饮价格水平。从这本导览性资料可知，当时的桂林已经有11家汽车租赁公司，虽然规模都不大，最多只有4部汽车，也毕竟说明了当时与旅游相关的商业形态非常活跃丰富。

同样是1935年，广西印刷厂印制了《广西一览》一书，用中英文两种文字介绍广西，“手此一篇，无异旅桂游历之向导也”。该书用了50个页码刊登了96幅桂林风光照片，包括兴安灵渠和阳朔乡村之美景，尽收在内。

1939年，商务印书馆出版了《广西指南》一书，为到广西旅行的游客提供指导。《广西指南》在“名胜古迹”一章，不仅介绍了桂林市的风光名胜，还有专节介绍全县（今全州县）、兴安、灵川、百寿（今属永福县）、阳朔、平乐、荔浦诸县的名胜古迹。全县的柳山、湘山寺、飞鸾桥和龙岩，兴安的乳洞岩、猫儿山、灵渠，灵川的景风阁、西峰山等，都有条目介绍。这部书于1940年再版，可见受欢迎的程度。

1942年，大众出版社印行了顾震白主编的《桂林导游》一书，该书由桂林市首任市长陈恩元作序，内容包括桂林漫话、桂林的风景、桂林的掌故、桂林的食宿、桂林的交通、桂林的金融、桂林的公用事业、桂林的工商业、桂林的公共娱乐等九个篇章。桂林前导书局出版了徐祝君等人编辑的《桂林市指南》一书，以飨越来越多的旅桂者。这部书，不但介绍了桂林的沿革、气候以及衣食住行和景观等游客关心的问题，包括去哪里读书、到哪里学会计、图书馆在哪里、如何开店、有哪些工厂和商业、如何找律师、如何寻求救济等，均列书中，是一部内容非常完整的“指南”，不仅游客可用，暂居桂林者、欲在桂林安家者，均可备索。中国旅行社也在桂林出版了《桂林导游》一书。

三、摄影和美术对桂林的宣传

1942 年出版的《桂林市指南》

民国期间，摄影术已经得到推广。桂林的一些照相馆，会拍摄一些风景照，洗印出来，卖给游客，以作纪念。这些照片也经常发表在各地报刊上，是很好的桂林旅游宣传品。

1916 年，《东方杂志》上刊登了桂林七星岩风景照。1930 年第 682 期《图画时报》刊登了一组计 11 幅漓江风景照。从当时的印刷水平来说，确实可称得上“印刷精良”。

1930 年夏，一个叫约翰 · B. 沙克福德（John B. Shackford）美国人，从广州溯江而上到桂林，又经灵渠往湖南去。他在桂林拍下了许多照片。从他留下来的这些照片可以看出，他对桂林的历史文化非常有兴趣，因为他拍了不少桂林市区王城、城门、牌坊等古建筑的照片，他的摄影风格是把这些古建筑与桂林山水融合起来，带给观众一种不同的视觉体验，比如他会从城墙的门洞里拍远处的山峰，或者从山上高处拍两山之间的城墙。通过这种构图，告诉观众：桂林是一座完全不同的城市。

1933 年，《图画时报》连续数期向读者推荐了傅秉常拍摄的《桂林山水》系列照片，这些照片是傅秉常于上一年参加“五五旅行团”游览桂林时拍摄的。因为他的外交官身份，在美国有影响，故他的摄影作品被推荐参加了美国芝加哥博览会。

《良友》组织全国猎影团，在全国各地拍摄风光照，桂林也是重要一站。《英语周刊》等针对英文读者的杂志，也经常刊登桂林山水风光照，以活跃版面内容，吸引读者。

画家关山月，自雇民船，游览漓江，并以此为基础，创作了《漓江百里图》，全长近 30 米，在桂林办个人画展，引起轰动。

桂林的天氣

為甚麼驟寒驟熱？

為甚麼冬季多雨？

寒潮與石山的作用

「四時皆似夏，一雨便成冬」，這句話用來形容變化無常，驟寒驟熱，使人莫測高深，發生異樣感覺之桂林天氣，再無其他妙句可以相提並論了。

中國地居東亞，東南濱海，西北聯大陸，冬季節，整個集中西北之最高氣壓，自然趨向東南吹流，東南濱海各省氣溫則須降低，但如果不受寒潮侵襲，仍無寒冷可能，此正如吾人理想中之「四季似夏」的天氣了，一旦進入冬季，寒潮即為不可遏阻的東西，寒潮一發，高氣壓之氣流隨即加速向東南排瀉，劇烈時，中國各省氣溫驟降十餘度至二十餘度【攝氏】其驟寒程度可想而知了。寒潮分三支南侵，西支即經湘水入湖南廣西，桂林低谷而入安南，此時各地風向均見偏北，風力增大，一片蔚藍晴朗的天空，驟然黑雲密佈，氣溫受到寒冷，隨即凝

《桂林市指南》答复游客最关心的气候问题

四、作家诗人对桂林的推介

民国时期，旅桂的作家相当多，他们普遍地喜欢桂林风景，并且用自己的笔热情推介桂林山水。巴金写了《桂林的微雨》、凤子写了《念桂林》、冯至写了《忆平乐》、丰子恺写了《桂林的山》、熊佛西写了《漫记兴安灵渠之游》等数篇，宋云彬则应邀在报纸上辟专栏写桂林。

湖南文人田曙岚不但游览了桂林，还基本把广西走了一遍，回去后写了一本《广西旅行记》，该书于 1935 年 9 月出版，将包括桂林在内的广西山水、民俗、历史等，详细梳理出来，成为民国时期不可多见的广西旅游大全。田曙岚这次桂林之旅，从平乐至阳朔，又沿漓江步行至桂林，是较早徒步漓江者。他在阳朔过的新年，阳朔县城的新市场在这一天开张，所有的售卖者必须到新市场交易，但很多挑担前来售卖的农民，并不知新市场在哪个方向，只有听从沿街警察的指引。虽是新年，却无一点过年的气氛，于是田曙岚决定这一天离开阳朔，溯江上行。他到了兴坪的腾蛟庵，见庵内佛像，悉被捣毁，因为广西破除迷信力度颇大。他发现庵内供有很多的民族英雄。庙祝说："当地士绅，修

KWEILIN

Seat of the Kwangsi provincial government.

廣西大學為廣西省之最高學府，環境甚佳，校中景物亦美。

Part of the campus of the Kwangsi University.

親自勞作，乃廣西大學學生生活之特色。

Two co-eds of the Kwangsi University on way to do their washing.

廣西省會，原在南寧，近已改遷桂林。圖示在桂林積極建設中之省政府。

The provincial government building near Completion.

李總司令之近像，為近旅桂之畫家徐悲鴻氏之手筆。

A sketch of Gen. Li Chung-jen, head man of Kwangsi.

李宗仁氏所居之園門。

Entrance to Gen. Li's home.

桂林西江區樹村頭天馬山麓，為李宗仁氏所居。

Mount Tien Ma, on foot of which Gen. Li has his home.

桂林婦女，於國際婦女節日舉行紀念會，圖示李宗仁夫人演講之攝影。

Mrs. Li Chung-jen speaking at the International Wo-

《良友》杂志 1937 年 126 期专版介绍桂林

KWEILIN SEEKS TO LURE TRAVELERS

Kwangsi Provincial Capital Rich In Scenic Attractions, Historic Lore; City Noted For Beauty May Be Made Accessible Through Improved Communications

By HSU CHAO-YUNG

Central News Staff Correspondent

KWEILIN.—(By Mail).—Plans are under study by the Kwangsi Provincial Government to turn Kweilin, the provincial capital, into a tourist center in the Southwest.

Kweilin's scenic beauty has long been noted, but due to lack of adequate communications it fails to attract an influx of tourists as other scenic spots like Hwang Shan, Kuling, Tsingtao, Peitaiho and Hangchow do during certain seasons of the year.

It is expected that with the completion of the projected Hunan-Kwangsi Railway more tourists will come. Further plans for developing the tourist trade, including the training of guides and better hotel facilities, will be drawn up by the provincial authorities.

The picturesqueness of Kweilin lies mainly in the grandeur of its hills scattered in and around the city. Most of the hills are not high, the average height being 70 to 80 feet from the ground, but they are of peculiar shapes, being composed of rugged lime rocks.

Varied Shapes

One towers straight up like a pillar. Another blocks the way like a wall. A third shoots up like a cone. A fourth bows its ponderous head forward. A fifth looks like a big stump with a tall top. A sixth resembles an elephant, a tiger or a lion. A seventh stands like a pyramid, and so on.

Many rise up from the ground abruptly, not belonging to any mountain system, and most of them have caves.

One who has not been to Kweilin may doubt the existence of the peculiar hills as drawn by Chinese painters but a visit to this city dispels his doubt completely.

Most of the scenic hills are conveniently situated in or around the city. Among these are Tu Hsiu (Sole Beauty) Hill, Fu Po Hill, Feng Tung (Wind Cave) Hill, Chi Hsing (Seven Stars) Cliff, Yueh Ya (Crescent) Hill, Lung Yin (Dragon) Cave, Hsiang Pi (Elephant Trunk) Hill, Yu Shan and Po Tou Shan.

Steps Lead To Summit

Tu Hsiu Hill stands in the mid-

flight of 300 steps leads up to the summit which commands a complete view of the city. At the foot of the hill is the former site of the study of Yen Yen-chih, a famous poet of the late Sung dynasty. At other places are caves where pendant stalactites abound. On the rocks here and there are engravings of poems by well-known poets, paying tributes to the beauty of the hill.

Towering over 1,000 feet side by side with Tu Hsiu Hill on the Li River is the Fu Po Hill. It is named after General Ma Fu-po of the Han dynasty who passed away here on his return from an expedition to Chiaochih (now Annam).

At the rear of the hill is a cave called the Huan Chu Cave (Pearl Cave). The water of the river base of the cave. Two stone columns at the entrance reach down to the base, one of which is separated by a narrow cut. The story goes that the cut was made by General Ma with a sword.

Two different stories are linked with the name of the cave. One says that upon his return from the expedition to Annam, General Ma passed here by boat, bringing with him bags of foreign rice. Slanderers spread the rumor that he was bringing back bags of pearls extorted from the conquered. In

(Continued on Page 16, Col. 3.)

To Encourage Tourist Trade

(Continued from Page 9, Col. 4.)

anger he poured the rice into the river.

Pearl Returned

The other story says that while peddling his boat at its entrance a fisherman saw a brilliant substance in the cave. He took it home and showed it to his friends. The latter told him that it might be a dragon's pearl and its loss might infuriate him and bring ill fortune to the village. Upon their advice he returned the pearl to the cave.

About a mile down the Li River is the Hsiang Pi Hill which resembles an elephant's trunk. Part of it reaches out to the river, impeding its current which foams at its foot. On the top of the hill is a small treasure barrel-like tower which is seen on the back of an elephant in Chinese drawings.

At the northeast corner of the city is the Wind Cave Hill. Going up by the stone steps, one sees rugged rocks, piling up beautifully. It is therefore also called Ti Tsai Hill (Hill of Piling Rocks). At the entrance of a temple on the hill is a stone tablet marking the place where Chu Hsuan-chung and Chang Chung-lieh, two loyal officials of the Ming dynasty, were executed by troops of the Ching dynasty. At the rear of the hill is a cave called wind cave where a continuous draft passes through. It is windy and cool here even on the hottest summer days. In a niche in the cave is a reclining Buddha of red stone which is several hundred years old.

River Flows North

Standing on the veranda in front of the cave one sees the Li River, flowing northward, flanked by hills on both sides. On the west are Pai Ho (White Stork) Hill, the Ma An (Saddle) Hill and Yu Shan, and on the east is Yao Shan. The latter two are named after Emperors Yu and Yao, the wise rulers of ancient times.

To cross the Li River one may take a ferry boat or go by a pontoon

chow where are situated many more magnificent hills and caves. After landing at Tungchow and passing through a narrow stone-paved street one reaches the famous Flowery Bridge which spans a limpid brook like a rainbow arching above a mirror.

Lying on both sides of the bridge at its end is a range of hills. To the north is Pu Tou Hill. Amidst a forest of green trees stands a temple from which the sound of the wooden drums and brass bells of the monks issues forth from time to time. At the back of the temples is a cave which leads to the Cliff of Seven Stars. Here is the most wonderous cave in Kweilin and perhaps in the Southwest. The cave is a long winding tunnel about three li in length. Formed of lime stone, the rocks in the interior are of peculiar shapes.

There are guides living in the vicinity who lead tourists through this cave with torches. Many interesting fairy stories are woven around the interior rocks. It takes about one hour to negotiate the tunnel.

《英语学习》刊登的桂林欲吸引游客消息

Glimpses of Mountain and Water Scenery of Kweilin

Part II

By Yü Hsin-ching (俞心敬)

Post Office, Kweilin

Having surveyed a whole day long the scenes inside the city wall, we start on the morrow to take sight of the outskirts. It will gratify the visitors to Kweilin to their hearts' content as they will find all places worthy of call so near the city that they will have no worry to board cars or to ride on horseback. Our itinerary is so arranged that the second day is devoted to the beautiful hills and attractive caves in the east suburb.

Scenery outside the Riverside East Gate (水東門)

(4) Fu Po Shan (伏波山) and The Pearls Cave (還珠洞).

It is a lovely vaporing morning; the rising sun is only plesantly warm. We wend our way through a crowded street leading to the Riverside East Gate. Coming out of the gate arch, we turn a right angle to the north and presently Fu Po Shan lies before us. The hill is located at the west shore of the River Li, bestriding the city wall and at the same time serving as a part of the stone rampart. No stepping stones have yet been chopped on its vertical precipice and seldom does there any one reach the summit where only shaggy pines shoot out of the bristling rocks with their thorny leaves wafting in the breeze. Perhaps

Fu Po Shan with its rival, the Solitary Cliff, viewing from the east

there are no other hills in Kweilin, the Solitary Cliff excepted, that have their slope so menacingly steep and overhanging as Fu Po Shan. Fu Po Temple, an elaborate pile of masonry, leans against its south precipice. The monastery is now turned into a military hospital with many patient soldiers confining themselves in for recuperation of their health. But we are kindly admitted in. Winding up a cork-screw staircase, we succeed in mounting to the top gallery. Now the scene lying before us reviews what we gathered on the summit of Solitary Cliff the previous day. Indeed these two mounts spring close together from the noisy center of the city and have their shapes nearly identical except that the Fu Po is a trifle lower and partly watered by the River Li. Stone cannot long bear up the strong current and that accounts for the formation of the Pearls Cave on the east foot of the hill where the river dashes its foams ever since the existence of the earth. The cave has an arch of about thirty feet above the water and its walls twenty feet apart, and as trillions of wave tongues have licked the vault, its walls are of wondrous smoothness. The place is hermetically tranquil; prattling of water drowns all sound.

Pearl oysters are not to be found in the water of the River Li. Without a story in mind, one would be quite at a loss to understand the name of the cave. Tradition says that about twenty-one centuries ago, Ma Yuen (馬援), or commonly known as General Fu Po, of the Han Dynasty, led a punitive army to Cochin (交趾). Though he was crowned with a decisive victory in the foreign clime, many of his men died of malaria, the tropical climate of Annam being not familiar to the soldiers born in the northern part of China. The general happened to discover a kind of cereal to be a specific against this dreadful malady, and on his triumphant return to China, he ordered to bring back that invaluable medicine by the load. The matter was soon heard of by the treacherous favorites of the emperor, who, being jealous of his feat in the far south, began to accuse the general of receiving bribes of countless crystaline pearls. The general passed the city of Kweilin and found himself in the midst of a cordial well-come when an imperial mandate

Fu Po Shan viewing from the north

《英语周刊》1934 年 102 期介绍桂林山水

On Shanghai-Kweilin Route

Scenes of great variety and beauty were found along the roads from Shanghai to Kweilin, Kwangsi, by Mr. Nee Tu and three companions, who have just completed the pioneering trip of 1,661 miles. At the top, left, is a roadside scene along the way from Hunan to Kwangsi. Right, one of the fine motor roads in that section. Lower left, small hills of odd shapes surround this village in the Hunan-Kwangsi border. Right, the party's Ford V-8 s ferried across a river.—CHINA PRESS Photos by Nee Tu.

《英语周刊》图文介绍从上海到桂林

名稱	所在地	距城里數	紀要
西山	在隱山之西		有石魚觀音西峯等三峯連屬
明月洞	在西峯南		外險中寬周如蘭室可容十餘人
回龍洞	在城西		有龍跡蜿蜒山頂，洞口可布六七筵
清秀山	城西	三里	岡連隴陝，盤行蜿蜒
會仙巖	城東	五里	屹然平波，洞門可容數人
中隱山	去城	十里	山腰有上中下三洞，寺就洞中結架，因石暈為堂室
玉乳岩	城西	五里	山波崎峻，林深邃，石乳凝如冰玉
荔枝巖	,,	六里	石門不甚高，中則豁然，深百餘尺，多滴乳，狀如荔枝
老明山	城西	十里	山勢峭拔，一穴通明
巾子山	城西	十里	有巨石冠其巔如巾狀
侯山	城西	十里	高聳如公侯端冕之狀
靈秀巖	城西	十里	有大石室，三面虛明穿透，左右兩旁可通，俯瞰曠野，胸懷快暢。
潮水巖	城東	三十里	夜半則潮上巖，日中則潮下巖，無稍愆期
白鹿山	城西南	四十里	山腰有小寺，寺後奇石環列，絕頂有峯，危立若將墜然。
豐安山	城南	三十里	山勢蜿蜒迴繞，有泉湧於上頂，四時不涸
堯山	城東	五里	山下有劉酒人墓
花橋	,,	二里	橋拱圓形，後段上有瓦蓋，下流小溪，前段無瓦蓋，橋拱下常為鄉民之臨時市場。

名稱	地址	電話號數	房價			膳費(每餐計)	備註
			上	中	下		
西南飯店	桂南路	20	200	1.50	1.00	.40	兼辦筵席
秀峯飯店	定桂街	38	2.50	2.00	1.00	.50	
金[illegible]旅館	桂南路		1.00	.80	.60	.30	
新廣西旅店	,,	有	2.00	1.50	1.00	.40	另有一房每日租銀四元
桂林飯店	,,	32	3.00	1.50	.60	.30	
榕湖飯店	榕城街	34	2.00	1.40	1.00	.50	

乙　茶樓飯店

店名	地址	電話號數	設備	營業範圍
桂林飯店	桂南路	32	清潔	茶麵酒菜點心
吉祥	,,		,,	,,
新廣西	,,	有	,,	,,
西南飯店	,,	20	,,	,,
榕湖飯店	榕城街	34	清潔	酒菜茶麵點心
秀峯酒店	老提塘	38	,,	,,
西湖酒樓	中北路	有	,,	,,
同樂酒樓	,,		,,	,,
洞天酒店	,,		,,	,,
天然茶樓	中南路			

《广西游历须知》中所列部分桂林景观和服务设施

刘体志拍摄的漓江风光

葺阳朔名胜，以庵无佛像，不足繁荣；苟立之，又干禁令，且悖潮流，乃改供民族英雄之位于其中。”[1] 这类变通，也反映了大变革时期新旧文化之冲突的一种曲折表现。

阳朔至桂林段，田曙岚走了四天。他到了草坪、大圩等乡镇，还考察了大圩的虎头岩。在桂林，住王辅坪的可园旅社，然后奔十字街的师专办事处拜访亲友。因正值年末，田曙岚还在桂林印了一批贺年卡，寄给半年来游历广西时在各地结交的朋友。登独秀峰时，“山势陡峻，磴道蜿蜒，有如‘之’字。道侧靠岩之处，均护以士敏土（水泥）栏杆，而磴道石上，亦凿成凹形，且系新补者，盖防游人往来之颠仆也。由此可见当地人士对于修理胜迹、便利游客之周到完备矣”。他在桂林玩了 18 天才启程继续行程，再往北，走灵川、兴安、全州，回到湖南。当时的灵川县城，尚在今三街镇，“灵川县城甚小，民家不过数十，生意亦甚萧条，惟旅馆则鳞次栉比，遍于市中。约略计之，凡二十余家，胥皆简陋异常，按当地户口比例，则旅栈之多，几占总额之半，此为余出发以来所罕见者”[2]。

1 田曙岚：《广西旅行记》，中华书局，1935 年，第 403 页。
2 田曙岚：《广西旅行记》，中华书局，1935 年，第 427 页。

一位出生于德比的美国青年，格兰姆·贝克，于1941年来到桂林，任美国驻新闻联络处主任，在桂林居住了很长一段时间，写了不少有关桂林的报道。贝克本是一位画家，也喜欢写作，他在此前曾写过中国的长城——《穿越中国的墙》，这本书受到好评，于是再次来到中国，在履行职务的同时，收集写作素材。他本意是想当一名被派驻到中国的前线记者，第一次来到桂林，觉得这座城市旅游者多，消息丰富，认为美国应该在这座城市设立新闻办事处。于是他写了一份在桂林开办新闻处的建议给上司，没想到这建议被上峰采纳后，他被顺理成章地任命为美国新闻处桂林办事处的主任，再次来到桂林，并且在这座城市待了相当长一段时间。回国后，他出版了第二部关于中国的著作《两个时代》（*Two Kinds of Time*，今人翻译成《一个美国人看旧中国》）。这部书，用了很大篇幅来描写桂林这座城市。

贝克再次到桂林时，这座城市的美军人数已经有几千人了。桂林是美国第14航空队的重要基地，但在贝克看来，中国军队远远没有发挥美国人的空中支援作用。贝克几乎没有写这座城市的风景，而是写了更多的社会众生相，比如一些官员私下的非法买卖，非常露骨地从美国人那里弄到更多的钱，等等。通过贝克的记叙，我们知道，战争期间在桂林影剧院放映的一些电影、墙报资料、传单、译文、招贴画和照片等，都是美国驻华新闻处向这座城市提供的。贝克和同事用这些资料来做展览会，只需配上中文即可。这些展览会很受欢迎，每天的观众可达上万人。很多从香港逃来的难民，会尽力保留一套“楚楚可观”的外衣，每当傍晚来临，大街上就塞满了这些穿着“仅此一套”漂亮衣服的人，大声传播着各种真假莫辨的消息，或者相互调笑。这座城市居然能够不顾“新生活运动”的要求而播放流行音乐。这座城市还有各式各样的咖啡馆，有冰室和洋酒，有鸡尾酒会，尤其是很多年轻的外籍人士会经常到这里，典当铺里也有很多的洋货。由于城市不大，人们相互之间容易认识或者找到共同的关系，显得很融洽。甚至，这座城市里有一二百位能够讲英语的中国人或者欧亚混血儿，他们喜欢和外国人在一起。总之，这座城市非常国际化，中、美、英、挪、荷、葡等国友人在桂林成立了国际联谊社，经常举办联谊活动，英国领事馆和美国领事馆也先后搬到了这座城市。因为对这座城市熟悉，贝克也看到、经历了不少很虚伪的人和

1937 年，一大家人游览龙隐岩

事。例如，因为战争造成物资短缺，政府严格规定宴请时菜肴的数量不得超过就餐的人数，但接待“国际友人”可以例外，于是贝克就经常被拖去参加各种饭局，其实是为了那些食客们放开了吃。有时，会有人开车来接贝克去参加晚会，但距离晚会现场还有几百米时，被要求下车步行到现场，因为政府规定“禁止乘坐小轿车参加娱乐活动”。贝克对桂林的介绍，让人们看到了战争时期社会上层和社会下层真实而不同的生活状态。

五、桂林旅游行程设计

桂林风景名胜众多，略有闲暇的人可以选择一日游，暂居桂林者可以积零成整地遍游各处名胜。对于那些难得经过桂林，却有几天闲暇时间的人来说，如果手上有一份多日游的行程方案，是非常体贴的。有心人编制了桂林数日游的行程表，印在旅游书刊上进行推荐。

对于专程赴桂林的旅游者来说，一份游程指南是非常必要的，包括怎么到那些风景点，需要多长时间等。有心人特意为这些旅游者列出了桂林四日游的游程方案：

第一日雇人力车或步行游览市街及皇城、独秀峰、中山公园、伏波山、榕湖。

第二日雇人力车至水东门，步行过浮桥，游花桥、七星山、栖霞寺、龙隐岩、月牙山。中午在月牙山寺院中吃饭，顺尝豆腐风味，饭毕步行折回水东门，雇艇游象鼻山、穿山、斗鸡山。回至文昌门上岸，雇人力车回旅舍。

第三日雇人力车至北门叠彩山前，步行游叠彩山、老人山、木龙洞、诸葛亭、虞山。下午雇人力车至丽泽门，步行游隐山、蒋翊武纪念碑等。

第四日上午请旅馆雇汽车出南门游良丰花园、南溪山。午后回至桂林，购物休息。

以上游程，共需四日。如在桂林停留三日，可将第三日第四日游程并作一日。[1]

乘船游览漓江，则从定桂门码头启航。万峰写道："先一日在定桂门外雇定艇子一只，饭食均要自备，言明桂林至阳朔国币一百三十五元。骤听之似若很贵，艇上有老妇一人，夫妇一对，另外一位妇人及孩儿三人。其时一斤米价为国币三元，余一家七口，每天食米六七斤，所费已属不赀矣。四月二日上午九时，自定桂门解缆，顺流而下。"[2]

游客到阳朔后，可乘汽车返回桂林或往平乐、荔浦、柳州方向，也可乘船沿江而下到梧州。

1　沈永椿编：《广西指南》，商务印书馆，1939 年，第 111 页。

2　万峰：《从桂林到阳朔》，《旅行杂志》1942 年第 8 期，第 13 页。

桂林浮桥

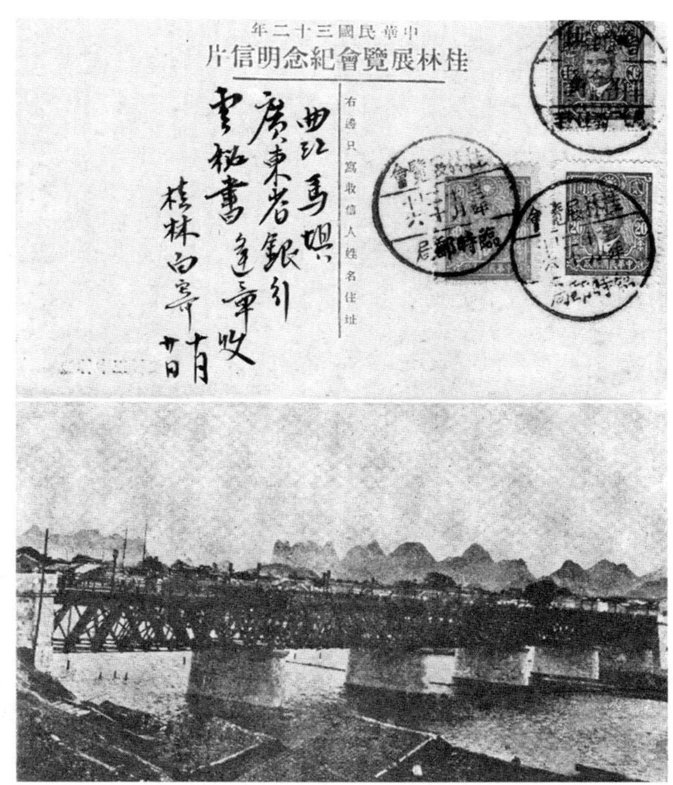

民国三十二年（1943）
桂林展览会明信片

第三节 民国时期桂林的商业服务业

桂林的商业服务业，在 1937 年以前，还处于一种自发成长的小规模状态。1937 年以后，由于省会回迁，加上上海、南京等地相继失陷，大批难民拥入，不但带来巨大的生活需求，也带来了比较强大的投资能力，故其商业服务业在 1937 年以后，发展比较迅速，规模大，数量多，种类也丰富起来。

一、旅店和餐馆

1935 年，赖彦于编著的《广西游览须知》一书，可算是当时的广西旅游大全，将广西主要城市梧州、南宁、柳州、桂林的交通、景观、接待设施悉数列入书中。此书所列桂林的旅馆有 6 家，茶楼饭店 11 家。

1934 年，持大在桂林入住榕湖饭店，是一家中档旅社，“房间宽敞，地方雅净，每日房租小洋一元二角”。

一些旅社很注意在经营中表达自己的特点，用人们所熟悉的文化方式来给住客留下印象。环湖路上的大中华旅馆，就挂了一副对联：

中外想无多，四面峰围鬟髻，栖霞山峙于东，象鼻山横于南，老君洞拥于西，白鹤洞障于北，开门便见。

华洋能有几，两湖水映榕杉，伏波潭比其澈，斗鸡潭形其阔，訾家洲妒其媚，鸬鹚洲等其平，入幕相迎。

此对联的文采并不突出，但把旅馆的地理位置和桂林主要的名山、名洞、名水都写进去，不失为一种招徕游客、宣传自己的好广告。

普通旅馆，主要强调“厅房雅洁、招待周到”等惯常设施和服务，如中正东路的建新旅馆便是这样做广告。

比普通旅馆条件更差的，则是客栈和伙铺，伙铺以铺位计，无房间，客栈也多无房间。这类设施所面向的顾客，主要是社会底层人士如小贩或挑夫。

一些条件好的旅社，已经带有独立卫生间等设施，比如乐群社。1939 年，丰子恺入住乐群社 103 房间，每日大洋二元四角。乐群社是民国期间桂林条件最好的旅社，主要是接待上层人士。不过，在管理上，经营者对这些新玩意的管理和维护并不在行。海明威似乎是住在乐群社，因为这里的条件最好，省政府的贵客基本下榻于此，但海明威所住的房间，卫生间漏水，污物溢了出来，且店方无能为力，让这位名记者非常愤怒。[1]

随着客流量的增加，桂林的旅馆也在倍增。游客乘长途客车甫到桂林，便见到车站处为旅馆拉客的人，其实那时的旅馆客满是常态，生意极好。乐群社是广西当局建设的招待所，一些重要的宴请也往往安排在这里。上海、武汉和广州相继沦陷后，外地旅桂人士日渐增多，乐群社的房间已经严重不足。于是，乐群社理事会研究筹设旅舍部，以解决各方友人贵客的旅舍招待问题。最后，决定向省党部及中北旅馆洽商，租赁省党部宿舍及中北旅馆，以发展业务。省党部宿舍为第一旅舍部，中北旅馆为第二旅舍部。[2]

如果打算在桂林住的时间稍长，尤其是有一定经济条件但又不是富豪类的携家带口的逃难者，从经济核算计，愿意租房住。因为僧多粥少，租房市场奇货可居，房东总是预收一个时期的房租，且常有半途涨价之事发生。即使如此，若租客“来历不明”，比如没有保人，或者是单身者，即使出高价也租不到房子。

1942 年，顾震白编著的《桂林导游》一书，列入的旅馆计 20 家，餐馆酒楼 27 家。从数量上来说，远远超过 1935 年，但顾震白这部《桂林导游》所列之旅馆、餐馆酒楼并不全。例如 1942 年元旦在《大公报》上刊登恭贺新禧启事的老正兴菜馆、全家福酒楼、复兴馆餐厅就没有列入。更何况，经常有新的旅馆、餐厅开业。如 1942 年圣诞节，设址于阳桥头的中央餐厅隆重开业，这家餐厅，特聘港沪名厨，以各国西菜为卖点，自称“有半岛酒店之味，有上海餐厅之风”。

---

1 黄伟林：《历史的静脉》，广西师范大学出版社，2018 年，第 96 页。

2 《广西日报》，1938 年 2 月 29 日。

在此之前，上海爵禄餐厅在国民戏院对面开业。位于十字街的百龄清真餐厅则是一家特色餐厅。这些餐饮酒楼，均未列入《桂林导游》一书。

由于商业性旅社的增加以及其在市场竞争中的优势，具有地域约束的各地驻桂林会馆接待职能开始退化。又由于国民教育观念的兴起，不少会馆改成了学校，如湖南会馆改成私立松坡中学、广东会馆改成私立逸仙中学。江南会馆先是成为小学，后来成为俄文专科学校。会馆职能的这种转变，也为旅社提供了更好的市场环境。

美丽川菜馆是众多餐馆中比较活跃的，几乎每周在报刊上登广告：节约筵席，小吃随意，小笼包饺，经济客饭。

竺可桢到桂林，因为公务活动多，主要是在乐群社吃饭。但他也去定桂门的太白路酒家参加了马君武长子马保之的婚礼，偶尔会到三教咖啡厅解决午餐。

丰子恺在桂林期间，先后在京苏大餐、大中南餐厅、美丽川菜馆、西湖酒家、皇城饭店、南园酒家，以及一些不知名的小餐馆吃过饭。丰子恺喜酒，对桂林三花酒评价很高。

他在桂林师范当老师，有事时从两江进城，有时住朋友家，有时住书店，有时住旅馆，住过乐群社、来宾旅馆、大中华旅馆等。乐群社，房价大洋 2.4 元，“不贵”，但椅子上的坐垫没有了。进城时，要乘桂益行开行的汽车，“售票没限制”，有时车中的人像叠咸鱼一样，手足动弹不得。颠簸一个小时到桂林，全身筋骨发痛。

宋云彬在桂林时，应酬颇多，吃过中餐，也吃过西餐。1938 年 12 月 24 日，他在味腴川菜馆里用午餐，闻警报，吐哺而走，躲避山中。第二天，正在一家粤菜馆里午餐，又是警报响起，乃离席避城外山中。两个小时后，警报解除，再回到餐馆接着午餐。有时，他会和文人朋友在中山公园里，要一壶龙井茶，坐着慢慢聊事。

徐铸成当时是桂林版《大公报》的总编，应酬多，写社论、要闻、评论等重头文章的任务也重。桂林市区的社交场所如酒楼、餐馆、咖啡店、演艺厅、展览馆等，都在漓江西岸的城区里，而《大公报》的馆址却在普陀山后面的星子岩下，新闻职业又必须与社会保持密切往来，这对徐铸成来说，是个挑战。好在徐当时年轻，身体好，几乎每天都在城里见各界人物、聊各种事情、参加各种酒席，以便捕获和了解各种写作题材。席散之后，趁着黑夜，在半醺中经浮桥过江，一路跌跌撞撞，约花上一个多小时，走到编辑部，先倒头大睡至半夜，由值班的工人叫醒，开始提笔写作社评或者重要稿件，天亮前交稿排版印刷发行，一样不耽误。第二天再重复第一天的流程。

柳亚子和洪深的寿宴，都是安排在嘉陵川菜馆。

尽管餐馆不少，却也经常食客盈门，找不到座位。黄裳说："桂林近来繁荣起来了，下午五六点的时候，不论大小菜馆，要找一个座位是一件难事。"

战争期间，涌入和经过桂林的人非常多，商业繁华，但供应显然是很大问题。战争期间的生产发展困难很多，当局在制约消费上做文章，发动"新生活运动"，倡导战时节约。消费者进餐馆酒楼吃饭，每人以一菜为限，一桌食客不得超过八菜，但"接待外宾除外"。因为桂林的外籍人士很多，有的人就打起了"擦边球"，经常拉一些外籍人士去吃饭，为的是点菜时不受此限。久之，这些常驻桂林的外国人也明白了其中的奥妙，表示很不理解。经营者则打另一种"擦边球"：客人点的菜吃完后，如果还不饱，可以"再点"，因为餐桌已经收拾，看不出"超标"，可以有效逃避监管。这样的结果，生意当然更好做，但也就更难找到餐位了。

随着法律意识的增强，商业服务从业者开始学着用法律维护自己的权益，他们通过行业公会聘请名律师担任法律顾问。1947 年春，桂林市旅店业商业同业公会暨廖理事长佩端发布通告，宣布聘请律师刘自鸣担任法律顾问。刘律师的事务所在榕荫路六号。

二、时尚消费

除了酒楼餐馆，桂林的茶社、咖啡厅也不少。地理位置好的，当然是湖边或者大街上。一些条件好的咖啡厅或茶室不但有电扇降温，还能够提供冷饮，因为美国军人特别多，这个消费人群偏爱冰水，湖滨酒店附设了露天茶座，提供大筵小酌、茗茶美点、冰藏果露、雪糕汽水，因为风景优雅、厅房皎洁、座位舒适，常常客人盈门。

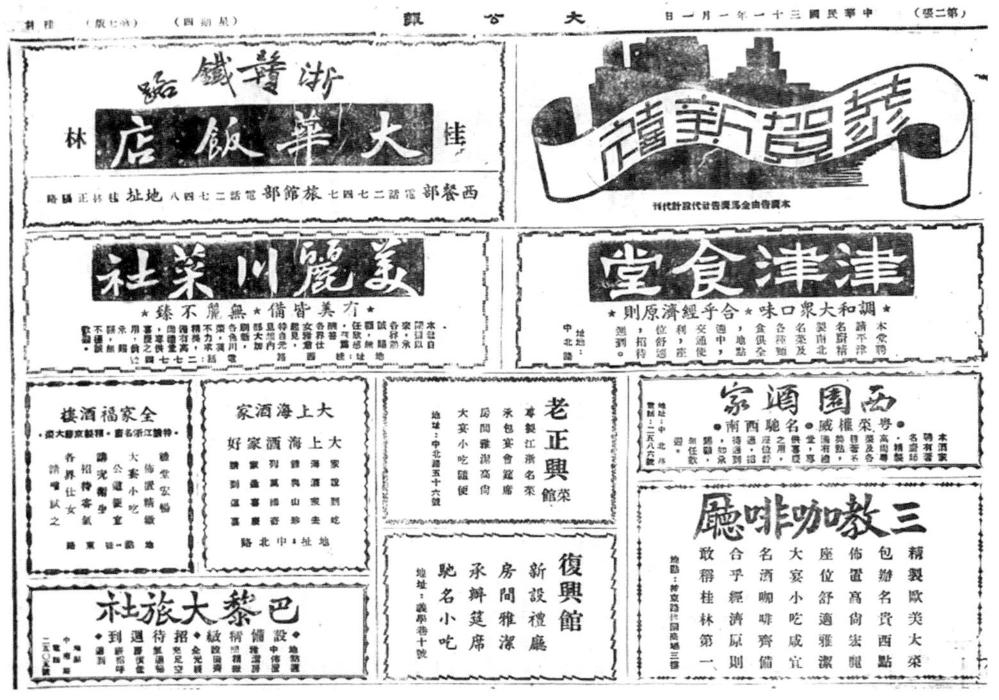

1942 年元旦《大公报》刊登的桂林餐饮、旅社广告

战时供应短缺，进入桂林的咖啡有限，价格奇高。李焰生在《闲谈咖啡经》中说道：战时桂林的咖啡，一杯卖到了 30 元，政府倡导“饮食节约运动”，饮茶消费不得超过 10 元（后来，因为物价上涨而调整为 20 元），国人即使有消费能力也无法在桂林城的咖啡店品尝咖啡了。[1] 这样一来，众多的咖啡店也就成了驻桂盟军官兵及旅桂外国友人的专属地。一些没有条件提供咖啡的茶室，竟也因此挂上“COFFEE”的招牌，反正国人不能点咖啡，若外国消费者进店，建议其改喝茶就是了，毕竟“咖啡”这个招牌很时髦。

美国第 14 航空队进驻桂林后，桂林青年会为表示友谊，将青年交谊厅进行改造，添置扑克、康乐棋等，供美国军人进城时作休憩之用。桂林商界看到了这

1　李焰生：《闲人散记三集》，新夏出版社，1947 年，第 89 页。

个商机，由商会议定并征得当局同意，由商界筹资200万元，将环湖南路的功德林改为舞厅，以便休息日蜂拥进城的美国军人有一个休憩跳舞的去处。

随着城市人口众多，桂林商业繁华起来。最著名的当然要数乐群路口的中国国货公司，经常有廉价品促销活动，如咖啡壶、饼干、青年装、粉盒、口琴等。最畅销的还是那些时髦的进口货，例如英国克加路单车，在桂林正阳路和中山中路繁华地段有两家代售店。

战争使这座城市迅速变大，其繁华的速度有些猝然。街道上跑的汽车多了，但不少却是外省牌照。汽车多了，汽车修理业以及机电等铺面也发展起来。仅汽车材料行就有大陆汽车材料行、华兴汽车材料行、京华汽车材料行、合众汽车材料行、玉山汽车材料行等，电器行有民生汽车材料电器行、镜华生记电器行、粤昌隆电器行、启明电器行、五极电器公司等。这座城市里吃技术饭的人多了起来。至于五金、杂货、洋货店，就更是数不胜数。西装店、眼镜店、照相馆也不少，戴墨镜成了这座南方城市的时髦。星期日，书店和公交车站挤满了人。邮件积压严重，根本分送不出去。

桂林各景区，在民国期间尚未收费，主要是政府维持。七星岩游览，因洞内黑暗、岔路多，需要向导，故已经有当地居民承担导游职责，引导客人入洞游览，收取费用。持大说："至七星岩，已有导者三人，持竹筒，中贮油，烧火照路。"这些导游仍然重复着前朝道士的讲解模式，往往将一些附会的故事与那些奇形怪状的钟乳石联系在一起。因为有条件来游览者多是文化程度和社会地位比较高的人，这些品位不高、内容拙劣的故事，使得游客对这类故事很是反感，丰子恺就多次提出批评。由于社会上对这类讲解的反应较大，驻桂林的第五路军总部将七星岩这些职业导游组织起来，规范其导游词，修改其荒诞，去除其恶俗，加以抗战宣传之标语，逐步说明洞中胜迹。[1]

电力不足，是这座城市面临的大问题。上百家的商店，轮流停电。个别条件好的店铺，会备柴油发电机，条件差的，就只能点油灯或者提前打烊了。

1　丰子恺：《教师日记》，教育科学出版社，2008年，第122页。

在消费方式方面，虽然没人提出“AA制”的概念，但已经有不少旅桂文化人开始尝试大家凑钱消费，以解决朋友常聚、囊中羞涩的矛盾。李任仁、柳亚子等人筹办漓江雅集时，除了要求参加者需要提交自己的新作品外，也要求各人支付餐费（偶有人代买单）；戏剧界为洪深祝寿，采取了AA制的办法，每人出资5元，但田汉慷慨出了100元；宋云彬参加别人的寿宴，分摊了3.5元宴席款，似乎不习惯，还写到了日记上。

1930年代起，国民政府倡导“新生活运动”，以俭朴、文明为时尚。受风尚所及，桂林市经常举办一些集体婚礼，由市长证婚，很受一些年轻人欢迎，也有外地的年轻人跑来参加集体婚礼。有媒体说，一些人参加了集体婚礼后，仍然操持传统婚礼，可谓两不误。

桂系为了筹集经费，划定区域开办“特察里”，即特别区，特察里区域里，允许开办烟馆、赌场、妓院，对经营者征收高税，经营者则从那些畸形消费者处获取更高的收益。特察里原设在文昌门一带，后被敌机炸毁，遂迁到东江九良下街再行开业。除了官方允许的“特察里”，也有一些私娼以小船在江面上揽客，俗称“花艇”。因为“花艇”与特察里争客，又存在严重的漏税行为，故政府将“花艇”列为严重打击对象。

三、文化生活变得丰富

这一时期，桂林不但拥有许多的书店、出版社、报社，在电影及演艺方面，也显得非常热闹。剧院里的剧目，有的是来自旧戏新演，有的是居住在桂林的剧作家们新创作的戏目，以贴近现实而吸引观众，例如欧阳予倩创作的《木兰从军》《旧家》《梁红玉》、田汉创作的《江汉渔歌》、夏衍创作的《愁城记》、曹禺创作的《日出》《北京人》，以及一些外国剧目。电影院播放的电影主要是美国好莱坞电影和苏联电影，也有一些中国拍的电影。音乐会和曲艺也是受欢迎的休闲文化活动。马思聪多次到桂林举办小提琴音乐会，还到桂林电台进行直播。著名相声演员小地梨和他的师傅欧少久，则喜欢在七星岩前面的空地上为观众演出。当警报响起时，演员和观众都跑到七星岩去躲避空袭。待警报结束，小地梨师徒二人继续站在那块空地上，观众们迅速围拢过来。

除了看戏、看电影，很多展览也非常受欢迎。展览类型包括美术展、农业展、工业产品展、外国风情展等，有一些展览与时事有关，比如欧洲战况图片展、抗战某战役的成果展等。有些人是以看展览为目的，有的则是去现场捕捉各种消息，毕竟每天有许多来自各地的旅客，大家身份不一，互不了解，交换一些信息对大家都有好处。

经常有一些日俘被押送到桂林来审讯。1939年9月9日《救亡日报》发消息：有12名日俘从衡阳押解至桂林，其中包括一名女战俘。竺可桢到桂林出差，曾遇到乐群社展出中国军队在对日作战中缴获的战利品。这些展出，对于鼓舞后方士气，具有积极作用。

四、广告业发展起来

随着印刷业、出版业的发展，这座城市的广告业也逐渐发展起来。除了店铺招牌和灯箱广告以外，还出现了耀眼的霓虹灯广告。许多广告的内容，其实是以短暂来到这座城市的过客为主要受众的。

最多的广告，是图书出版方面的消息。桂林出版的《广西日报》《大公报》《救亡日报》《扫荡报》《力报》等，都会经常刊登新的出版资讯，特别是一些名人的作品，如为了纪念鲁迅而出版的鲁迅著作、斯诺的《西行漫记》等。一些刊物，如《文艺创作》《建设研究》《旅行杂志》，会将每期的要目登在相关的报纸上，以争取扩大零售量。许多到桂林栖身的都是文化人，离不开这些精神食粮，也经常会给报刊写稿或者出版作品，以换取维持生活的收入。茅盾旅居桂林时，创作了长篇小说《霜叶红似二月花》、中篇小说《劫后拾遗》；熊佛西出版了散文集《山水人物印象记》；田汉创作了大量戏剧作品并搬上舞台；秦似、聂绀弩则在编辑工作之外开辟专栏；柳亚子在桂林期间，更是写了许多诗和一大批随笔。他的作品，除了赠送私人的以外，都是各报章抢着发表的珍稿。

影剧院的演出类广告非常丰富，包括一些话剧、平剧、桂剧，甚至马戏广告，都有刊登。打开每天的报纸，映入眼帘的广告，戏剧类占了相当部分。1942年，桂林共有9家戏院。其中，上演桂剧的戏院有广西剧场、启明剧场和东旭剧场，上演平剧的有三明戏院、桂林戏院和国民戏院，上演粤剧的有银宫戏院、高升戏院和新世界戏院。[1] 桂林市民在这段时间里有了很多看新戏、新电影的机会，但更稳定的观众，其实是暂时到这里的旅行者，他们或者需要打发时光，或者懂得这类生活方式的乐趣，或者就是了解文化市场的一个窗口，平剧和粤剧的主要观众也是这些旅桂者；在支出能力上，他们也比桂林社会一般的下层人士要强一些。

餐馆类的广告不少。新酒楼开业、大餐饮增设西餐厅，都会发广告。中餐馆会介绍本店菜肴的特色，西餐往往直接把菜单或者进口洋酒、罐头之类登出来，以吸引食客，比如利用圣诞节等有洋味的节日，向国人招徕，如桂林大酒店在圣诞节前夕的广告，就列出了西餐的菜单：

一、果酱多士
二、桂林浓汤
三、焗猪排
四、美式煎粉
五、免治烤茄
六、烧肥山鸡
七、圣诞饭
八、奶油布丁
九、牛奶咕咯
十、鲜果

这份菜单里，已经透出了桂林味道。

据陈洪波的研究，抗战时期桂林餐饮业主要由沿海城市人口内迁直接引发变局，1942 年以前，桂林餐饮业规模小、不活跃。1942 年，有 11 家餐饮企业在《广西日报》刊登广告，1943 年到达 22 家，超过前 4 年总和。在餐饮口味上，也具有强烈的时代特点，除了传统的本地菜和粤菜，江沪菜、天津菜、川菜、湘菜和

1 陈洪波：《抗战时期〈广西日报〉（桂林）广告研究》，厦门大学出版社，2016 年，第 158 页。

北京菜均有各自的细分市场。从餐饮分类来看，西餐居然占到抽样总数的24%，是比重最大的菜系，接下来是粤菜、江沪菜和川菜。[1] 从这些菜系在餐饮业中所占的比例，大致可以判断出当时桂林的人口结构，因为大多数的餐馆是外来投资，那些暂栖桂林的旅客们也喜欢寻找自己偏爱的餐饮，比如丰子恺就喜欢跑到江东去吃一家浙江人开的餐馆。

桂林周边各县，尤其处于交通要道上的荔浦、平乐县，商业服务也很热闹繁华。竺可桢几次路过荔浦，均在不同的餐饮如大友饭店、旅宾饭店用午餐。持大介绍荔浦县的集荣饭店：粤籍客家人所开，架木为楼，既用茶点且饮食饭菜，七人计小洋 3 元。[2] 小洋，即桂币。

咖啡店和茶社的广告也不少，三教咖啡店经常在报纸两版之间的空白处刊登广告，介绍本店的洋酒罐头和俄式大餐。因为咖啡店和酒吧在这座城市里有不少，带动了冰柜的销售和维修，中南路还有专门销售和维修冰柜的店铺。中山中路的大华雪机行，零售冰激凌，主售雪机（冰柜），兼营雪机修复。

一些时尚的生活用品，如自行车、西装、墨镜，都开了专店，都会通过刊登广告来让消费者了解相关资讯。美发店、照相馆和浴池的广告也经常出现。美发店的主要顾客，是比较有身份的外来者；照相馆之所以受欢迎，是因为战争时期对于身份证件要求颇严，需要照相制证；浴池，消费对象主要是外来的旅行者。

中医和西医、中药和西药的广告经常出现在报纸上。

报纸每天公布商情，包括盐、糖、云耳、火柴、黄金、汽油、纱布、粮食等，这些都是市民和游客非常关心的资讯。

这一时期，出现在桂林的汽车明显多了起来，根据美国驻桂林新闻办事处主任贝克的估计，桂林有不少于 1000 部汽车。这些汽车，有的属于机关，有的属于大型工厂，还有一些则是运输公司的。这些公司开辟了周边地区的运输线路，承担客货运输，需要刊登广告来让客户了解具体的运行线路、时间和价格。

---

1 陈洪波：《抗战时期〈广西日报〉（桂林）广告研究》，厦门大学出版社，2016 年，第 206—207 页。

2 持大：《桂林纪游》，载《新垒》1934 年第四卷第 3—4 期，第 105 页。

城市扩大，加上一些商人的来来去去，每个月都有新的店铺开张，也有老的店铺关张，其中一些是转让（顶承）给新的经营者，一些初来桂林又有投资能力的人，会关注这方面的消息，所以媒体上也会经常出现这类广告。

物价成了困扰大家的一个重要问题。黑市、暗盘都来了。竺可桢数度来桂，在日记中常写到相关物价问题。他比较桂林与宜山的鸡、鸡蛋价格的不同："桂林鸡一元一斤，鸡蛋一元 30 个；宜山鸡五角一斤，鸡蛋一元 20 个，因桂林酒馆多之故也。"在荔浦吃午餐："中午在荔浦旅宾饭店中餐，吃一鸡三味。此地水果贵，橙子三角，柿饼五角，金橘四角，欺过路人也。"湘桂铁路的建设费用，也是他关心的："水泥在杭州时每桶 5 元，现 120 元；铁每吨 70 元，现在 1500 元；工人每天原 35 分，现 2 元。铁路桥原每公尺 3000 元，现数万元。"报纸为了争取广告，就要有一定的发行量。为了扩大发行量，就要想办法吸引读者，经常刊发一些大家最关心的话题。敏感的物价问题常在报纸的讨论之列，但讨论的水准常局限于发一些牢骚。

生活书店总经理徐伯昕，巧妙利用桂林当局与重庆当局在出版审稿方面的不同之处，指示桂林分店出版的杂志在发声上打一些擦边球，既发出了自己的声音，又能赢得读者拥护，为广告收入创造了条件。《大公报》桂林版比重庆版更敢讲话一些，在西南的订户也明显好于重庆版，这同样是报社获取广告收入的重要条件。

桂林成为重要的客流集散地，不少企业会在桂林发布招聘消息，派遣招聘人员到桂林来选择员工。

针对外来年轻人多的特点，几乎每天的报纸上都刊登有办各类培训班的广告，内容主要是会计班、电报人员和军校等。

五、迁桂学校与迁桂工厂

民国时期，桂林曾有两座国立大学：国立广西大学和国立桂林师范学院。两所大学的老师和学生，来自全国各地。

此外，因为战争，一些大、中学先后迁到桂林，或者途经桂林。据《桂林市志》，民国二十七年（1938），私立无锡国学专科学校迁到桂林，在环湖路复课；

江苏省教育学院迁桂林，在六合路复课。民国二十九（1940），广西省立医学院迁桂林。私立俄文专科学校、国立汉民中学等，也先后迁来桂林。一些短暂迁桂的学校，《桂林市志》并没有提及，如位于武昌的教会学校华中大学，于1938年末迁往桂林，因为桂林局势随即吃紧，又于次年迁往昆明。[1]

由于城市规模扩大，具备了较好的生源条件，私立榕门美术专科学校（后改为省立广西艺术专科学校）、私立西南商业专科学校等也设立起来。众多教育机构聚集在桂林，许多教师和学生也因此来到桂林，为这座城市带来新风尚。

除了随校迁桂的师生以外，逃难来到桂林的外地人中，有不少是年轻人。这些年轻人，如果是在校大学生，因战争而影响学业的，根据国民政府指示，广西大学全部收纳其入学就读。一些学历不高又想读大学的，则由广西大学在大埠举办预科班。更多的年轻人，连预科的门槛也没有条件迈进，却又想学习的，可以在桂林选择各类的培训班。

大量的文化人士涌入桂林，使这座城市形成蔚为壮观的文化城现象。这一时期的桂林，人口从原来的10余万人猛增到60多万人，物资供应严重不足，城市设施超载严重，普通市民生活窘迫，文人也往往陷入无米之炊的境地。米粉、辣椒酱、豆腐乳等便宜可口的食品成了许多人的最爱，文化人也用自己的文笔热情推荐这些普通食品，使得桂林米粉入列中国著名小吃，熊佛西钟情桂林的牛汤粉和担子米粉，马肉米粉则被他认为徒负盏名罢了。

“桂林三宝”的说法也不胫而走。不过，在不同人的表述中，“桂林三宝”的构成也不同，熊佛西笔下记录的“桂林三宝”是马蹄（荸荠）、豆腐乳、三花酒，也有人把米粉列入“三宝”之中，更多的人则认为“桂林三宝”是三花酒、豆腐乳、辣椒酱。

抗战时期，迁到桂林的工厂也很多。据1942年的工业调查，该市计有雇员30人以上、使用设备生产（即非手工业企业）的工厂即有112家，包括公用事业、军事工业、机械工业、电器制造、特种工业（造币）、化学工业、纺织工业、食品日用、建筑工业、教育用品等。这些工厂所拥有的车床，战前为100台，1940年已

1 ［美］柯约翰著，马敏、叶桦译：《华中大学》，华中师范大学出版社，2003年，第98页。

经达到 8000 台。1949 年出版的《桂林市年鉴》则载：战时桂林有工厂 123 家。

上述工厂中，国营 14 家，省营 5 家，绝大多数是民营，共拥有技术管理等方面职员 1247 人，各类工人 6717 人。位于桂林北极路的交通部桂林汽配厂，租用政府土地 37 亩建厂，有职员 54 人，技工 257 人，粗工 154 人，杂役 21 人，近 500 人规模，是一家比较大的工厂。

当时极少双职工，即这些工厂便有近万个家庭的规模。位于南溪山的中央电机器材厂的造币厂，规模也比较大。

这些工厂，少部分工厂实行 8 小时工作制，多数为 9—10 小时工作制。随着形势变化，一些工厂因为原料问题迁往外地，一些工厂则因业务关系进行了合并。[1]

第四节 战争的破坏

战争对桂林的破坏是巨大的，对刚成长起来的大众旅游的破坏，则尤其严重。

一、日寇对桂林的轰炸

1937 年 7 月 7 日，“七七事变”爆发。10 月 15 日 11 时 35 分，日重型轰炸机队轰炸桂林，城区被毁民房 39 间，死 53 人，伤 200 人；郊区有 9 处被炸，毁民房 50 余间，死伤 300 余人。[2] 这是桂林市第一次被轰炸。此后，空袭警报就经常在这座城市拉响。

1938 年 11 月 30 日，日机 40 架轰炸桂林。丰子恺在日记中写道：“省政府全毁，中北路、中南路等处焚屋数百楹，死伤约 200 余人。”12 月 2 日，桂林

1 秦柳方：《桂林市工业调查报告》，载《广西银行特刊》1942 年第 5 期，第 92—100 页。

2 《中央通信社稿》，1937 年 10 月下。

有1000多市民在轰炸中死伤，被毁房屋366间。24日，日军再炸桂林，毁房屋600多间，死伤80余人，音乐家张曙在这次轰炸中遇难。5天后，日机对这座城市进行了更猛烈的狂轰滥炸，有1500多间房屋被毁，上万人无家可归。

1939年1月28日，丰子恺记："此月余内，桂林被狂炸三四次，所投皆夷烧弹（燃烧弹），城中毁屋约有三分之一。南门内乃遭劫最大之区也。"[1]7月31日，日机轰炸桂林，李四光在四会路的寓所落五弹，死三四十人。李四光一家在老君洞内躲避轰炸，也险些遇难，有一弹片的落点距离李四光不过几寸远。[2]1943年4月，驻桂林的美军第14航空队油库被炸。1944年7月31日，日机袭击桂林机场，击毁盟军飞机44架。

桂林岩洞密布，是防空的天然空间。每逢空袭警报拉响，市民和旅人们会就近到一些石山洞穴中躲避，待警报结束再出来继续工作和生活。著名华侨陈嘉庚访问桂林一周，两次入岩洞躲避轰炸。为了使防空有序，桂林防空部将市区94个具有防空价值的洞穴进行了编号，注明具体地点和空间容积，刊登在报刊上，指导市民防空躲避路径。一些洞穴，俗名与官方名称并不一致，当局对洞穴的原名和新名都列表对比，以备查询。这些洞穴，最大的如七星岩，可供上万人避难；小的则只能容纳三五十人之栖身。

对于敌机的空袭，中国军队最初只能依靠高射炮等防空武器迎敌。1938年11月21日，日机19架空袭桂林，被桂林防空部队击落1架、击伤2架。[3]美国援华志愿航空队第76战斗机中队进驻桂林后，日机对桂林的袭击不敢太嚣张。1942年6月12日，日机编队轰炸桂林，被击落8架；9月11日，40架日机分五批袭击桂林，其中第四批12架空袭桂林南郊，中美空军升空迎敌，击落2架。[4]11月23日，侵犯桂林的日机再被击落2架。

盟军将桂林作为空军基地，其重要作用之一，就是从桂林起飞，长途奔袭日本占领区香港、上海、台湾等地。1944年2月11日，20架战斗机和12架轰炸

1 丰子恺：《教师日记》，教育科学出版社，2013年，第89页。

2 竺可桢：《竺可桢全集》第7卷，上海科技教育出版社，2010年，第135页。

3 中央社，1938年11月21日电。

4 桂林版《大公报》，1942年9月12日。

机组成的作战编队从桂林机场起飞，空袭香港。1944 年 8 月 31 日，柳州机场的一个轰炸机编队在完成对台湾一个港口日军停泊军舰的轰炸任务返航时，因接到柳州机场被日军轰炸消息，临时改降桂林秧塘机场，途中在猫儿山撞山，10 名机组人员牺牲。

二、市民疏散与城市沦陷

随着战事吃紧，1944 年 6 月，桂林市成立城防司令部，统一了疏散期间的车船价目，下达了第一次疏散令。因为缺乏运输工具，绝大多数人只能靠双腿离开桂林，柳亚子在李济深安排下，乘船前往平乐避难，战事稍缓和，即返回桂林。6 月 30 日，正在中国访问的美国副总统华莱士专程从昆明飞抵桂林，与白崇禧、张发奎等中国军队的高级指挥官讨论桂林战事问题。9 月 8 日，桂林城防司令部下达了第二次疏散令，全市进行了空前的大疏散。曾经的旅游胜地，如叠彩山、伏波山、象鼻山、七星岩和月牙山，都构筑了抵抗日军入侵的工事。但是，可以用于抵抗的战略物资太少了，漓江上用于阻止敌军渡江的栅栏居然是竹制的！

有条件的人，乘坐飞机或者火车逃到远方。柳亚子是有社会地位的名人，弄到了最后一张离开桂林的机票，飞到重庆。没有条件的普通市民，则四散逃向四周县域山谷，东南西北方向皆有。朱荫龙一家，往西南方向永福山中躲避；李宜民后裔李承元一支，向北逃到兴安县司门前；市民刘仕祯及其家人，向东南方向逃到熊村山里。桂林的守军，则忙于撤退、构筑防守工事、毁掉一些房屋以扫清射界等。驻桂林美军众多，花了不少的时间来进行撤退，盟军中国战区参谋长史迪威将军和第 14 航空队司令陈纳德将军都在最后一刻来到桂林，亲自布置秧塘机场的毁灭工作，确保不致为日军所用。投资 7 亿元的秧塘机场，包括 550 多幢建筑物，都在大火中消失了。[1]

11 月 11 日，桂林落入日军之手。

1　泰特·怀德：《退出桂林记》，周国钧译，《国际时事研究》，1945 年第 19 期，第 10—11 页。

三、光复的桂林成为废墟

1945年，中国军队开始了大反攻。7月12日，中国军队在龙胜与临桂交界的丁岭界与日军守军展开激战，几天后夺下丁岭界；16日，中国军队在灵川长蛇岭向日军发起攻击，迫敌撤退；20日，日军撤离桂林时，炸毁中正桥；27日，在中国军队的大反攻下，桂林光复。

据战后统计，桂林乡镇、街村损失达100%。市区房屋，99%以上因遭受战火而毁坏，所有的商业服务设施和市民们的家，都化为灰烬。市民有9932人被日寇所杀。许多古迹和古人在风景区的题名石刻被炸毁。

8月2日，《大公报》记者戈衍棣在桂林的废墟上写下了《桂林的毁灭》一文：

桂林已经光复了！可是桂林已经不存在了！去年我们为了布防，扫清射界，破坏了一部建筑；到转进的时候，又破坏了一次；敌人进城，来一次烧杀；敌人撤退，更加以破坏。十个月间经过这四次破坏，于是我们的西南名城整个的毁灭了！现在仅留着一个废墟，来供我们凭吊。住过桂林的人，走进桂林，也将不认识桂林了！被火烧过的高楼大厦，像一些骷髅，向着来人狞视，似乎在哭诉怨艾。

南郊崇信村无线电机厂还剩几栋残破的洋房，电工二、四两厂已经没有一间房子了。造币厂将军桥都已没有了。越走向城里，破坏得越厉害。大小房舍，公私建筑，都没有幸存的。灰黑色的火车南站，仅剩了几堵破墙。南门桥是敌人重修过的，撤退时又纵火，幸被我们扑灭，桥上还可以过人。进南门后，没有一栋完整的房子，仅懋业大楼还没有烧掉，现在要算是桂林顶好的一栋房屋了。

幽美的环湖路，野草蔓生，湖水无光，不但游湖水艇没有了，广西日报社、市政府、环湖饭店都没有了。繁华的中南路中的茂郁的树木，都烧成了枯枝，看不出一点夏的景色。走在枯树下，觉得比冬天还冷酷，然而那两旁的灰烬，乌黑的和倾颓的凌乱的梁木电杆，却又增加了闷热，使人喘不过气来。

从没有辟成的十字广场，左看书店业集中区的桂西路，右看金银业集中区的桂东路，一切都完了，一目无遮的可以望到东西郊外的远山，只有广西省银行的中间还存有一栋楼房。

省政府已经烧光了，仅剩下作警卫室用的三间房子。某军长进城，曾驻这里办公。敌人不但将省府烧光，还在省府里埋了一些地雷。独秀峰耸立无恙，我们已经在峰顶上飘起国旗，倒可以给人一点新的生命之感。正阳门还存在着，敌人在门外绘有一幅“中日合作共存共荣”的宣传壁画，上边有两个大兵坐在一起吃酒，下边有一群小孩子跑龙灯，其呆拙笨劣，令人好笑。正阳路的大华饭店、三明戏院，都没有了。我们桂馆（大公报馆）的营业处也只剩下半堵危墙。青年馆广播电台社会服务处都没有了。公共体育场上长了很深的草，司令台还存在着，东区民众代表向首先入城的曹师在这里献旗，才将司令台前的野草铲除一片。

中北路是找不到房子的，乐群社也烧光了。我们还时常到乐群社草地会上去吃茶呢，想来真如一梦。桂北路的末端还剩有两栋民房，绥署，陆军监狱，银行监理官办公处，银行公会那些比较大的房子都没有了。做为要人住宅区的东镇路也烧的很惨，仅有夏公馆还剩一点下房，很多要人的住宅上还有敌驻扎过的字样，很明显的还是他们撤退时才加焚毁的。

叠彩路的西端北面还剩一所住宅，此外如军政部办事处、省立医院，再过去如老君洞旁的黄主席公馆，一切公私建筑物都没有了。总之，城区内绝找不出五栋以上的完整的房子，“一片焦土”四字是桂林城最忠实的写照。至于新的工业区的北路和新的住宅区东江，更老早破坏无遗了。

联络城区和东江区的中正大桥焚毁了，这是在多数人意料之中的事，而东江区的花桥也被毁了，那座古色古香的花桥，在它存在的时候，我们站在中正桥头，向东南望去，岗峦碧秀中如一抹长虹，是多么可爱。现东江区没有了，花桥也没有了！站在漓江之畔，教人多么沉痛和怅惘！

我报桂馆星子岩下的编辑部工厂也早烧光了，只有大门上的两堵方墙，作为一个标志。据东江区政工队的一位工作人员说，敌人在星子岩一带俘虏我们的官兵，曾将他们捆在我们被焚后的房舍残桩上，再以火焚烧，直到枯骨和枯柱共同瘫下去为止，所以这地方是烧过两次的，连一根柱头也找不到了。

首先入城的曹师，于本月一日在广西省银行内举行胜利聚餐，邀来桂各记者，及美方联络官参加，二十九军联络官台维斯席间见到一个苍蝇飞来，他幽默地说："日本在桂林将一切都烧掉了，只有苍蝇没有烧掉。"是啊，桂林是蚊子苍蝇的世界，现在已经不是人居处的地方了！今天是光复后的第五天，城里住户没有十家，因为他们回来是无处可安身的。

市府一二日内就将回桂林，损失的详细和复兴大计，市府自然会有的，但旧观恢复，绝不是三年五载可能做得到的事。[1]

8 月 19 日，桂林举行庆祝抗日胜利大会。

9 月 15 日，广西省政府迁回桂林。金融、商业等逐步复业，被毁坏的交通渐次修复。

11 月，广西省政府委托市政专家起草的重建桂林方案完成。12 月 25 日，由邱致中设计的《桂林三民主义实验市计划草案》获通过。按照这个方案，桂林将建成为一个 100 万人口的都市。

1945 年元旦，市政府发表了《重建新桂林的途径》。

第五节 民国时期的桂林建设与城市管理

进入民国以后，虽然长期处于战乱时期，社会各界、广西当局和桂林市设立后的地方政府仍较重视桂林的城市建设和风景建设。民国四年（1915），桂系领袖陆荣廷主政广西时，于六月巡视桂林，游览风景，面对倾圮于战火中的风景，曾感慨说："此天然佳景也，不葺则坏。"遂捐款 2000 元用

1　杨重野编著：《桂林血战实录》，国际书店，1945 年，第 57—59 页。

于修复桂林风景。邑人秦钟翰被推为监修，主持相关风景修复工作，于次年动工："倾者正之，缺者补之，旧者新之"。工程完工后，于民国六年（1917）立石记之。[1]

李宗仁、白崇禧自主政广西始，更是注意修缮桂林风景，将之与广西建设之形象视为一体。

一、设立城市管理机构

1932年初，桂林成立了古物保存委员会，并制定了简章。委员会简章计12条，桂林县政府和教育局为正、副主席委员，委员计9人，下设设计、征集、保管三科，每科设正副主任各一人。"本会以集合本县教育界同志研讨古物之征集名胜古迹之保管及动、植、矿、文艺之罗致以增社会文化为宗旨。"[2]

1933年，广西省政府成立了桂林市政工务局，后又改为市政处，直接隶属省政府，经费由省政府核拨，并且把桂林县公安局划给市政处管辖，以利推进桂林的城市建设。桂林市政处成立后，即开始扩宽马路、修建骑楼、拆掉城墙等城市改造工作。

1940年，桂林市设立时，设立了桂林市区建设委员会，负责城市规划工作。

1947年5月，成立了桂林市风景修建委员会，提出要将桂林建设成"东方瑞士"。

二、社会对桂林城市建设的关心

1937年初，一个叫李耀林的人，写了《关于建设桂林风景区的一些意见》给官方。作者开篇就说：听说政府准备将桂林建设成风景区，很是欣慰。但他反对把桂林建设成东方瑞士或者日本西京的说法，认为桂林就是桂林，不必攀附别人，应建成一个世界独一无二的桂林。他在文中提出几点意见：

---

1 杜海军：《桂林石刻总集辑校》，中华书局，2013年，第1284页。

2 《桂林文物保存委员会简章》，见《桂林教育行政月刊》1932年第1期，第41页。

一、整顿市容；

二、培植原有胜迹，即虽游客们津津乐道的叠彩山、伏波山、虞山、隐山等胜景，其实建设整理很不够，应予提升；

三、修复久废的名胜，如雉山、中隐山、刘仙岩、开元寺、訾家洲等，历史上是名胜，却荒废已久，若将桂林建设成风景区，修复这些久废之名胜是非常必要的；

四、建设新的胜景，桂林的历史名胜，都在附郭一带，其实周边很多的好资源。建设桂林风景区，不能仅着眼于市区城郭，而要把眼光放远一点，召集有审美能力的人来组成建设委员会，进行充分讨论，并根据财力逐年建设，一个大范围的风景区才不辜负别人千里而来的愿望；

五、将各处名胜串联起来，比如伏波山由八角塘到叠彩山，应成为一个整体；普陀山到月牙山至龙隐岩，亦应成为一个整体。[1]

应该说，李耀林是具有历史眼光的人，他的这些建议，已经跳出了具体而单个的景观建设思路，而是将桂林整体作为一个风景区来考虑，具有了风景城市规划的雏形。

1939年，庄智焕撰写了《桂林市政建设与展望》一文，就桂林城市建设问题提出若干意见，根据桂林市政之突出问题提出针对性建议，包括：兴建住宅区，以解决城市急剧扩大、居民居住困难问题；建造桂江大桥；增设并整理城郊公园，城内建设儿童游乐场；开辟游泳场；改进电力和自来水；改良水井和下水道；增添和整理市场；扩充电话网；扩大游览区，除将原有的风景区加以整理修葺外，还要改善桂林阳朔间交通，沿途增设旅馆，使之成为一大风景游览区，以吸引游客。庄智焕是城市建设专家，从桂林城市基础设施建设的角度来考虑风景建设与提高市民生活的关系，具有很强的针对性。而且，他也想到了桂林风景区半径扩大和旅游接待设施的增加问题。

为解决游客住宿难问题，庄智焕还提出：将全市居民空居屋、公寓旅馆，以及桂江小艇，全部登记在册，当旅客抵达时，通过旅客指导所根据客人需求指导

1 《创进》1937年第2期，第18—20页。

选择适合之旅馆，以减少在陌生城市盲目寻找旅店的烦恼。[1]“旅客指导所”即旅游咨询中心的雏形，这是桂林市官方最早关于旅游公共服务咨询的设想。

阳朔风光受人关注，如何发展阳朔旅游，也是人们所关注的。一位叫汝伯的游客写了一篇《关于阳朔游程的建议》，建议把阳朔建设成一个大的景区，具体内容包括：县城建设5个公园，8个圩镇建成8个公园，如兴坪公园、福利公园、葡萄公园、杨堤公园等。

汝伯认为阳朔旅游突出的问题有：交通不便，游览不便，憩息不便，食宿不便。故提出相应建议：

> 交通方面：一、修建沿江公路，或临水或绕山，不但解决交通问题，也可供游客缓行其间；二、特制游览马车，以助游人穿行在风景间；三、制造适合游览的游艇，穿行于桂林至阳朔间。
>
> 游览方面：一、训练船夫车夫当好导游；二、印行风景小册子，供人参阅；三、辟一些观景小径和泊岸码头，便于游客或登山或靠岸欣赏风景。
>
> 憩息方面：一、择适当距离，设置茶亭，供游人休息，使村民做小买卖；二、风景佳处，构建亭台，培植树木，以便憩息观景。
>
> 食宿问题：一、在适当地方如风景点，设旅馆，供游人食宿；二、除公家经营外，鼓励私人开办食宿。[2]

三、以“田园城市”为理想的城市规划

社会各界关注桂林的城市建设，行政管理部门当然责无旁贷。

广西省政府在民国二十二年度施政纪录中谈到桂林市政建设：桂林“市政之整理，确属必要，前经设立市政处，直属本府，专司整理市政事宜。年来建筑马路，计由该市旧南门口起，至学院街口止，为南北干路，经于二十二年十二月间完成。由十字街口起至百岁街口止，为中西干路，本年四月间完成。其余由十字

---

1 《西南导报》1939年2–3期，第14—17页。

2 《公余生活》1940年8–9期。

民国时期的伏波山

街口至水东门口，及由上十字街口至北门城口两段干路，正在筹划赓续建筑中。至该市公安局，原系隶属于县政府，而县府事务殷繁，关于全市公安，殊难兼顾；本年三月间，特定办法，将县公安局于四月一日改隶市政处管辖，并改名为桂林公安局，以期市政公安互相维系，亦因时制宜之办法也。”[1]

1937 年，广西省政府再次专题讨论了桂林的城市建设的诸项问题：

> 昔以交通梗阻，外省游客，殊少莅临。自五五旅行团一度来游之后，外省旅客，接踵而至。然因城市古旧，未经改造，街道狭曲，市容不整，殊不足使游客多所留恋。大好风景，形见湮灭，宁非憾事！政府为建设新广西及保存与发展素负盛名之桂林胜景计，乃于二十一年十二月间，成立桂

1 广西省政府编辑室编：《广西省施政纪录》（二十二年度），1935 年《民政 · 市政》第 51 页。

林市政处，从事整理。该处直隶省府，经费由省拨给。

市政处自成立以迄今，为时五载。过去之工作，略录如次：

甲、苗圃。

乙、公园。桂林仅一中山公园，设于王城内独秀峰下，昔因经费支绌，丛草遍园，荒凉满目，未能增人游兴。经市政处接管之后，加辟道路，增设电灯，培植树木，添栽花卉，修理亭树，供人坐憩，今日始具公园之雏形，然犹有待于建设也。

丙、名胜。关于名胜之修理，政府另拨三万元为修葺风景之费，并设有修理名胜委员会，负责主持。市政处供给技术人员，受命办理。现经修葺者，计紫金山、风洞山、普陀山、月牙山等处，尤以月牙山通龙隐岩，半山腰道之工程为艰巨，费时六阅月，方始成功。昔日月牙山一经登游，必须寻原路下山，再行绕游它处，殊感不便。此路成功，今后登游者可以拾级而下龙隐岩，便得多矣。

丁、市场。

戊、道路。市政处虽于二十一年十一月间成立，然因人才及器材之关系，至二十二年四月一日，始行破土，施筑道路。复因经费概由省款拨给，为数有限，仅就原有街道，择要规划，按序开辟，先从南门开始，继续桂南、中南、中北、桂东、桂西、桂北、百梓、西华、王辅坪、依仁、环城及环湖南部等马路。现时已成新马路，共长三七七〇四尺，面积一六七九三八〇平方尺。所有车道路面，均系水结马克当。人行路面，则铺青砖。所用材料，虽属粗劣，但就往日桂市交通状况，及经费能力而论，尚属适宜。盖路款既由政府拨给，以额定之欵，与其修筑一线特别精良之路面，不若修筑数条适可之路面，均分利益与全市，为得计也。且各线之路床，因本地石料价格低廉，于路面之下，先铺八寸厚大石，再铺碎石四寸，各层铺好之后，均经压路机碾压坚实，将来于路面加洒沥青，即可成沥青面马克当路。费用即轻，而与沥青路实无大分别。至人行路采用青砖，易于藏污，实不如士敏三合土之光洁，但抚河运输困难，运费奇昂，采用外来材料，所费甚巨。以巨额之金钱，向外采购，不如就近采用本市现有材料，既免金钱外溢，复可稍济于农村，将来市面繁荣，再行逐步改建，

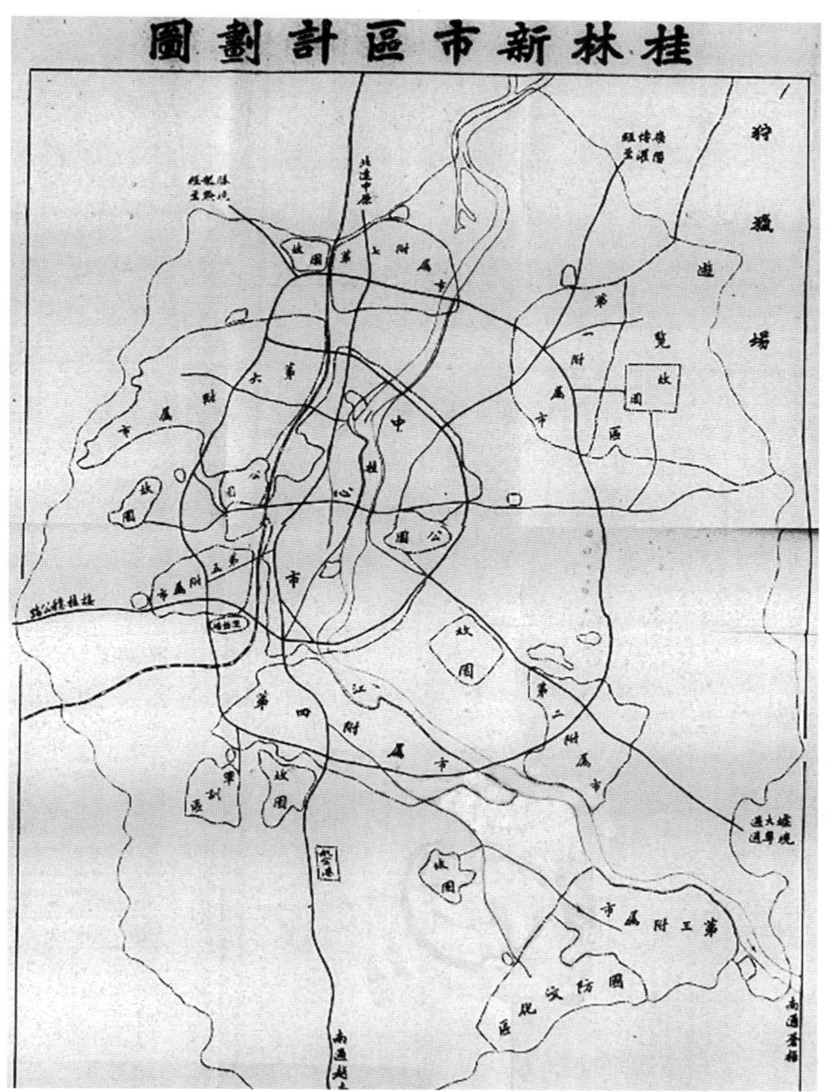

1942 年的《桂林新市区计划图》

亦未为晚。社会之演进，随时代而转移，当有相当之过程。办理市政，自不能漠视地方之情形，奢求骤至尽善尽美。此则本市路工之大要，五年来，所扼要以图者。

将来之计划，兹择要分述如下：

关于道路

一、旧有街道本市旧有街道，亟待开辟者，有贡前街、伏波街、西门街、文昌街、行春门街、义仓街、崇善街、校场街、旧仓街、公平街、太史街，及东洲水东街、东灵街、码坪街、五通街等。除贡前街、伏波街现经施工建筑，及文昌门街、西门街均已布告，限期拆让外，其余均赓续设计中。

二、环湖中本市榕杉两湖，面积辽阔，为市内良好风景之一，惜乎昔时无人注意，欠缺整理。滨湖民房后面，私建吊楼，倾污倒秽，淤塞日高。非特美景致湮灭，即与公共卫生，亦极有害，实有整理之必要。前经市政处计划，开辟沿湖马路，增胜风景，现由榕树楼至东三街一段路面，已告完成。沿岸树木，亦经栽种。该段中与南北路相交于阳桥北端，东西又与王辅坪百岁坊两线衔接，辟成之后，游人车辆，来往繁盛。上月续将榕树楼至西湖庄一段开筑，所有堤岸路基，大体已告完成，现正赓续施工建筑由湖西庄接至阳桥一段，不日展筑第二段，由阳桥沿湖南经草坪地东接东三街，完成环湖全线，该湖横亘城中，将城内计划而为二，南北之交通仅恃阳桥以为联络，实形不足万一此桥损坏，南北顿失联络。现经计划，经榕树楼前，横越榕湖，修筑一堤，衔接崇善街，使本市东西可得一直达之道路，减少南北交通跨湖之拥挤。堤中砌筑拱桥数度，与湖景非特无碍，且能增加美观。该湖历年淤积，污水常蓄，岸上培植虽好，湖中秽态依然，亦不足增人之兴。复在西门外阳江筑坝一座，堵水入湖。将来工竣，澄水碧波，城市顿增新色矣。

三、整理内务本市除新辟马路外，所有内街小巷，纡曲狭隘，对于消防卫生交通，均有极大之阻碍，将来当视其地之繁僻与交通之需要，分别规定拓宽。

四、风景路本市各风景名胜地方，仅风洞山、象鼻山，汽车可以直达，其余各处，仍需步行，时间上实不经济。亟应开辟汽车路，以利游人。现时计划开辟者，一由北门至虞山，二由丽泽门经隐山达阳江，三由水东街经花桥至普陀山、国老桥至尧山，四由花桥经东灵街、龙隐岩、接桂海路等四线，业已开工外，其余尚在设计中。

关于公园

公园之设置，在都市建设中，殊关重要，其面积配置及设施，足以左右市民之健康，非仅审美已也。据法国统计家李斯拉氏都市调查统计，凡公园及自由空地配置良好之都市，市民结核病比较减少，又据纽约市公园科技师审氏云，在人口十万之都市，需有自然林及公园运动场等，共面积一千五百英亩之设置。本市自省会迁回后，人口逐渐增加，十万之数，相差无几，但欲达到理想公园之要求，实不容易，若仅恃一中山公园，殊不足以供市民游憩。兹为应付需要起见，市政处决将市内市郊，能辟公园之地，尽量开辟。本市旧有城墙，墙上甚宽，整理之后，即可培成公园，各城楼一律修复，籍作亭榭，以供休憩，完成之后，无异于一环城公园。再在东西南北四郊，各设市郊公园。东以普陀山、月牙山为基础，及其附近之土地，设置一城东公园。西以老君洞为基础，及其附近土地，设置一城西公园。南以象鼻山及苗圃为基础，设一城南公园。北以虞山为基础，及以南之土地连贯蚂蟥洲，设一城北公园。异日实现，适成一大公园网，以原有之中山公园为核心，开辟城墙公园为中环，四郊公园为外环，四方具备，到处可以游憩。虽不如都市理想公园之设置，亦足以应需求。市容卫生，并臻完善。

关于市场（略）

关于公共运动场

运动场为市民正常运动、锻炼身体之用，非仅增进个人幸福，尤能加强民族之健康，于民众教育中，实属重要。本市原有之体育场，面积狭窄，不敷应用，现经改作别用。将旧抚署夷平，改建新运动场，以宏效用。

以上所举，系定于二十六年继续办理之荦荦大者。其他如跨江大桥、自来水、自动电话、美术馆等重要公营事业，亦经省府派定专员设计，积极进行。繁荣之日，当不远矣。[1]

1 见《广西省政府公报》1937年12期，第13—16页。

在桂林市成立之前，广西当局基本上一直在按照上述思路，尽力推进桂林的基础设施建设和风景改造。

1940 年，经国民政府批准，设立桂林市。首任市长陈恩元在施政报告中说，桂林市有旅馆 20 家，餐馆饮食店 250 家，运输企业 28 家，公路有桂柳线、桂衡线、桂梧线、桂渝线、桂曲线，铁路北达衡阳，南到柳州、来宾、宜山，航空有桂林—重庆，拟开桂林—香港、桂林—汉口、桂林—昆明、桂林—河内等航线，因战事暂停。

在提到桂林城市规划时，考虑到桂林的城市特点以及正处于战争时期，陈恩元认为：一、人口不可过度集中；二、市区应有田园地带。他认为，今日之大都市过度膨胀，人烟稠密，疾病盗贼随之丛生，市民身居其中，灵性几失，不独影响心理与生理之正常生活，且戕害人类之精神与文化向上发展，有识之士戚然忧之，故提出桂林城市建设为中心市一处、附属市七处、专用地区三处：中心市以商业为主，包括原市区和向东江延展部分；附属市功能分别为以教育为主、以住宅为主、以工业为主，专用地区分别为军训区、游览区和国防教育区，城市周边为园林地带。[1]

按照陈恩元的建设思路，桂林市于成立的当年，设立了桂林市区建设委员会，制定城市规划。这个规划，结合了桂林的城市特点和战时建设的要求，将全市划为七个附属市，一个国防文化区，一个军训区，修建航空港。在空间布局上，成为组团式城市，修筑 30 米宽的联市大道，培育风景。

抗战甫胜，桂林市便着手拟定城市发展纲要，全市分为 10 区：商业区、工业区、住宅区、文化区、行政区、风景区、田园区、农业区、森林区、畋猎区。[2]

据《建设月刊》1940 年报道：桂林市为完成全市交通网，除延揽大批专业工程人员外，组织建设委员会分区规划设计，拟积极修整市区文明、太平、西城、中华路，兴筑东之东六、桂圩两路，开辟环城马路与距城二里许之环市马路；水上交通，除改善木龙洞与南门外之阳江船渡外，再添建北车站与将军桥两

1 陈恩元：《桂林市新市区建设计划》，见《建设研究》，1942 年第 6 期。

2 《建设新桂林》，载《建设月刊》1940 年第 5–6 期。

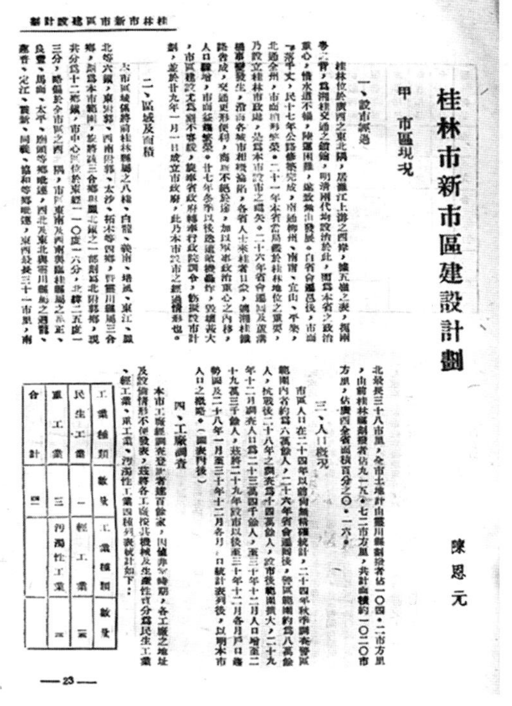

桂林市新市區建設計劃

桂林市新市區建設計劃

陳恩元

甲　市區現況

一、設市緣起

桂林位於廣西之東北隅，居灕江上游之西岸，據五嶺之表，握兩粵之背，爲湘桂交通之鎖鑰，明清兩代均設治於此，爲本省之政治重心，惟水道不暢，陸運困難，遂致無由發展。自省會遷邕後，市面一落千丈，民十七年公路修築完成，南通柳州、南寧、宜山、平樂，北通全州，市面稍形繁榮。二十一年本省當局鑒於桂林地位之重要，乃設立桂林市政處，是爲本市設市之嚆矢。二十六年省會遷回及盧溝橋事變發生，沿海各城市相繼淪陷，各省人士來桂者日衆，湘桂鐵路告成，交通更形便利，商賈不絕於途，加以軍事政治重心之內移，人口驟增，市面益臻繁榮。廿七年冬季以後迭遭敵機轟炸，毀壞甚大，市區建設尤爲刻不容緩，旋奉省政府轉奉行政院訓令，飭擬設市計劃，並於廿九年一月一日成立市政府，此乃本市設市之經過情形也。

二、區域及面積

本市區域係將前桂林縣屬之八桂、白龍、[illegible]南、培風、東江、臨北等六鎮，東郊、西南附郭、太沙、拓木等四鄉，暨靈川縣屬三合鄉，劃爲本市範圍，後將該三合鄉與臨北鎮之一部劃爲北附郭鄉，現共分爲十二鄉鎮，市中心區位於東經一一〇度一六分，北緯二五度一三分，略偏於全市區之西[illegible]隅，市區東南及西南與臨桂縣屬之[illegible]、良豐、馬面、太平、廟頭等鄉毗連，西北及東北與靈川縣屬之[illegible]、[illegible]、定江、[illegible]、[illegible]、協和等鄉毗連，東西最長三十一市里，南北最長三十八市里，全市土地計由靈川縣劃撥者佔一〇四·二市方里，由前桂林縣劃撥者佔九一五·七二市方里，共計面積約一〇二〇市方里，佔廣西全省面積百分之〇·一六。

三、人口概況

市區人口在二十四年以前尚無精確統計，二十四年秋季調查管區範圍內者約爲六萬餘人，二十六年省會遷回後，管區範圍約爲八萬餘人，抗戰後二十八年之調查爲十四萬餘人，設市後範圍擴大，二十九年十二月調查人口爲二十三萬四千餘人，至三十年十二月人口增至二十九萬三千餘人，茲將二十九年設市以後至三十年十二月各月戶口變動圖及二十八年一月至三十年十二月各月人口統計表列後，以明本市人口之概略。（圖表附後）

四、工廠調查

本市工廠經調查登記者達百餘家，因值非常時期，各工廠之地址及設備情形不便發表，茲將各工廠按其機械及生產性質分爲民生工業、輕工業、軍工業、污濁性工業四種列表統計如下：

工業種類	數量	工業種類	數量
民生工業	一	輕工業	[illegible]
軍工業	三	污濁性工業	[illegible]
合計	[illegible]		

—23—

陈恩元关于桂林市新市区建设的计划

轮渡，以辅桂桥之不足，军事、政治、文化、工商业、娱乐、住宅等区内路线，均在积极规划中。

抗战胜利后，桂林市对建设一座风景城市更是充满了信心。1947 年，苏新民代表桂林市政府，提出了筹建桂林风景市的计划。

他首先否定了将桂林建设成商业城市和工业城市这两种思路：若建商业城市，水运阻碍，且桂林的商业与广州相连，其商业周转中心在梧州而不在桂林；建工业城市，远离原料、矿山，且交通受阻，难以大量运输。

在否定了上述两种建设思路，认为其并不符合桂林情况后，他推出了建设桂林风景市的设想：

> 桂林最适宜建设为一风景都市，若欧洲之瑞士、浙江之杭州，供人游览，亦可繁荣市面，富裕民生。盖桂林为喀斯特地形，奇峰异壑，林木葱

秀，江流迂回，所谓“桂林山水甲天下”者。就大规模言之，北达兴安，南趋阳朔，合灵渠漓江之胜，建设一“东方公园”，其规模之宏伟，举世无其俦匹。兴安北起分水塘，秦堤灵渠，为秦时古迹，去今二千余年。由兴安沿湘桂铁路而下，经桂林，再沿公路以至阳朔，或由兴安顺漓江而下，亦可抵阳朔。沿途奇峰杰出，水碧山青，忽而平畴万顷，忽而孤峰临江，忽而一水中通，忽而峭壁促浪，渔舟唱晚，朝暾晨升——数百里之风物，联为一气，构成“东方公园”，此不仅广西之光荣，抑且国家之光荣也。然规模甚大，有待于层宪与专家倡导之，计划之，经营之，以达于成。至此，“东方公园”之中心桂林，笔者之忝长兹土，责无旁贷，自应积极计划建设，以奠定此“东方公园”之基础，爰就耳目所及，草成计划，以就正于国人。

根据白崇禧几年前的建议，他提出了将阳江（桃花江）与榕湖沟通、构成一条水路风景道的建议：

桂林之宜建设为一风景市，已为一致之认识。就风景言之，因自然形势之优美，峰峦错落，碧水蜿蜒，吾人应使其散落之风物，聚为一体，方可使游人赏心娱目，四方接踵而来，市面繁荣可期，散而聚之之方，拟分别归纳之为水游道与陆游道二途。

（一）水游道：拟自虞山脚之皇泽湾起，至二江口。此地在木龙洞对面，秋冬干涸，春夏水涨时，有水可通，略加疏浚，则水可沿城东过小东江，至国老桥附近，有灵剑江来汇，溯灵剑上，有祝圣寺等名胜，再经七星山前，过花桥，漾月牙龙隐之阳，上关入漓江，东江诸峰，均临舫前。折入南溪，游南溪诸山，再转出，经象鼻山，入阳江，通榕杉两湖，沿途虽渐有淤塞，略加疏浚，即可连为一线。

……对于水游所经之地，淤积者，疏浚之。充塞者，挖启之。期终年能通舟楫，另备若干美观适用游艇，供游人使用。由木龙洞沿河至象鼻山一带，建筑河堤，全部辟为河滨公园，供人游眺。……以各名胜区为一单位，辟为公园，若今已开辟之河滨公园及环湖公园者然，各按期特殊环境妥为配设，再集合若干公园而为一大公园，则整个桂林均为一公园矣。

显然，苏新民的这个方案整合了很多专业人士的理想和各方面的建议，因为连城市风貌也考虑得比较周到：在房屋建筑方面，“除整齐美观外，再应配合其所在地之风景区建设，规定其形式与色泽，以期情趣统一”。

在各名胜地区，筹建完善之医院与高贵之旅舍与食品店，供各地人士来桂林消夏与养疴之用。

筹建规模宏大之图书馆、博物馆、体育馆、游泳馆与高尚戏院，以供各地人士来桂林修学之用，使成为修身养心之最佳场所。

兴办良好的大中小学教育体系，使之成为各地学子安心求学之地。

注意环境卫生，使桂林成为清洁城市。

发展交通……

举办医院、旅舍、饮食店、车夫等各种招待人员之训练……俾外地人士到达，有宾至如归之感。

发展本地手工业及土产，使各地人士来桂游览后，带回作为纪念品或馈赠亲友，如瑞士之钟表等。[1]

8 月 1 日下午，桂林市风景修建委员会第一次全体会议，特意选在风洞山举行，50 余名委员与会。主任委员是苏新民市长，他详细阐述了自己的观点，报告经费筹措方案，李重毅补充，康侯等发言，气氛十分热烈。这次会议消息，津沪各报均给予登载。上海《大公报》和天津《大公报》报道尤其详细。[2]

按照风景市的初步设想，伏波山很快被辟为河滨公园，苏新民兴奋地为其写《河滨公园小志》，以抒心境。

1 苏新民：《筹建桂林风景市之拟议》，载《桂林市文献委员会会刊》1948 年第 2 期，第 7—10 页。

2 《桂林市政府公报》，1947 年，22—23 期。

同年，苏新民应邀为广西大学做市政建设主题之演讲。讲到城市建设的原则，他强调几条：安全的原则、经济的原则、美观的原则、社会的原则、时机的原则等。在谈到经济的原则时，他说："（经济的原则）即所谓以最低的代价取得最高的效率，如工厂宜置于最便利而又最合需要之处，商店必须建筑于最能获利之区域，住宅必须建筑在优美环境中，公园及广场必须设置于交通便利及最合使用的场所。未使用的土地，要有规划。主要的道路及限制区域，也应有所限制。"在谈到时机的原则时，他认为都市建设要把握住时机，如桂林，城市建筑物全被敌人破坏，我们应该把握这个时机，来建设一个新的桂林市。

他提到了田园都市的概念。这个概念来源于英国人霍华德（Ebenezer Howard）。霍华德于 1899 年出版《明日的田园城市》一书，畅谈理想的城市规划设想。他认为，工厂应在住宅田园区之外。他强调对市内一切设施，要加以限制：要实行分区制度，不同区域有不同功能；对建筑红线的规定；对建筑物的限制，如高度、面积、构造等，以达到安全卫生、市面美观之目的。[1] 桂林是最早引入霍华德规划理念的中国城市之一。

1948 年的市政建设方案中，提出分步实施如下风景修建计划：

第一期，修葺风洞山、木龙洞、伏波山、还珠洞、榕杉两湖；

第二期，修葺栖霞寺、七星岩、普陀山、月牙山、龙隐岩、花桥；

第三期，修葺独秀峰、隐山六洞、甲山、桃花江；

第四期，修葺中隐山、侯山、刘仙岩、白龙洞。[2]

四、战争时期的城市建设

进入民国以后，旧桂系时期，桂林的城市建设乏善可陈。到了新桂系时代，李宗仁、白崇禧、黄旭初从塑造自身政治形象出发，开启了广西建设时期。一时间，实效之上虚名更盛，赢得社会各界夸赞。紧接着，省会回迁，桂林市开始了以拆除城墙城门、扩宽街道、建设骑楼、铺设柏油路为主要内容的城市建设。

1 苏新民：《都市计划与市政建设》，《桂林市政府公报》，1947 年，32—33 期。

2 《桂林之重建》，载《桂林市政府公报》1948 年 38—39 期。

1940 年，桂林设市，当局提出了相应的城市建设规划，并着手进行必要的城市建设。限于战争影响，这一轮城市建设成果并不突出。抗战胜利后，桂林的城市建设再次提上日程，医治战争创伤成为当务之急，但内战又起。这个时期，由于抗日战争所带来的移民相继离去，桂林城市规模基本回到战前水平，加上经济凋蔽，当局并无相应的建设能力，至 1949 年 11 月 22 日桂林解放，桂林仍然是一个经济落后、规模较小的城市。

民国十五年（1926），初掌地方政权的新桂系在桂林建设了一座标志性建筑——定桂门。白崇禧撰写了《定桂门记》：

> 民纪十四年冬，崇禧于击退反革命之川军后，由全回师桂林，以奉命整顿军旅，未即离去。公余之暇，辄与地方人士计议改良市政，而众以宜从交通城内外着手。惟桂垣雄厚，又非旦夕所能去，乃不得已而思其简易之法，爰择老提塘街口辟城为门，以通城东各街而直出桂江右岸。
>
> 工事既竟，名其门曰“定桂”，盖取其桂局既定，乃得有是门之筑也。自兹以后，吾知熙来攘往而行经其地者，顾名思义，亦当溯其定桂之由，而思有以合力图治，相维桂局于不坠。是则斯门之辟，虽为便利交通，抑亦不仅便利交通也已。

“七七事变”后，桂林的人口不断增多，城市规模逐渐扩大，漓江东岸的居民区扩展很快，漓江两岸往来交通就成了大问题，仅靠以前的浮桥，一则拥挤，二来常苦于盛夏洪水桥断之虞，三无法使汽车顺利通行，确实需要建设一座跨江大桥来解决问题。1939 年，军委会桂林行营主任白崇禧提议建设中正桥，以谋市民之安全、市面之繁荣。7 月，市政府组织了建筑委员会；11 月成立监工处，11 月 11 日开工建设，次年 8 月 13 日通车，工期只用了 9 个月。

中正桥长 180 米，五孔跨江，为保证行船，桥墩间距 30 米，采用钢轨桁条，以确保大桥受力。桥面宽 14 米，马路可三辆汽车并行，人行道可使挑担者徐行。考虑到民船泊岸方便，在桥的西侧建了 2 个码头，东侧建了 1 个码头。中正桥建设工程，共用钢轨 25 吨，钢筋螺丝 30 吨，铁件 80 吨，水泥 2213 桶。

“嗣后车马畅行，行人无阻，两岸市面，日趋繁荣。而云游士女，挹览风景，雅兴频增。”[1]

战时的城市建设，不可能大规模、大张旗鼓地开展，城市管理却需要相应提升。日本战机常来轰炸桂林，防空警报常在这座城市响起，防空警报之后，随之而来的往往是一通狂轰滥炸。每当遭到轰炸，被炸的城区瞬时变得烟火熏天、残垣遍地。轰炸结束后，市政当局立即着手组织清理、重建。一些经常到访桂林的人会发现：上次来，一些街道被炸毁了；这次来，那被炸过的街道竟然重新建设起来了。1939 年 3 月，《救亡日报》发表一篇关于桂林的通讯：都市在建设中，乐群路拐角地，桂林中国国货公司即将完工。四周是被炸的痕迹。被炸去三分之一的桂林，不到一个月，就到处盖起了简单而簇新的房屋。交通发达，做买卖的增多。夜晚的街头格外热闹。

由于各地逃来桂林的难民增加很快，城市住房严重不足，成了摆在当局面前的严重问题，报纸上经常刊登“找房子有感”之类的文章，以吸引读者。因为住房困难是困扰大家的问题，这类报道易引起共鸣，有助于报纸发行。为保障租户权益、解决无房户困难，桂林市政府规定业主不得强迫退租，租金须依标准额支付；市区闲置空地，不论公私，一律用于建筑住宅，且在规定时间内完工。政府也着手进行扩大市区的工作，第一步便是建设南门桥外的城南新市区，争取提供大量住宅。城北观音阁外，也建设了新村。

这一时期的公用设施，也因为人口的急剧膨胀而显得十分紧张。1937 年，年轻的建筑师林乐义，从上海沪江大学建筑系毕业后，只身到桂林来闯荡。正处于快速发展中的桂林，给林乐义提供了展示才华的很好平台。几年时间里，林乐义就主持担纲设计了广西大学校舍、桂林两江师范、中国农村复兴会、桂林市政府、广西省立艺术馆、桂林市游泳馆等一大批公共建筑。这些公共建筑，不但缓解了桂林市公用设施之不足，也奠定了林乐义在中国建筑学界的新锐地位。为了鼓励这位青年才俊，当桂林文化界为著名学人马相伯老人举办百岁寿诞时，专门请林乐义绘制了马相伯的肖像，刻于叠彩山。[2]

1 罗英：《桂林中正桥建筑之经历》，载《建设研究》1941 年第 1 期，第 44 页。

2 《建筑师林乐义》，清华大学出版社，2003 年，第 26 页。

桂林市成立之初，当局雄心勃勃，希望在市政建设和管理上都有让人耳目一新的面貌。陈恩元对媒体发表谈话说：市政府要编制乡镇机构，使人口均衡发展；增加新建筑，以容纳更多人口。要实现都市乡村化、乡村都市化。在空间上设立文化区、工业区、行政区与风景区。当前任务，一是加紧建设漓江桥，二是主要道路铺设沥青，三是拓宽街道以利交通，四是加强大众教育，五是提高大众文化，六是建设体育设施，七是增建市民医院。从建设财力方面来说，当时的市财政每年收入50—80万元，可保证政府运转，但建设显然乏力，国民政府中央财政每年补助50万，经若干年肯定会有极大变化。[1]市政处提出50万元中央补助的使用方案中，10万元发展市区公用事业，10余万元造郊外公路，余款用于修建市内马路、增建菜场若干、解决公用吃水问题，以及建设两座公园，一座在象鼻山附近，一座在老君洞附近。省政府也会以特殊津贴补助充实若干。[2]从后面的建设情形看，两座公园并未建设。

1943年元月，苏新民就任桂林市市长。他在当年政府工作施政报告中谈到的相关城市建设内容有：

赶建城南新市区，解决市民住宿问题。已经修建四条道路路基，其下水道和路面铺设年内完成。修筑中正桥到定桂门段河堤，定桂门至文昌桥河堤也将很快修筑。修建中心道路的人行道，用水泥铺设，费用向临街商铺筹集。市政府的建设方案中，城市南北东西及中区各建一座公园，因经费难筹，去年起修筑了环湖公园。[3]

城市建设和改造，需要扩建和延长城市道路，也需要增加新的城市街道，牵涉到城市民房和土地征用问题。1948年，桂林市政府制定了《扩修东西南北干道割用民地调整补偿及退缩改建办法》。

当局在规划和宣传上做得很到位，让市民和游客充满憧憬，但在实操中却远不如纸面上的东西漂亮，这固然有当时处于战争环境的约束，更重要的一点是设想脱离实际太远，一些基本的建设费用，也是采取摊派的办法来解决。1942年初，在繁盛区修筑人行道，所需经费150万，均为向两旁商户、居民摊派，按其

---

1 《陈市长谈建设新桂林》，《救亡日报》，1940年3月15日。

2 《救亡日报》，1940年11月9日。

3 苏新民：《桂林市三十二年度计划中之建设》，载《建设研究》1943年第6期。

物业的宽度分配。首任市长陈恩元表示要兴建环湖公园，以解决市民休息和游客观光问题，本来是个很好的设想，但“因市财政困难，拟借助于民众力量，完成此工程”。在已有菲律宾华侨捐资建亭、粤西盐务局长捐赠座椅的情况下，仍须呼吁市民捐赠筑路、架桥经费。为清洁城市卫生而购买收运垃圾的马车，也是向富户摊派。

1943 年，城市基础设施和市容都无法适应人口迅速增加的需要，为了“改造市容”，桂林市政府决定扩大十字街广场，需要拆除周边铺面，拆除的理由是“依据城市规划”，但一些业主认为那个规划是指桂林市人口达到 100 万时的目标，现实人口远没有到这个程度，这个项目实际是个政绩工程，拒不拆迁。在形成对峙后，政府通过警察局发通知相威胁，业主则在报纸上登广告，表示誓死捍卫自己的权益。双方对立近两年，官司打到省政府，再打到内政部，一直到桂林大疏散，也没有结果。战后，双方继续打官司，一直打到国民政府行政法院。[1]

桂林光复后，鉴于中正桥已经在战争中被炸毁，一时无力重建，需要重建漓江浮桥，以通两岸。项目建设需要资金 1100 万元，当局拿不出钱来，于是把项目承包给私人建设，由私人垫资，再通过收费解决。桂林党政军联席会议讨论此问题并通过决定，允许建桥人在桥两端设卡收费，收费总额以“建桥费一倍”为限，但对于公务员、军人和学生免费[2]，等于将负担全部推给社会，显然不公。事实上，承建人会在后面的经营中以遇洪水损坏等种种理由要求延长收费，这无疑加剧了社会矛盾。

阳桥是桂林城南北要津，在桂林沦陷时被日军烧毁。1945 年 7 月，桂林光复；1946 年 5 月，市政府研究阳桥复建事，至 1947 年 3 月才开工。阳桥工程开工后历时 5 个月竣工，原定预算 828 万元，竣工时的开支为 1370 万元，此费用尚未包括水泥、钢筋和部分梁木的费用。若照实计算，该桥建筑费将达到 1800 万元。[3] 这中间有多少是必须的开支，有多少是说不清道不明的，就只有天晓得了。1948 年，桂林市政府决定修复中正桥，但也需要申请中美救济款。

---

1 《国民政府公报》，民国三十五年十一月九日。

2 《广西日报》，1946 年 2 月 11 日。

3 《广西日报》，1947 年 8 月 27 日。

七星后岩的《宪五路碑记》

五、城市管理

过去的城市，缺乏市政设施的考虑，对于垃圾如何处理、公共厕所如何设置，均无措施。作为小城镇，这类问题尚不显突出，当城市发展成一个较大格局时，这些市政问题就成为必须解决的大事。

1930年代，桂林从一个不足10万人的小城市发展成数十万人的大都市，仅垃圾的产出就已经成为严峻问题。街头巷尾，尤其山脚河边，垃圾逐渐堆成山而无人清理，严重妨碍了市民生活、十分有碍市容观瞻。《救亡日报》曾发表读者来信，呼吁注意湘桂路卫生，尤其是住宿和公厕。

1938年，国联第三防疫分团在桂林开展防疫工作，主要工作内容就是在桂林市及各县就饮用水卫生、公共厕所建设和管理以及儿童疫苗注射等公共卫生方面进行技术普及和业务指导。

有识之士如庄智焕，撰写了《桂林市政之检讨》，直面桂林市政建设存在的突出问题：

一、桂林市区道路虽有一定规模，但待开辟的道路仍很多，东江风景区尚无平整道路，曲折简陋的浮桥更不可担当联络两岸的重任，通往郊区名胜区和圩镇的道路更是不堪；

二、桂林房屋大多是木质，易火，且狭窄而深，卫生条件极差。居民多临河湖建屋，垃圾粪便直接排入水中，实是煞风景；

三、水电公交等公用设施极度缺乏；

四、增加和提升娱乐设施；

五、增加生产；

六、注意消防。[1]

1941年，桂林市提出了《垃圾清除收集处置改善计划》。这项计划从评估全市常住人口数出发，根据居民数量和桂林本地的生活水平、生活习惯（例如，桂林人普遍用木柴做燃料，与北平用煤炭做燃料所产生的垃圾量便不同）来测定居民生活所产生的垃圾数量，再依据街道的长度、宽度等，来计算城市公共设施面积，估算所需保洁人员数量；要求居民和商铺均需备置垃圾桶，提出垃圾要分类处理，一类用填埋法处置，另一类可制作肥料。受时代局限，这个计划提出以市区的若干水塘作为填埋场地。[2]

1942年4月8日，广西省民政厅召集桂林市党政军各机关，就环境卫生问题召开座谈会。鉴于桂林市人口激增，环境卫生工作亟应加强与改进，决定成立桂林市卫生检查队八队，拨付开办费、核发罚款单，从当月16日起开展工作。

饮水不洁是困扰这座城市的大问题。桂林于1936年建设了自来水厂，但囿于供水能力和范围不足，绝大多数居民还是靠井水和河水解决生活用水问题。城市规模扩大以后，河流受污染严重，饮水不洁突出，市区多次暴发霍乱，死者甚众，故推行饮水消毒刻不容缓。

为控制夏季传染病，桂林市当局加强了对漓江汲水码头的卫生管理，指定江

1 《建设研究》，1939年2期。

2 《广西卫生通讯》，1941年7—8期。

民国时期桂林市区的水井管理说明　穆瑞克摄

岸汲水码头31处，包括就日门、伏波门等市中心区，直到花桥、西门口、油榨街、西外街等城市边缘处，均列入管理，专门做汲水之用，周边50米范围内，不得停泊船只。禁止在沿河地段洗涤和倾倒污物垃圾，违者查办。[1]政府还派出消毒人员，在汲水码头，为每一个挑水者的水桶里投放消毒剂。

为了推进环境卫生，当局组织了清洁演习，由市长任总指挥，演习内容包括：垃圾收集清运街道清扫、住户和商贩卫生管理、违法处置等。省政府主席黄旭初对桂林卫生情况多有不满，提出批评，要求在平整道路、减少扬尘、清理积水、清运垃圾、消灭蚊虫和交通秩序方面做出成效。

1943年初，由桂林市参议会提议，动员市里富户捐资，购买了马车与牛车10辆、手推板车40辆，交环卫部门，按时到各住户收倒垃圾，然后运至垃圾场。

1943年7月，广西省政府就桂林市的环境卫生问题致电桂林市，要求切实抓好卫生治理，重点是食品卫生、垃圾清理、蚊虫孳生、厕所打扫等项。

1 《广西卫生通讯》，1942年5期。

六、风景营造

1934年春，持大应邀到桂林旅游，已经注意到桂林各风景区的建设修缮事宜。他写道：

> 独秀峰东麓，新建小亭一角，西南麓，倚崖建崇楼，方竣工。顶上正叠石为墙，以建危亭。林秘书言：李、白诸公，以桂林负郭名胜，亭台多已倾圮，不足增风景之美，特筹款三万元，鸠工修筑，今先从中山公园及风洞山着手。普陀山有马君武之对联：
>
> 城东佳景，常绕梦魂；叹半世飘零，遂与名山成久别。
>
> 岭表旧都，屡经离乱，望故乡英俊，共筹良策致升平。

广西当局不但拨了专款修建独秀峰、叠彩山、普陀山诸景，还请名人马君武撰写对联，以增文化色彩。在八桂厅，持大甚至发现庭院里的石桌上刻有陆荣廷北伐讨袁归来的诗：

> 北伐雄师共枕戈，旗旌云拥渡湘河。
>
> 复回民国偿初愿，八桂厅前奏凯歌。[1]

可惜八桂厅连同这张石桌，都随着战火消逝了。

社会各界，对于桂林城市建设也十分关注，媒体经常刊登一些社会有识之士对如何建设桂林的建议。

身居军事要职的白崇禧，也很关注桂林的风景建设问题。1944年3月19日，短暂回桂的白崇禧，在李任仁、苏新民等的陪同下，视察了市区的风景区。白崇禧提出：一、榕杉两湖污水淤积，应即清除，并设法引阳江之水入湖，使得流水不腐之妙；二、龙隐岩内省党部的档案馆，须即拆除，免扰游人游览；三、月牙山机关房舍杂乱，破坏风景，应注意整顿；四、风洞山防空司令部即迁到西头军

1 持大：《桂林纪游》，载《新垒》1934年3—4期，106页。

委会办公厅后边，让出该山，供市民游憩。[1]

1948 年，桂林发电居广西第四位，用户只有 683 户；供水居第五位，用户为 267 户。电话用户 417 户，其中自动电话 375 户。城市基础设施极为落后，绝大多数市民的饮水只能依靠井水、河水或者少数街道的公用自来水解决。这些问题，都未提上议事日程。在民生问题欠账颇多情况下，大谈风景建设，显然有很强的宣传因素。不过，鉴于桂林的城市特性，社会上对桂林建设成风景城市的目标还是报以热切期望的。

湘桂铁路通车后，交通得到极大改善，人们就更认为桂林建设有从风景方面着手的必要。苏新民提出要建世界公园的远景，使市内外人士都感到振奋。1948 年元月 2 日，地质学家何杰专程到桂林讲桂林山水的科学价值，得出桂林宜以整理风景来繁荣城市的结论，这是科学家第一次面向大众，从科学角度谈桂林山水，从发展角度谈风景整理，也是对桂林城市建设方向鼓劲。苏新民提出的水游道和陆游道相联通、相映衬的设想，确有新意，很受好评。但是，建设经费从哪里来，却是大问题。

按照规划方案，桂林风景建设分为七期，其中第一期为修葺叠彩山、木龙洞、伏波山、还珠洞、榕杉湖，仅完成一半，就市库支绌，进行迟迟了。桂林光复时，市政府将八百壮士墓和三将军墓建在普陀山博望坪，本有其用意，即这里将成为桂林市最重要的风景区，要为这里添设一些有历史价值、纪念意义的人文景观；但也只是将墓园建成，修筑了忠烈祠，七星岩内装设了电灯，修缮了山门，接下来，经费就没有着落了。有人估算：翻修南北干道和东西干道需要 130 亿元（水泥 9.5 万桶另计）、修复叠彩山、伏波山、榕杉湖、普陀山的余下工程和其他风景区整理费，共需要 69 亿元，修复中正桥需要 254 亿元、西门石桥 44 亿元。总计下来，1948 年的风景建设和市政建设费共需 497 亿元、水泥 95350 桶，而年度收入总预算只有 280 亿元，且公教人员开支需要首先确保。[2] 从财政预算案就可以看出，苏新民的规划在现实面前只能是画饼充饥。

1 桂林版《大公报》，1944 年 3 月 21 日。

2 熊艮里：《新桂林的蓝图》，载《市政评论》1948 年 11—12 期。

桂林市的市内交通，也与桂林市的省会性质和风景城市目标差距甚大。

1935 年，桂林市有私人汽车公司 10 家，都是小规模经营，计 16 辆大车 1 辆小车，主要承接往周边县份的客货运输和客户租赁。桂林师专校址在两江，师生们进城，就靠乘坐桂益行的汽车。位于雁山园的广西大学，则主要依靠校车沟通与桂林市区的往来。

1938 年，桂林开辟了公共交通线路，后因亏本停驶。1942 年，另一家公司接手，重新开辟桂林公交线路。具体线路有：

南北线：南站—火神庙—南门口—文明路—环湖路口—依仁路口—中北路口—乐群路口—金鸡巷口—法政路口—观音阁—半边街尾—北站

东西线：六合路花园村—葛老桥—中正桥东—中正桥西—正阳路口—桂西路口—榕荫路—丽狮路尾

票价：每大站 1 元。跨一大站者按一大站计。由于乘客众多，往往挤不上车，仍然需要乘人力车。

公共汽车的行驶时间，市政部门也给予严格规定：冬春两季，早 6 点至晚 10 点开行；夏秋两季，早 5：30 至晚 11 点开行。车速不得超过 12 千米。1939 年年末，作家黄药眠和同事们从长沙搭火车，半夜到了桂林北站，细雨中，没有洋车，这些带着行李的读书人都着急了，却发现火车北站有汽车进城。大家拎着行李，挤进汽车，车到北门，司机却说不走了。于是有人与司机套近乎，有人威胁司机，吵了半天，司机答应送他们到市中心。到了市中心以后，所有的旅馆都关门，因为都客满了，只好在冷雨中挨到天亮。[1]

在非机动交通方面，1934 年成立了人力车公司，政府规定每华里为一站，每站收费半毫。后因货币变化，收费出现多次变动。

人力车夫设有人力车工会，以与资方谈判工资问题。随着社会需求量的上升，人力车公司很快上升到 17 家，还成立了行业公会，作为资方代表与人力车工会商谈解决劳资双方的矛盾。为了响应蒋介石“新生活运动”的号召，市政当局曾于 1946 年下令取消人力车，改由马车替代。简单的行政命令，显然不符合

1　黄药眠：《到桂林的初夜》，见《笔部队》，1940 年第 1 期，第 42 页。

桂市繁盛區
修築人行道
經費一百五十萬
向兩旁商戶徵收

【本市專訪】桂市府不日擬修築市區各馬路兩旁人行道，先由南北幹路及桂東、桂西路開始，計需洋灰三千七百七十桶，經費一百五十萬元，其來源向各該路兩旁商戶宅地徵收；南北幹路每公尺收一百七十元，桂東、桂西路每公尺一百八十元，徵費章程要點如下：一、㊀凡馬路兩旁俱爲房屋或私有土地者，人行道建築費之全部向兩旁受益宅地徵收之。若一旁爲宅地，一旁臨城牆、公園、公地、河流等公共場所者，其費用除向受益宅地徵收二分一外，餘由政府負擔。㊁徵收標準以建築費徵收總額六成，按照臨路土地界線之長短平均攤派之。四成照直接以該路爲出口之土地面積平均攤派之。㊂因留隔火路而拆除房屋之土地，免徵。㊃各商戶宅地所應負擔之建築費，限期繳交，以便興工。否則分別予以停業，或其他應得之處分。㊄該辦法待呈請市臨參會核准後實施。」

《大公报》报道：修筑人行道的费用来自摊派

实情，人力车并没有取消掉。1947 年，因劳资冲突，人力车商和人力车工会互不相让。据车商称：因路面不齐，易于损坏，每月修理费，约需二万元，实不堪亏累，是以车商乘车夫每站力资自七十元加至二百元之际，将车租加至二万二千余元，并定于四月一日起施行。八日，人力车工会举行全体大会，请车商公会派代表参加。代表谈及加价时，双方意见不合，最后由市党部出面调解，达成协议：车主暂不加租金，修车费四六分成（车夫四成），每站力资仍维持七十元，车夫自备车不受限制；罢免人力车工会理事长，在政府未核定租金前劳方不付车租资方不得收回车辆。[1]

桂林市内的交通，就在这种磕磕碰碰与对峙中维持着。

漓江游船，自古均是乘坐民船。这些民船，以货运为主，在桂林至梧州间，顺带拉客，冬季水浅往往难行。条件好的游客，会包租小船，自桂林至阳朔游玩，一般下行需两天，上行三天。民国后，桂林至阳朔间有了汽车，游客一般选择从桂林乘船至阳朔，再从阳朔乘汽车返桂林。这种船去车回的游览模式，一直延续到今天。

1 《广西日报》，1947 年 4 月 10 日。

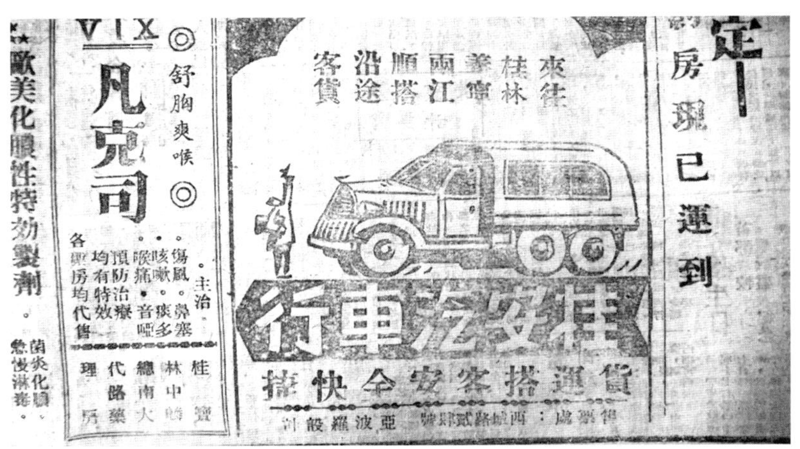

1946 年 11 月 18 日《广西日报》刊登的汽车行广告

1940 年的桂西路

第六节 构筑桂林大交通

桂林名声渐起，希望到桂林旅游的人日渐增多，但怎样到达桂林，在1935年以前，实在是一个大问题。

一、公路建设与运行

桂林开通民航和湘桂铁路建成以前，进入桂林的主要道路有：从柳州方向乘汽车进入桂林，从湖南衡阳走陆路进入桂林，从广州方向可经水路到达桂林，也可陆路走贺县、钟山，经平乐到桂林。后来，经龙胜往贵州方向的道路也终于开通。

孙中山在桂林筹备北伐时，倡导修建了桂黄公路。1930年代，向南的桂梧、桂柳公路相继通车，使桂林的南来北往变得相对便捷。浙江大学在战火中迁到宜山办学，竺可桢校长常到桂林办公务，都是乘学校汽车来往。一般旅客，需要通过公路联运，从柳州至桂林，在荔浦换乘汽车可到达。但是，省际公路的连接仍是问题。桂林向北的桂黄公路修到广西省界黄沙河，公路运输也只能到达黄沙河。再向北，湖南方向虽有公路，却少有商业汽运，一般只有公务汽车，人们旅行，主要靠湘江船运，速度慢，许多人因中途费时而却步。一些有旅行经验的人，专门回答了“怎样从长沙到桂林”的问题：

从长沙东门外长途汽车站乘汽车到衡阳，车票6.4元，但湖南多是公车，很少商车，故难以购票，需要清晨到车站挂号，凭号买票，每天上午有三趟车，均上午10点前发车。车行5小时可到衡阳，如果时间不过午，可转乘下午3：30的车到洪桥镇，票价2.2元，下午5点可到。车站附近有数家客栈，资费约一元，然后打听同行客人以策安全。从洪桥到黄沙桥，没有车，要乘轿子，普通轿子约10元，但要先讲好价。如果有行李要雇佣挑夫，则需要大洋 20 元。雇轿子里要请客栈老板俱保，以免后面麻烦。雇轿子时要先说明：旅途中要听客人的，不得换道或者拖延时间，选轿夫要挑年富力强无不良嗜好者，不然找个烟鬼会很麻烦。启程当天必须要赶到祁阳二塘，共 95 里。如果赶不到，则第二天无法到达永州。二塘客店很多，南行者多住镇南，北行者则住镇北。一元钱可一宿二餐且比较体面。次日需黎明启程，到永州计 90 里，宿小东门外浮桥近处客栈为宜，以便第二天赶路。永州至黄沙河 100 里，因两省交界，且路长村稀，常有劫路者，故以结伴前行为妥。如任听轿夫所言，则洪桥至黄沙河，需行五日甚至七日。到黄沙河后，广西有交通公司汽车一辆，开行于黄沙河至全县，一日三趟，票价 1.3 元。如果到达全县时间尚早，可搭乘正午的车到桂林，票价 5.9 元。如需在全县停留，可住交通旅馆或者漂湘园旅馆，房价多在 2 元以下。抵桂林后，可住车站附近的桂林饭店或者榕湖饭店，地方雅洁，租金低廉。[1]

为了解决公路交通问题，广西运输管理部门积极购进汽车，组织通往各地的客运线路。1938 年末，桂林至各县班车班期为：

桂荔线：桂林至荔浦，途经良丰、报安、白沙、阳朔、马岭。星期三、日由桂开荔，星期一、四由荔开桂，可与荔蒙、荔八线联运。

桂平线：桂林至平乐，途经良丰、报安、白沙、阳朔、马岭、荔浦。星期二、五开出，星期一、四开返。[2]

因为车辆少，道路差，加上过渡多，速度慢，故客运线路的距离都不太远。如果旅客长途旅行，需要了解联运的换乘时间和价格，以备行程。

1937—1944 年间，桂林已经成为大后方重要的交通枢纽，每天有大量的旅客以不同的交通方式来到这座城市，也以不同的交通方式再分散开去，对这座城市的交通运输造成很大压力，购票难是一个突出问题。为了解决这个问题，当局顶着压力，想了不少办法。比如，原来规定军人优先且购半票，然后是公务员购

1 谢和会：《由长沙至桂林》，载《统计月报》1934 年 2 期，第 55—56 页。

2 《广西日报》，1938 年 2 月 24 日。

票，最后是普通百姓购票。每天有几百人购票，车位却只有五六十个，供需严重不平衡。一些人利用身份代购抢购甚至屯票，成为黄牛，普通百姓就更难买到票。取消了军人半票的规定以后，购票难的问题就解决不少。[1]这种倒票的黄牛，也称“黄鱼”，社会对此现象看法各有不同。王坪就认为：没有黄鱼，车便有可能形成浪费，收入低的司机便不能养家。因此，司机需要黄鱼，就如公务员需要做生意一样，构成一种“啼笑皆非”的社会现实。[2]

各地赴广西考察的人看来，广西尤其是桂林通往各地的公路网线还不错，但路况却不敢恭维，一些重要路段，经常需要修复或者提升路面质量，却又往往受制于资金不足。省内道路，由广西当局筹款。跨省道路，也需要国民政府在财力上支持。1938 年 11 月 1 日《广西日报》报道：粤桂间国道，中央拨款赶修。拨款两万金元，加地方之力量。该工程设桂林工程处于信义路 14 号。该工程处同时要赶修桂林至黄沙河、桂林至荔浦、义宁至青龙街之桂穗路，路基可加快工期，唯桥梁工程较大，颇费时日。毕竟，桥梁建设需要的资金多，技术难度也更大。

公路交通事故显然不少。有位旅客竟然经历了七八次翻车事故，写了《翻车有感》一文，投诸报刊。在这位来信者看来，主要是司机问题：走私、休息不好、分心等。[3]其实，车况、路况不好也是重要原因。

二、水运与公路相结合

旅游者田集成，介绍了从华东和华南到桂林的交通建议：

> 华东方向的人，如果要到桂林旅游，需绕行广东方向，经广州或者香港，才能到达这座西南城市：
>
> 1936 年，上海至桂林间的路程：上海启程，经香港（或者广州）、梧州、平乐，到桂林，约 19 天，费用 60 国币。

1 《救亡日报》，1939 年 2 月 18。

2 王坪：《旅途小品：根据我这次出桂林到独山的经验》，载《福建交通》1944 年第 2 期，第 31—33 页。

3 《救亡日报》1939 年 9 月 4 日。

上海至香港，船只多。香港到梧州，每日有船，广州则未必。这一段，招商局各船二等舱价：16—17元含餐（经广州则18元）。其他公司的船较贵。邮轮（只到香港）设备好，太贵，头等舱100—140元，二等舱20—30元。船至香港，有很多旅店上船揽客，以广泰来、泰安二家为宜。

香港至梧州：超等西餐房12元。头等西餐房10元。特等西餐房6元。唐餐楼4元。尾楼3元。大舱2元。膳食每客3—5角或者1—2元。这一段价格均为港币。

梧州至平乐汽轮价不明，民船5—6元（有饭无菜）。平乐到桂林有汽车，票价6.4元。此线约10天可达桂林。如果通汽轮则3日可达。

如从梧州乘船到硕龙，汽轮10余元，硕龙汽车到柳州约5元。柳州至桂林汽车10余元。此线需三四日。

在广西段均收广西币。[1]

广西币，也叫桂币，与国币的比值是2 ∶ 1，故需要讲清币种，以便预算。

在广西大学任教授的熊得山，于1937年回上海接家眷到桂林，就是走这样的路线：从上海乘坐“斯芬克斯号”邮轮到香港，然后从香港乘内河轮船到梧州，再从梧州换小汽轮到硕龙，转汽车到柳州，然后再到桂林。在香港—梧州的内河轮船上，他们一家人住的是唐餐楼，这是由熊先生的经济条件和社会地位决定的。他没有钱乘坐更好的舱位，作为大学教授，似也不便携家人住尾楼和统舱。

1946年夏，桂林至平乐间的电船开通，售票处设在福棠街，但只限于丰水期运行。

三、湘桂铁路的建设与通行

随着桂林在国内地位的提高，战略性变得重要，桂林的交通条件，在民国时期也得到很大发展。

桂林交通条件的改善，主要取决于铁路和航空。

1　田集成：《上海桂林间路程述略》，载《药报》1936年第45期，第105—107页。

桂林铁路，从晚清开始酝酿。1906 年，岑春煊提议修建两广铁路；1907 年成立了广西铁路公所，并制定了公所会议规则，公推梁廷栋为广西铁路协理[1]。1911 年第 3 期《真光报》就报道了“筹筑桂林至广州铁路之计画”，当时的方案是由三水达梧州，由梧州达平乐，由平乐达桂林。也有人建议广西的第一条铁路应该是南宁至桂林或者南宁至龙州。这些设想，终因地方贫困以及各地对铁路走向方案意见不一，而得不到落实。1936 年，广西省政府建议修建湘桂铁路。翌年“七七事变”发生，为适应抗日战争的军事需要，国民政府决定修建衡阳——桂林铁路，以打通西南国际通道，将铁路延至镇南关，与越南铁路接通，计划修建线路约 1085 千米，广西境内 878 千米。

1937 年 4 月，湘桂铁路工程处成立，设在桂林西巷。在确定技术标准和测量、设计以后，湘桂铁路于 1937 年 7 月开始建设。为了赶工期，加上缺乏必要的机械设备，湘桂铁路建设主要靠人工劳动，来自铁路沿线各县的数十万工人奋战在工地上。因染疟疾，死亡率达 1.5%[2]，即有数千人病死在工地上。

1938 年 9 月 28 日，湘桂铁路衡阳西至桂林北开行旅客列车，每日开行特别快车、混合列车各一对，正线平均时速为 30 千米。1941 年，运行各类旅客列车达到6对[3]，北可从衡阳转车到汉口、浙江金华、广州等地，往南可达金城江。与华东方向的往来，不必再经广州或者香港走耗时太长的水路了。

由于赶工，路基太差，加上战争影响，湘桂铁路经常出事故导致停运，主要事故类型有：塌方、脱轨。有时，一个月会出现两次脱轨事故。乘坐铁路出行的人，需要经常阅读报纸，及时了解铁路交通变化资讯。

作家凤子的朋友中，便有一位是建设湘桂铁路的工程师：“朋友中有一位 S 先生，胖胖矮矮的，爱说笑，每星期有许多天驾起小汽车往郊外跑，有时许多朋友拥在他的小车子里出北门外野餐。野餐的时候，他却一个人沉思着什么，计算着什么，一个人爬上山坡地察看什么。原来 S 先生是建造湘桂路的一位工程

1　黄振南、蒋钦挥主编：《〈申报〉广西辛亥革命资料选编》，广西师范大学出版社，2012 年。

2　竺可桢：《竺可桢全集》，上海科技教育出版社，2010 年，第 81 页。

3 《桂林市志》，中华书局，1997 年，第 641 页。

师。”这位工程师，是湘桂铁路的建设者，在日军侵犯桂林时，又要奉命去毁坏这条铁路。[1]

四、断断续续的民航运输

民国时期，桂林先后建了三座机场：位于南郊的二塘机场、李家村机场和位于城西的秧塘机场。其中，二塘机场为民用机场，另外两座机场为军用机场。

桂林二塘机场始建于1929年，但除了政界要员的飞机偶尔停落外，数年时间均未正式启用。1936年，省府迁回桂林，遂扩建二塘机场，跑道长2000米，由两广政府合办的西南航空公司成为当年首飞桂林的第一家航空公司，航线为广州—梧州—桂林—柳州—南宁。一年后，中国航空公司开辟重庆—桂林—广州—香港航线。1938年，桂林逐渐繁华，来往的政界要人和商界领袖多了起来，中航、欧亚航空（后改为中央航空）便先后开辟了昆明—重庆—桂林和昆明—柳州—桂林、桂林—重庆—成都等航线。1941年秋，中国航空公司筹备开辟桂林至马尼拉航线，拟派道格拉斯DCE型飞机执飞，预计全程飞行时间七小时。这是桂林航空规划中的第一条国际航线，因为太平洋战争爆发，这个设想没能实现。[2]

飞机已经成为桂林不可少的交通工具，但很多人无法购到机票。如果想确保拿到机票，就要托人找路子。竺可桢的下属从桂林飞重庆公干，竺可桢亲自到省政府找关系。从桂林到重庆600多千米，汽车要走一周，飞机只要2个半小时。中航公司每周四开行一个往返航班，是美国道格拉斯飞机，载重3吨，有14个座位；亚欧航空也是每周四在这个航线上一个往返航班，德国飞机，也是14个座位。中航要求提前两周在中北路办事处购票，旅客需要按军委会命令填写保证书并核准后，才可购票。小孩两岁以上半票，10岁以上全票，全票可带15千克行李。欧亚公司则需提前到环湖北路公司办事处购票，程序与中航同，但小孩票是按体重。10—30千克者半票。乘客要提前15分钟到达机场或者在规定时间前到民航公司办事处搭汽车到机场，查验手续后可登机。机上不提供食物，不可拍

1　凤子：《念桂林》，见《桂林风烟》，百花文艺出版社，2003年，第186—187页。

2　《国货与实业》，1941年第8期。

1938 年 9 月发行的湘桂铁路桂段路股股票（韦烽提供）

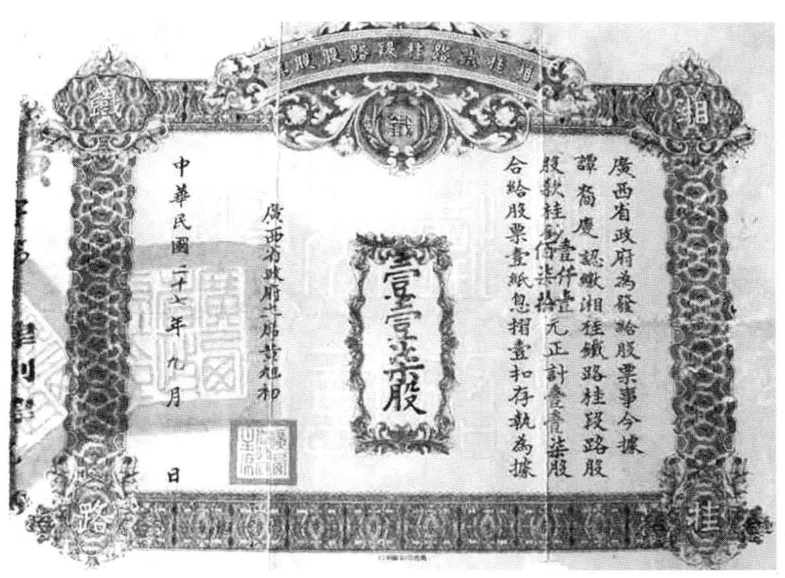

湘桂铁路广西段股票

照，不得携带易燃物品和易腐蚀物品。乘客以军政界为多，次之为商界学界。战争前为商界居多。[1]

桂林光复后，先后恢复和开辟过6条航线，可飞抵上海、南京、汉口、广州、香港、重庆、衡阳、南昌、贵阳、柳州等城市。1947年8月6日《广西日报》刊载访问中航桂林办事处处长消息称：

> 以后每逢星期日上午六时由上海起航经京、汉来桂转香港。星期一上午七时则由香港起航来桂转沪。票价：桂林至上海二十一万元，到南京十九万元，到汉口十二万四千元，到广州六万八千元，到香港八万五千五百元。三十千克以内儿童半票。每人携带行李不能超过十五千克，余量行李与普通货物计费，照票价收百分之一点六，（如到香港每千克收费一三六八元），贵重货物按照票价百分之四，搭载多量货物需先向办事处接洽。预定在八日可开始登记票位，航期当日售票。飞穗港机下午一时可到一市。乘客于当日上午九时到九岗岭该公司办事处购票候机，飞京沪机九时半可到本市，乘客需于六时半往购票候机，飞机到站只停留半小时，一切手续需验竣起飞。此航线由沪起航，经京、汉、桂、穗抵港，各设站售票外，余其他各地均未设站，机不着陆。由沪经桂抵港需飞行九个半小时（计由沪到桂七小时，由桂到港需二时半），为国内最长一条航线。

因经济不景气，加上桂林在战后已经失去大量流动人口的支撑，又回到一个小城市的状态，这些航线都未能持久。

民国时期，民航事故率也居高不下。民国三十年（1941），国民政府制定了《航空法》，计67条，从法律层面规定飞行器的登记、使用、起飞条件、事故责任和赔偿。[2] 由于法规之粗略，加上各航空公司承担责任的能力有限，发生事故后，航空公司只承担死者的丧葬费用，对受难者家属所受之损失，并未有弥补。

---

1 《救亡日报》，1939年3月21日。

2 《陕西高等法院公报》，1941年第8期。

后来，政府借鉴外国经验，通过强制购买商业保险的办法来解决赔偿问题，交通部拟定飞机失事赔偿办法。又由于航空公司亏损严重，无力购买保险，国民政府便借票价调整之机，将保险费列入票价，并制定保险费率，专户存储，作为赔偿基金，对乘客实施商业保险。[1]

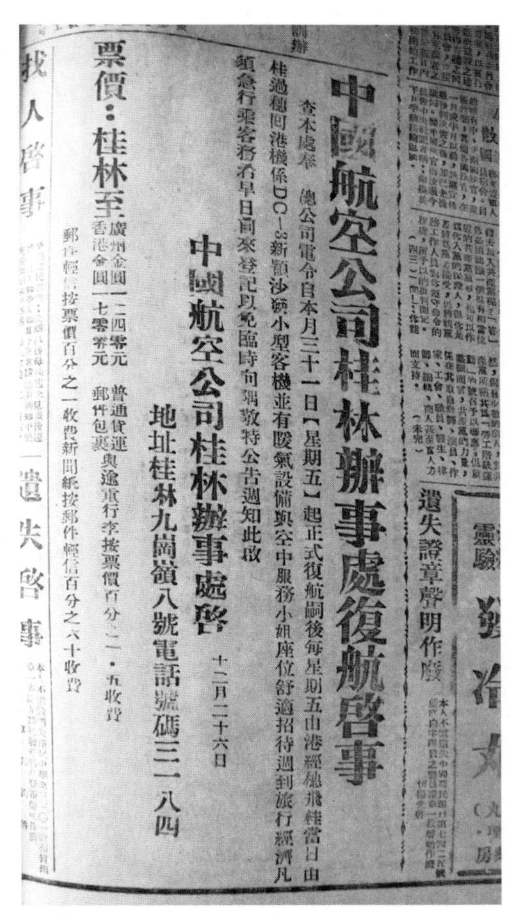

中國航空公司桂林辦事處復航啓事

查本處奉 總公司電令自本月二十一日【星期五】起正式復航嗣後每星期五由港經穗飛桂當日由桂過穗回港機係DC—3新穎沙發小型客機並有暖氣設備與空中服務小姐座位舒適招待週到旅行經濟凡須急行乘客務希早日前來登記以免臨時向隅敬特公告週知此啟

中國航空公司桂林辦事處啓　十二月二十六日

地址桂林九崗嶺八號電話號碼三一八四

票價：桂林至廣州金圓一二四零元　香港金圓一七零零元

普通貨運與逾重行李按票價百分之一·五收費

郵件包裹

郵件輕信按票價百分之一收費新聞紙按郵件輕信百分之六十收費

1938 年 12 月 26 日，《广西日报》刊登的航空公司广告

1 《广西日报》，1946 年 9 月 27 日。

CHAPTER FIVE

第五章

改革开放前的桂林旅游

GUI LIN

1949年11月22日，人民解放军进入桂林，标志着这座城市进入了一个新的时代。第二天，桂林市商店正常营业。

苏联著名作家、《真理报》记者康·西蒙诺夫，在应邀赴北京参加了中华人民共和国的开国大典后，随四野大军南下，在桂林解放那天进入桂林。他在《战斗着的中国》这部书中写道：

> 四周的景物随着每一千米而更其具有幻想的特色。我的旅伴们记起一句中国的老话，这句老话说桂林四周是全中国最美丽的地方。我不知道这地方是否是最美丽的，可是无论如何是非同寻常的。
>
> 在平坦的田野中间，高而极为险峻的山岩由地里陡然突起，就像故意插在地里的那样。它们全有最奇怪的形状：有的像糖堆的尖顶，有的像巨柱的残片，有的像几块互相堆叠的立方体。有的有点倾斜地升起在地面上，在地面上悬空宕着。
>
> 当你眺望着这些山岩时，就不觉想起某些中国古画。以前我总以为这种画上所画的山的难以置信的形状是艺术家们的空想。现在我才亲眼看到而相信这些古代的艺术家们是非常忠实于自然的，他们纯粹是极为正确地画出了华南一带的这种或是类似这种的风景。[1]

1 ［苏］康·西蒙诺夫著，蒋元春译：《战斗着的中国》，中南人民文学艺术出版社，1954年1月新六版。

西蒙诺夫在桂林逗留的几天时间里，注意到了桂林市民对新政权的欢迎，对这座因历经战火而颓败的城市印象深刻。他参观了桂林监狱和白崇禧公馆，与一家旅馆的老板对话，了解前政权的官员们逃走前的状况：相邻各省的大小官员携家眷逃到桂林，住在旅馆里，几乎没有人付钱了。他在翻译的带领下去了原隶属于国民党广西省党部的《中央日报》社，这家报纸在解放军进城前的四个小时还出了最后一期，但在解放军进城后的第二天并没有出版报纸。他还与一位被俘的国民党上校对话。这座城市里的教堂也被这位《真理报》记者注意到了。

1949 年 11 月 24 日，《人民日报》向全国读者介绍桂林简况：

桂林位于五岭南麓，濒桂江西岸，为广西省会，亦李白匪帮之老巢。地当湘桂交通要道，湘、桂、黔铁路、湘桂公路均经其地，水运上溯湖南，下达苍梧，交通向称便利，湘、黔、粤之商货以及附近出产之米、丝、纸类及油类等，均集散于此。手工业以织布、针织、染色为最盛，并有纺织、机械、化学、制革、面粉等轻工业。市内湖光清漪，附近峰峦峭丽，市郊有桂山、独秀峰、伏波山及风洞、七星岩等名胜，自古有“桂林山水甲天下”之誉。桂林文化教育亦较发达，专科以上学校有广西大学及桂林师范学院。

30 日，桂林市军事管制委员会成立。

12 月 3 日，桂林市军管会发布第一号布告，规定人民币为唯一合法货币。至此，桂林的经济关系开始了新的一页

5 日，桂林至衡阳公路恢复通车，桂林与外界交通恢复正常。

8 日，桂林市人民政府成立，市长何伟，副市长王全国。

17—19 日，桂林市第一届各界人民代表会议召开，通过了恢复工作、发展商业的 7 个决议。三天后，桂林至衡阳间铁路恢复通车。

1950 年 1 月 25 日，新华社消息称：桂林水陆交通已基本恢复，物资交流通畅。

接下来几年，桂林市人民政府主要是按照中央的统一部署，组织开展了一系列政治运动，如“三反”“五反”、组织土改、支持抗美援朝等。

经济生活方面，1956 年，中国各地，包括桂林在内，在城市全面完成社会主义改造运动，手工业者实行合作化；农村则全面推行高级合作社的生产组织形式，意味着全面走向计划经济时期。

计划经济的核心，是否定市场对资源的配置，依靠政府根据预先设定的发展目标来配置资源、组织生产、安排重大经济活动、调节经济运行方向。中华人民共和国成立之初，人们急于建成一个强大的工业化国家，不顾国情，全面照搬苏联计划经济模式，使计划经济的思维和影响渗透到国民经济的方方面面。在计划经济条件下的旅游活动，因为其生产性质和生活方式都与计划经济要求格格不入，陷入尴尬境地。

1949—1978 年，桂林旅游的供给可以说非常落后，不论在数量上、质量上，还是在结构上，都极端虚弱。不过，因为这个时期实行的是严格的计划经济，旅游的需求也被严格扼制，旅游供给与旅游需求的矛盾基本没有表现为突出的市场现象。

这个时期的旅游，除了一般的公务差旅以外，主要是接待型的旅游服务，包括接待重要领导人、接待外国友人和团体、接待归国华侨、接待疗养者、接待前来演出的文艺团体和文艺工作者等。这些接待，主要是为了体现社会主义制度的优越性、建立国际国内统一战线。

第一节 在发展工业背景下的桂林旅游建设

对于城市性质，马克斯·韦伯认为：城市是以经济活动为基础的经济聚落。他依据经济活动的特征，将其划分为商业城市和生产城市，认为商业城市是通过贸易来实现城市收益，满足城市居民的收入；生产城市则是通过工厂生产来实现城市收益。

计划经济理论则认为，城市分为“生产型城市”和“消费型城市”，后者对经济社会发展没有积极意义，应改变其发展思路，建设成生产型城市。生产型城市显然是指工业型发展城市，因为农业的主阵地在农村。在工业发展中，计划经济又认为重工业是一国命脉之所在，它体现了一国的科技水平和竞争能力。因此，那些著名的工业城市，都是重工业城市，包括沈阳、鞍山、洛阳、太原、重庆等。重工业的核心又在于钢铁生产，称之为“工业以钢为纲”。“纲”者，指事物的关键部分，每个干部都能背下来“纲举目张”这类思想性指示。没有条件发展重工业的城市，尤其是原来属于消费型的城市，则努力向轻工业城市转型，实现向“工业化城市”的转变，从而达到“生产型城市”的建设目标。

桂林地处山区，交通不便，又缺乏重要工业资源，距离市场也很远，不宜建设工业型城市。这个观点，在民国时期基本成型，这也是桂林想建设风景城市的经济依据。中华人民共和国成立以后，对城市的认识和定位都要推倒重来。

受苏联社会主义理论和认识的影响所建立起来的计划经济体制，僵化地理解马克思主义观点，在政治上认为工人阶级是领导阶级，产业工人是工人阶级队伍中最有代表性的组成部分；在经济上认为只有以工业生产为代表的物质生产才是真正的价值生产，商业流通不过是“实现”产品的价值而不是“生产”产品的价值，“服务”更是体现着剥削和被剥削的色彩，被列为经济发展的最末端。受这一指导思想的影响，在资源分配上，向工业生产倾斜就是一种必然的考虑。从城乡发展的关系来看，借助实行计划价格，对农产品规定较低的收购价，对工业品实行较高的销售价，通过价格杠杆来实现以农业补助工业，人为形成“剪刀差”；在城市经济内部，重视工业而忽视商业；在工业内部，则重视重工业而忽视轻工业。旅游，是为消费者提供服务的行业，作为商业的组成部分，就更是被边缘化了。这种对城市功能的片面认识，也是当时中国大陆所有城市的认识和追求，服务业显然不再引起重视，只是作为经济结构的“补充”而存在。

一、发展工业成为桂林一段时期的主要奋斗目标

中华人民共和国成立以后的一段时间里，在桂林的发展思路中，受大环境的影响，工业得到前所未有的重视。

1953年，按照把桂林从“消费城市”建设成生产城市的方针，桂林市政府组织编制了《桂林市城市建设初步规划说明书》，将城市性质确定为轻工业城市。

1956年11月15日，针对桂林市城市规划编制工作，《人民日报》发表消息称：“以‘山水甲天下’著称的桂林市，规划以后将逐步发展成为桂北的工业中心。”

1958年6月18日，《桂林日报》头版头条的压题新闻是“多快好省地发展地方工业，本市新建扩建廿二个厂上马”。

1959年11月13日《桂林日报》头版的通栏标题是“基建战线职工高举总路线红旗大战最后两个月，火电站、棉纺厂、电表厂工程阔步向前”。

1971年第11期《人民画报》用了4个版面介绍桂林的工农业生产发展情况，8张图片中，有2张介绍桂林风景，其余图片则是桂林风景环境中工农业建设的情景。中央新闻电影纪录制片厂于1973年摄制的第一期《今日中国》新闻片，也热情洋溢地介绍了桂林的工业发展情况。

据《桂林市志》：1958—1979年，全市增加了30多家重工、轻工、军工企业和科研单位。到1978年底，全市国营工业发展到139家，拥有固定资产原值44697万元。与此同时，集体所有制工业也有较大发展。1978年底，桂林市已有大、中型集体工业企业143家，拥有固定资产3790万元。1950年代，桂林通过公私合营、资本主义工商业社会主义改造等手段，将一些私人小工厂合并成小型的机电厂、农机厂，又在“大跃进”过程中改组、新建了一批机械生产企业和

钢铁厂，1966年国家把桂林列为“小三线”城市，部署了一批电子、机床、光学等企业在桂林。至1971年，桂林的机械冶金系统所属企业增至33家，职工上万人。电子、橡胶、建材、医药、轻工食品、纺织等工业也在这个时期发展起来。电力生产尤为说明问题：1949年末，桂林的电力生产负荷能力是810千瓦，1960年的负荷为6300千瓦，1966年负荷升至1.2万千瓦，1973年最高负荷达4.7万千瓦，但仍然只能主要用于满足工农业生产用电量的增长。至1970年代，市政生活用电比例仅为12.3%，其中包括商业服务业用电。

同一时期，桂林市商业的发展与工业形成鲜明对比：1958年，对商业机构实行政企合一，商业网点大撤大并，将全市859个合作店并为309个，103个公私合营企业并为67家，商业网点急剧减少，城区每千人商业网点由原来的26.8个降至3.7个。作为商业组成部分的桂林旅游服务机构，同样经历了数量减少、布局不当的问题，至于服务质量和服务创新，就更谈不上了。

二、旅游建设的思想不时冒头

1950年代，把桂林建设成为一座轻工业城市，通过思想统一，已经成为社会共识。各方面的经济资源也主要投向工业领域，但桂林的风景特质是人们无法放弃的，会在一切可能的时候、可能的地方冒出芽来。

1957年4月号的《旅行家》杂志，刊登了萧离的文章《桂林——未来的花园城市》，介绍桂林的修建规划：

> 全市风景地带被划分为中、东、南、西、北五个区，尽可能地使每个区内的风景名胜互相联结起来，同时也要使各个区之间发生联系，使各个风景名胜和各个风景区都成为整个风景城市的总体的一个组成部分。
>
> 桂林山水的特点是山、水、洞。因此，在修建规划上也将突出这几个特点，所谓使“山奇宜于登高望远，水秀宜于行舟荡漾，洞深宜于探胜搜奇”……如果能够按照目前的规划进行的话，若干年内桂林将以更为美好的花园城市的姿态出现。

他同时发出感慨："千百年来，桂林就是一座文化城。可是今天，就笔者所知，原先设立在这儿的几所高等院校，有的已经迁走了，有的听说不久也要搬家。是不是有这种必要呢？"

1958年，中央提出"鼓足干劲，力争上游，多快好省地建设社会主义"的总路线，轰轰烈烈的"大跃进"全面推开。桂林市提出要建设"风景优美的现代化工业城市"。虽然发展工业生产是中心目标，但依然强调了"风景优美"这个与其他城市不同的特点，殊为不易。

1958年，在广西壮族自治区第一届人民代表大会第一次会议上，桂林市长魏凌风的发言题目是《比跃进，比干劲，比"红""专"，五年内把桂林建设成为工业城市》，这个发展方向，是和全国各城市的发展方向相一致的。不过，这个发言的最后部分，仍然考虑到了"向石山进军，三年内使桂林市绿树成荫，百花争妍"。[1]魏凌风在报告中说，桂林市组织了5万人的植树造林队伍，一天内就在石山上和塘边栽种了3.5万株树苗，桂林有决心把桂林变成一座"绿树成荫、百花争妍、花香满城的风景幽美的工业城市，使'桂林山水甲天下'名不虚传"。"风景幽美"和"名不虚传"仍然是挥之不去的城市心理。为了强调主题，桂林市提出了"五年内建设22座工厂"的宏伟目标，报纸发表了"工业交通局领导人畅谈工业发展规划"的消息。[2]

1959年，桂林市政府提出"把桂林建成最美丽的工业城市"的口号。[3]把"美丽"作为桂林的特色，是那一代桂林人在当时历史条件下力所能及地考虑到如何让桂林的风景亮眼的努力。在一切以阶级斗争为纲、反对资产阶级思想的年代，即使提出这样的口号，也要冒着很大的风险。这一年，中国国际旅行社桂林支社成立，虽然这只是一家接待外国游客的单位，但这座城市毕竟开始有了专门的旅行服务机构。

在这样的背景下，旅游虽然也可算是一种生活形态，但空间被严重压缩，在

1 《桂林建设报》，1958年3月18日。

2 《桂林建设报》，1958年3月22日。

3 《桂林日报》，1959年3月5日。

各级党报和广播上鲜有提及。不过，从媒体对一些服务业员工的评价上，我们还是可以感受到这个行业的存在。

在这样的大背景下，桂林是否要走发展旅游的道路？是否要将桂林建设成风景城市？这些问题困扰着桂林。

即使在这样的环境下，桂林发展旅游的思想，也如石头下的小草，总是想艰难地冒出头来。

1961 年 1 月，中央提出对国民经济实行“调整、巩固、充实、提高”的方针，国民经济转入调整轨道[1]，一些不切实际的设想有所纠正。

1963 年 11 月，中南局第一书记陶铸到桂林视察。在这次视察中，他提出要把桂林建设成为“东方日内瓦”，并拨款扩建解放桥。因为当时桂林名气最大的风景名胜是七星岩，而七星岩位于漓江东岸，游客需要经桥过江才能去游览，解放桥是当时漓江上唯一的桥梁，是重要的旅游交通节点。

1964 年，桂林被列为第二批对外开放城市，重新编制《桂林市总体规划》，城市性质定为“住宿舒适，交通方便，服务设施完善，市容整洁，环境卫生，风景优美，轻手工业发达的中国式的风景游览城市。”[2] 这一年，桂林市还编制了风景专项规划。

1965 年，陶铸再次来到桂林，到兴安县蹲点，指导“四清”工作，指示兴安县委“要建设灵渠风景区”。

三、发展工业的思路再次占据主导地位

“文革”伊始，桂林的城市性质再次发生改变。在这个时期，中国国际旅行社桂林支社的工作陷于瘫痪。

1969 年，在“抓革命、促生产”的思想指导下，按照“要准备打仗”的战略思路，中央实行了“三线”建设思路，将一些军工企业和大型企业迁到西南山区建设生产。桂林作为“小三线”城市，在短期内接纳了一批军工企业和重化企

---

1 许嘉璐等主编 :《中华人民共和国日史》，四川人民出版社，2003 年，第 18 页。

2 《桂林市志》中册，中华书局，1997 年，第 84 页。

业。这批企业的突然迁桂，为桂林的工业发展提供了技术、装备等方面的支持，但因为没有环保概念，缺乏废气、废水、废渣等工业垃圾的处理理念和技术，给桂林环境造成了很大破坏。

1972 年 10 月 3 日，即刚过完国庆节，新华社发表了通稿《生气勃勃的桂林》，赞美桂林的工业发展：

> 具有二千一百多年历史的古城广西桂林，素有“山水甲天下”之称。如今，那蜿蜒清澈的漓江两岸和秀丽挺拔的群峰周围，出现了一座座新建的工厂。过去荒草丛生的郊区，已变成了厂房成片的工业区。桂林已由消费城市变成一个初具规模的新兴工业城市。
>
> 解放前，桂林只有四家官办的小工厂和一些手工业作坊。现在，全市已建立了钢铁、机械、橡胶、化工、电子、纺织、造纸、食品、医药等工业部门，有大小工厂二百六十多家，能够生产钢材、机床、轮胎、水泵、化肥、电动机、高低压阀门、半导体收音机、仪表、医药、食品等三百多种主要工业产品。一九七一年全市工业总产值比一九四九年增加了二百二十一倍。
>
> 桂林市在发展工业的过程中，得到了国家的大力支持和兄弟省、区的支援。解放以来，特别是第三个五年计划以来，国家在桂林市有计划地建设了橡胶机械厂、机床厂、轮胎厂、农机配件厂、棉纺厂、绢纺厂、无线电厂、制药厂、化工厂、洗涤剂厂、造纸厂等几十家工厂。这些工厂现在已成为桂林市工业的骨干。
>
> 桂林市的广大工人、干部和技术人员，在建设当中发扬自力更生、艰苦奋斗的精神，为加快建设速度作出了贡献。坐落在桂林西北部的桂林钢铁厂，在一九六六年开始建设纯氧顶吹转炉炼钢车间时，工人们首先用旧电缆和旧矽钢片做成一台电焊机，用这台电焊机把一个旧炉壳改造成转炉炉壳，又将许多小块钢板拼焊成转炉炉盖，利用边角材料焊接成转炉操作平台的支架。没有大型卷板机，他们就用大锤把钢板敲成转炉烟罩。当时桂林因为还没有大型龙门刨床，在加工吹氧机上的一种八米长的立柱时，

工人们就用手提沙轮和锉刀，以蚂蚁啃骨头的办法，一段一段地磨、锉，终于把它加工出来。他们自己盖了一千七百多平方米的厂房，制造了五吨和十吨的吊车等设备。经过两年多的努力，这座纯氧顶吹转炉就炼出了钢。随后，他们又在兄弟单位的协助下，建立了一座炼铁小高炉和轧钢车间。解放前连一颗铁钉都要靠外地供应的桂林，从此结束了不产钢铁的历史。像桂林钢铁厂那样，全市许多工厂都发扬自力更生、艰苦奋斗的革命精神，从土到洋，由小到大逐步建设和发展起来。

在进行工业建设的过程中，桂林市根据当地的需要，因地制宜地建设了许多小型工厂。这些小厂作出了不小的贡献。只有二百多名工人的桂林力车厂，从一九七〇年投产以来，已生产胶轮手推车底档一万多架，为支援农业作出了贡献。只有一百多名工人的桂林砂轮厂，现在已能够生产三百多个规格品种的平面和异形砂轮。一九七一年，全厂砂轮年产量达到二百七十多吨，填补了广西不能生产砂轮的空白，支援了全区的机械工业。由街道居民办起来的六十多个小型工厂，现在能够生产汽车水泵、矿车、手电钻、轴承等八十多种产品。去年，街道工业总产值比一九七〇年增加了百分之四十五。

生产一些传统产品的工厂经过改革旧工艺，生产得到了进一步的发展。生产三花酒的桂林饮料厂，建厂初期年产三花酒一百多吨。文化大革命中，这个厂的工人开展了技术革新活动，使三花酒的产量增长了七倍多。桂林是我国盛产桂花的地区之一，根据历史记载，桂林就是因此而得名。但是，由于国民党反动派的摧残，解放前桂林是“既无桂，又无林”。解放后，桂林许多地方又栽上了桂花树，有的地方还有成片的桂树林。国家在这里建立了一座芳香厂，利用桂花作原料生产出一种很好的香料——桂花浸膏。一九七一年，这个厂生产的桂花浸膏比文化大革命以前提高了三倍多。

目前，桂林市不仅工业建设有了很大发展，市政建设也出现了新的面貌。市区主要街道中山路两旁和风景区榕湖岸边，新建了百货大楼、旅社和新华书店等。在市区和郊区盖了许多职工宿舍、医院和学校。市区面积已由解放前的二十二平方千米扩大到五十四平方千米。过去那些坑洼不平的道路，已被许多平坦的柏油路和水泥路所代替。在市区的漓江右岸，过去那些满布坑塘、垃圾成堆的地方，如今已出现了一条宽阔平坦的滨江大道。假日和傍晚，人们经常来这里散步，观赏漓江景色。市内横跨漓江的一座大桥，解放时只留下一个支离破碎的桥架，行人只好用浮桥渡河。解放后已重新修建，通了汽车。

桂林著名的风景区，经过多年的建设，也显得更加秀丽了。

即使是这些表彰桂林工业发展的消息，也不忘记提及桂林风景区，这正是桂林城市的魅力所在。

1974 年，桂林市恢复了中国国旅桂林支社，同时成立中国旅行社，专营华侨和港澳同胞旅游业务。两家旅行社，其实是一套人马。1975 年，根据中央“整顿”的方针，桂林市再次修编《桂林市总体规划》，又将城市性质确定为社会主义风景游览城市。

第二节 特殊的旅游现象

这个阶段，执政党确定的基本路线是以阶级斗争为纲。在国家建设方面，1958 年提出了“鼓足干劲，力争上游，多快好省地建设社会主义”的总路线。在这个思想指导下，桂林市的经济建设重心，主要在于发展工业。对于一些必要的旅游设施，给予了相应整理，但没有列入经济发展范畴，主要是为市民提供休憩场所。一些党和国家领导人，会因公到桂林视察或者到此疗养休息。桂林的对外接待，表现为一种特殊的旅游现象，即主要是接待一些外国友人和文艺团体，包括社会主义阵营国家的友人以及一些资本主义国家的友好人士，费用主要由上级和本级财政买单，偶由客人支付。

一、极为落后的接待条件

这个时期，桂林的旅游接待条件也相当落后。受观念和条件的双重影响，旅游业无法成为一个有经济意义的产业。

旅游接待设施方面，1952 年，广西省政府在桂林创办了广西高级干部疗养院，主要是接待上级领导到桂林疗养。1953 年，中华全国总工会和广西总工会拨款在桂林建设了一所工人疗养院。1959 年，“广西高级干部疗养院”改为榕湖饭店，用于接待外国友人和上级领导，这是桂林市第一家涉外饭店。

除了榕湖饭店，这一时期的桂林市只有极少数的旅馆，数量和床位数都少于中华人民共和国成立前。1960 年代，新建了南溪旅社、象山旅社等一批四五层楼的新旅社。

漓江风景自古著名。1956 年 4 月，珠江航运局拨给桂江客货轮和拖轮 5 艘，航运部门疏浚了浅滩暗礁，桂林有了能够直达梧州的机动客货混装船。后来，从管理方便出发，交通部门不许客货混装。在贯彻落实“鼓足干劲、力争上游、多快好省地建设社会主义”的总路线环境下，生产建设优先，货物运输优先，漓江上没有了航班客船，确需游江的，需要申请派专船，费用高，手续麻烦，漓江游览基本处于停滞状态。漓江两岸山村、渔村的居民出行，只能依靠圩渡船到附近的圩镇乘车，或者翻山越岭到山外的公路上去拦过路车。1960 年，周恩来与陈毅到桂林，他们游览漓江所乘坐的船只，就是这种由货船变身的“专船”，无非是不搭货，加几把椅子。1961 年，越南民主共和国主席胡志明访问桂林、游览漓江，也是乘坐这种木质货船改成的“专船”。直到 1963 年，才恢复了桂林至平乐间的客货船运输。

1956 年，桂林市恢复运行已经停运了 14 年的公共汽车，但只有一辆改装的公共汽车，运行桂林火车站至火车北站之间的线路，由于车辆少，保养不善，时开时停。至 1960 年，方形成公共汽车队，计有 6 辆公共汽车。

二、政要来访

这一时期，桂林市接待了一些政要来访。因为民航条件不足，不少政要是从南宁等地乘坐火车到达桂林的。

1958 年，内务部部长谢觉哉到桂林视察，他还去了兴安灵渠和龙胜的少数民族村寨。

1959年2月，中共中央政治局委员、中央监察委员会书记董必武与罗荣桓、聂荣臻两位元帅从柳州到桂林视察，正遇公安部长罗瑞卿也在桂林检查工作，遂约罗一起考察桂林山水，四人结伴游览了伏波山和漓江等名胜。

1960年5月，国务院总理周恩来和副总理兼外长陈毅在访问越南回国返京途中，经过桂林，听取了地方领导的工作汇报，考察了漓江风景，还就漓江景观建设提出意见，要求漓江岸边多种竹子，进行绿化。周恩来还告诉陪同人员：毛泽东主席看过那部获奖的纪录片《桂林山水》。周恩来的夫人邓颖超和陈毅的夫人张茜，则是从北京专程赶到桂林与她们的丈夫会合。周恩来夫妇还在榕湖饭店与旅居桂林的南开同学郑季清女士见了面。

1960年5月，外交部组织各国驻华大使馆商务参赞到长沙、桂林和郑州参观，"在桂林、阳朔游览了名胜"。[1]

1961年10月，比利时王国伊丽莎白太后在许广平陪同下访问桂林，游览了伏波山、独秀峰、七星岩和漓江风光。

1963年元月，全国人大常委会委员长朱德和全国人大常委会委员徐特立来到桂林视察工作。77岁的朱德和87岁的徐特立，不用手杖，健步登上叠彩山，观赏桂林城市风景。虽时值寒冬，登上山顶，也身热出汗，徐老脱下帽子擦汗，朱德有感而发，赋诗赞赏徐特立：

徐老老英雄，同上明月峰。
登高不用杖，脱帽喜东风。

徐特立也擅长写诗，俄顷，步朱诗韵，回赠一首：

朱总更英雄，同行先登峰。
拿云亭上望，漓水来春风。

---

1 《人民日报》，1960年5月29日第3版。

1963 年，朱德和徐特立同登桂林叠彩山顶，唱诗应和，成为佳话

两位老人留下的短诗，已经成为叠彩山游览的佳话。

1963 年 2 月，柬埔寨国王西哈努克在中国国务院副总理兼外交部长陈毅陪同下到桂林游览，游览了叠彩山、伏波山、芦笛岩、漓江、穿山公社下关大队和七星岩景区。陈毅曾于 1960 年陪同周恩来总理视察过桂林，游览过漓江和市区诸景，1961 年再度来游。这次陪同外宾，是他三年内的第三次重游。元帅诗人的诗兴被激发起来，写了《游桂林》和《游阳朔》。《游桂林》写道：

水作青罗带，山如碧玉簪。
洞穴幽且深，处处呈奇观。
桂林此三绝，足供一生看。
春花娇且媚，夏洪波更宽。
冬雪山如画，秋桂馨而丹。
四时景物殊，气象真万千。
阴晴和雨雾，着色更鲜妍。
大野青不断，入窗秀可餐。

久看欲舍去，舍去又来探。
佳景最留人，景亦待人勘。
愧我诗笔弱，难状百二三。
愿作桂林人，不愿作神仙。

整首诗水平不算很高，却也有佳句。末尾两句，表达了诗人对桂林山水由衷的热爱。

1963 年 3 月，叶剑英游览桂林风景，题诗二首。同月，郭沫若与翦伯赞等游览桂林。郭沫若曾于抗战时期到过桂林，夫人于立群外公家的岑氏大宅就在桂林东巷，所以对桂林很熟悉，加上桂林老朋友多，在桂林几天时间里，活动很满，应酬颇多，不但游览了各处有代表性的风景，还写了不少诗词，如《满江

1969 年航拍的桂林，当时的桂林市区水面比今天要宽阔很多

红·咏芦笛岩》《满江红·七星岩》《西江月·月牙楼》《榕树楼》《西江月·重登榕树楼》《春泛漓江》《游阳朔舟中偶成四首》《赞瞿式耜》《赞张同敞》《满江红·灵渠》《游灵渠赞秦始皇》等，还填了一首讽刺七星岩、芦笛岩附会讲解的词。郭沫若的书法甚得好评，他也应邀为桂林多处名胜题词。同行的翦伯赞也写了多首赞美桂林山水的古体诗。

1966年3月，李宗仁及其秘书程思远回桂林参观游览。

1973年4月，各国驻华使馆武官在我国防部安排下到桂林游览风景名胜。

1974年8月，越南民主共和国副总理黎清毅率团访问桂林。他在桂林举行的欢迎宴会上说，桂林是著名的风景区，有着悠久的革命历史，同时又是伟大领袖胡志明主席和其他越南领导同志曾经进行过革命活动的地方。因此，他们为能够再次到桂林参观访问，感到非常高兴。

当时，一些外国领导人访问桂林，中央领导会陪同到访。陪同访问桂林的中央领导人，对桂林旅游的发展，起到了特殊的推动作用。

1972年11月，国务院副总理李先念陪同尼泊尔首相比斯塔和夫人访问桂林。在桂林期间，地方领导向李先念汇报工作，希望中央支持在桂林建一座接待外宾的宾馆和为外宾演出的剧院。李先念表示同意，但要按程序向国务院报批。1976年，由上级拨款建设的漓江剧院和漓江饭店分别建成。

1973年10月，刚复出工作不久的邓小平，以国务院副总理的身份，陪同加拿大总理特鲁多访问桂林。邓小平陪同外宾游览芦笛岩出来，迎面就是钢厂的烟囱冒着黄烟和黑烟，大煞风景。游览漓江时，邓小平发现支流的黑水汇入主流，形成一清一黑的“鸳鸯江”，船前行不久，又见江面上满是工业废水排出而产生的泡沫。游罢漓江返回榕湖饭店后，对外宾不再安排活动，邓小平提出要看看市区段的漓江。他来到解放桥附近，看着被污染的江水，痛心地对地方领导人说：“你们为了发展生产，如果把漓江污染了，把环境破坏了，是功大于过，还是过大于功？请你们好好考虑。搞不好，会功不抵过啊！”[1] 这是邓小平最早对环境问题发表看法。

---

1 崔金才：《桂林人民从心底里感谢邓小平》，载《当代名人与桂林》第一卷，中国新闻出版社，2008年，第22—23页。

“文革”后期，随着中国加入联合国，中国在外交舞台上开始活跃起来，许多国家的领导人陆续访华，其中一些则在外交部的安排下，到桂林游览。桂林成为中国对外展示形象的一个重要窗口。1974—1976年，先后有丹麦王国首相保罗·哈特林、波兰共产党总书记卡齐米日·米雅尔、刚果人民共和国总理亨利·洛佩斯、比利时王国首相莱奥·廷德曼斯、越南劳动党中央第一书记黎笋、美国前总统理查德·尼克松、新加坡总理李光耀、西萨摩亚国家元首马利托亚·塔努马非利等到桂林参观访问。

三、国际接待

在强调意识形态的年代，桂林作为一座风景城市，可以在某种程度上淡化意识形态色彩，起到展示中国秀丽江山的作用，因此经常有一些国际团体或友人被安排到桂林来访问参观。

1951年11月25日，越南人民访华代表团应邀在北京参加中国国庆活动后，到桂林访问，游览了桂林风景，观看了桂剧《洞庭英雄》。[1]

1954年10月，越南人民歌舞团到桂林访问演出。越南人民歌舞团抵达桂林时，桂林市在火车站举行了盛大欢迎会，《桂林建设报》还发表了社论。在桂期间，越南人民歌舞团为桂林市民进行了演出，《桂林建设报》用一个整版发表了相关评论，又用一个整版发表了演出剧照。之后，歌舞团成员们游览了七星岩、月牙山和风洞山，参观了中国语文专科学校——这个学校有很多越南留学生，并与桂林的文艺工作者在风景区进行了联欢，桂林文艺工作者们表演了彩调《双采莲》、桂剧《拦马过关》等。

1956年7月，有越南学生和捷克斯洛伐克艺术家访问桂林，捷克斯洛伐克艺术家包括漫画家、版画家和风景画家。8月，中国语文专科学校接受354名越南留学生入学。10月，越南作家、记者代表团访问桂林。罗马尼亚云雀歌舞团来桂游览，他们是途经桂林时，借转车机会在桂林进行了6个小时的游览，参观了独秀峰、叠彩山、伏波山和榕湖。据1956年12月6日《桂林建设报》报道，

1 《桂林日报》，1951年11月30日。

该年度访问桂林的外国友人计374人，他们中间包括艺术家、专家和旅行家，来自16个国家。来自捷克斯洛伐克的艺术家拍了100多个胶卷。这些捷克斯洛伐克艺术家在离开桂林后，旅途上遇到一位苏联专家，告诉了这位苏联专家，桂林风景如何好。结果，这位本没有到桂林游览计划的苏联专家，也经广州绕道来桂林游览，一个上午就拍掉了30多个胶卷。

1957年，先后有东德、西德艺术家游览桂林。

安排旅桂客人参观一些工农业生产单位和社会单位，是这种特殊旅游现象的重要内容和特点，因为接待方花了钱请客，主要目的是对外宣传，故会选择一些地方领导认为有代表性的社会单元给客人参观。这些参观内容，从旅游分类来说，其实也是深度人文观光的一种。

1959年10月，越南民主共和国越北自治区党政代表团访问桂林。代表团参观考察了市区秀峰公社的劳动竞赛、临桂四塘乡人民公社水利工程、龙胜各族自治县瓢里公社的稻田、幼儿园、卫生院、公共食堂、养鸡养猪场，还游览了七星岩、独秀峰、叠彩山、漓江和阳朔等风景名胜。[1]

1959年，印度尼西亚艺术团访问桂林，则和桂林文化单位开展了互动交流。

到桂林的苏联专家，就更多了，如建筑专家马托尔斯基、城市规划专家什基别里曼和萨利舍夫、供排水专家巴格丹诺夫、水文工程地质专家多尔基赫等，他们来到桂林，在专业技术方面提供专业技术支持，也会在中国同行的陪同下欣赏桂林风景。

1963年4月，越南政府代表团访问桂林，参观了电表厂、机械厂和棉纺厂，游览了芦笛岩、七星岩、独秀峰、叠彩山和漓江。

6月，南非新闻工作者访桂，参观了桂林民族师范学校及风景区。

越南北方自治区贸易代表团访问桂林，参观了机械厂、木器厂、轴线厂，游览了桂林和阳朔风景。

1963年8月，朝鲜拥护和平全国民族委员会和朝鲜亚非团结委员会代表团访问桂林，除了游览风景，还特地访问了志愿军特等功臣、不朽的国际主义战士罗盛教生前所在部队，向罗盛教纪念碑献了花圈。

---

1 《桂林日报》，1959年10月19日。

1964年7月，越南卫生行政考察团访问桂林，参观了穿山公社和制药厂以及风景区。

1964年10月，越南越北自治区党政代表团访问桂林，他们参观了轴线厂、青狮潭水库、潭下公社干部试验田、七星岩、叠彩山，观看了桂林歌舞剧团演出的《南方来信》和青年桂剧团演出的《芦荡火种》。

老挝爱国阵线党文工团访问桂林时，不但进行了友好演出，观看了广西京剧团演出的京剧《八一风暴》，还游览了桂林市容和芦笛岩、叠彩山、雁山公园和漓江。

1965年2月，越南铁路代表团在交通运输部铁路总局副局长阮维宁率领下访问桂林，与以柳州铁路局局长金玉成为团长的中国铁路代表团在桂林举行国境铁路联会。联会的任务是讨论两国国境铁路在1965年的客货组织工作，以促进两国经济建设。会议在榕湖饭店会议厅举行。会议一共举行了9天，讨论并确定了更好为国际旅客服务、简化货物交接手续、改进装载方法、加快机车车辆周转和货物运送、提高联运工作效率等诸多问题，并在达成共识的基础上签订了《中越国境铁路联合委员会第八次会议议定书》。休会期间，双方代表团游览了本市风景。

1965年10月下旬，越南驻南宁总领事潘孟居访问桂林，游览了风景区，考察了轴线厂和龙胜各族自治县的民居。

1966年，越南抗美战争正处于激烈对抗时期，中国政府决定在桂林为越南援建一座治疗慢性病和疗养相结合的综合医院，两国政府签署了《关于中国给予越南成套设备和技术援助的议定书》。这座医院命名为桂林南溪山医院，于1967年在桂林市南溪山南麓原国民政府中央造币厂旧址上建成，并于1968年初开始接受来自越南的病人和疗养者。至越南战争结束，这座医院先后接受了自越南送到这里治疗的患者和疗养人员计119批，共5432名越南中级以上干部、战斗英雄、民众代表。当这些患者身体康复、回国前夕，医院都会组织他们到桂林市区、阳朔和兴安等风景名胜区参观游览。越南领导人黎清毅、黎笋、黄文欢等都曾到这家医院视察。[1]

---

1 桂林南溪山医院：《回望中国桂林南溪山医院那段特殊岁月》，内部资料。

广西是我国重要的侨乡，桂林也因此承担了许多的接待侨胞任务。1956 年开始，就有了接待侨胞游览的任务。该年 8 月 14 日《桂林建设报》发消息 :《广西归侨学生游览阳朔》。此后，归侨和归侨学生在桂林游览的消息时常见诸报端。

四、接待国内团体

中国民众对桂林风景耳熟能详。由于经济落后，民众贫穷，一般人难以到桂林旅游，但有关部门会组织一些团体活动，使那些享有社会荣誉的成员能够有机会在桂林来欣赏美丽风景。

1951 年 7 月 7 日，志愿军归国代表团访问桂林，向桂林市民介绍前线情况。报告会后，游览了市内风景。

1958 年，广西壮族自治区成立，来自各省的民族代表和特邀代表，在南宁参加了自治区成立庆典仪式后，来到桂林，游览了市内风景和阳朔风光。

一些专家学者也经常到桂林进行学术交流，如 1965 年 2 月，全国人大代表、中国科学院生物化学研究所副研究员彭加木，就在桂林市 1964 年先进生产（工作）者积极分子大会上做了报告。1965 年 6 月，疟疾专家何琦教授到桂讲学。

1966 年 2 月 15—23 日，全国喀斯特学术会议在桂林召开，来自全国铁道、水电、建筑、冶金、煤炭、地质、机械工业等部和中国科学院以及高等院校的专家学者计 140 多人参加会议，提交论文 93 篇。无论从与会人员的数量还是收到的论文数量来说，这都是中国有史以来规模最大的喀斯特学术会议。会议对当时喀斯特领域在生产、学术上存在的重大问题如区域喀斯特问题、喀斯特水文地质问题、工程地质问题和勘测方法问题等，都进行了深入的讨论。在这次会议上，有学者提出 :“喀斯特”是从南斯拉夫引进的音译词，深奥难懂，喀斯特现象其实就是岩石经地下水溶解后的一种自然现象，建议改名为“岩溶”。这个建议，后来被学术界接受。

舞台演出和马术表演，是 20 世纪重要的民众文化生活表现方式。许多的演出团体以及名角，会通过巡演的方式到桂林进行演出，同时饱览桂林的大好风光。河南省安阳市的豫剧团、湖南的湘剧团、祁剧团、广东的粤剧团、上海的马戏团、北京的舞剧团、乐团，以及一些友好国家的文艺团体会不时到桂林来演出，地方报纸上经常有这些剧团的演出广告。外国文艺团体的演出一般是友好演出，并不售票，而是由桂林有关部门组织观众。常香玉、红线女这些大牌名角都因此参观过桂林。

五、极为少见的零星游客

这个时期的社会风尚已经把纯粹的观光旅游作为另类，不再受到社会的关注，但总有一些因为各种原因到访桂林的零星游客。

在 1952 年的全国高校院系调整中，一些新的专业类高校诞生了，如华中工学院于 1952 年创办；一些高校被撤销，如广西大学于 1953 年被撤销。新创办的华中工学院一时没有校舍，就利用在桂林的原广西大学校舍办学，称为“桂林分部”。杨叔子所在的机械制造等几个专业，就这样暂时到桂林来办学。课余时间，同学们或者相约去漓江划船，或者去攀登独秀峰等著名景点，一览这座山水名城的胜景。[1]

始于 1950 年代的全国高考统考，所设考点有限，广西许多地区的考生要集中到桂林来参加考试，设在王城内的广西师范学院，也给了不少考生以努力学习的动力。[2]

“文革”初期，有一个短期的“大串联”现象，即各地的红卫兵组织到“红色圣地”去表达心中的敬仰，一路的吃住行都免费。不少红卫兵借大串联的机会到桂林来游览。当时还是北京中学生的陈嘉映借串联的机会与同学到桂林旅游，1981 年再访桂林时曾有回忆。[3]一位南京动力专科学校的王姓学生，随队大串联到北京，又从北京转乘 5 次特快列车到桂林，到设于榕湖边人民礼堂的大串联接待处报到，并且借支了 40 元，住在榕荫路六中教室，游览了伏波山、叠彩山和芦笛岩。当时芦笛岩没人管，不要钱，但有电灯。这位王姓学生亲眼见到有红卫兵用石头砸石幔，看能否击穿。当时没有游江的船只，所以

1 杨叔子：《往事钩沉》，华中科技大学出版社，2018 年，第 46—47 页。

2 黄伟宗：《浮生文旅》，广东旅游出版社，2001 年，第 181 页。

3 陈嘉映：《旅行人信札》，华夏出版社，2005 年，第 34 页。

这位王姓同学没有去阳朔。次年，他从南京动力专科学校毕业后，又分配到桂林，当时就高兴得跳了起来。[1]

香港《大公报》记者陈凡，曾于抗战期间在桂林《大公报》工作。1976 年 8 月初，他本想从香港到北京旅游，因 7 月 28 日发生了唐山大地震，故转而到桂林。由于陈凡年轻时在桂林的经历，他对这座城市有一种很深的怀旧感，每天步行于各个景点之间赏景，或者穿行于曾经工作、生活过的街巷里，与街坊们叙旧。在叠彩山上，他遇到了来自贵阳的青年工人和来自云南的年轻姑娘，告诉他们瞿式耜、张同敞的抗清事迹。在芦笛岩，则与香港旅游团相遇。这次“回”桂林旅游，陈凡甚至想到：桂林的旅游范围，应把北部的兴安灵渠容纳进来。陈凡此次在桂林计 11 天，回港后写出了近 9 万字的游记。[2]

第三节 对桂林山水宣传的多样化

中华人民共和国成立以后，主要媒体属于各级党委政府所管所办，报道、宣传口径遵循党的指示。桂林作为祖国美好河山的重要代表，是进行爱国主义教育的重要宣传对象。

一、新闻及图片报道

1950 年代起，新华社、《人民日报》等权威媒体，会经常介绍桂林的秀丽风光，且以图片为主，在视觉上给读者留下深刻印象。

1953 年 12 月 9 日《人民日报》在第一版“我们伟大的祖国”栏目就刊登了

1　据该同学的个人回忆。

2　陈凡：《一个记者的经历》，广东人民出版社，1985 年，第 371—492 页。

从桂林叠彩山明月峰向南眺望的风光照片，并配以文字说明："这是广西省桂林市。漓江沿着市区顺流而下，两岸风景如画，是我国著名的风景区之一。"花桥、冠岩、七星岩、兴坪等也都是重要媒体愿意花版面推介的风景。新华社在发图片通稿时，桂林是比较受关注的宣传对象。1956年5月21日，《人民日报》发表广西日报记者赵黄岗拍摄的桂林塔山风景照；8月23日，新华社记者郭纯青发表图片通稿《迷人的桂林夏日》，充满热情地介绍桂林各处风景受欢迎的状况。1961年8月6日，《人民日报》在第8版用了大半个版面，一次刊登了新华社记者何国正、谭志强的6幅桂林山水风景照。

1956年6月，重新安装电灯的桂林七星岩向社会开放，新华社专门发《桂林修缮风景区》消息：

> 桂林市风景区七星岩洞内，现在已经装上电灯，数百个石钟乳堆成的天然塑像，在灯光下清晰显露。成群游客，出神地倾听向导为他们讲解"猕猴偷蟠桃""狮虎对吼"等神奇的传说。
>
> 七星岩洞内长达三四里，可容几万人，是桂林市著名风景区之一。抗战时期，曾装有电灯，被战火破坏后，游人只能用火把来探赏石景。现在，正当炎暑降临南方时，阴凉而又光明的岩洞内，游人比往年更多。
>
> 在桂林，和七星岩同时进行修缮的还有叠彩山、月牙山、老君洞和普陀山等风景区。目前，一条条宽坦的游览道路，代替了过去的碎石小径。
>
> 桂林市这样大规模修缮风景区，在解放以后还是第一次。这几年来，桂林山水吸引了越来越多的国内外旅行者；被送来疗养和休养的工人和干部也日益增加。桂林市人民委员会接受了人民代表和旅客们的意见，在今年三月开始兴修这山水名城的风景区。[1]

1957年，林榕创作的《桂林山水》摄影集由少年儿童出版社出版。《旅行家》杂志刊登萧离的文章《桂林——未来的花园城市》，从旅游者的角度对桂林的未来寄予莫大的希望。

---

1 《人民日报》，1956年6月11日3版。

1959年，刘旭沧的《桂林山水》摄影集由上海人民美术出版社出版，收入摄影作品73幅。

1959年7月19日，新华社播发了记者谭志拍摄的漓江船队在风光中前行的图片通稿。

1962年3月18日，新华社报道了桂林芦笛岩开放的消息：

> 以"山水甲天下"闻名全国的广西桂林，新近又开放了一个比著名的"七星岩"更为美丽壮观的新洞府——芦笛岩。游人置身其中，恍如到了神话世界，往往流连忘返。
>
> 芦笛岩这个岩洞，是1959年桂林市修缮风景区的时候，附近的人民公社社员才向政府报告出来的。据说，这个巨洞在元代和明末以后的很长时期内，成为当地人民群众躲避兵灾匪乱的地方，平时洞口用乱石堵塞，外来游人无从发现。
>
> 自1959年以后，这里经过两年的探测、整修，才在今年春节开放，使桂林山水名胜又锦上添花。
>
> 据初步考察，芦笛岩是大约在十五万年至五十万年前由石灰岩层经地下水的长期溶蚀形成的。

1962年3月，上海人民美术出版社派编辑人员来桂林，为新版《桂林山水画册》拍摄照片。

同月11日，芦笛岩正式开放仅一个月，《人民日报》发表左海的文章《一个新发现的神话世界——桂林芦笛岩参观记》。7月16日，北京出版的《大公报》也发表了与芦笛岩相关的文章《从芦笛岩谈桂林山水》。那个时代的报刊，以意识形态宣传为主，介绍风景的文章，尤其显得稀少而珍贵，也更容易引起读者的关注。左海应该是陪同邓拓考察芦笛岩的记者，因为他也是在该岩洞开放之初就去参观了。他的文章还配了芦笛岩的内景图，对这座新开发的岩洞介绍非常详细，包括岩内发现的古代壁书内容以及岩洞的科学成因、游程情况，都写到了。在写到岩洞内的景观时，文章说："芦笛岩的钟乳石，分外鲜艳玲珑，光辉耀眼，处处表现出五彩缤纷，如花似锦。红的如珊瑚，绿的如翡翠，黄的如琥珀，白的如玉石。整个洞府好像全都是用宝石、珠翠、珊瑚、象牙、绸缎和脂粉堆积起来的，简直和神话传说中的阆苑仙宫一样。”[1] 这种表述，完全借用了皇宫珍宝来形容，在那个年代是十分罕见的。

1962 年 5 月 21 日，《光明日报》发表了著名记者、人民日报社社长范长江的长诗《桂林颂》，诗歌充满热情地赞美桂林的美丽风景，在列数了桂林众多名胜后，赞颂桂林“全面正规划，大力以经营，工农现代化，广泛建园林”。还提到了漓江修坝建电站的设想：“漓江筑电站，阳朔将陆沉，环湖数百里，多山变岛群”。这个写进地方建设规划的设想，让范长江这位见多识广的名记者也充满了憧憬，相信几年后即使瑞士游客至，也会赞不绝口。

1972 年 10 月，《人民画报》以“假日”为题，报道桂林少年儿童的暑假生活，画面注意强调这些活动的山水背景。

桂林本地报刊，执着地对这座城市的风景文化进行整理和宣传。这种坚持，跨越了不同的时代。

反映在对桂林山水这一文化的自觉方面，《桂林日报》（包括后来先后更名为《桂林工人报》《桂林建设报》至再复名为《桂林日报》的时期）在副刊上，开辟了与“桂林山水”相关的专栏，整理和介绍桂林主要风景名胜。《桂林日报》其他各版，也经常刊出桂林风景照片。

1956 年 9 月 1 日，《桂林建设报》用整版图片宣传桂林风景。之后，又开辟了“叠彩”画页，以整版摄影或者绘画形式介绍桂林山水或者桂林文化。1961 年 3 月 20 日，第一期“叠彩”画页便是以“几程漓水曲万点桂山尖”为题，刊登了由该报记者亚江拍摄的七幅桂林山水照片。

除了介绍漓江风光，桂林周边各县的人文景观也开始受到关注。1962 年 4 月 14 日，《桂林日报》用通栏介绍了龙胜温泉景区，这个位于高山森林里的温泉，虽然路遥难行，也引起了人们的兴趣。29 日，用半个版面介绍古运河灵渠。

1 《人民日报》，1962 年 3 月 11 日 第 5 版。

6月，用了三天的版面来介绍全州县东乡的瑶族风情。陈亚江用镜头介绍了龙胜梯田和侗家桥梁，龙胜梯田自元末开发，气势磅礴，蔚为壮观；侗家桥梁架设于风景之间，桥有檐凳，很有特点。这是桂林媒体系统介绍周边历史景观和民俗风情的肇始。

《桂林文艺》则注意组织作家整理桂林山水传说的篇章。

受发行渠道所限，这些介绍桂林山水文化的文章和图片，受众主要是桂林居民，但这种宣传一直滋养着桂林人民对家乡所持有的自豪感。

二、相关文学作品和旅游书籍的出版

1958年，桂林市文物管理委员会编辑的《桂林山水》由广西人民出版社出版。次年，桂林市文化局组织创作的《桂林山水》和钟建星编著的《桂林山水传说》也由广西人民出版社出版。

这一时期，桂林尚未有明确的对外宣传意识。上述几部以桂林山水为主题的著作，其出版目的与其说是对外宣传桂林旅游，不如说是对地方文化的热爱和整理。但是，桂林山水这样的题材，毕竟是广大文化工作者、风景园林建设者们所关注的。全国各地，不少的作者、记者、艺术家们，以桂林山水为题材，开展他们的创作。这些创作，有的与当时的意识形态密切相关，有的则完全是表现一种人们对美的追求。

这一时期对桂林旅游的宣传，主要是对桂林山水的宣传，这是基于对祖国大好河山的一种朴素生动的爱，并不直接与“旅游”相关，却很好地扩展了桂林的影响力。

1959年，戏剧理论家张庚到桂林旅游，游览了市内风景和漓江风光，在《人民日报》上发表了长文《桂林山水——兼谈自然美》，阐发桂林山水自然而妩媚的美：“那种山明水秀的环境，那种细雨中的蒙眬，那种雨止云高时候波平如镜，倒影明澈，上下一片青碧的景色，那种傍晚放晴时候一脉斜辉映在山头水面，使得整个青碧的天地里略微闪耀着一点淡淡的金色的境界：这些都是非常妩媚的。”他认为桂林山水一方面是纯自然的，另一方面也体现着人与自然的互相联系：“阳朔的风景虽然非常富于天然的趣味，可也并非不是经过人的加工的。比方我们曾经攀登的屏风山，本是直立的石头山，要是不加改造就是无法上

龙胜各族自治县昔日艰苦的农业生产环境，后来成了旅游的高品位资源

去的；正因为多少年以来经过了人们的劳动，与以改造，与以美化，砌了石级，安了栏杆，在山的绝顶上还盖了一座亭子，使得游人不仅可以登临，而且可以在顶上休息，在亭内避烈日风雨，这座光秃的顽山才成了可以接近的东西，才能使人感到亲切，也才能使人有可能从它原有的优越自然条件里创造出美来。”他在文中特别指出桂林“在这方面是做了大量加工的，不仅仅绝大多数的山都可以攀登，山上都有建筑，最重要的，也是最有力地美化了风景的，是大量的名人的题咏和刻石，以及对于每一名胜的丰富美丽的传说故事。如果说对于风景的物质加工是给人们充分可能去接近它，而这种对于风景的题咏和传说故事却给了它以观念形态的意义。这些东西经过多少年的积累就逐渐给一处风景名胜加上了固定的意义，使它不独不只是一种单纯的自然物，而且也不只是单纯的山水之美，更成了一种观念形态的存在。”[1] 这种强调风景建设的观点，在那个年代里能够表现出来，是非常有远见的。

---

1 《人民日报》，1959 年 6 月 2 日第 7 版。

1961 年，作家杨朔发表了影响甚大的散文《画山绣水》，他笔下的漓江风光是文字组成的画面：

> 尤其是从桂林到阳朔，一百六十里漓江水路，满眼画山绣水，更是大自然的千古杰作。瞧瞧那漓水，碧绿碧绿的，绿得像最醇的青梅名酒，看一眼也叫人心醉。再瞧瞧那沿江攒聚的怪石奇峰，峰峰都是瘦骨嶙嶙的，却又那样玲珑剔透，千奇百怪，有的像大象在江边饮水，有的像天马腾空欲飞，随着你的想象，可以变幻成各种各样神奇的物件：这种奇景，古往今来，不知有多少诗人画师，想要用诗句、用彩笔描绘出来，到底谁又能描绘得出那山水的精髓？[1]

1961 年 10 月，《人民文学》刊登了著名诗人贺敬之的抒情长诗《桂林山水歌》。这首诗，以陕北信天游的风格，用传神的语言再现了桂林山水之美，引起读者强烈反响：

> 云中的神啊，雾中的仙，
> 神姿仙态桂林的山！
>
> 情一样深啊，梦一样美，
> 如情似梦漓江的水！
>
> 水几重啊，山几重？
> 水绕山环桂林城……
>
> 是山城啊，是水城？
> 都在青山绿水中……[2]

---

1 杨朔：《杨朔散文选》，人民文学出版社，2013 年，第 179—182 页。

2 《人民文学》，1961 年 10 月号，另见贺敬之《贺敬之文集》第一卷，作家出版社，2005 年，第 406 页。

李可染笔下的桂林风景

著名作家方纪，年轻时曾在桂林八路军办事处工作过半年，但那是战争时期，加之方纪当时尚年轻，尚不懂领略桂林山水之美。1959年，画家李可染在桂林写生，回京后送了一幅桂林山水画给方纪，这才勾起他对山水之美的回忆和理解。1962年春，他重访桂林后，发表了《桂林山水》，先从李可染的画说起，谈到古人如何用文字、今人如何用画笔描绘桂林，再把自己对桂林风光的观察和感受写出来：

漓江在远处慢慢地泛着微光，一闪一闪地亮起来了。太阳把漓江染成了一条透明的青丝罗带，轻轻地抛落在桂林周围的山峰中间。

这时，你可以出去了。无论走到什么地方，有时是转过一幢房子，忽然一座高倚天表的山峰，耸立在你面前。有时是坐在树下，透过茂密的枝叶，又看到它清秀的影子。或者在公园的亭子里，你刚探出身，一片翠幕般的青峰，就张挂在亭子的飞檐上。如果站在湖边，它那粼粼波动的倒影，常常能引起你好一阵的遐思。

这样，桂林山水，总是无时无处不在你的身边，不在你眼里，不在你心里，不在你的感受和思维中留下它的影响。

这篇散文，后来被选入初中语文课本。作家陈淼写的同题散文，则被收入小学语文课本。因为《桂林山水》成为中小学语文教材中描写风景的名篇，更多的孩子通过课堂学习而认识了解了桂林山水。

三、美术作品对桂林投入更多感情

除了用传统的诗文形式来表现桂林山水，这一时期对桂林山水的宣传和介绍，更多的是借助电影、画报、画册、音乐和书籍等，在表现形式上变得丰富起来。

1952 年，画家涂克创作的美术作品《桂林山水》由上海人民美术出版社出版。

1950 年代中叶，青年画家董义方有缘多次到桂林写生，不但在市区和阳朔逗留了足够时间，还乘车沿着崎岖的山路到过龙胜各族自治县去采风。数次访桂极大地激励了董义方的创作，相继出版了《碧莲峰下住人家》《兴坪之夏》《田家河畔的古榕》《漓江写生》《兴坪碧螺山水岩下》《从穿山岩远眺》等作品。

1956 年 3 月，年逾花甲的胡佩衡与张伯驹、潘素、惠孝同等画家从北京出发，奔赴湖南、桂林写生，他们是为准备参加文化部和中国美术家协会拟于“五一”国际劳动节举办的“第二届全国国画展览会”特意离京进行创作。桂林是他们一行的重要目的地，行前已经“熟读桂林游记和照片”，由于他们是画家团队，所以在漓江上行船就花了几天时间，以便更好地观察风景和写生。[1] 几个

1　胡佩衡 :《桂林写生》，人民美术出版社，1957 年。

月以后，胡佩衡脑子里还留着桂林群峰的美妙姿态："抬头一看，这边是象鼻山，那边是老人峰、独秀峰……山上被太阳一照，如同穿了新衣服一样，别有风趣。早点后，游叠彩山，山是青石天然叠成，山上有一山亭，上亭向东望，就是尧山和无数的群峰。因为头天晚间落雨，所以早晨的群峰，云霞紫翠，金光环绕，令人叫绝"[1]。回到北京后，人民美术出版社出版了他的《桂林写生》画集。桂林写生是胡佩衡山水画晚年风格的转折点。桂林写生之后，他感到"古画中用泥金钩山石轮廓，即所谓金碧山水，实在也未能完全表达，我们国画家应当继续研究"。此后，他的画风构图转变为简洁明了。

1950年代末，李可染、宗其香、颜地等名画家分别到桂林进行写生创作，并陆续发表了他们所创作的桂林山水题材作品。1956年的第二届全国国画展览会上，有多幅以桂林山水为题材的作品展出，作者包括黄幻吾、潘素、潘絜兹、胡佩衡等。

四、运用电影宣传桂林

电影摄制，对于当时的中国来说，还是相当大的投资，地方没有力量制作发行，电影制片厂在选题方面也会特别慎重。以桂林为表现题材的纪录片摄制，因为桂林的风景特点，更多地受到了电影人的关注。不但中国电影人多次拍摄桂林山水，也有外国电影人前来拍摄这里的秀美风光。

1956年，以朝鲜战争为题材的故事片《上甘岭》上映，引起巨大反响，该片插曲《我的祖国》更是传唱了几代人。电影中，与这首歌曲的歌词"为了开辟新天地"对应的画面，就是漓江伏波山。此片在歌颂英雄主义、爱国主义的同时，让更多的人知道了桂林山水。

1956年3月21日，《人民日报》介绍由上海科学教育电影制片厂拍摄的风景片《桂林山水》："在这里我们看到了桂林群山争奇竞秀的情态：象鼻山恰像一只垂下长鼻在江边饮水的大象，老人山恰像一个老态龙钟的老人的侧影，碧莲峰恰像一朵探头出水的含苞欲放的荷花……影片里面出现的漓江，又是多么美丽

1　胡佩衡：《湘桂写生随感之一：桂林山水》，载《人民日报》1956年7月3日第8版。

啊！它蜿蜒回流在群山之间，微微地颤动着银色的光波。水光山色，真使人心旷神怡。这时，我们也就会同意韩愈的“水作青罗带，山如碧玉簪”的诗句，正是对桂林山水的准确的描写。桂林不但景色美丽，而且是一个物产丰富的地方。出现在影片里面的浮游在浅水滩上的繁多的鱼群，和绿树枝头结实累累的肥美的柚子，就是全国闻名的产品。”7 月，《桂林山水》参加捷克斯洛伐克卡罗维发利国际电影节并获奖，《人民日报》和《大众电影》又作了相关报道，引起巨大反响。

1957 年，6 位意大利摄影家来桂林拍摄桂林山水风光片。

电影人不断寻求用新技术展现桂林山水。1961 年，八一电影制片厂摄制了彩色宽银幕立体电影《漓江游记》:“我们可以看到美丽的山峰此起彼伏，前后层次分明；也可以看到宽广的水面微波荡漾，犹如驾舟江上。在小小的帆船向前驶来时，我们会感到船帆‘跳出’了银幕，像是伸手就可以碰着它。在摄影机沿着小河向前移动拍摄时，会感到岸边的树木就像在头上划了过去似的。坐在影院里观看立体电影时，犹如置身在美丽如画的风景当中一样，对观众有很大的感染力。”[1]

1961 年，长春电影制片厂拍摄了中国大陆第一部风光音乐故事片《刘三姐》。这部由苏里导演、黄婉秋主演的电影，因风趣、幽默、机智的山歌对唱而受到观众热捧。电影因主要在桂林漓江两岸取景，更使桂林山水名声风靡海内外。

1962 年 10 月，著名摄影家吴印咸为了拍摄彩色宽银幕电影《漓江风光》到桂林采风。

1964 年元月，科学教育短片《奇峰异洞》、新闻纪录短片《漓江畔》上映。两部短片或者作为电影加场，或者两片专场放映。

1970 年代，香港凤凰影业公司拍摄了彩色宽银幕纪录片《桂林山水》，使桂林山水在银幕上有了更宽的视角。这部影片由桂林年轻的音乐工作者王小昆作曲。“文革”结束前后，到桂林观光的入境旅游者，都会被官方安排观看这部电影。

---

1 马守清：《立体电影》，载《人民日报》1961 年 4 月 9 日第 6 版。

阳太阳于 1950 年代画的桂林山水

五、其他宣传手段的运用

因为桂林山水声名远播，一些生活用品，很自然成为介绍桂林山水的媒介，也是借助桂林山水的影响力扩大市场营销。1959 年，桂林毛巾厂生产的“桂林山水”图案毛巾批量出口并行销到外省，毛巾上分别印有桂林四大名山、八大风景，成为一种别致的向社会介绍桂林山水的方式。

如何从科学角度来理解桂林山水，也引起了重视。1960 年 1 月 12 日，《人民日报》发表石工的文章《山奇水秀话桂林》：

> 桂林山水别具什么风格呢？人们爱用“山奇水秀”四字来形容它，这真是一点不假。你看那怪石林立，孤峰突起；这些怪石若林若嶂，形态

万千，柳宗元曾为之惊叹，作了这样精彩的描述："其石之突怒偃蹇、负土而出、争为奇状者、殆不可数。其嵚然相累而下者、若牛马之饮于溪。其冲然角列而上者、若熊罴之登于山。"那座座孤峰更是鬼斧神工，你也可以把它们想象为苍劲的老人、婀娜的少女、凶猛的狮虎、矫健的猎犬，也可以看作是文人的笔架、武士的兵刃……

尤为奇绝的是这些山石常常是平地青云，突兀田野之间，甚至在通衢闹市中突然出现，正像清朝诗人袁子才所写的："来龙去脉绝无有，突然一峰插南斗。"这样的奇山，确是别处少有。

你再看那清澈的江水，明净如镜，天光山色，纤细毕呈，间或风吹浪起船漾清波，更使水中倒影若碎若合、若隐若现，扑朔迷离，引人入胜。这样的秀水，别处又哪能见到？

桂林山水如此奇绝，自有它的来由，这多亏了大自然的工人，那涓涓的流水就是奇山的雕琢者。但是别处也有流水，为何不是山奇水秀？这因为广西一带的地壳表层大部分是石灰岩构成，石灰岩和许多岩石不同，它特别容易被溶有碳酸气的水溶解。溶解是它受到破坏的主要方式，因而破坏以后不会形成大量泥沙使流水浑浊，而是溶化在水中使水保持清亮；破坏的过程也不像其他许多岩石那样由表及里地层层剥落，而是水到之处就受破坏。水性向下，有缝就钻，钻到石灰岩的裂缝里，将它溶成空洞，逐渐扩大。如果这些裂缝是直立的，空洞就会成为一个个漏斗似的形状，当漏斗不断扩大以致相互连通时，在它们之间便只剩下些孤立的残柱，这就是我们看见的奇峰怪石。如果裂缝是曲折地深入地下，溶解的结果就造了复杂的洞穴，这些洞穴也可以逐渐发展以致彼此相连，里面贮藏水的时候便成了真正的地下河湖。而地上的河流如果与这种洞穴相通，便会被它吞没，突然在地面失踪。洞穴中还有许多石钟乳形成，它们的形状又是千奇百怪，把洞穴点缀成一个神奇的世界，这些地下景色，使桂林山水更加引人入胜。

这是一篇少见的从科普角度来介绍桂林山水的文章，有助于帮助读者从科学角度来理解桂林山水的形成。

歌曲的传唱历来被宣传家们所关注。1961 年 10 月，著名作曲家王莘谱写的独唱歌曲《桂林山水》发表。不过，纪录片《桂林山水》的插曲因为更有画面感，传唱的人更多一些。

一些新的艺术表现手段也被人们与桂林山水结合起来。1965 年，桂林市展览馆在花桥西侧落成，这是一座借鉴了桂北民居元素和苏州园林风格的庭院式展览馆，与周边环境融合为一体。展览馆庭院西墙上，是巨幅的马赛克镶嵌式桂林山水壁画，由姚奎创作，是中国第一幅马赛克镶嵌手法的壁画。这幅以桂林山水为创作主题的壁画已经成为中国当代美术史的一件瑰宝，也是参展人和访客所关注的一件桂林山水艺术品。

"文革"十年，大陆对桂林山水的介绍极少，但一些印刷精美的日记本还会用桂林山水图片作插页。

1973 年，国务院把桂林列为开放城市，正式允许外国游客到桂林参观游览。这个政策，其实是允许来自西方的游客，以自己选择的方式到桂林旅游。这时，虽然还没有树立起把旅游业作为经营性服务业的观念，但毕竟与原来的政治接待不同了。在当时的历史背景下，如何对来自西方的游客讲解桂林的风景，成为一个新课题。为此，桂林市革命委员会外事工程办公室组织力量，针对这一客人变化的情况，编写了叠彩山、伏波山、月牙山、龙隐岩和普陀山的外景导游词。这些景点有许多古代石刻，外事办对如何讲解这些石刻，以"既不割断历史，又不宣传封建迷信的精神"，提出几点原则：

一、对具有一定艺术价值的，如清代李秉绶的兰竹画和颜真卿的书法，对研究科学有一定价值的，如古文化遗址丹桂岩等，予以介绍；

二、对研究我国历史有一定参考价值的，如元祐党籍碑和瞿式耜、张同敞就义处等，作客观介绍；

三、对于某些较为健康的桂林山水诗题刻，有选择地适当介绍；

四、对于某些思想反动或者作者极端反动的碑刻，不作主动介绍。[1]

1　桂林市革命委员会外事工程办公室：《关于编写叠彩山等外景导游词的情况报告》1973 年 5 月 28 日，存桂林市档案局。

第四节 城市建设中体现的风景城市元素

城市建设方面，1950年以后，桂林的城市道路得到了一定的发展。铁路客运列车通往的城市也更远更多。民航得到恢复。一些通往景区的道路开始建设。七星景区、芦笛岩景区和环湖公园都得到建设或者提升。

一、1950年代初期的整理风景

1951年，桂林市修补了叠彩山上山台阶和石栏杆。

1953年元月10日，《桂林工人报》（由《桂林日报》更名）在头版发表消息：《榕杉湖修建工程开始了》。消息说，有上千人参加榕杉湖的修建工作，“挑的挑，挖的挖”，“人民政府为了提高人民的文化享受，在风洞山、月牙山、七星岩等地都修建了亭台楼阁，现在又动工修建榕湖和杉湖了”。这是新政权建立以来，官方媒体第一次报告这一类消息。新政府此前在风洞山、月牙山、七星岩等地整修风景的工作，也是在这一次报道中才提到。

榕杉湖的整修工程是从1952年11月21日开始的，具体工程项目包括清淤，淤泥用来堆筑湖中小岛，部分运走；修缮湖中的九曲桥；在湖岸栽花种草等。报道特意说：完工后，湖面可划船游玩。

这一时期，园林部门整理了七星岩和月牙山，包括修理登山道，新建或重建了栖霞亭、摘星亭、揽月亭、伴月亭、玄武阁、碧虚阁等，以供游人休憩远眺。

1956年6月17日，星期日，经过整修的七星岩正式对外开放。岩内安装了电灯，平整了道路。当天的游客达2000多人。但是，在这个阶段，所谓游览风景，只是市民生活中难得的点缀。因为，根据上级管理部门规定：七星岩的开放时间非常有限，每周二、四、六的12：00—16：00、周日及国家规定的假日则为10：00—16：00，才对外开放，票价5分。[1] 也就是说，在大多数时间里，这

1 《桂林建设报》，1956年7月19日。

关于编写叠彩山、伏波山、月牙山

龙隐岩和普陀山等外景导游词的情况报告

市委常委：

我们根据市委指示，编写了叠彩山、伏波山、月牙山、龙隐岩和普陀山等外景导游词（初稿），拟供导游时作口头介绍之用。

叠彩山、伏波山和龙隐岩等景点，自唐代以来，碑刻甚多，对研究历史有一定的价值。但，其中不少封建糟粕。在这次编写工作过程中，我们本着既不割断历史，又不宣传封建迷信的精神，对原有石刻分别作如下几类处理：

1. 对具有一定艺术价值的，如清代李秉绶的兰竹画和颜真卿的书法；对研究科学有一定价值的，如古文化遗址丹桂岩等，我们予以介绍。

2.对研究我国历史有一定参考价值的，如元祐党籍碑和瞿式耜。

1973 年，桂林市组织编写导游词的基本原则

个已经整修得不错的岩洞是关闭的。

这一时期，对叠彩山、伏波山等景区也进行了整理和充实，包括重建癸水亭、重建于越亭和仰止堂等。

1950—1956 年，桂林市用于马路、桥梁、下水道、风景区的投资达 141 万余元。这个数字，相当 1950—1956 年桂林市税收总额的 9%。利用这些资金，翻修了大小马路 58 条，全长 25000 多米，其中铺设柏油路面 16.6 万平方米，改建、新建下水道近 6000 米，修建桥梁 21 座，主要道路和街区都有了路灯、自来水。[1]

1 《桂林建设报》，1957 年 8 月 24 日。

二、社会主义建设开始后的风景规划

1956 年，桂林市提出规划，要大规模修建风景。具体包括：六年内建立 5 个公园——北门虞山庙起至象鼻山沿江一带，将兴建一座沿江公园；城东以七星岩为中心兴建一座城东公园；城南以南溪山为中心，城北以回龙阁、飞龙桥为中心，城西在老君洞、甲山一带都将建立公园。规划提出将桃花江水引入榕湖。市人民委员会还集中了全市 20 多位文物研究工作者、历史学者、美术工作者、建筑师等，组成桂林市风景修缮委员会。这个委员会，在成立之初即着手开始整理资料、实地勘探，进行规划的前期工作。《桂林建设报》发消息称：规划拟好后，即将大规模兴建。[1]

这个方案，比之前政府苏新民的风景市方案，有继承有调整，比如城市南边的公园扩展到了南溪山，象鼻山只是作为沿江公园的组成部分，说明这个规划更有雄心一些。前政府提出的在城墙上建设环城公园，因为城墙已经基本不存在，也没有再做方案的必要了。遗憾的是，受各种运动的冲击，国民经济也处于非常薄弱的状态，这个方案一直到“文革”结束也没有付诸行动。

同期，国内有专家提出修建一条从黑龙江到广州的大运河，这条运河将利用灵渠，通过桂林。国务院专家组组长、苏联专家、珠江航运管理局副局长等还专程到兴安至桂林沿线考察，并且派出了技术人员进行勘探。按照专家组的设想，定桂门码头将兴建一个 3100 平方米的客运码头，建设候船室，挖深河床。[2] 这个构想，从今天来看，未免不切实际，但若站在历史的角度，说明那时还是有不少人希望把桂林放到全国交通客运和旅游的大棋盘中去。

1964 年，桂林市被列为第二批对外开放城市，重新编制了《桂林市总体规划说明书》，将城市性质定为住宿舒适，交通方便，服务设施完善，市容整洁，环境卫生，风景优美，轻手工业发达的中国式的风景游览城市。[3]

1 《桂林建设报》，1956 年 7 月 19 日。

2 《桂林建设报》，1956 年 7 月 19 日。

3 《桂林市志》中册，中华书局，1997 年，第 1399 页。

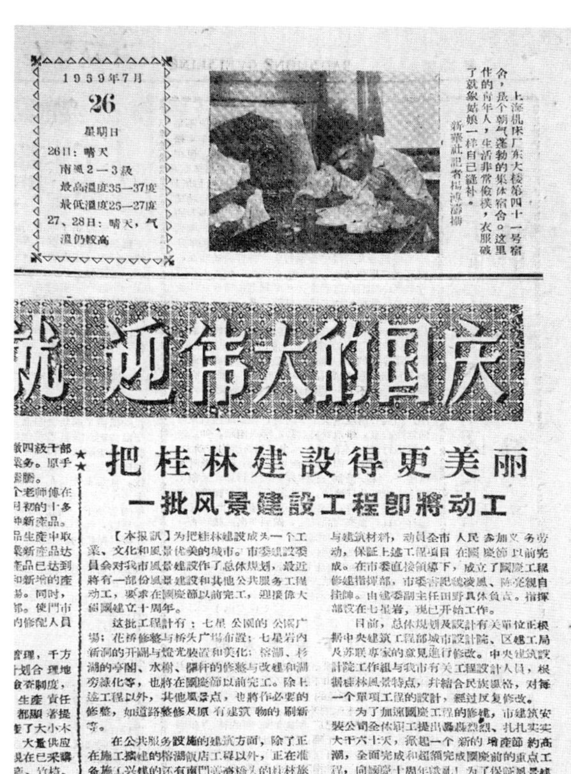

1959年7月
26
星期日
26日：晴天
南風2—3級
最高溫度35—37度
最低溫度25—27度
27、28日：晴天，气溫仍較高

上海机床厂东大楼第四十一号宿舍，是个朝气蓬勃的集体宿舍。这里作的青年人，生活非常俭樸，衣服破了就象姑娘一样自己縫补。
新華社記者楊溥濤攝

迎伟大的国庆

把桂林建設得更美丽

一批风景建設工程即將动工

【本报訊】为把桂林建設成为一个工業、文化和風景优美的城市，市委建設委員会对我市風景建設作了总体規划，最近將有一部份風景建設和其他公共服务工程动工，要求在國慶節以前完工，迎接偉大祖國建立十周年。

这批工程計有：七星公園的公園广場；花桥修整与桥头广場布置；七星岩內新洞的开闢与燈光裝置和美化；榕湖、杉湖的亭閣、水榭、欄杆的修整与改建和湖旁綠化等，也將在國慶節以前完工。除上述工程以外，其他風景点，也將作必要的修整，如道路整修及原有建筑物的刷新等。

在公共服务設施的建筑方面，除了正在施工擴建的榕湖飯店工程以外，正在准备施工兴建的还有南門善濟桥头的桂林旅……与建筑材料，动員全市人民参加义务劳动，保証上述工程項目在國慶節以前完成。在市委直接領導下，成立了國慶工程修建指揮部，市委書記魏凌風、陈亮親自掛帥。由建委副主任田野具体負責。指揮部設在七星岩，現已开始工作。

目前，总体規划及設計有关單位正根据中央建筑工程部城市設計院、区建工局及苏联專家的意見進行修改。中央建筑設計院工作組与我市有关工程設計人員，根据桂林風景特点，并結合民族風格，对每一个單項工程的設計，經过反复修改。

为了加速國慶工程的修建，市建筑安裝公司全体职工提出轟轟烈烈、扎扎实实大干六十天，掀起一个新的增產節約高潮，全面完成和超額完成國慶前的重点工程，向國慶十周年献礼！为了保証風景建……

1959年7月26日《桂林日报》关于修建风景的报道

三、国庆十周年的风景建设

1959年，为了迎接国庆十周年大庆，桂林市提出“把桂林建设得更美丽”的口号，对全市一批风景进行了提升改造，最大的工程是建设七星公园，把普陀山与月牙山、辅星山之间的东灵街和马坪街的近百家居民全部搬迁，建设了公园广场、月牙楼，对襟江阁、花桥进行了修整，还实施了桥头广场布置、七星岩内新洞开辟的灯光美化、榕湖杉湖的亭阁、水榭和栏杆修整与湖边绿化等工程。其他风景区也进行了翻修整理。此外，还建设了一批旅游接待设施，包括扩建榕湖饭店、兴建南门善济桥头的桂林旅店和改造艺术馆。工程总体规划与具体设计按照建设部城市设计院和苏联专家的意见进行修改，根据桂林风景特点，结合民族风格，进行最后定案。除了技术力量和建筑材料向这些工程集中外，还通过当时普遍使用的政治动员方式，动员全市人民参加义务劳动，让市民感觉到城市的发展变化有他们的贡献。城建局则组织专门力量生产修筑风景所需的琉璃瓦。[1] 国庆十周年的十项献礼工程中，与旅游有关的就有桃花江饭店、榕湖饭店、七星景区综合工程等。[2]

四、芦笛岩建设与榕杉湖风景重整

1962 年 2 月 4 日，被誉为“宝石花”的芦笛岩正式对游客开放。1959 年整修七星岩时，一位来自芦笛岩附近的民工说，我们那里有一个岩洞比这个还要漂亮。官方闻此，才知晓西郊的这个岩洞，于是组织勘测、施工，将其建设成一个新的风景区。芦笛岩刚开放时，洞内景色奇异，但岩洞内各景点尚没来得及命名，只说是“比七星岩有过之无不及”，尤其是有些石幔，薄可透光，轻敲如琴，声音迷人。岩内铺设了道路，搭了便桥、扶梯，安装了电灯。开放之初，为了给游客提供方便，临时增开了由十字街通往芦笛岩所在茅头村的专程游览车，岩洞口还增设了茶社。那时的社会文明风尚还不普及，故媒体特意提醒：为了保证游人安全和保护风景，游客进洞游览时要服从导游人员安排，分批顺序进洞；对岩内石乳不要敲打，以免损坏；不要在岩洞内大小便；如遇停电不要慌乱，听从导游人员安排。为了迎接这一年的春节，七星岩山上换种了树木，修缮了亭台楼阁，动物园整修一新，普陀精舍有露天舞会，七星后岩有鲜花、盆景展览，榕湖有文场演出，各景区还有专业摄影人员，为游客留影服务。

芦笛岩开放前，著名历史学家邓拓正好来到桂林，他兴致勃勃地作为首批客人，在市委书记魏凌风、副书记陈亮陪同下游览了芦笛岩，还写下旧体诗以志：

举世无双芦笛岩，彩云宫阙久沉埋。
元和墨迹今犹在，嘉定题诗句亦佳。
梦入太虚皆幻境，神游仙苑拥裙钗。
天开洞府工奇巧，炼石何须问女娲。

——《芦笛岩探古》

1 《桂林日报》，1959 年 7 月 26 日。
2 《桂林日报》，1959 年 9 月 9 日。

著名作家秦似，也陪同游此岩洞，写了《桂林新洞记》一文。[1]

1963年2月，榕湖九曲桥重修完工，桥面距水面50厘米，具有较好亲水性，湖岸护坡呈35度角，岛中设了石步级，可戏水或供上下游船。这个月，桂林市还成立了石山绿化试验研究小组。

1965年，在芦笛岩景区的山脚开掘芳莲池、九曲桥，以丰富景观。1974年，开辟了芦笛岩岩洞出口。

1963年至1965年，兴建了月牙山小广寒、驼峰茶社、豁然亭、桂海碑林藏碑阁、听涛阁等园林小品，提升了风景区的观赏性。

1965年，修建了伏波山临江楼。

桂林各界人士，一直关心桂林风景建设。1962年9月，桂林市第二届政协会议期间，委员们纷纷就此发表意见。桂林市政协委员们认为，中华人民共和国成立后，党和人民政府对桂林风景区的建设和古迹文物的保护和征集，做了许多工作，取得了很大成绩。比如芦笛岩的开发，八路军驻桂林办事处、蒋翊武先生纪念碑、舍利塔、西山石刻及佛像、木龙洞石塔、王城、花桥等，都保护较好。同时，政协委员们也希望政府在这方面的工作能够进一步增强。梁岵庐委员提出，要加强对市内分散文物的搜集整理，廖仲翼委员提议加强风景区内历史文物的维修，朱乃文委员提醒风景园林建设要掌握桂林风景的特点。中山北路岑公祠附近原有许多古树，风景优美，却被附近一些单位和居民砍掉了，一些委员对此提出了批评。根据这些委员们的意见，市风景文物委员会组织编写了《桂林山水游览手册》。[2]

五、文物保护与研究

这个时期，桂林市文物保护工作逐渐建立和开展起来。

1950年，桂林市成立了吸纳社会贤达和知名人士参加的桂林市名胜古迹修缮保管委员会，着手进行文物古迹的保护修缮工作。1958年，这个机构更名为桂林市风景文物整理委员会。1963年，正式成立了桂林市文物管理委员会。次

1 《桂林日报》，1962年2月3日。

2 《广西日报》，1962年9月7日。

年，桂林市文物工作人员达到10人。1969年，该机构撤销，另外成立了文物整理组，仅保留4人。1973年，在社会各界呼吁下，桂林市恢复了文物管理委员会，工作人员为15人。

在文物机构起起落落的变化过程中，相关文物保护与研究工作也在艰难地进行着。

1959年，重建了叠彩山仰止堂；1961年，桂林市风景文物整理委员会公布了第一批市级文物保护单位；1962年，着手对靖江王墓群进行调查登记；1964年，成立了桂林博物馆筹备处；1965年，对花桥进行了全面翻修；1973年，成立了八路军桂林办事处纪念馆筹备处；同年，组织挖掘了甑皮岩遗址，并着手筹建甑皮岩陈列馆。针对龙隐岩摩崖石刻众多且历史价值较高的情况，1964年着手建设了“桂海碑林”相关馆舍；1977年，对市区范围内的摩崖石刻进行了调查核实；1975年，挖掘了吕调阳墓等。[1] 这些工作，对桂林市历史文化的梳理、发掘和保护，具有重要基础意义，也为桂林旅游发展提供了重要的文化元素。

桂林甑皮岩是华南地区新石器时代早期代表性遗址，被列为国家大遗址公园

1 《桂林市志》下册，中华书局，1997年，第2975—2982页。

六、与风景相关的配套设施建设以及劳动者的疗养

1957 年，桂林市重建了解放桥，桥面比数年前修建的旧桥增宽了一倍。

1964 年 9 月，市区通往芦笛岩的专用道路完工，为普通游客前往参观提供了一些便利。

民航运输也得到了短暂的恢复。1959 年 11 月 12 日，桂林奇峰镇机场试航成功。1961 年 2 月 1 日，广州—桂林—贵阳航线开通。

来往客人逐渐增加，虽然数量非常有限，却给没有这方面规划留下空间的城市带来很大压力。例如，游客很难找到公共厕所解决内急问题。1950 年代，风景区的厕所问题已经引起关注。1956 年 8 月 25 日，《桂林建设报》发表读者来信，呼吁“风景区应盖厕所”。这是桂林市较早对景区厕所配套建设的思考。

对风景的保护，也有了一些初步认识。1964 年 3 月，市人民委员会关于《桂林市护林暂行条例补充规定》中规定：“桂林市区以及郊区漓江两岸、公路两旁第一重石山和土山均为封山育林的重点地区。以上地区除交通要道与风景区游览道路外，一律不得入山，不准砍柴放牧，不准进行副业生产。”市区漓江沿岸石山有 10 座：虞山、铁封山、叠彩山、伏波山、象鼻山、南溪山、斗鸡山、穿山、塔山和净瓶山，合计面积 52.16 公顷[1]，对这些石山进行护林，有利于维护城市风景。

1973 年，全国第一次环境保护工作会议把漓江列为全国重点保护项目之一。遗憾的是，当时还处在“文革”后期，路线斗争仍然是全党工作的中心，这个会议的精神未能得到很好的贯彻落实，漓江环境仍然处于持续恶化中。

在那个时代，官方倡导的是无私奉献。即使官方提倡忘我劳动，反对讲究生活情调，但对劳动模范、先进工作者，却很注意安排他们在风景区里疗养，以示奖励。1949 年后，就在桂林建设了工人疗养院。1956 年 6 月 28 日《桂林建设报》（其前身为《桂林工人报》）登载了工人疗养员在桂林工人疗养院疗养的整版配图报道。在南溪山下的广西第二工人疗养院和铁路疗养院，共有 168 名疗养员入住疗养，他们来自广西各地企业和全国铁路系统，其中还有修建长江大桥的劳动模范。

---

1 《桂林市志》中册，中华书局，1997 年。

第五节 有限的交通条件和服务接待

中华人民共和国成立初期，桂林的交通条件，比民国时期有所改观，主要是稳定性和安全性有所提高，在有效供给方面，一直到“文革”结束，虽有一定变化，却不明显。

一、市内公交进步缓慢

桂林市区公共交通，1955 年开始实行市区交通管理，十字街、阳桥和南门桥三个十字路口设置了红绿灯，白天由警察指挥交通，夜晚则由红绿灯指挥交通；在主要十字路口设置了人行横道线；中心区干道禁止马车通行。1956 年，开始恢复公共汽车，但只有一辆匈牙利产公共汽车，行驶路线为桂林火车北站至桂林火车南站（今桂林站）再到奇峰镇，开行时间以火车到站为准。由于车况不好，保养不足，基本处于停停开开的状态。从 9 月 1 日开始营业，到 10 月 6 日，37 个营业日中，就有 4 个整天和 5 个半天抛锚修理。10 月 7 日起，又经常被机关借用，不能正常为市民和游客提供服务。至 1958 年，才有了第二台公共汽车。1959 年，榕湖饭店赠送了 2 台客车，城建部门也购入 2 台车，计 6 台车辆投入公共运行，才算具备基本运行条件。1960 年 2 月，在此基础上成立了公共汽车队。1970 年，公共汽车增加到 29 辆，1978 年为 79 辆。

1978 年，开行的主要线路有：1 路由北站—公交车场，2 路由公交车场—大庆路，3 路由公交车场—芦笛岩，5 路由公交车场—奇峰镇，6 路由公交车场—轮胎厂，9 路由公交车场—华侨农场。

1978 年 12 月 9 日，阳朔漓江公路桥建成通车，使桂林至梧州的公路干线缩短了 50 千米行程，新华社专门发布了消息，称“造型秀丽，宛如一道彩虹飞架漓江两岸。江桥与碧莲峰遥遥相对，登桥眺望，山光水影尽收眼底，因此，游人称它为‘观莲桥’。”

二、长途客运步履维艰

长途汽车方面，1950 年，桂林汽车总站只有客车 2 辆，计 60 座位，开行桂林—荔浦线，双日开行。1955 年，客车数量增至 16 辆，运行线路可开往黄沙河、八步、柳州、永福、宛田等方向。1964 年，线路增加，至周边各县和主要乡镇，以及富川、鹿寨、蒙山及湖南通道均有班车。早期汽车多以木炭为动力，上坡吃力，不但车速很慢，交通事故也多。

1966 年元月，春节之前，桂林汽车站为了保证旅客回家过年，作了“周到安排”，增调了 40 部货车作为临时班车，路途较远的班车则增加了班次，如桂林—八步、桂林—平乐，原来每天一班，改为每天两班。从元月 11 日起，汽车站实行昼夜售票，旅客可以随时到站购买或者预定车票。但是，总的来说，桂林市通往周边县市的长途交通，仍然处于非常落后和匮乏的状态。

三、水路客运的消失与恢复

1955 年，开辟了桂林至梧州间的汽轮，共有客货轮、拖轮 5 艘。为解决桂江航道水浅问题，珠江航运局梧州分局组织炸毁了沿江一些有碍航行的暗礁。[1]后以“保障安全”为由，游览漓江需要专门报批申请专船，手续繁杂、费用高昂、时间拖沓，漓江普通客运很快消失。

1963 年，为了解决漓江沿岸村民交通问题，桂林航运公司制造了第一艘兼营客货的客船，船为木质，底仓装货，仓面载客，有 32 个客位及部分无座散客席。此船无动力，由拖轮拖带前行，航行路线为桂林——平乐，约 5 天一班，冬季停航。

因为沿江部分乡镇如草坪、杨堤、兴坪均不通公路，进城上县都要翻山越岭去搭乘长途班车，颇为不便，故这类客船很受漓江两岸群众欢迎。1965 年，客船增加到 3 艘，班期改为 2 天一班，乘客中游客比重才开始多起来。1976 年，鉴于观光游客逐年增加，航运公司将旗下的 11 艘木质船全部改为客运，且运行区间改为桂林—阳朔，漓江游览渐成常态。[2]

---

1 《桂林建设报》，1956 年 4 月 21 日。

2 《桂林市志》中册，中华书局，1997 年，第 2231 页。

1950 年代，漓江运输主要以货物为主，这是当时的漓江码头场景

四、铁路直达城市有所增加

铁路方面，1953 年开行了南宁经桂林至武汉客运列车。1957 年开行了凭祥经桂林至北京的国际联运快车。桂黔铁路于 1959 年通车运营后，又开行了上海经桂林到安顺（后改为重庆、又再改为至昆明）的旅客快车。这样，桂林至北京、郑州、汉口、上海、贵阳、昆明等城市，均有了直达旅客列车。

1977 年，桂林新火车站建成使用。《人民日报》发布相关消息：

> 桂林地处湘桂、黔桂铁路的主要区段，素有“山水甲天下”之称。近几年，来这里游览、访问的国际友人以及港澳同胞日益增多。每天过往的工农兵旅客也络绎不绝。原有的火车站面积仅六百多平方米，候车条件差，已远远不能适应运输事业发展的需要。

> 新建的桂林火车站总面积六千四百平方米，站内设有快车、慢车、母子、团体、贵宾等十个候车室。各个候车室都可以直接入站。根据桂林多雨的特点，从站台到各个候车室、售票房以及小件行李寄存处，都建有防雨联廊和雨廊。站内还设有售货亭和旅行服务部。

这样的规模和设施，在当时整个国民经济十分薄弱的情况下，已经十分不易。

1978 年，桂林站发送旅客 77 万人次，桂林北站发送旅客 21 万人次。

五、民航的艰难恢复

桂林航空于 1961 年恢复运营，开通广州—桂林—贵阳航线，不足一年时间，因跑道出现溶洞而停飞。1970 年，跑道修复后，桂林机场重新复航。

1961 年，桂林机场发送旅客 240 人；1970 年复航之年，发送旅客 295 人，1973 年为 4791 人，1974 年 15013 人，1978 年 56954 人。从上述数字可知增长势头明显，也说明了早期民航的市场十分微小。

六、非常落后的商业服务

桂林的餐饮旅店服务，受公私合营等因素影响，数量下降明显。

1950 年，桂林有酒楼饭店 107 家。另有米粉店（摊）及风味小吃店（摊）757 户。

1952 年，桂林市有饮食餐馆、饭店达 144 家，饮食摊（店）924 户。

1954 年，桂林市私营饮食店只剩下 157 家。

1956 年，饮食业实行社会主义改造，走公私合营道路，商业服务业推行出现违背行业特点、合并集中生产的情况，撤点更多。1956 年 3 月 4 日，毛泽东在听取国务院有关部门汇报手工业工作情况时说：“在手工业改造高潮中，修理和服务行业集中生产，撤点过多，群众不满意。这就糟糕！现在怎么办？‘天下大势，分久必合，合久必分’。”[1]

---

1 《毛泽东文集》第七卷，人民出版社，1999 年，第 11 页。

1957年，桂林市成立公私合营饮食服务总店，管辖6家饭店、3家冰室，从业人员228人。

1958年，饮食服务总店撤销，成立饮食服务管理处和合作管理处，分别管理饮食服务业、合作饮食店（组）。将社会上还未实行合作的小吃摊贩纳入合作组织，扩大小摊贩合作面，辖72个经营门店，其中3家小型饭店，其余皆为米粉店、风味小吃店。

1960年，饮食服务管理处撤销，除桂林酒家、月牙楼饮食店外，其他按所在地下放给城市各公社管理。

1961年，成立市服务公司，收回下放各城市人民公社的饮食门店，归该公司管理。10月，成立饮食合作总店，辖9个中心店，下设40多个经营门店。[1]

合并撤点，是想人为地打造一些大而全的店铺。1956年7月，桂林酒家开业。桂林酒家在阳桥头，由7家店铺打通，可同时纳客500人就餐，算是当时规模最大的一家酒家，可提供北方菜、南方菜、西餐等600多个菜品以及80多种点心，主厨人员是从本市各著名酒家抽调过来的，意图以行政力量打造一个全面大型的餐饮场所。

消费者的口味是多样化的，多数人的消费能力也决定了他们只能光顾方便且便宜的小食店小餐馆，因而月牙山的素食豆腐也偶尔被媒体报道。

旅店业的情况略好一些，虽说1956年的公私合营运动中也走过合并集中的路，但一些新旅社陆续建立起来。1976年以前，桂林市先后建设了桂林饭店、丹桂饭店、南溪旅社、象山旅社、杉湖旅社等略具规模的旅社，这些旅社布局在火车站至十字街沿线，均为4—6层的楼房，能够勉强应付那时的投宿要求。一些旧民房中的老式客栈，也有其相应的市场。

虽然党政机关和社会对经济的关注主要在工农业生产方面，但服务质量的下降，往往引起舆论诟病。为了反映人民呼声，媒体有时也会对这一问题有所关注。

1 《桂林市志》中册，中华书局，1997年，第2078—2079页。

1956 年 4 月 10 日，《桂林建设报》有一则消息的标题便是《公私合营旅店清洁》，表扬新太平旅店条件虽一般，但注意保洁卫生，受到旅客好评。这条消息的意图当然是为公私合营唱赞歌，也从另一个侧面说明当时旅店的清洁普遍存在问题，从民国以来未有明显改善。

七星岩开放那天，《桂林建设报》报道了另一条服务业消息：《个个都称赞的旅店》，仍然是 4 月 10 日该报曾报道过的那家新太平旅店，内容也仍然是卫生做得好。可见，当时的旅店普遍卫生条件欠佳，且很难找到榜样。

新太平旅店不但卫生保洁做得好，而且主动扩大了服务范围，如代买车票、半夜代呼三轮车、提供唤醒服务等，有三家客栈还代购米、菜，也受到媒体的表扬。桂林雨多，有时客人被雨淋湿了，一些旅馆会帮客人把衣服烤干等，这也成为地方媒体表扬报道的内容。

1958 年 6 月 29 日，《桂林建设报》报道了以《树立社会主义服务观点》为题，介绍桂林酒家提高服务质量的经验，还重点报道了服务员张榕贵的事迹。

1959 年 11 月，新建成的桂林饭店在桃花江畔开业。饭店距离火车站不足一千米，与长途汽车站相邻，为四层建筑，有 18 个高级房间和 88 个普通房间，以及大小会议室 8 间，可为 350 人同时提供食宿。每层楼有洗漱室、卫生间、冷热水、浴室等设施，有大餐厅和小餐厅，可以提供不同要求的餐饮服务。[1]这是继榕湖饭店之后，桂林市第二家具备较好条件的饭店，其建设与开业，主要是为了迎接国庆 10 周年的宾客接待。

1961 年 12 月 28 日，《桂林日报》头版刊登了桂林酒家服务员韦统豪、老服务员林树森耐心周到为客人着想的事迹。

1962 年 1 月 16 日，《桂林日报》刊登桂林饭店年轻服务员陶桂英突破思想障碍、安心为客人服务的故事。23 日，又刊登了桂林饭店和桂林酒家两个服务员的小故事。

1962 年 6 月 14 日《桂林日报》发表读者来信，批评七星岩的导游走得太快缺乏耐心。

---

1 《桂林日报》，1959 年 12 月 4 日。

虽然旅游业不发达、不积极，但因为商业服务设施受到压缩，旅店床位经常会出现紧张状况，一些半夜到达的客人尤其难以找到住处，服务员往往把自己休息的地方或者仓库腾出来应急，这经常成为服务周到为游客着想的故事受到表扬，如1962年8月7日《桂林日报》通讯《卫星旅社的一天》，就是说一个这样的故事。1963年6月，报纸又表扬这个卫星合作旅社，因为漓江客船只有周一、四才开船，但他们不但代客人买票，而且天天接受委托，很受游客欢迎。

1963年8月30日，桂林日报表扬了车站的好人好事。1964年5月15日《桂林日报》刊登了表扬北站服务员的《旅客的贴心人》。

1965年10月，桂林地区行政专署400多干部在滨江路参加义务劳动。

环境卫生和文明旅游问题，逐渐受到社会关注。

1954年6月8日，《桂林建设报》发表读者来信，呼吁不要把垃圾倾倒在河中，说明环境问题开始受到重视。个别好奇的游客，从山上往山下扔石头的危险行为，也受到批评。

1963年1月31日和2月2日的《桂林日报》均发表读者来信，对七星岩出现的游客乱涂乱画现象提出批评。

1963年7月，绿化队给《桂林日报》写信，呼吁制止砍伐风景区树木。

CHAPTER SIX

第六章

改革开放早期的桂林旅游

GUI LIN

1978年12月，中国共产党第十一届中央委员会第三次全体会议在北京召开。全会的中心议题是讨论把全党的工作重点转移到社会主义现代化建设上来，决定停止使用“以阶级斗争为纲”的口号，提出“解放思想，实事求是，团结一致向前看”的思想路线，做出把党和国家的工作重心转移到经济建设上来，实行改革开放的伟大决策。十一届三中全会，也被认为是中国走向改革开放的重要里程碑。

中国经济的发展，离不开世界市场，需要引进外国的先进管理经验和技术设备，这就需要大量外汇。中国传统出口业以大宗原材料和农副产品为主，辅以一些轻工业产品，创汇能力有限，难以支撑中国发展经济的外汇需求，旅游业在创汇中的非贸易创汇特点和高创汇率优势引起了高层的关注。桂林，成为中央高层领导思考利用旅游创汇这个重大议题的重要城市。

1973—1980年桂林市接待入境旅游者统计表[1]

单位：人次

年份	入境旅游者
1973	977
1974	5765
1975	6867
1976	9298
1977	14724
1978	48155
1979	87151
1980	110418

注：桂林市于1973年10月正式对外开放，允许入境旅游者到这座城市旅游。

1 《桂林市志》中册，中华书局，1997年，第136页。

1978年元月，复出后的邓小平以国务院副总理的身份第一次出访。他这次访问的国家是缅甸。外交部亚洲司副司长程瑞声作为随从人员，一同出访。

程瑞声曾长期在中国驻缅甸大使馆工作，后来担任中央领导人的缅甸语翻译。1976年，他曾陪同访华的新加坡总理李光耀访问桂林。在桂林，李光耀对程瑞声说过一番话。这次，在出访缅甸的行程中，程瑞声有机会直接向邓小平汇报李光耀的桂林谈话了。

李光耀在漓江的游船上对程瑞声说：中国那么漂亮，如果把旅游好好弄一弄，一年至少可以创收外汇20亿美元。

邓小平对程瑞声的汇报很感兴趣，说：好好地搞他几年，肯定能达到，还可以超过！[1]

从缅甸回国后，短短的时间内，邓小平就旅游发展问题，发表过5次谈话。发展旅游，为中国现代化建设创收外汇，成为改革开放初期重要的开放战略之一。

1979年1月6日，邓小平在同国务院负责人谈话说又说："旅游事业大有文章可做，要突出地搞，加快地搞。"一大批由外商投资的旅游接待设施迅速在全国主要旅游城市落地并形成接待能力。

一些访问桂林的外国友人，也对接待方提出通过发展旅游创汇的建议。1979年11月到访桂林的南斯拉夫共产者联盟中央主席团委员米·普拉宁茨女士，向桂林市革委会主任梁成业建议：如果把旅游搞好了，这一方面的外汇收入，应该是一笔可观的数字。[2]

桂林旅游，就在这样的大背景下，走进一个新的历史时期。

这个阶段的桂林旅游，从治理环境入手，改善了桂林的旅游环境和生活环境，建立了全社会对环境保护的意识。入境旅游的迅猛发展，使得桂林旅游供给短缺现象非常严重。为了解决旅游供需平衡问题，桂林市在引进外资投资旅游项目等方面迈出了较大步伐，使酒店接待能力在较短时间内有了较明显的发展，但

1 《中国青年报》，2008年9月22日。

2 梁成业：《独秀峰下》，中共党史出版社，2004年，第73页。

旅游景点景区人满为患、旅游交通成为瓶颈等问题又接踵而来。在解决这些问题的过程中，桂林做出了艰辛而有益的探索。

第一节　从环境治理入手，提升桂林旅游发展的台阶

1978 年以后的桂林旅游，并不是从官方和社会的赞赏开始起步的。恰恰相反，是以一种难以让桂林人承受的舆论，掀开了桂林旅游的新篇章。

1978 年 10 月 9 日，邓小平在会见美国泛美航空公司董事长前后，同民航总局、旅游总局负责人谈话时说："利用外资建宾馆可以干嘛！应该多搞一些点。昆明、桂林、成都都可以搞，一个城市建设一两千个床位。桂林漓江的水污染得很厉害，要下决心把它治理好。造成水污染的工厂要关掉。'桂林山水甲天下'，水不干净怎么行？"[1]

1978 年 10 月 31 日，中共中央批转了《国务院环境保护领导小组办公室环境保护工作汇报要点》。在这个《要点》中，桂林市被列为全国重点治理环境污染的 20 个城市之一。《要点》提出，这 20 个城市必须在 1985 年基本解决大气、水质污染等严重的环境问题。不久，国务院副总理谷牧亲自到桂林召开会议，研究桂林风景区污染治理问题。这次会议，议定了几项原则：桂林整个风景区所有构成污染的工厂全部限期治理；用好国家安排的相关投资；制定桂林市环境保护规划和实施条例。

可见，中央对桂林的环境治理和风景保护是一体看待、一起狠抓的。

1　邓小平著，中共中央文献研究室、国家旅游局编：《邓小平论旅游》，中央文献出版社，2000 年，第 2 页。

一、桂林的环境污染问题受到严肃批评

这一时期，桂林的经济水平仍然比较落后，但污染问题却十分突出。梁成业回忆说，他于 1978 年春天调任桂林市委副书记、市革委会主任不久，就发现景观保护的大问题：有人要对著名的象山开膛破肚，说是要建“战时医院”；著名的隐山六洞，则早被人防部门用钢盘水泥筑成堡垒，洞内奇特的钟乳石等已经尽毁。城市建筑风格与景观不和谐的问题，也受到一些外宾的诟病。[1] 至于环境污染问题，就更突出了。据《桂林市志》：“据当时调查统计：全市 86 家主要工厂企业，日排放工业废水 13.16 万吨；工业燃煤产生的废气总量每年为 86 亿标准立方米、煤渣 21.5 万吨、二氧化硫 6.13 万吨。城区日排放生活污水 3.48 万吨，年排放生活垃圾 7 万多吨。当时生产工艺落后，管理水平低，资源、能源利用率不高，大部分干部群众还缺乏环境保护意识，绝大多数废水、废气、固体废弃物未经处理即对外排放，污染了环境和风景资源，引起了国内外的关注。”[2]

1979 年元月，中共中央、国务院下文明确桂林市的城市性质为社会主义风景游览城市。将桂林建设成为“风景城市”，从桂林人民的愿望上升为国家发展战略。与此同时，国务院批转了国家建委《关于桂林风景区污染治理意见的报告》，要求“尽快恢复并很好保持桂林山水甲天下的自然风貌”，强调“整个桂林风景区，包括从桂林到阳朔漓江两岸，所有构成污染源的工厂，不论大小，都要限期治理，治理无效者坚决搬迁或转产。今后，桂林风景区内不经批准再不准新建或扩建任何工厂。”

2 月 4 日，《光明日报》发表题为《拯救桂林》的调查报告，严厉批评桂林环境污染对风景造成的破坏，引起全国震动。桂林市迅速召开领导干部会议，传达中央和自治区关于治理桂林风景区污染和城市建设的意见，提出 1979 年城市工作以旅游为重点，抓好治理污染攻坚战，加强城市建设。国家也拨付了在当时来说算是相当大的一笔资金给桂林，用于环境保护工作。可以说，桂林市在经济

1　梁成业：《独秀峰下》，中共党史出版社，2004 年，第 53—54 页。

2 《桂林市志》中册，中华书局，1997 年，第 1489 页。

发展上把旅游放在重要地位，是与对环境的日益重视联系在一起的。6月4日，《人民日报》发表了记者高集、石德连的文章《定要桂林山水更妩媚》。这篇文章，表扬“桂林市消除污染的工作有了一个良好的开端”，也指出了仍然存在的严重问题，如“在风景优美的小东江畔有个芳香厂，每天排入小东江大量有害污水。为了解决这个厂的污染问题，曾拨给他们上百吨水泥，建筑污水处理池。但这个厂的领导人竟挪用这些水泥盖了办公大楼”。文章最后，仍然以鼓励为主：“大家相信，只要桂林市各级领导统一思想，明确目标，突出重点，发动群众，坚持不懈地治理‘三废’，就一定能迅速恢复和保持‘桂林山水甲天下’的风貌，造福于劳动人民，发展旅游事业。”

从后面的情形来看，《光明日报》和《人民日报》于1979年所发表的关于桂林环境保护的批评性文章，其效果并不明显，或者说桂林地方在环境治理上的力度仍然没有达到中央领导的要求。在《光明日报》关于桂林环境情况的调查报告发表一年以后，1980年3月5日，国务院环境保护领导小组调查组来到桂林，对桂林环境保护工作情况进行全面调查。调查组在桂林进行了两个多星期认真、细致、全面的调查，形成了对桂林环境保护工作评价的基本观点。22日，调查组在桂林市干部大会上作了《破坏环境，大家受害；保护环境，人人有责》的报告。

从调查组报告的标题可以看出调查组的调查结论，就是对桂林市自1979年初以来执行党中央、国务院要求“尽快恢复并很好保持桂林山水甲天下的自然风貌”的情况不满意。

1980年5月31日，《人民日报》发表了分量更重的长篇调查报告《还我美好山河——桂林风景区的保护和治理工作亟待加强》，同时配以短评《以桂林为戒》。

《人民日报》的这篇短评说：“桂林的问题不是孤立的。当前，有好些地区的风景名胜被糟蹋得很不像样，有的甚至濒于毁灭的危险。为什么会如此？主要是有些领导干部只有生产观点，没有生态观点；只顾追求产值利润，不考虑环境保护，哪里方便，工厂就往哪里盖。哪里方便，废渣、废气、废水就往哪里排放。于是一些优美的风景名胜区被占、被挤、被污染、被破坏。这实在令人痛心！”短评文章虽短，言简意赅，强调了保护环境、保护风景的意义，以廓清一些糊涂认识：“人类不但要进行生产劳动，也要有个美好的生活环境。风景区是人们劳动和工作之余，休息娱乐、陶冶身心、恢复精力的重要场所。目前许多国家的旅游事业在迅速发展。我国山河壮丽，风景优美，世上有多少人向往！保护好、建设好风景名胜地区，这对于为社会主义现代化建设积累资金、增进我国人民同世界各国人民的友好往来都有重要意义。”这篇短评提出了“生态观点”的理念，强调保护风景与中国和世界人民友好往来的意义，这是地方层面无法主动想到的高度，警醒了很多人。

在《还我美好山河——桂林风景区的保护和治理工作亟待加强》这篇由新华社和人民日报记者联合撰写的调查报告中，历数了桂林风景区在保护和治理方面的突出问题：桂林和阳朔，1971 年的捕鱼量为 1500 担，1979 年下降到 293 担；1980 年 3 月中旬进行 14 个水样分析，每个样品均检出有毒物质；化工厂的氯气、氮肥厂的一氧化碳、洗涤剂厂的二氧化硫等多种毒气直接排放，致使当地的几座石山变白，草木枯萎，“看不到什么秀丽的风景”。好些著名风景区已不能开放，有 38 个风景点被 84 个工厂和单位侵占，“目前还在发展”。独秀峰“峰顶上亭楼破败，遍地是屎，蚊蝇孳生，很难涉足”，“全市有九个水塘，共六万三千多平方米被全部填没，还有六个水塘已被填掉二万七千多平方米”“城西以产荷花著称的西湖，变湖为田，种了水稻”“桂林至阳朔的漓江两岸，不少秀丽的山峰，被炸山取石、挖防空洞，破坏了地貌、岩洞和山林植被”“唐宋以来就闻名的隐山六洞，被市人防指挥部占用后，石笋、塑像和钟乳石毁坏殆尽，天然岩洞被用水泥、砖石构筑成防空洞，已很难恢复原貌”。调查报告甚至直言：“桂林风景区污染仍然严重，风景名胜区继续遭到破坏，桂林市和桂林地区的领导干部要负重要责任”，因为“这里的污染治理进展十分缓慢”，上级拨付的治理资金，只完成投资任务的 8.4%，1979 年新安排的 16 个治污项目，只有 3 个开工。[1]

二、桂林采取壮士断腕的措施治理环境问题

《人民日报》的短评和调查报告，在桂林引起巨大震动。6 月 2 日，中共桂

1 《人民日报》，1980 年 5 月 31 日。

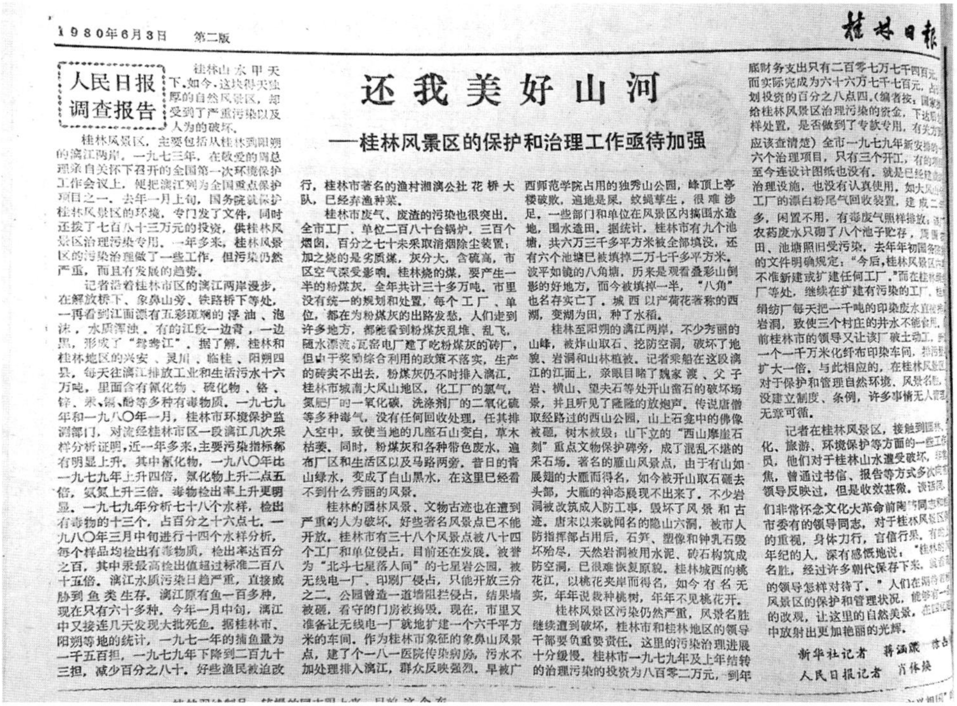

1980年6月3日《桂林日报》全文转载了《人民日报》对桂林环境的批评报道

林市委召开常委扩大会，讨论《人民日报》的短评和调查报告，动员社会献计献策，搞好环境保护工作，推进项目落实。6月3日，刚复刊的《桂林日报》全文转发了《人民日报》的短评和调查报告。

为全面贯彻落实党中央、国务院关于治理桂林环境的意见，广西壮族自治区党委和人民政府于7月28日向中共中央、国务院呈送了《关于桂林风景区污染治理情况和今后意见的报告》。自治区科委、环保办迅速派出技术力量到桂林，研究、指导和协调桂林地、市的环境保护工作。中国科学院环境化学研究所也派代表参加指导。在环境空间上，明确了桂林地区和桂林市的责任范围，在技术层面则由相关部门牵头指导、提出整改措施，落实到位。例如，印染废水治理研究项目，由自治区绢麻研究所承担，相关部门和企业协助。桂林地、市相关单位，则派出强大的技术人员队伍，对污染源进行调查和评价。

该年11月8日，桂林市革命委员会颁发了《桂林市环境保护管理条例》和《排放污染物收费规定》，并发布了保护市区范围内70座名山的紧急通知（桂林市当时尚未管辖县域）。[1]

《桂林市志》记载：1979—1981年，桂林市先后关、停、并、转、迁了包括桂林第二发电厂、桂林造纸厂制浆车间、桂林钢厂炼钢车间、桂林大风山化工厂、桂林市针织厂等20多个严重污染环境的工厂或车间；重点对印染、电镀、造纸、制药、食品、化工等废水进行了治理，对全市老锅炉进行改造、更新，配置除尘设施。发展城市民用型煤和液化石油气，控制大气污染，开展综合利用，把污染环境的煤灰渣，变成宝贵的建材原料。对全市主要医院的污水进行了处理。结合城市基础设施建设和旧城改造，投资4000多万元在市郊建成3个污水净化厂；拓宽市区主要路段，修建环城公路，缓解交通拥挤状况，控制噪声污染。综合治理漓江及风景湖塘，加强植树绿化，提高城市绿化覆盖率和人均公共绿地面积。环境保护已从单纯治理工业污染逐步上升到城市环境综合整治。

1983年，为了改善榕杉湖水质，桂林市建设了引水入湖工程，从城市北部南洲岛附近修暗渠，穿越城市，将漓江水引入榕杉湖。1985年在工作中发现，引水入湖工程引水口已经被严重污染，遂采取措施进行整改。

1981—1990年，市区工业总产值增加近1.5倍（按1980年不变价），工业废水排放量却减少48.3%；万元工业产值废水排放量由856吨下降到268吨；工业废水处理率由10.75%提高到60.20%。漓江得到重点保护，长达10多千米的污染带已经消失，重金属及有毒物质污染基本消除，水质保持良好，按国家《地面水环境质量标准》（GB3838-83）二级水质标准评价，除大肠菌群历年超标，氨氮和石油类在个别年份超标外，其余项目均符合标准。生活废水也逐渐进入治理轨道，20世纪80年代先后在市南郊上窑、北郊北冲和东郊七里店建成3个污水净化厂，设计处理能力总计达7.85万吨/日，大部分城市建成区的生活污水都纳入了城市污水净化系统。与此同时，有关部门加强了执法检查力

1 钟新民主编：《桂林旅游志》，中央文献出版社，1999年，第22页。

1978 年底的桂林市滨江路北段，这条道路的建设改善了游客前往伏波山的交通条件
Wilbur E. Garrett 摄

度。《桂林旅游报》曾报道：桂林市环保局作出决定，对无视环保法规、拒不治理污染的滨江路江畔菜馆、叮叮菜馆、一江春餐馆处以停业处理。[1]

在治理废水的同时，桂林时也同时大力推进大气清洁、噪声控制、石山保护等项工作。大气方面，主要是治理企业锅炉、推进居民生活燃料转为液化气；噪声治理主要强化对交通噪声的管控。在石山保护方面，将市区 70 座石山和风景区内所有石山列入保护名录，不得开山炸石、不得放牧砍伐。

桂林市从 1979 年冬季开始对风景区进行大气监测。1979—1990 年，二氧化硫年日均值除 1981 年符合国家一级标准（0.02 毫克 / 标立方米）外，其余各年均好于国家一级标准，1981 年为 0.016 毫克 / 标立方米，最好的 1989 年为 0.074 毫克 / 标米立方。氮氧化物日均值全部符合国家一级标准（0.05 毫克 / 标立方米）。

1 《桂林旅游报》，1991 年 141 期。

旅游业发展之初，人们普遍认为旅游业是低污染产业，尤其与传统工业的排污情况相比，旅游业被一些人称为“无烟工业”，即指其不像传统工业那样对环境造成巨大压力。随着旅游发展，游览漓江的游客逐年增加，旅游对环境的压力也引起了桂林市的重视。从20世纪80年代开始，桂林市对游船垃圾实行统一收集、处理的制度。每艘游船均设置垃圾桶，到达阳朔后，由环卫部门上船收集垃圾，统一清运。对于游客私自向江中投掷垃圾的，则处以罚款，以示教育。游船卫生间的粪便污水，则采取封闭式装置，待游船空驶返程时，在中途指定位置泊岸，对粪便污水抽取处理。

1985年11月，桂林市政府发文明确：漓江、桃花江等河面上，禁止任何单位擅自批准经营水上餐厅、旅社和商店，原有的水上餐厅必须立即停业。同时，桃花江水面上不得停泊大小船只。[1]

1990年代，桂林市政府下文禁止在漓江和桃花江开展网箱养鱼。

为了确保环境整治落实到位，桂林市加大了处罚力度，即使榕湖饭店这样“有背景”的企业，因擅自开挖而损坏了排水管道，使榕湖受到污染，照样要写检讨、接受罚款处理。[2]

三、桂林环境终于有明显改善

经过多年努力，桂林环境终于有了明显好转，能够向游客呈现一幅绿水青山画图了。

1986年元月，邓小平在王震陪同下，到桂林视察，邓小平时隔13年再次来到桂林，说明他对这座城市的关心。在漓江游船上，邓小平望着漓江河面，欣喜地说：“漓江水变清了。”这一次来桂林，他还游览了甑皮岩古人类遗址和芦笛岩景区以及七星景区。在芦笛岩景区，他应邀题词时写下的是“到此一游”，可见他对到桂林“一游”很高兴。

1　钟新民主编：《桂林旅游志》，中央文献出版社，1999年。

2 《桂林日报》，1985年1月27日。

1990 年 4 月，国务院环境保护委员会公布国家对 32 个重点城市的环境综合整治考核结果，桂林市名列城市环境质量指标第 12 名。10 月，经全国城市卫生检查团检查确认，桂林市垃圾污水无害处理已进入全国先进行列。1996 年，漓江被国家列为重点保护的 13 条江河之一，其水质情况适时上报，后来进一步发展到相关数据在网上同步公开，接受社会监督。

1996 年元月，利用外国政府贷款修建的第四污水净化厂投产。9 月，桂林市政府颁布了《关于禁止在漓江河段采沙的通告》，以保护漓江河床与景观。10 月，中德合作经营城市垃圾处理项目在桂林市签字。

1997—2000 年，桂林市在全国 46 个环境保护重点城市环境综合整治定量考核评比中，连续总分排名第一。

2000 年 4 月，桂林市第一个无污染垃圾填埋场开工建设。

2000 年，桂林市开展“厕所革命”取得重大突破，在全国率先实现公共厕所免费开放。

2001 年，国家旅游局在桂林召开全国旅游厕所建设研讨会，会议通过《新世纪中国旅游厕所建设与管理桂林共识》。

2005 年国家环境保护总局授予桂林市国家环境保护模范城市称号。10 月 27 日，瑞典 Volvo Penta 公司在桂湖饭店举行授予桂林市 2005 年度中国最佳环保奖颁奖仪式。

桂林的文物保护也受到上级机关和社会的关注。1983 年，鉴于桂林靖江王墓群遭到大范围的严重破坏，中共中央办公厅发出文件，要求保护好。[1] 由于靖江王墓群牵涉面大，虽然在后来的保护工作中恢复了一些王陵原貌，但陵地被民坟侵占的问题一直没有得到较好解决。

1 钟新民主编：《桂林旅游志》，中央文献出版社，1999 年，第 23 页。

第二节 对桂林城市定位的新认识

1949年以后，对桂林这座城市的定位，有一个逐步发展的过程。

1950年代，桂林市提出要建设成为一座工业化城市，但并没有忘记自己的本色，所以特意加上了“风景优美”这么一个定语。

1960年，周恩来总理与陈毅副总理访问越南归来，到桂林视察，在漓江游船上说，桂林山水很好，就是树木少了一点。两岸可多种一些竹子。这是党和国家领导人从“美丽”的角度，第一次评价和要求桂林。

改革开放以后，中央明确了桂林的城市定位。

一、中央明确桂林的城市性质

1973年，经国务院批准，桂林正式对外开放旅游，这是从国家层面明确意识到桂林景观的价值。

1978年，邓小平在几次谈到发展旅游问题时，都提到桂林要把环境保护和旅游发展结合起来。这是党和国家领导人第一次将“环境保护”和“旅游发展”这一对关系结合起来思考，也是中华人民共和国成立以后党和国家领导人较早意识到环境与发展的矛盾以及环境治理对发展的促进问题。

1979年，国务院正式确认桂林的城市性质为社会主义风景游览城市。这是第一次从国家层面确立桂林的城市性质和发展方向，解决了地方上在寻找发展路径时争吵不休的认识问题。

1982年，国务院公布桂林市等24个城市为中国历史文化名城，这是中国第一批历史文化名城。漓江风景名胜区也在这一年被国务院列为第一批国家重点风景名胜区。

1985年，《中国旅游报》举办“中国十大风景名胜”评选，“桂林山水”名列第二，仅次于万里长城。当时，尚无新的旅游城市或者旅游目的地出现，张家界还叫“大庸”，九寨沟不知怎么去，丽江似乎很少有人听说，国人心目中的“旅游胜地”几乎是民国时期旅游者所向往的旅游胜地名单的复制，桂林的旅游已经轰轰烈烈开展多年，专供外国人使用的外汇兑换券上印有桂林象山风景，旅游者皆向往这座城市。所以，桂林的入选以及名次都是顺理成章的事情。

1985年11月，国务院批准了桂林市总体规划。国务院在批复中指出，桂林市是我国重点风景游览城市和历史文化名城，城市的发展和各项事业的建设都要与这一城市性质相适应，都要按总体规划的要求进行。批复强调，桂林独有的自然景观是大自然赋予的宝贵财富，一切建设都要与山水风景相协调。批复要求相关部门要研究确定建筑控制区，并对建筑物的高度、体量、色彩、造型等做出具体规定，严加管理。国务院的这个批复，使桂林市的发展方向更清晰了。两年后的1987年5月，中央政治局委员、书记处书记、国务院副总理万里与中央书记处常务书记胡启立到桂林调研。他们一下飞机就直接登上叠彩山，因为有群众写信反映桂林在城市建设中，一些楼房过高，挡住了风景，万里这次登上明月峰，就是实地察看来信所反映的情况。从叠彩山顶沿漓江向南望去，叠彩山至象山之间，是正在兴建的文华大饭店，群众反映的就是这座饭店设计过高：设计图是主体七层、局部九层，会挡住从叠彩山远眺象山的视线。万里看了现场以后，说：“看来是有些问题，要想办法处理。桂林太重要了，来不得半点马虎的。”经过协调、修改设计，这座建筑改为主体五层、局部七层。万里还向桂林市的领导解释说：“桂林的总体规划是我亲自批的，批复中没有写‘建成美丽的城市’，是怕你们要钱呀。但国家的宝地，自治区和市里都要下决心，对环境有污染的工厂该停的停，该迁的迁。对违反城市规划的要坚决纠正。沿江的旅游带一定要保护好，建筑物的体量、高度、颜色都要管，5层以上的房子不能太多，要多建2—3层的房子。”[1]

20世纪80年代，国务院对轻工业和旅游等见效快、创汇快的产业非常重视。1986年，国务院把桂林列为全国7个旅游重点建设城市之一。

1 袁凤兰：《桂林是我们国家的宝地》，载《当代名人与桂林》，中国新闻出版社，2008年，第104页。

二、地方对桂林城市性质统一思想的过程

1980年6月，《桂林日报》在头版发表文章，呼吁“切实加强文物保护管理工作，坚决制止对文物古迹的破坏”。桂林已经开始重视这座城市的文物保护和文化传承问题，对自身的历史文化价值有了新的思考尺度。

1980年8月，中共桂林市第五次代表大会召开，大会提出“逐步把桂林建设成为风景优美，经济繁荣，文化发达，道德高尚，社会安定，生活方便的社会主义风景游览城市”的建设方针。从1956年正式提出要把桂林建设成为一座工业城市，到明确把桂林建设成社会主义风景游览城市，用了24年时间才实现这个转变。促进这个转变的一个重要原因是：当初提出把桂林建设成为一座工业城市，是地方自己提出来的，是盲目跟随时代走的“选择”；现在提出把桂林建设成游览城市，是中央高层从桂林城市特性和经济发展布局作出的决定，是高瞻远瞩的定位。

1980年9月起，《桂林日报》连续几个月，开辟“把桂林建成社会主义风景游览城市”专栏，广开言路，听取各方意见，集思广益，深化认识。事实上，这个口号提出来以后，地方领导和广大市民，在思想上未必能够真的转过弯来，未必真的意识到这个转变的意义和内涵所在，开展一次全民讨论，很有必要。这个专栏，先后发表了《认清桂林风景游览城市建设的客观规律》《保护地下水源是当务之急》《引调青狮潭水造福桂林人民》《商业网点建设亟需加强》《建议开辟桃花江航线》《加强生态环境保护，开辟猫儿山旅游区》《重视市区水面建设》和《保护岩溶地质，发挥科技优势》等文章。这些文章，不论从视野开阔还是专业程度来说，都极有价值，对帮助市民全面正确认识自己生活的这座城市，以及如何建设这座世界闻名的风景城市，都大有裨益。

1980年11月，桂林市第七届人民代表大会第一次会议上，《桂林日报》在编发桂林市革委会梁山主任所作的《政府工作报告》时，编配的标题分别为“我市经济建设不断向前发展”“要扬山水之长积极发展旅游事业”“加强城市建设抓好旅游管理”“搞好环境保护大力治理污染”，可见报告的要点是围绕着桂林的城市性质定位来开展的。在谈到其他方面的工作时，也注意将其与旅游结合起来，如“旅游城市也要发展工业，继续调整工业布局和结构，提高生产

水平”“支援旅游和工农业生产，适应人民生活需要，搞好财贸工作发展副食品生产”等。

保护风景，发展旅游，很重要的基础工作就是组织编制有水平、有见解、有高度、有前瞻性的城市发展规划。1980 年 11 月，桂林市制定颁布了《桂林市城市规划管理条例（试行)》。这个《条例》的附则一“城市规划管理范围”第一条就是“经批准的城市规划发展用地和风景区、风景点”，旨在通过地方规范的方式，解决风景区被包围、被蚕食、被破坏的问题。在这个《条例》颁布之前，规划部门分别召开旅游、建筑、园林等部门和专家座谈。

1981 年，阳朔县划归桂林市管辖。这个安排，主要是考虑漓江是桂林旅游的核心元素，将阳朔划归桂林，有利于推动漓江景区的统一保护和管理。1983 年，临桂县也划归桂林市管辖，桂林的空间扩大，有利于城市景观的保护。

1985 年 5 月，中共桂林市第六次代表大会召开，大会将本市的建设方针进一步充实为“团结全市各族人民，同心同德，艰苦奋斗，加速城市综合改革，争取在本世纪末把桂林市建设成为环境优美，经济繁荣，科技先进，文化发达，道德高尚，社会安定，生活方便的社会主义现代化的风景游览城市。”这个建设方针与五年前第五次代表大会提出的建设方针相比，定语多了一些，“环境”和“科技”开始受到重视，建设目标却是一致的：把桂林建设成为一座风景游览城市。

1985 年 8 月，漓江综合治理调研研究课题组完成了对漓江两岸的综合考察，提出了包括环境治理和风景保护等内容在内的考察报告。

1985 年，桂林市组织开展了城市经济社会发展战略的大讨论，在大讨论的基础上，提出了以旅游为主导的城市发展战略。

1985 年 12 月，桂林市第八届人民代表大会第一次全体会议上，郑义市长所作的《政府工作报告》，在谈到第七个五年计划期间政府工作的指导思想和总的要求时，第一条就是“坚持城市建设方针，围绕旅游经济发展各行各业”。这个报告，将国务院对桂林总体规划的批复精神充分融合进去，也充分吸收了桂林市经济社会发展战略大讨论的成果，细化为政府的具体工作目标。

1986 年 7 月，桂林市青年社会科学工作者协会组织青年考察队，从漓江源头起，到平乐县城止，对漓江全程进行了徒步考察。这次考察，《桂林日报》派出记者，给予了连续报道。考察结束后，考察队完成了《漓江综合考察报告》，对漓江沿岸的环境、历史、民俗、经济等方面提出了建议。

此后许多年，桂林市一些社会阶层在桂林城市性质方面，也仍有一些不同看法，认为现代城市不能不以工业为主，但这些不同的思想认识始终没有干扰和摇摆既定决策。

三、加强文物保护整理

桂林市意识到，在旅游发展中，风景与文化不可偏废。在加强风景建设的同时，也注重对历史文化资源的保护与整理。

1977 年，将八路军桂林办事处旧址整理为纪念馆；1978 年，成立了甑皮岩洞穴遗址博物馆，1986 年，邓小平参观了这个陈列馆；1984 年，成立了桂海碑林石刻陈列馆，1994 年改称桂海碑林博物馆，这家博物馆接待了多位党和国家领导人，深受业界好评；1984 年，成立了尧山陵墓文物管理所，负责对靖江王陵的保护和整理工作；1986 年，在西山风景区建成了桂林市博物馆；1991 年，以原李宗仁官邸为馆舍，成立了李宗仁文物陈列馆。

除了上述专业机构的设置和工作外，1981 年，桂林公布了《桂林市文物保护管理暂行办法》，次年由市政府成立了历史文化名城规划，着手开展历史文化名城普查并编制规划。1982 年，对阳朔县进行了文物普查。1983 年，开始对第三代靖江王庄简王墓进行修复。1985 年，对临桂县进行了文物普查。1990 年以后，对占用李宗仁官邸等重要文物的单位进行迁出安排，并按原貌进行修缮。1996 年，全市共有 5 处国家重点文物保护单位和 26 处广西重点文物保护单位。[1]

经保护整理后的不少历史文物资源，如桂海碑林、伏波山及叠彩山石刻等，都是桂林旅游的重要景点，是桂林旅游最有“说头”的部分。

1 《桂林市志》下册，中华书局，1997 年，第 2975—3040 页。

第三节 严重不足的旅游供给

航班不足、火车票严重不足、床位十分不足、翻译导游人员极为缺乏、旅游用车和游船也非常不足，是改革开放以后一段时期桂林旅游供给的主要特点。旅游者在被秀丽的桂林山水所倾倒的同时，也对桂林的旅游服务质量、接待条件提出了批评。各种批评的声音，形成了许多有中国特色的段子，成为每一个桂林市民都知道的吐槽点，如“桂林山水甲天下，来到桂林住地下”“来得了，走不了”等说法，一时成为市民们的口头禅。

一、蜂拥而至的境外旅游者使桂林街头充满洋人面孔

为了在供给严重不足的条件下推进旅游业发展，发挥旅游创汇这一重要功能，中国银行于 1979 年发行了外汇兑换券。外汇兑换券在制度上与人民币等值，但只向入境旅游者发行：由入境旅游者在入境时按照当日的人民币与相关外汇的汇率，自行决定兑换数量。进入中华人民共和国境内，持外汇兑换券可以在指定的酒店、商店购买到中国境内尚十分紧缺、但游客又非常习惯使用的商品和服务，例如彩色胶卷、进口烟酒、可口可乐等。在友谊商店和华侨商店等特定商业场所，则可以购买到相对便宜且市场稀缺的进口电器等，这类商品往往由那些在中国大陆有亲友的游客所购买，然后转赠给国内亲友。当旅游者离开中国大陆时，如果手上还持有未用完的外汇兑换券，且数量不大于入境时所兑换的数额时，可以再兑换回相应货币离境。外汇兑换券共有 7 个券别，面值最小的为一角，最大的为 100 元。其中，50 元面值的外汇兑换券，正面图案为桂林象山（1988 年版 50 元面值的外汇兑换券正面图案是漓江风光），其他面值也分别为中国大陆各地风景和历史遗迹。外汇兑换券从 1980 年 4 月 1 日起正式流通，1995 年元月 1 日退出流通。外汇兑换券在其流通期间，充当了旅游创汇的生力军，因为各个为入境旅游者提供服务的经营单位都按照要求坚持向客人收取外汇兑换

改革开放后，桂林山水成为走上中国货币的风景，被更多人所熟悉

券，而客人们也拿得出这种支付手段，故那个时期中国旅游结汇率非常高；外汇兑换券还成为很好的宣传中国旅游的媒介，因为每一个曾到过中国旅游的境外游客都会换取一些外汇兑换券，也总有一些人会在自己的钱包里留下若干面值的外汇兑换券而不再换回本币，带回国后便能成为向周边亲友介绍中国旅游的很好的载体。

1980年，桂林市接待港澳台旅游者为69479人次、华侨2730人次、外国旅游者38209人次，总计110418人次，外国游客比重占34.6%。1987年，桂林市接待港澳台旅游者为102010人次、华侨4575人次、外国旅游者人次352541，总计为459126人次，外国旅游者的比重上升到76.8%。7年时间，桂林的入境旅游者增长了3倍之多，呈现出爆炸性增长的势头，且在旅游者结构中，外国旅游者的比重更是从约三分之一上升到超过四分之三！[1]

大量的入境观光者在桂林的行程，当然是各个风景点。最初，这些风景点主要包括：市区的七星岩、芦笛岩、象山、伏波山、叠彩山和漓江，俗称“三山两洞一条江”，因为新的风景点还没有建设起来。少数旅游者，或者是他们提出来，或者是接待方的习惯性安排，仍然会去一些学校或者企业参观，比如一些记者，会对这些社会单元项目更感兴趣，因为这类参观点有助于他们写稿。

1978年7月28日的《华盛顿邮报》上，刊登了记者杰伊·马修斯发表的一篇中国工厂观察记。不知道通过怎样的程序，他被破天荒地允许参观桂林的一家国营工厂。从这一年的夏天开始，中国各地似乎放宽了海外记者采访考察中国企业的审批。因而，在各家国际媒体上，人们读到了多篇充满陌生感的目击记。

在这篇题为《尽管宣布要对工厂进行改革，工作仍然松松垮垮》的报道中，马修斯写道：

同中国大多数工厂的情况一样，桂林丝厂（注：原文如此，正确厂名应该是绢纺厂）的工人看来并不是干劲十足的。就业保障、退休金保证以

1 《桂林旅游志》，中央文献出版社，1999年，第171页。

及其他一些好处促使中学毕业生拼命挤进工厂去工作。因此，许多人都挤进了本来就已经过多的工人行列。生产线上工人过多使工人长时间地闲着。当我走进一个车间的时候，有三名女工正在同旁边桌上的另外一名女工聊天。我一进去，她们就很快回到了自己的座位上，然后交叉着双手坐在那里，好奇地朝我张望。在我逗留的几分钟里，只有一个女工干了活，而没有一个女工说得清楚她们的生产定额是多少。

中国工人把他们的工作看成是一种权利，而不是一种机会。工厂管理人员对于工人阶级中的成员不敢压制。在这种企业里，工人的身份是可以世袭的，当一名工人退休时，他或她可以送一个子女到这家工厂工作。桂林丝厂有 2500 多名工人，从来没有解雇过一个人。[1]

马修斯们的这类报道，国内人读不到。不然，按照当时的思考和眼光，也许会觉得这样的报道充满敌意，就如意大利电影导演安东尼奥尼 1972 年到中国来拍摄纪录片《中国》那样，因文化观念的不同而引起极大误会。很多年后，有机会接触到这类文章时，中国人的心态已经很宽广包容了。

与记者们的观察和表达不同，艺术家的眼光更浪漫一点。1981 年 5 月，英国诗人斯蒂芬·斯彭德和画家大卫·霍克尼以及他们的一位助手，在英国出版机构的资助下，从美国洛杉矶出发，经东京、香港，进入中国内地，沿着“京－西－沪－桂－广”这条已经成为经典的中国旅游路线，进行了为期三周的参观游览活动。从香港飞往北京的航班上，全是美国游客，看起来这些游客是在进行一次补偿性的旅行。斯彭德和霍克尼对桂林的印象极好：酒店“非常不同而让人倍感惬意”“饭菜摆盘很漂亮”“这里的奇异景致比我们想象的还要不凡、让人激动”。在桂林期间，他们观赏了两个岩洞，其中一个“有佛教经文石刻”；他们乘船游览了美丽的漓江，认为阳朔“是一个旅游度假村一样的地方，风景美丽得有些夸张。”身为艺术家的他们，自然也介入了一些当地的人文活动，比如参加了一个大学的诗歌朗诵会，听了一场音乐会，到过一位叫谭阿西的漓江小画童家里去交流。[2]

1　吴晓波：《激荡三十年》，中信出版社，2007 年，第 10 页。

2　［英］斯蒂芬·斯彭德、大卫·霍克尼：《中国日记》，浙江人民美术出版社，2017 年。

一些来自欧美的背包客注意到阳朔的美丽与安静，并且通过《孤独星球》这类杂志向全球旅游爱好者推荐阳朔。不过，这个阶段的阳朔，旅游供给处于严重短缺状态，只有阳朔饭店和西郎山饭店两家小旅馆和数家小餐馆，景区也只有碧莲峰、大榕树和阳朔公园。但是，简陋的接待条件挡不住游客的热情。在这个小县里，自行车出租、复印的手绘地图、组织游客观赏鸬鹚捕鱼、观摩书画家的创作、学习中国武术等，都成为受欢迎的旅游项目。这样的市场张力，极大地鼓舞了阳朔人发展旅游的热情。

二、旅游人才严重不足

旅游的迅猛发展，为国家创造了大量十分宝贵的外汇，也使桂林的旅游供给受到严重挑战。

桂林的旅游，是在入境旅游突飞猛进的过程中发展起来的。这一时期，旅游业最突出的供应不足，是外语人才严重不足。1980 年，桂林市接待外国游客 3.8 万人，1985 年便达到 25 万人。[1]1986 年，桂林市的外语导游只有 149 人[2]，如果按照每个旅游团 15 名游客计（这个数字是芦笛岩景区规定的包场人数），每名外语导游每年需要接待 112 个旅游团。

拥有外语能力者，成了旅游业尤其是桂林旅游业的香饽饽，在计划经济的人事制度下，桂林外语人才本来就十分缺乏，一些年富力强、拥有一定工作经验的外语人才迅速走上各级领导岗位，使一线的外语人才缺口更加突出。随着旅游业的迅速发展，以及这个行业较好的待遇，全国各地许多大中专毕业的外语人才，被吸引过来。在改革开放早期，这些引进的外语人才调入桂林后，在编制上成为国家干部，在收入上享受国家干部工资、带团补助、月奖、季奖、年奖等高福利高待遇，带团时吃饭不要钱，以及一些不便明说的好处，比如私下获得一些换汇差价收入、利用身份支付人民币购买一些需要外汇才能购买的紧俏物资，甚至请

1 《桂林市志》中册，中华书局，1997 年，第 1346 页。

2 丁玫、庞铁坚、张源涛：《桂林市涉外旅游业职工队伍现状调查及需求预测》，《桂林旅游发展前景研究》，漓江出版社，1989 年，第 279 页。

英国著名画家大卫·霍克尼 1981 年到桂林游览时，为桂林陪同李骏骅画的人物速写（**李骏骅供图**）

外国游客帮助担保出国等。这些寻租机会，使外语导游这一职业在一定程度上具有较高风险，旅游管理部门也一直紧抓纪律红线不放松。

三、旅游住宿严重不足

住宿供给也是一个突出的短板。由于长期的计划经济思路导致供给严重不足，加之计划经济模式下忽视旅游服务业发展，在改革开放初期，桂林旅游接待条件十分有限，符合入境游客一般住宿要求的饭店，最初仅有榕湖饭店和漓江饭店两家，其中，榕湖饭店只有床位 248 张，且主要承担接待上级领导的任务，漓江饭店是 1976 年由国家支持，投资 3000 万元建成的，拥有 387 个房间。当入境旅游团队蜂拥而至时，常常找不到住处。无奈之下，只好安排一些旅游团队入住普通旅馆那些没有卫生间的多人间，至于电视、空调之类，更是奢谈了。

伏波山试剑石前常有游客拥挤的场景

面对汹涌而来的旅游浪潮，桂林市服务公司挖掘潜力，把火车站对面南溪饭店北楼的平顶防漏层进行改造，加高了一层，又把南楼礼堂改造成大房，添置折叠床和铁架床，这两项改造工程居然增加了400多床位。这家公司还在客房楼层的走廊建小餐厅，推出价格适宜的风味名菜，又为住店游客制定一日游、二日游等项目，并配备导游员。总之，不放过任何一个商机。[1]

一位来自南斯拉夫的客人对桂林市领导建议桂林发展家庭饭店，认为家庭饭店有两个好处，一是增加市民收入，群众得利；二是改造民房以后，居民的居住质量也提高了。对家庭饭店应该加强管理，提出要求，不供饭食，以保证卫生。囿于各方面条件，桂林市并没有接受这个建议。[2]

1 《桂林日报》，1980年10月12日。

2 梁成业：《独秀峰下》，中共党史出版社，2004年，第73—74页。

四、旅游景区超负荷运转

旅游景区更是经常处于超负荷接待。1986年，以桂林市政府顾问担任组长的一个调研组，用了半个多月的时间，对芦笛岩的经营情况进行调研后，向市委、市政府提交了一份名为《关于芦笛岩客满为患和尾随外宾叫卖的情况反映》，称“当前正值旅游旺季，山水甲天下的桂林，每天吸引着成千上万的国内外游客，芦笛岩首当其冲受到最大压力。这本来是件大好事，但却出现岩洞导游超负荷、客满超饱和的问题。一段时间以来，仅500米游程的岩洞平均每天开放九个半小时，游客100—120批，5000人次以上。洞内外游人济济，买票要排长队，进洞还得排长队，游人拥挤、争吵的情况时有发生，影响了芦笛岩的秩序和导游质量。”

1992年桂林市主要景点经营简表[1]

单位：万人次、万元

景点名称	总游客量	其中：国内游客量	游览总收入	其中：国内游客游览收入
芦笛公园	166.86	119.67	1086.49	756.49
七星公园	226.33	195.20	627.90	561.90
滨江公园	201.94	158.12	216.17	185.17
漓江	173.00	123.40	8415.80	3013.2
合计	768.13	596.39	10346.36	4516.76

资料来源：各景区业务报表。数据中未包括市民。

上表中，芦笛岩景区是一个洞穴景区，洞穴游程约500米，洞外只有一处休息厅和一个约30亩水面的芳莲池，加一个小规模的停车场，并无游客在岩洞外休憩的空间，1992年接待量达到166万人次，远远超出了景区承载力；滨江公园由伏波山和叠彩山两个景点构成，以登山观景或者洞穴为主要卖点，历史遗存比较丰富。其中伏波山除了山体，只有不足3亩的庭园，当时无停车场；叠彩山几乎全是山体，停车场只能停几部大巴。这么两个空间狭小的景点，当年接待游

1 庞铁坚、丁玫：《对国内旅游的几点思考》，载《旅游学刊》1994年第2期，第32页。

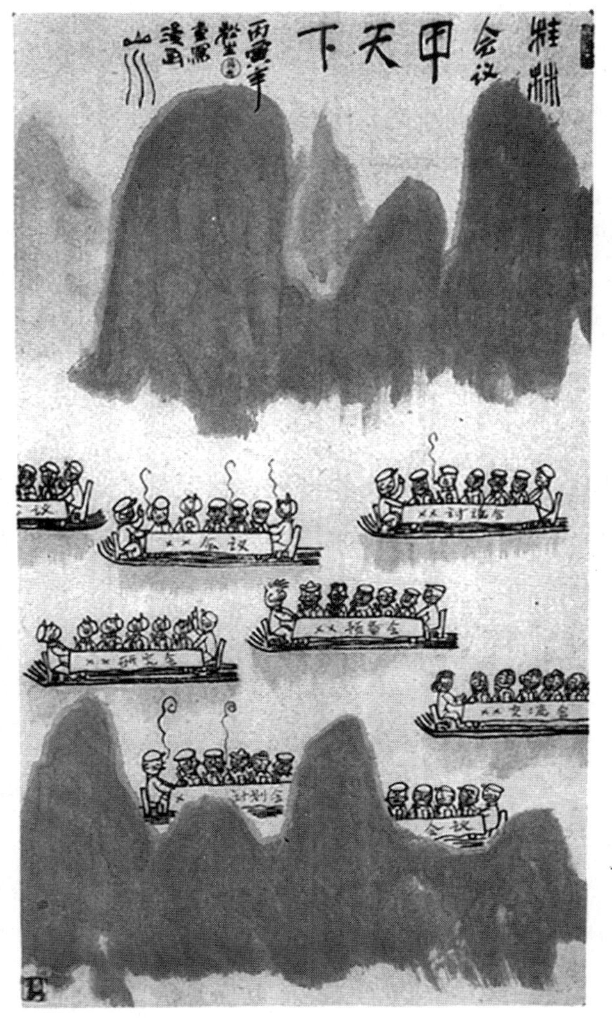

1980年代漫画《桂林会议甲天下》（周松生作），讽刺当时借出差之机公款旅游的风气

客居然能够超过200万人次！可见在那个时期，桂林旅游的火爆程度以及景区运营的压力。

为了解决芦笛岩超负荷运转的压力，桂林市园林局提出开发与芦笛岩相通的一个岩洞大岩，以提高景区容积率，国家旅游局对这一设想表示支持，还拨付了80万元专款。1986年8月，国务院旅游协调小组来到芦笛岩景区进行实地考察后，认为大岩景观不如芦笛岩，开发大岩并不能达到分流游人的预想目的，建议对此项目慎重考虑。国家旅游局拨付的专款，可以用于芦笛岩景区的提升改造，如改造供电系统、修建停车场、景区大门和邻近农村供水工程等。[1]

五、旅游运力严重短缺

铁路方面，1990 年以前，桂林只有往南宁一趟始发列车，通往外省的武昌、湛江、西安、北京、上海、昆明、贵阳等地都是途经的过路列车，即使铁路部门倾心照顾桂林站，采取加挂卧铺车厢等方式，一天也只能提供 300 张卧铺车票，根本无法满足每天近万的游客量。旅行社要想在市场上站住脚，必须有拿得到卧铺票的本事。桂林和顺旅行社注意与铁路客运段进行公关。有时候，虽然不能从车站拿到卧铺票，但把客人送上车后，列车会把客人安顿在工作用卧铺休息。

民航方面，1996 年以前，桂林机场是一座军民两用的小机场，跑道只有 2300 米，1984—1988 年的吞吐量已经稳居全国第四位，1986 年吞吐量突破 100 万人次，每天仅从广州飞过来的航班就有十余个。当年中国民航的飞机数量并不多，且多数是图 -154、三叉戟等机型，载客量不大，加之全国机场总量也少，桂林机场的吞吐能力在很大程度上受制于国内几个主要枢纽机场的排班制约，但桂林民航一直在努力改善提升，增加运行能力。

市场火爆，旅游汽车运力也严重不足。这个时期，为了支持重点旅游城市的旅游业发展，国家动用宝贵的外汇，从日本进口了一批空调大巴给这些城市，但面对增长迅速的市场，仍然是杯水车薪。桂林旅游界想出了“套团”的旅游客运办法：一部旅游巴士，把 A 团的客人送到景点，趁客人观景时，赶紧去接 B 团。当 B 团到达景点时，也是 A 团游览完毕、准备赴下一个景点的时间。当然，游客不能把行李放在车上，如果参观游览结束直接送机场的旅游团便不能这样安排。这样，一部大巴可以接待两个旅游团。如果时间安排得好，一部大巴接待三个旅游团也是有可能的。除了这种“单车套团”外，还有“多车套团”，以求更

1　桂林市园林局：《关于国务院旅游协调小组视察芦笛岩、大岩作指示后作计划调整的报告》，桂林市档案局。

稳妥地解决相关衔接问题。“套团”可以解决运力不足问题，也可以解决景区无停车场问题。由于当时交通并不拥堵，基本没有发生误车误团现象。但是，这样可能产生疲劳驾驶问题，需要多配司机。

六、国内旅游的起步与旅游市场的成长

即便旅游接待能力如此紧张，远不能满足迅速增长的入境旅游者的要求，国内旅游也在悄悄地生长着。

除了旅游团队大量涌入桂林，不少的零散客人也克服旅途种种困难，来到桂林游览。到了桂林以后，食宿、游程、购买离桂车票机票等，都是需要解决的具体问题。桂林市旅行社看到这一商机，便着手在桂林饭店北楼和漓江饭店设立了零散自费旅客接待组。这个接待组，包括管理人员、翻译陪同和司机，只有 7 个人，仅 1980 年第三季度就临时组成了 139 个旅行团，接待 3400 多人次。[1]

1978—1990 年之间，中国人的收入非常低，恩格尔系数在 60% 以上，人们很难有“闲钱”用于旅游。在大家的心目中，单纯的“旅游”是一种很奢侈的生活，人们往往是利用出差或者上学的机会，顺便到那些著名的旅游城市、旅游景点去开眼界。尤其是 1978—1985 年间，著名的旅游地名单与民国时期几乎没有什么差别，只有一些中华人民共和国成立后兴建的大工程项目，才被人们列为新的“旅游景点”，如武汉长江大桥、南京长江大桥。对于热爱旅游的人来说，国营单位的采购员，可能是一个很浪漫的职业，虽然采购员不分昼夜地奔波在旅途上，不少人患有胃病等职业病，但旅游爱好者会忽略这一点。

1978 年考入北京师范大学历史系的梁潮，是一位从广西北海考入京城的小伙子。因为从家乡去北京要路过桂林，他选择放假回家或者返校时在桂林下车，享受一下旅游。1979 年，暑假结束返校时，他在桂林的广西师范学院北海老乡宿舍处住了一天，只看了广西师范学院所在地的王城、独秀峰和郊外的芦笛岩，在日记中写下了对这座城市和王城的评价。1980 年的暑假，假期一开始，他就从北京到了桂林，住了两天，游览了漓江风光和叠彩山、伏波山以及七星公

1 《桂林日报》，1980 年 10 月 12 日。

园，并再次认真欣赏了王城。两次假期的桂林旅游，显然激发了梁潮的旅游兴趣。1981 年的暑假，也是梁潮最后一次学生时期的暑假，他做了一次最疯狂的暑假旅游：走天津，到济南，奔南京，游苏州，逛上海，赏西湖、爬黄山，再乘船到武汉，转火车回到家乡，历时一个月，走了七个省、直辖市、自治区，花费了 150 元（不含沿途所用掉的胶卷）：车船票 64 元（学生半票），每天食住行 4 元，纪念品共计 10 元。这次专程的旅游，不但让他欣赏了很多心仪多年的风景，学会处理在旅途中遇到的小意外，而且对于他的社会观察能力也是一个提升。例如，他发现：一路游来，所见的游客，大致为三种人：一是港澳同胞，二是大学生，三是广东人。这个游客构成，非常符合那个时代的特点。[1]

1981 年春天，在北京大学外国哲学研究所攻读硕士学位的陈嘉映乘火车从贵州到桂林旅游，这是他第二次到桂林了（上一次是串联到此），所以有一些比较，比如他在给家人的信中说桂林站“建得挺像样，今非昔比”。他对桂林旅游服务的评价是：“外国游人多，于是服务员的职业病格外重，对中国同胞一律不客气。”他想乘想象中那种“便宜的”交通客运船游览漓江，殊不知此时的漓江只有专门的游览船只了。[2]

1981 年暑假，年轻的大学生丁一平，骑着自行车，从河南经湖北、湖南，于 7 月 30 日到达桂林市区，至 8 月 6 日方才离开。作为大学生的一员，他在桂林也是住在独秀峰下的大学生宿舍里。“我突然发现宿舍楼里竟然没有几间空房子，曾感到十分惊奇，以为学生们如此用功，放假也不回家。后来才知道，这里住的几乎都是外地来的学生。”[3] 在丁一平的记述中，游览七星岩排了很长的队，站在叠彩山顶可以看到远处的杉湖和榕湖，街上到位都是照相馆、洗相馆、工艺品店这类和旅游相关的商业，书店关门很晚，主要是介绍旅游的书籍和风光图片，具有地方性和专业性。游览漓江是真正的一票难求，他采取的办法是别人介绍的：乘车到阳朔，再从阳朔买返航船游览漓江，这样的船票不但好买，游程也更从容。他发现，也有来自广东的旅游团和他一样乘坐返航船游览。

1　梁潮：《78 级大学生活记录》，漓江出版社，2014 年，第 145 页。

2　陈嘉映：《旅行人信札》，华夏出版社，2005 年，第 34 页。

3　丁一平：《1981 年的自行车旅行》，河南大学出版社，2011 年，第 252—253 页。

日報

IBAO

四月廿九日 第3325号

市二工艺美术厂满足广大旅游者需要

积极生产旅游小工艺品

【本报讯】第二工艺美术厂根据我市旅游事业的发展，积极组织生产旅游小工艺品，促进了生产的发展。今年一至五月完成产值占年计划的百分之八十一点五，相当于去年一年的产值，完成利润八万六千多元，超过去年一年的利润。

这个厂是我区生产少数民族特需产品的重点厂之一，以生产金、银制品为主。近几年来，由于大量生产，市场已接近饱和状态，束缚了生产的发展。这个厂在调整中，根据我市发展旅游业的特点，组织生产各种铝制旅游小工艺品，如我市……百多万枚，产值达十五万元。

为了提高产品质量，增加花色品种，这个厂一方面组织技术员、老工人先后三次到北京、广州等市的一些工艺美术厂参观学习，不断改革工艺，一方面发动职工大搞创作设计活动，更新老产品，增加新品种。从去年九月至今年五月，这个厂已设计、生产了近五十种旅游小工艺品。最近，这个厂还根据本厂的设备能力和一部分外宾的特殊需要，又设计了一些小巧玲珑、彩色斑烂、具有古香古色、富有民族特色的景泰兰小花瓶、小碟、小眼指盒等产品，不久即可问世。

速成日语会话班招生

根据广大群众要求，我站决定增开速成日语会话班。聘请具有丰富教学经验的老师授课。

学习内容：生活会话、旅游会话。

报名时间：7月3日——7月8日

报名地点：桂林技术交流站三楼

（桂林站南侧）

名额有限，希望报名者从速

联系人：张利民

桂林技术交流站

利用外资改装的

丹桂饭店剪彩开业

【本报讯】我市利用外资改装的丹桂饭店于十一月一日正式开业。

当天上午八点半钟，在丹桂饭店院内举行了隆重的开业典礼。区内及本市有关单位的代表和国外客人、港澳同胞三百多人参加了开幕仪式。

市革委会副主任崔金才在会上讲了话。他代表桂林市革委会对参加丹桂饭店改装工作的港澳建筑师及工人，表示感谢和慰问。他希望饭店全体干部职工努力提高服务质量，搞好经营管理，使丹桂饭店在发展我市的旅游事业，作出应有的贡献。香港先达旅运有限公司董事局主席刘汉威、副主席威廉士也在会上讲话，热烈祝贺丹桂饭店开业。

在锣鼓齐鸣、狮子起舞和爆竹声中进行了开业剪彩。

1　1980年代，桂林旅游业的发展促进了工艺美术业的发展。

2　1980年代，为适应旅游业发展需要，社会各界力量积极投入外语人才培训工作。

3　桂林美丽的风景使当地照相业得到极大发展，1980年代，彩色冲印业成为这个行业的主要盈利手段。

4　中外合资的桂林丹桂饭店开业消息。

桂林工业基础落后，工业企业吸纳就业人数有限，许多桂林人以旅游为业，解决生活来源问题，在这方面表现得尤其突出的是阳朔县。面对许多游客涌入这座小城，一些市民或者村民，会挑一些土特产，穿梭在游客经过的街巷，寻找生意机会。为了学会与外国游客做生意，一些人以市场为学校，学起了外语。最著名的是阳朔一位农村女性，人称“月亮妈妈”，据说能用数国语言和外国客人谈价钱、做买卖。

桂林市二运公司是一家集体性质的运输企业，主要的运输工具是马车，其主要市场也是市内短途货运，收入微薄。他们看到旅游市场兴起的商机，便增开了骑马照相、旅游马车等让游客有新鲜感的项目。他们从公司 200 多匹马中精选出一匹良马，配 2 名工人，每天牵马到象鼻山下（当时的象鼻山还没有辟为公司，是一处免费景点），以象鼻山为背景，专供游客骑马拍照，每次收费 5 角，生意奇好，游客总是排成长队。这项服务，一直持续到 1987 年 5 月，市人民政府为整治市容卫生而发出《禁止利用马匹、骆驼等牲畜作景物，在公园及风景点为游客照相的通知》。在骑马照相这个服务被禁止以后，这家公司又根据本公司特点和条件，设计了两部仿古马车，在景区揽客。因为没有语言障碍，很快打开了港澳游客市场。[1]

因为旅游供给严重不足，桂林旅游在当时是卖方市场，效益颇好。1990 年 11 月，《桂林旅游报》报道桂林市商业系统宾馆旅社饭店营业收入大幅度增长，1—10 月比上年同期增长了 77.5%。其中，这个系统的中外合资企业收入增长达 87.8%。以丹桂饭店为例，该饭店 10 月份客房出租率新楼为 89.2%，同比增长 21.4%；旧楼为 74.8%，增长 35.2%。环球大酒店客房出租率为 80.9%。一些地段好的接待国内游客的旅社，在旺季时的客房出租率甚至会超过 100%，这是因为客人下午退房会加收半天房租所致。

曾任桂林市市长的袁凤兰向到桂林视察工作的时任中共中央总书记江泽民汇报说：桂林“20 世纪 80 年代旅游发展很快，入境游客以每年 57% 的速度递增，接待设施跟不上。当时流传着一句顺口溜：‘桂林山水甲天下，来到桂林住

1 《桂林日报》，1980 年 10 月 15 日。

地下’。因为那时全市酒店很少，凡是带卫生间的客户都住满了旅游团。有时连疗养院、医院的病房也派上了用场，当走到这一步还解决不了问题时，就只好让客人在会议室打地铺了。这就是‘来到桂林睡地下’这句话的来历。最爆满的时候，还不得不把客人送到柳州、长沙去过夜。”[1]

第四节 旅游投资的兴起

在经济落后、供给短缺的时期，旅游业发展所带来的效益也是非常可观的。1992 年 4 月 15 日，邹家华副总理到桂林视察工作。邹家华小时候曾随父亲邹韬奋在桂林短暂生活，邹韬奋创办的生活书店在桂林有分店，是桂林众多出版社中最有影响的一家，以传播进步思想而受到年轻学生的喜爱。邹家华游览芦笛岩时，就回想起了抗战时期在桂林，进岩洞躲避轰炸的情景。现在，岩洞成了为人民创造财富、为国家创造税收的重要资源了。他不禁问："芦笛岩一年门票收入有多少？"景区负责人回答："去年是二千二百多万，今年可望有大幅度增长。"（作者注：经查财务报表，芦笛岩景区 1991 年的营业收入 874 万余元。这可能是园林部门负责人回答园林系统的总收入）当得知在去掉成本后的利润也有二千多万时，邹家华说："你们纯利润二千多万的工厂，也不多吧。所以，桂林的旅游，是大有文章可做的。你们一定要保护好一山一水，这是你们的老本啊。"[2]

旅游的火爆发展，映衬出桂林旅游供给的严重不足。旅游供给严重不足的问题，主要体现为酒店客房供应紧张，也给投资者带来了机会。为了妥善解决旅游

---

1 袁凤兰：《江泽民总书记在桂林》，载《当代名人与桂林》，中国新闻出版社，2008 年，第 44 页。

2 袁凤兰：《我也是桂林人啊》，载《当代名人与桂林》，中国新闻出版社，2008 年，第 204 页。

客房严重不足这个突出问题，桂林市加大了引进外资建设旅游饭店的力度，一大批中外合资、合作饭店相继建立起来。

一、合资合作饭店成批建成

1980 年 6 月 15 日，桂林市首家利用外资建成的甲山饭店开业，这也是我国第一批利用外资兴建的饭店，由中国旅行社总社以买方信贷的方式，于 1979 年元月决定，利用澳大利亚国民银行提供的优惠低息贷款（年利率 7.25%，在当时被认为是很优惠的利率）资金兴建，具体方法是进口设备部分采用外资贷款，从澳大利亚购进 8 套装配式钢铝结构小型旅馆设备，国内配套工程部分采用国内资金。这 8 套旅馆设备分别建于桂林、苏州和无锡，其中桂林甲山饭店由 3 套设备，计 9 幢二层楼房组成，有客房 330 间，共利用澳币 773.6 万元，折合人民币 1313 万元，国内配套工程相关费用则使用中国建设银行贷款 345 万元，共计投资 1658 万元，建设周期 11 个月。这种装配式结构的饭店因为抢工期，在效益方面是很有意义的：在饭店完工后、正式开业前，已经在强大的市场需求压力下，“非正式”接待了国外旅游者、华侨、港澳同胞 5000 多人。该饭店也是桂林市第一家拥有旅游车队的旅游饭店，在住宿和游览交通方面极大地缓解了桂林旅游供给严重不足情况。从投资收益来看，据桂林旅游学会会长蔡雄等人的分析，不到三年可达到外汇收支总额平衡，连同施工期在内，4 年 8 个月可偿还全部外债，经营期内可实现 9 倍之利，给民航等行业带来的外汇收益还不计在内。[1]

1980 年 11 月，利用外资改造而成的丹桂饭店竣工开业。丹桂饭店位于桃花江畔，本属于桂林饭店管辖的南楼，是一幢五层楼房，现从桂林饭店独立出来，经过改造，使每个房间都有卫生间，初步具备了接待入境游客的条件。1986 年，这家饭店新建的 14 层新楼投入运营，新楼拥有客房 366 间，配备了中央空调、彩电、闭路电视等当时较先进的酒店设施，有中西餐厅、咖啡吧等服务项目，加之服务到位，成为访桂旅游团普遍愿意选择的涉外酒店，效益可嘉，其总经理还在任上获得美国总统奖。

1　蔡雄等 :《甲山饭店利用外资的调查》，载《学术论坛》1982 年第 1 期，第 62—64 页。

1983 年 8 月，具有中国庭院式风格的榕城饭店建成开业。榕城饭店利用港资 700 万美元建成，由温莎集团管理，拥有 259 个房间，装修典雅，设施齐全，也是桂林市第一家拥有游泳池的高级饭店。

1988 年桂林市涉外饭店简表

饭店名称	竣工投产时间	最初投资额（万美元）	客房数	星级	备注
漓江饭店	1976	3000 万人民币	387	三	后扩建为大瀑布饭店，升五星
榕湖饭店	1953	不详	500 多	三	历史上多次投资扩建，现升级改造中
桂山大酒店	1987	3737	673	四	
榕城饭店	1983	700	210	三	后改为松园度假村
甲山饭店	1980	2000 万人民币	330		已拆除
桂林宾馆	1987	1300	259	四	
台联酒店	1987	628	200	三	
友谊饭店					资料不详
锦桂饭店	1986	500 万人民币	102	二	
漓苑宾馆					资料不详，已拆除
丹桂大酒店	1986	850	366	三	由丹桂饭店扩建而来
花园酒店	1987	2315	360	四	后改为帝苑酒店，升五星；已停业
凯悦酒店	1987	1000	300		
达华大酒店	1986	600 万人民币	68	一	
国际饭店	1988	850 万人民币	70		
文华大饭店	1988	2250	488	四	后升五星，现大宇大饭店

注：根据《桂林旅游志》和《桂林旅游大典》整理

二、宾馆投资热严重影响偿债能力

1989—1990 年之间，仍有一批合资合作的涉外饭店陆续投产，如投资 1000 万美元的环球大酒店于 1989 年建成营业，投资 1293 万美元的香江饭店于 1989 年建成营业，投资 2600 万美元的观光酒店于 1990 年建成营业，投资 1734 万美元的桂湖饭店于 1990 年建成营业。一大批由社会各类资金投入的普通旅馆和各系统上级单位投资的培训中心、招待所等也相继建成。如自治区审计厅、税务局、物价局和部属驻桂研究院所及企业等，先后在桂林投资建设了这类设施，桂林市的旅游住宿供给紧张问题在几年时间里得到缓解，继而出现了明显供过于求的现象。

早在 1985 年，桂林市有关部门已经注意到旅游投资不平衡的问题，认为各部门、各地方愿意到桂林来投资建饭店是件好事，但由于投资方没有考虑各方面的综合平衡，没有考虑桂林的旅游景点、漓江航运、铁路、公路、航空的运输容量，以及副食品供应、供电能力和城市基础设施欠账突出等问题，盲目形成的“饭店热”，需要引起注意。1985 年，桂林市现有客房床位加上新增加部分，具备年接待 600 万国内游客及 120 万国外游客的能力，这个接待能力已经可以满足 5 年后的游客增长预测。如果游客过快增长，且没有形成新的旅游热点、游客仍然普遍朝着漓江而来，则每天需要开行 200 艘游船才能满足需求，芦笛岩、七星岩等“三山两洞一条江”会严重超载。[1]

1989 年 10 月，西安、杭州、苏州、桂林四个著名旅游城市的第三次市长座谈会在桂林召开。这次会议，主要就各城市在旅游发展中遇到的突出问题和解决思路进行沟通，交换意见，形成共识，达到互相促进、共同提高的目的。桂林市分管旅游的副市长袁凤兰在发言中，重点谈到了外资饭店的还贷付息和国有企业自我更新改造问题：“我市利用外资建成的骨干旅游涉外饭店，总投资约 1.2 亿美元，现在进入了还贷付息高峰期。按目前的情况看，要如期偿还债务已经不可能了。另一方面，我市的骨干国营旅游涉外饭店，经过多年的运营，无论是外观造型还是内部设备均已陈旧，大大落后于合资饭店，在竞争中处于不利地位。但是，这些饭店恰恰是旅游财政收入的主要来源，如不进行改造、更新，任其滑坡，必然带来不良后果。”[2] 一方面是外资饭店的还贷付息面临严重问题，另一方面是国营饭店需要提档升级以应对竞争。旅游业的高利润时期迅速过去，经营管理的基本问题开始显现出来。

---

1 《桂林日报》，1985 年 11 月 15 日。

2 《西安 · 杭州 · 苏州 · 桂林四旅游城市第三次市长座谈会文集》，内部资料，1989 年。

桂林市计划委员会提供的书面发言材料，更是直面三个主要问题：

一是 1984 年至 1985 年掀起的倾斜投资热潮，留下了基础设施不配套的后遗症。外资、地方民间资金，乃至较大宗的国家信贷资金集中到效益高、回收快的旅馆及旅游点交通项目，造成这部分设施过早形成远景能力。相比之下，只能依赖国家财政投资的外部交通、景点开发，电力开发等城市基础设施，因得不到必要的投资，形成一个个“瓶颈”。首当其冲的民航，由于没有相应的能力扩充，已成了旅游业的关键制约因素。进不来和出不去的局面，使已扩大了的旅游宾馆接待能力得不到充分发挥。1988 年全市涉外宾馆开房率只有 11.73%，跌至历史最低水平，出现以降低经济效益的代价去做补偿的趋势。

二是出现了旅游经济效益“滑坡”的现象，压价竞争、回扣竞争、游客逗留天数下降，都是引起效益滑坡的重要因素，且旅游收入的增长主要依赖价格调整。

三是旅游资源的利用存在问题，已开发景点不算多，在单一的观光游览模式下，“三山两洞一条江”已经人满为患，接待质量每况愈下，而其他已经形成接待能力的公园景区，则游客不多，无法为热点景区分流，自身效益也堪忧。

桂林市计划委员会的发言材料没有提及的另一个因素是：这些外资饭店，贷款比例太高，负担利息太重，是影响企业正常经营的另一个重要包袱。

更让投资人没有料到的是，1994 年以后，以取消外汇兑换券为标志，外汇市场取消了双轨制，人民币对美元等外汇的汇率迅速贬值，人民币兑换美元降到 8 ∶ 1 甚至更低，这对 20 世纪 80 年代利用外资建设的饭店形成巨大的偿债压力。2000 年前后，一批曾在业界颇有影响的外资饭店进入清偿程序。

三、对交通投资开始重视

在宾馆饭店严重供过于求的映衬下，大交通和景区的不足显得更加突出。

桂林奇峰镇机场是一个军民合用机场，主要是军方在管理，应以保证军事训练为前提。在航线航班很少的情况下，军民两用尚可兼顾，当民用航空迅速发展起来，机场的使用和管理矛盾就变得突出。即使从促进旅游业发展出发，军事训练为民航事业让路，桂林奇峰镇机场的规模也实在太小，无法满足民航业的要求。奇峰镇机场跑道只有 2300 米，不能起降稍大的飞机；候机楼非常狭小，只能同时容纳几百人。从实际运营来看，桂林奇峰机场在1984—1988年的旅客发送量已经排在全国第四位，仅次于广州、北京和上海国际三个机场。每天，仅从广州飞往桂林的航班就超过10个，如遇天气不好造成旅游滞留，机场便是一片乱象。1983年9月14日，由桂林飞往北京的中国民航264号三叉戟客机在机场滑行起飞时，与一架军用飞机相撞，乘客死10人，伤19人，机组人员伤2人。

1980—1990年间，奇峰镇机场于1981年和1986年先后2次扩建改造，包括扩建航站楼、停机坪，延长跑道等，但囿于各方面条件制约，这些扩建工程只是应急措施，以满足运量迅速增长之一时需要，难以从根本上解决桂林航空发展的诸多矛盾。

桂林奇峰镇机场1980年代客运统计表

年份	游客吞吐量	境外游客比例 %
1980	229162	57.19
1981	325202	65.40
1982	471261	63.05
1983	410317	73.99
1984	602147	73.29
1985	735522	76.34
1986	1001686	70.25
1987	1240194	65.27
1988	1340131	68.15
1989	949478	58.50
1990	1398749	61.10

注：数据来源于《桂林市志》

1990年初，中国民航局决定在桂林另外择址建设新的民航机场，并在6个方案中选出两江场址，认为这里净空条件好，土方工程量小。当年下半年，编制完成了两江机场可行性研究及机场建设立项评估。

1992年7月17日，经中国民航局批准，桂林两江民用机场建设指挥部正式成立。1992年12月，国务院总理李鹏到桂林视察工作，与中央军委副主席刘华清共同到两江场址视察，要求把两江机场建设列为重点工程，予以落实。该年底，完成机场选址方案和地质勘探。

两江机场位于桂林城西，距市中心约28千米，具有可平行设置两条跑道的空间。1993年，机场定名为桂林两江国际机场，项目预算最终定为18.5亿元，于9月28日正式开工。机场设计标准为4D机场：跑道长2800米，宽45米，停机坪15万平方米，候机室建筑面积5万平方米，年旅客通过能力为500万人次。1996年10月1日，两江国际机场正式建成通航。

桂林成为入境旅游者的重要旅游目的地，民航开通境外航线只是时间问题。1979年初，国务院批准桂林设立海关机构。1981年3月2日，桂林海关正式开关。4月，边防检查站、卫生检疫所等联检单位也陆续入驻桂林机场。5月2日，第一趟由香港飞桂林的旅游包机正式启航（因天气原因，飞机在广州过夜，第二天上午才飞抵桂林）。当年，这条包机航线运送出入境人员4.6万人次。至1991年初，这条航线在不到10年时间里共飞行1.1万架次，运送出入境旅游者达到119万人次。1990年，到桂林旅游的入境游客为48.5万人次，有61.4%是通过这条航线到达桂林的。[1] 1996年12月，桂林航空口岸正式对外国籍飞机开放。1997年12月，桂林至日本福冈航线开通，这是桂林第一条国际航线。

对于许多国内旅游者来说，选择火车出行，在当时比价条件下，确实经济实惠方便。1990年以前，桂林只有始发南宁和衡阳的列车各一对，其余都是途经列车，安排给桂林的卧铺票非常少（桂林至衡阳是慢车，没有卧铺），供求缺口极大，不但一些私人热衷倒卖火车票，一些与铁路有协议的“拿票单位”都忍不住想从为旅客代办订票业务中获取不当得利，漓江饭店就因此被物价部门查处。[2]

1990年，桂林火车站负责人就“卧铺购买难”问题答《桂林旅游报》记者问时，介绍了桂林火车站想方设法提升运力也远无法满足市场需求的情况：传统方法是在经桂林往北京、上海、昆明方向的列车上加挂卧铺车厢，这样可使桂林站每天约增加200—300张卧铺票。此外，将原来湛江至衡阳的慢车改为湛江至

1 《桂林旅游报》，1991年122期。

2 《桂林日报》，1985年5月25日。

1977 年扩建的桂林火车站，在随之而来的旅游大潮中发挥了积极作用。
（图片来源：《广西通志·铁道志》）

长沙的快车，而快车必须挂卧铺，三趟列车可以加挂 6 节卧铺，柳州至西安的两趟列车也加挂卧铺，使得桂林站的卧铺供应量有明显提升，但面对每天约 8000 人的客流量，仍然是难以满足市场需求问题。[1]

1990 年 8 月，广州—桂林空调旅游特快列车开通运行，实行隔日开行。

为了解决铁路客运运力不足问题，桂林市多年坚持与铁路部门沟通协调，争取客运站扩建。

1991 年，桂林火车站开始扩建，站台数从 2 个增加为 3 个，火车股道从 4 道扩为 6 道。因为桂林火车站周边空间环境太小，无法进一步扩大运行能力，1996 年 5 月，在原桂林北站的北面，开工兴建新北站。1998 年 12 月，新北站建成并投入使用。新北站设计为 3 站台 6 股道，站房面积 4.36 万平方米，站台总面积超过 1.3 万平方米。新北站投入运营后，先后开通了桂林—深圳、桂林—北京的始发客运列车，较好地缓解了火车运力不足、远不能适应桂林旅游发展的问题。1991 年，桂林车务段发送旅客 122.86 万人次，2000 年达到 185.41 万人次。此后，受高速公路和民航的冲击，铁路客运量持续下降。2005 年，桂林车务段

1 《桂林旅游报》，1990 年 71 期。

的旅客发送量只有100.1万人次。[1]这种趋势一直持续到数年后湘桂客运专线和贵广高铁通车运行后才得到扭转，并进入快速发展的新时期。

为了解决长途交通运力不足问题，桂林市于1980年11月16日，开通了桂林—广州的直达旅游客车，每日对开。此后，又陆续开通了桂林—长沙、桂林—武昌的长途班车，甚至开通了至郑州、西安等地的长途班车。毕竟，只要有收入保证，公路交通在地方层面便能得到解决。

提升道路质量，改善交通条件，也成为桂林改善旅游环境的重要任务。

1982年，桂林—阳朔公路按照二级道路标准进行改造。

1983年，国家旅游局投资建设桂林—竹江码头旅游专用公路，按三级道路标准建设，1985年竣工。该项工程可使运送旅客至码头的旅游大巴走近路至阳朔接下船游客，缩短路程10多千米。

1990年兴建磨盘山进港公路。

1991年，对桂黄公路全州—灵川段按照一级道路标准进行改造升级，这是广西第一条一级道路。

1993年，广西第一条高速公路桂柳高速公路开工建设，道路全长138千米，设计行车时速100千米（永福局部山区路段80千米），在桂林僚田互通处与机场专用道连接，1997年5月1日建成通车。

1993年，作为两江国际机场的配套工程，桂林市投资建设机场专用公路，该公路全长近26千米，其中机场专用路14千米，采用一级道路技术标准。

漓江上的旅游客运也随时时代进步而逐渐提升。

1980年，漓江上只有漓江航运公司一家水上客运企业，拥有客船19艘，2000余客位；货船23艘，970吨位。

1984年，漓江上有3家水运企业，旅游船舶37艘，2600余客位。

1988年，漓江上的水运企业达17家，运行桂林—阳朔间的客船达105艘，客位8000多个。1994年，漓江游船数量达到168艘，客位超过1.3万个。[2]

---

1 《桂林市志1991～2005》，方志出版社，2010年。该版市志中，有关铁路运输数字差别很大，这里取的是统计表中数据。

2 《桂林市志》中册，中华书局，1997年，第2232页。

漓江是一条繁忙的旅游航线

漓江的旅游客运量，也有明显的变化。1976 年，客运量 12.25 万人次；1988 年，客运量 144 万人次，其中入境游客 42 万人次；1990 年，客运量 152 万人次，其中入境游客 48 万人次。客运量最高的是 2007 年，突破 230 万人次。此后，由于市场竞争剧烈，加上漓江游览实行近 20 年的“四统一”模式，开始出现脱离市场、服务下降以及较突出的兜售现象，相当一部分游江客人分流到竹排游等方面，乘船游览漓江的客人数量逐年下滑。

四、新建景区以扩大接待能力

随着桂林旅游的持续火爆，传统的“三山两洞一条江”旅游线已经人满为患，市场需要新的景区出现，有关部门也加大了景区开发力度。

1979 年，桂林市园林局开放南溪山白龙洞；之后，又新建了南溪山南麓的园林景观，使其成为一处完整的休憩型公园。

桂林市 1985 年各公园景点游览人次统计表

单位：万人次、%

单位名称	总人次	其中：国内游客	比上年增加
合计	537.42	463.56	12.4
七星公园	222.03	207.59	10.9
芦笛风景处	118.82	94.02	17.5
伏波景区	76.88	62.61	14.5
叠彩景区	72.72	58.8	9.2
南溪公园	25.13	21.05	1.4
穿山公园	21.84	19.49	18.3

资料来源：桂林市园林局统计表

1979 年，因为修建人防工程，有关部门在穿山山腹发现一处较有规模的岩洞。次年，园林部门着手建设穿山公园。1981 年，穿山公园正式对游人开放。

1980 年，园林部门筹建西山公园。1985 年，西山公园试行开放；1986 年，广西壮族自治区人民政府决定在西山公园新建桂林市博物馆，桂林橡胶设计院迁离西山公园；1988 年末，西山公园正式开放。

1986 年，象山公园建成开放。位于漓江与桃花江交汇口的象山，自古就是桂林名胜，但长期处于无人无单位管理状态，周围单位和居民违建蚕食严重，旅游业兴起之时，二运公司曾在这里提供骑马照相业务，但环境一直无人管理。1983 年，桂林市组织义务劳动，将象山周边疏浚河道挖出来的河泥堆成三座小岛，园林部门广植树木，逐渐将其辟为一座公园。

1995 年，漓江畔的冠岩景区建成营业。冠岩位于灵川大圩镇南侧的草坪回族乡，这里在历史上一直靠水路与外界联系，桂林市旅游局引进台资，组成合资企业，对冠岩进行开发，使冠岩成为游览方式最多的洞穴游，又在远离江岸的缓坡上建设了住宿设施云雾山庄，政府开辟了草坪至大圩的公路，使草坪很快成为一处旅游热点。

虞山公园原为部队营地，为了支持地方发展旅游，于 1982 年移交给地方，1995 年开始建设，1999 年正式开放。

2001 年，独秀峰·王城景区被列入旅行社游览线路。

在此期间，阳朔县的碧莲峰、大榕树、世外桃源、巨龙潭等景区和荔浦县的丰鱼岩、银子岩景区也相继建成营业。

在上述景区中，除了独秀峰·王城景区主要依赖于历史文化资源为卖点外，其他景区虽然也都有相应的历史文化沉淀，但主要是喀斯特型的自然风光，各景区的同质性突出，如洞穴类景观，一度有芦笛岩、七星岩、冠岩、穿山岩、银子岩、丰鱼岩、巨龙潭岩、黑岩等 8 个喀斯特岩洞同时向市场推出。虽然各岩洞的洞穴规模、景观特色和游览设施各有不同，但旅游者难以直接判断和选择，也不可能都游览，主要靠旅行社的推荐。为了借助旅行社的营销力量，各旅游景区暗自给予旅行社幅度不等的佣金回扣，又使旅游景区的实际价格执行不到位，甚至难以弥补成本开支。

第五节 市场摸索

当社会从感性层面理解了旅游的市场价值以后，许多的创造性被激发出来。在这个过程中，桂林旅游做了许多探索。

一、对旅游营销的新探索

以前，对桂林风景的宣传介绍，更多的是立足于对大好河山的赞美。改革开放以后，人们已经意识到桂林风景能够带来可观的收入，在相关宣传上也就更注重探索一些新手段、新途径。

在文字为交流媒介的时代，桂林山水是常写常新的题材。摄影技术出现以后，桂林山水也是常拍常新的题材。1975 年，香港凤凰影业公司拍摄了彩色宽银幕风光纪录片《桂林山水》，再一次让桂林山水成为打动观众的电影主题。这部电影，由桂林青年作曲家王小昆作曲，音乐表达也有很强的地方特点。自这部电影问世后，在很多年的时间里，桂林市在接待入境游客时，都会放映这部电影。

除了风光摄影和电影拍摄，桂林市也在探索用新方法向外宣传和介绍桂林。自 1979 年起，桂林市先后与日本国熊本市、新西兰黑斯廷斯市、美国奥兰多市、韩国济州市等结成姐妹城市，利用中国走向世界的最好时机，加强与境外的友好往来，扩大城市影响。

1979 年，桂林市与日本国熊本市结成友好城市。此后，两市政界、商界、文化界人士来往密切，增进了感情，也扩大了桂林在日本的影响力。自两市缔约后的若干年内，熊本市每年都组织规模约百人左右的市民“友好之翼”访问团访问桂林。桂林则经常派出商贸、旅游等团队前往熊本学习交流，派出文艺团体到熊本演出，在熊本举办桂林历史文化风景展等，不断扩大桂林的影响力。1980—2000 年间，日本是桂林最重要的入境客源国之一。

除了与日本国熊本市结成友好城市，桂林市还先后与新西兰黑斯廷斯市、美国奥兰多市等多国的旅游城市结成友好城市。美国也是桂林多年来最重要的旅游客源国之一。

1988 年，漓江出版社与日本赞交社合作出版了大型画册《名家画桂林》，其入选作品均为当代画坛名家以桂林山水为题材的创作，取得很好的市场效果。1989 年，中国入境旅游市场面临下滑严重的局面，漓江出版社与日本朝日新闻社、京都赞交社在日本的大阪、神户和东京共同举办为期四个月的《名家画桂林》原作展，展览作品基本为两年前所出版同名画册的原作。这个展览，既是中日重要的文化交流，也是桂林山水向重要的外国市场日本的一次艺术营销。仅在大阪展出的七天时间里，观众即达 215 万人次。[1]

改革开放初期，社会还没有建立起清晰的广告营销意识，桂林市没有能力也没有想到在媒体上投放广告来宣传自己的旅游资源和旅游产品，但因为桂林受关注的程度高，其本身已经形成眼球关注点，不少媒体愿意主动地刊发介绍桂林风景和旅游的图片、文章，以吸引读者，从客观上帮助了桂林扩大影响力。1978 年第 9 期《人民画报》以《从桂林到阳朔》为题，用 4 个版面刊登了 13 幅桂林

---

1 《桂林旅游报》，1989 年 22 期。

芦笛岩

芦笛岩

芦笛岩是桂林市风景区游览地之一。洞内石钟乳、石笋、石柱等石景，千姿百态，色彩绚烂，引人入胜。

1978 年第 9 期《人民画报》对桂林的介绍

市区、漓江以及阳朔的风景照。《人民画报》印刷精美，这些画面形成了强烈的视觉冲击力。

1981 年第 1 期《人民画报》，在封二的位置刊登了荷兰画家范登恩德创作的油画《桂林风景》。《叠彩》《百科知识》《旅伴》等杂志也经常刊登介绍桂林的作品。

1980 年代，中央电视台新闻联播节目之后的天气预报节目，桂林是第一个被列入天气预报的非省会城市。这个时期，中国人民解放军南海舰队新入列的 194 号驱逐舰，也被命名为“桂林号”。这些现象，使桂林的影响力得到进一步提升。

二、探索开发旅游新产品

在旅游经营中如何突破传统的观光格局，争取把旅游市场做大，也是桂林一直在思考的问题。

漓江的渔业生产早就退出历史舞台，但鸬鹚捕鱼这个生产场景却被旅游经营者们挖掘整理并且展现出来：游客乘坐在游船上，游船旁边则是渔民撑着竹排，

1980 年代，香港出版的以桂林为主题的儿童读物

桂林风景照，0.12 元一张

以前，这种风景照片很受游客欢迎，成为抢手的旅游纪念品

竹排前点着渔灯，竹排上立着两只鸬鹚，竹排后置放一只竹筐。随着渔夫的命令，鸬鹚潜入江中，少顷便重新回到竹排上，它们的喙上叼着或大或小的鱼。渔夫会让鸬鹚自己吃掉小一些的鱼，把大鱼取下扔进竹排后的竹筐里。然后，鸬鹚会重复进行前面的动作。这个过程，极具观赏性，游客们的相机会拍个不停。

在别的城市，如果零散到达的客人想参加当地的旅行线路游览，必须按照旅行社的要求在指定的时间到达指定的集合地点统一出发，过时不候。来到桂林的这类游客数量非常多，他们却不必这样跑到一个指定的地点去集合，只需要把自己所住酒店告诉旅行社，旅行社便会在约定的时间到酒店来接人，游览结束也以这样的方式将客人送回酒店，这样就很方便游客的游览，尤其在多雨季节，这样的服务非常受欢迎。

乘船游览漓江的游客，游船不仅免费提供中餐，还免费赠送桂林导游图和一些小礼品如一把山水纸扇或者一个壮族绣球之类，以增强游客对桂林旅游的感受并促进传播。

到桂林游览的外国游客中，日本和东南亚游客的比例很大。日本、东南亚受中国传统文化影响很深，客人对中国书画非常有兴趣，来桂林游览总愿意购买一些书画类旅游纪念品回家。桂林人没有放过这样的市场机会，针对市场开办了许多的书画店。由于行程紧凑，一些旅游团队没有更多的时间去书画店购画，于是有人把餐厅和书画店的功能结合起来，使那些购画愿望迫切的游客可以快一些吃完饭，省出时间用于选画购画。一些货物真假难辨的古玩市场也在这时应运而生。这种现象，虽然短期内创造了不少收益，但极大打击了桂林书画的声誉，使之与“低端”“仿冒”等标签绑定，至今影响仍在。

在桂林旅游业发展初期，游客几乎没有夜生活，这对于习惯了夜生活方式的入境游客来说，是不可思议的事情，如何让夜晚变得有趣一些，也成了一道不大不小的题目。为了解决这个问题，也为了增加企业收入，桂山饭店创办了“桂山之秀”表演节目，在饭店的明华宫为吃晚餐的客人表演助兴；花园饭店则创办了“花园之夜”表演秀，在咖啡厅表演一些小型节目。这类表演，对于当时只想到提供观光服务的旅游业来说，是一个不小的转变，因为这样的市场开发既解决了游客的文化需求，也能够为企业增收，企业开始明白与市场对接的实际意义。

漓江渔火从传统渔业生产转身成为旅游表演项目

阳朔遇龙河的漂流项目很受游客欢迎

1993 年，一位外来的投资人在临桂县城建设了一个专门饲养熊与虎的饲养和观赏园，取名为雄森熊虎山庄。很快，这家熊虎山庄饲养的熊、虎就达到了近千头，成为世界上规模最大的熊、虎繁殖基地，向全国各野生动物园提供了大量活体熊、虎，也引来了许多对此好奇的旅游团队，门票达到 80 元一张。因为我国已经于 1981 年正式加入《濒危野生动植物国际贸易公约》，熊与虎均属于被禁止贸易的野生物种，一些国际动物保护组织对此项目颇有异议，加上虎的饲养成本很高，这个基地其本身的观赏吸引力在多地野生动物园运营后也大为降低，无法通过门票收入达到收支平衡，近年已进入关张状态。

三、尝试打造节庆活动助推旅游

1991 年，漓江民俗风情园在伏波山对岸开工，仅一年就投入运营，并于次年冬承办了首届中国“金鸡”“百花”电影节开幕式和“桂林山水旅游节”。这家风情园，以广西少数民族风情为文化元素，集中再现广西少数民族文化特色，在交通颇不方便的时代，起到了让游客便捷地了解和体验广西少数民族风情的目的，丰富了桂林的游览内容。随着交通条件的改善，游客更愿意到民族山乡去感受和体验原真的民族文化，这个项目的经营也就走到了尽头。

1992 年在桂林举办的首届中国金鸡百花电影节入场券

桂林龙胜各族自治县的侗族百家宴

桂林龙胜各族自治县的少数民族风情成为重要的旅游元素

四、旅游专列和旅行社改制

1990 年 8 月 2 日，由桂林海外旅游总公司、广州市旅游公司和广州火车站等旅游企业、铁路系统联合举办的“桂林号”豪华专列正式开行，为图定列车，隔日由广州、桂林往返一班，全车包括 5 节软卧、6 节硬卧、4 节硬座、2 节餐车（中、西餐车各一）组成，列车上设有酒吧、茶座、歌厅等设施，全车均设空调，是当时条件最好的客运列车。后来，随着市场发展，这趟列车变更为每日开行的广州经桂林至柳州的特快列车。

由旅行社包车的非图定旅游专列，也陆续多了起来。这类旅游专列，很好地解决了客人出行的卧铺问题，故很受欢迎。

根据建设社会主义市场经济的要求，推进企业制度创新，1990 年代中期，全国许多中小型国企陆续进行了改制，即改变企业所有制，以发挥市场活力，桂林的旅行社，均属于中小型企业，在经营过程中主要推行承包制，抗风险能力弱。1996 年，根据国企改革“抓大放小”的方针，桂林试行旅行社改制。在改制前，旅行社因为管理难以到位，承包式经营出现不少问题，主要表现为收团客人不少，但资金回笼困难，外面欠款突出，严重影响了旅行社经营。1996 年，隶属于桂林市乡镇企业局的和顺旅行社率先改制，迈出了全国旅行社改制的第一步。1997 年，桂林市旅游局请完成改制的和顺旅行社在大会上介绍经验，以此推动桂林市旅行社改制工作。一年时间里，桂林市有一半以上的旅行社完成改制工作。旅行社改制以后，员工的积极性被激发起来，外面拖欠款的现象基本没有了。

五、研究旅游市场特点

1980—1990 年代，桂林旅游经历了从供给普遍严重不足到酒店严重过剩、景区拥挤不堪、旅游人才失衡的变化，市场也经历了起步、高涨、混乱、整治几个阶段，旅游业与相关产业均衡发展、环境治理需要持续等新课题也摆在了面前。

为了更好地研究旅游经济的规律和特点、更全面地理解和掌握旅游发展中的重大问题，桂林市在大力推动旅游业发展的同时，也积极组织力量，对旅游业发展的重大课题进行研究。

1988年，桂林市人民政府经济研究中心组织力量，开展了桂林旅游发展前景研究。课题组以2000年为报告期，对桂林旅游环境容量、旅游资源的保护和利用、旅游客源市场预测、交通配套、旅游经济效益、旅游人才需求、城市基础设施需求、旅游体制改革和旅游城市发展政策等重大关切进行了调研和分析，运用数学模型做出预测。这个报告，对于桂林市在制定2000年以前旅游发展的相关政策和规划起到了很好的参考作用。

1991年，桂林市旅游局组织编写了《桂林旅游研究十年回顾》，对旅游战略规划、旅游管理、市场经营、资源开发和旅游文化等专题进行探讨。

成立于1980年的桂林旅游学会，在关注旅游发展前沿问题研究的同时，于1988年组织会员编写了《旅游基础教程》，由中国人事出版社出版。1994年，结合国内旅游初步兴起，该学会又出版了《国内旅游理论与实践》一书，由漓江出版社出版。

六、带动了周边县域旅游发展

这个时期，桂林旅游发展，在解决就业和扩大地区影响力方面起着很好的示范作用，经济收益也相对可观，从而带动了周边县域旅游的发展。

这一时期，桂林的行政体制是，除了桂林市辖的阳朔、临桂两县，同城设有桂林地区行政公署。桂林地区管辖着全州、兴安、灌阳、灵川、资源、龙胜、永福、荔浦、平乐和恭城计10个县，这10个县分布在桂林市四周，与桂林市在社会经济方面来往密切。桂林旅游的积极发展，也激发了桂林地区各县发展旅游的热情。

20世纪80年代，资源县的八角寨风景区已经吸引周边游客的关注。1991年，该县成立了旅行社。1993年，修建了通往八角寨风景区的旅游公路。1995年，承办了全国应用旅游地理学研讨会，代表们考察了资江、八角寨和宝鼎瀑布等风景区，观看了河灯歌节节目，这是资源县最早闯进全国旅游业界专业人士视野。1996年，资江、八角寨景区被林业部批准为“八角寨国家森林公园”。[1]

1 《资源县志》，广西人民出版社，1998年，第36页。

资源县的八角寨景区自 1990 年代初开始受到旅游者关注

位于森林环境中的桂林龙胜温泉，对游客别有一种吸引力

位于阳朔县南部的荔浦县，利用阳朔旅游蓬勃发展的机会，组织力量开发了丰鱼岩旅游度假区，1994 年开业当年，即接待游客 70 余万人次，尝到甜头的荔浦县于第二年成立了旅游局，负责旅游开发和管理工作。[1]

紧邻桂林市的灵川县，借助漓江穿县域而过的条件，于 1985 年成立了漓江旅客航运服务公司，以大圩为客运码头，开展揽客业务。这一行为，搅乱了桂林市对漓江游览“四统一”的管理，但得到了桂林地区的支持。几经交涉之后，灵川的这家游船公司被桂林市纳入“四统一”管理。1997 年，灵川县招徕客商对大圩古东进行投资，于 2000 年地市合并后开始接待游客。[2]

兴安县灵渠是岭南重要文化遗存，一直受游人关注。此后，位于界首镇的三官庙红军强渡湘江战役指挥所、华南最高峰猫儿山等陆续成为游客的向往之地。[3]

1996 年，兴安县建成红军长征突破湘江烈士纪念碑园，率先在桂北地区创建了红色旅游点。

此外，灌阳县的黑岩、龙胜各族自治县的矮岭温泉等，也都开始引起游客注意。龙胜的龙脊梯田，自 1992 年通过摄影作品引起外界注意后，便开始了艰难的开发过程。1996 年，龙胜县确定“旅游立县”战略，提出“旅游扶贫”口号，旅游发展逐渐驶入快车道。1997 年，龙脊梯田和龙胜温泉已经初步形成知名度，龙胜全县接待游客达到 26 万人次。[4]

1 《荔浦县志》，中国时代经济出版社，2014 年，第 200 页。

2 《灵川县志（1991—2005）》，广西人民出版社，2018 年，第 338 页。

3 《兴安县志》，广西人民出版社，2002 年，第 485 页。

4 《龙胜各族自治县志（1988—2005）》，中国时代经济出版社，2013 年，第 221 页。

CHAPTER SEVEN

第七章

地市合并以后的桂林旅游

GUI
LIN

1998 年 8 月 27 日，国务院批复同意桂林市和桂林地区合并，成立新的桂林市[1]。新桂林市包括原来的桂林地区 10 个县，即全州县、兴安县、灌阳县、资源县、灵川县、龙胜各族自治县、永福县、荔浦县、平乐县和恭城瑶族自治县，以及原桂林市二县五城区，即临桂县（2013 年，经国务院同意，撤临桂县，设临桂区）、阳朔县、象山区、秀峰区、七星区、叠彩区和雁山区，共辖12县5城区，面积约为 2.78 万平方千米。

成立新的桂林市，是桂北地区重大的行政区划改革，它的重要意义之一，就是统筹桂北地区的环境保护和旅游发展。

这一年的 9 月 4 日，广西壮族自治区人民政府下发《关于桂林市和桂林地区合并成立新的桂林市的通知》。9 月 8 日，自治区党委和自治区政府在桂林召开桂林地市合并工作动员大会。11 月 8 日，举行新桂林市成立暨全市干部大会，新的桂林市委成立。这次行政区划改革，在当地被称作“地市合并”。“地市合并”以后，桂林旅游也迎来一个新的发展时期。

桂林地市合并以后，漓江全流域都属于桂林市行政辖区范围，非常有利于漓江风景名胜区的保护和利用。兴安、灌阳和全州三县属于湘江上游，著名的灵渠就位于兴安。资源县是资江发源地，拥有非常典型的丹霞地貌。龙胜各族自治县具有非常浓郁的少数民族风景。其他各县，也都有各自的旅游资源，如荔浦县的银子岩、恭城瑶族自治县的文庙和武庙等，都具有较好的开发价值。在新的桂林

1 《桂林市志 1991 ~ 2005》，方志出版社，2010 年，第 32 页。

市空间上，如何描绘旅游发展新蓝图，推进旅游新发展，自然就成为摆在桂林市面前的新课题。

进入21世纪以后，中国加入了世界贸易组织，对入境游客的价格歧视和其他限制全面取消，全国旅游发展进入一个新阶段。各地注重将旅游作为当地经济发展的新的推进器，一些后发旅游城市成了有力的追兵，桂林旅游在业态创新方面依然发挥着重要的表率作用，山水实景演出、旅游度假村等项目创全国旅游新项目先锋；与世界旅游组织等机构合作，打造了桂林“旅游趋势与展望国际论坛”等一批有影响的国际化旅游交流平台。此外，在红色旅游、乡村旅游、全域旅游等方面也做出了不俗的成绩。2012年12月1日，经国务院同意，国家发改委批复了《桂林国际旅游胜地建设发展规划纲要》，桂林旅游有了新的发展蓝图。

第一节 以旅游发展为中心的城市改造和漓江保护

1998年，因桂林地市合并，市域拓展，对桂林市的城市功能和空间定位都提出了新的要求，需要对《桂林市城市总体规划》进行重新调整和补充，桂林市很快组织力量，着手此项工作。2000年，在经过大量调研和征求意见基础上，聘请国内著名规划编制单位编制的《桂林市总体规划（2001—2010）送审稿》成稿，通过自治区政府批准并上报国务院。之后，建设部领导和多批专家到桂林进行专题调研。根据领导机关和专家的意见，桂林市和规划编制单位又对《桂林市总体规划（2001—2010）送审稿》进行了多次修改和补充完善，形成最终定稿。2003年7月14日，国务院批复同意修订后的《桂林市城市总体规划（2001—2010）》。

一、城市总体规划突出风景城市性质

《桂林市城市总体规划（2001—2010）》确定桂林市是国家级历史文化名城和重要的国际旅游城市，在空间定位上，是桂北地区的中心城市。桂林漓江风景名胜区是国家重点风景名胜区。

国务院批复强调：要严格控制城市人口和建设用地规模。城市主城区用地布局规划，以西线为城市长期主导发展方向。总的空间发展战略是：疏解旧城中心区，优化主城功能，适度向东发展东部组团，积极向西发展琴潭和临桂（即西城区）组团，控制向北发展城北组团。主城区的用地布局，采用多中心分散式的形态，并强调城市重心向西移动。

在这一版的总体规划中，主城园林绿地系统规划强调保护“千峰环野立，一水抱城流”的山水城市传统格局，构筑“一带、两江、三楔”（“一带”指沿漓江流域建设100至300米漓江风景绿带地区；“两江”指沟通桃花江和小东江的环城水系，沿岸开辟宽窄不同、规模不等的园林绿地；“三楔”指处于城市功能组团之间的绿化隔离带，包括七星岩—尧山组团绿楔、西山—芦笛岩组团绿楔、黑山—龙泉组团绿楔）的城市风景园林绿地空间形态，形成“山水旅游城区”“国家园林城市”“生态城市地区”的圈层发展模式。总体规划对城市范围内的历史文化保护区分类划定保护范围，确定保护的空间环境特征及人文环境内容，提出建设控制地带及环境整治措施，实行建筑高度和景观视廊控制。[1]总的来说，要突出桂林的景观特色，保护桂林的历史文化，为城市未来发展留下合理、积极的风景空间。

1998年以前的20年时间里，桂林市的旅游业发展，不但规模迅速增大，影响力也很强，被誉为中国旅游的风向标。在这个时期里，桂林的旅游发展远远跑在了城市发展的前面，城市面貌破旧、基础设施欠账过多、不配套的简陋房屋占大多数，在城市建设方面仍然处于相当落后的地位。总之，桂林的城市面貌不适应旅游发展的要求，也不能让市民更好地享受改革开放带来的成果。桂林的城市发展，需要找到一个快速提升的机会。

1 《桂林市志1991～2005》，方志出版社，2010年，第158页。

新成立的桂林市，辖十二县五城区，面积约2.78万平方千米。城市的发展和旅游的发展，更是迫切需要城市建设出现大的变化。新的桂林市委、市政府成立以后，立即着手推进城市改造工作。这一年，也是中国实行积极财政政策的第一年，不少人对“积极的财政政策”的含义尚不了解，桂林市抓住机会，结合城市改造需求，迅速上报了一批城市基础设施项目，并借此动力积极筹措社会资金，全面推进这座风景名城的建设改造进程。

二、城市改造强调显山露水

从1998年至2003年不到6年时间里，桂林市争取并启动国债项目150多项，国债项目总投资31.71亿元。国债资金投资13.26亿元，其中，中央国债7.38亿元（市本级3.78亿元，县区级3.6亿元）；西部国债资金0.93亿元（市本级0.69亿元，县区级0.24亿元）；地方转贷国债资金4.95亿元（市本级4.78亿元，县区级0.17亿元）；国内银行贷款5.71亿元（市本级4.6亿元，县区级1.11亿元）；外国政府贷款891万美元；国际金融组织借款1166万美元[1]。在借助国债资金项目推进城市基础设施建设的同时，桂林市又推出一系列“经营城市”的政策，将一批有商业潜力但需要基础设施配套的项目交给社会资本，有力地带动了社会和民间各类投资主体投资，6年间累计完成509亿元的全社会固定资产投资，极大地改善了桂林的城市面貌、旅游景观、交通以及居住环境[2]。

这些基础设施项目包括：

城市道路拓宽、快速路建设和街道环境改造工程，如中山北路、中山中路、中山南路、上海路、机场路二期、漓江路、三多路、桃花江路、解放东路、解放西路、信义路、文明路、东环路、东安路、辅星路等数十条道路，完成了道路拓宽、立面改造、路灯提亮、花坛美化等工程；上海路口建成三层立交，解决了这一空间困扰市民和旅游者多年的交通瓶颈问题；绕城高速临桂至灵川段的建设，疏导了途经汽车绕行问题。

1　苏道俨、贾康：《桂林城市建设模式与效益评价》，广西民族出版社，2005年。
2　同上。

桂林两江四湖游线中的各式桥梁也成为新人文景观

桂林榕湖的玻璃桥是我国最早的实用性玻璃桥梁，建成于 2001 年

数十座和城市景观密切相关的桥梁改造，因为充分考虑旅游功能，成为这次城市改造的一大亮点。如解放桥、龙隐桥两个漓江两岸的市政工程主要是考虑通行能力的提升，兼顾工程的观赏性；阳桥、中山北桥、古榕双桥、榕溪桥、观漪桥等，则在考虑观赏性的同时，要解决桥下行船问题；宝贤桥、迎宾桥、西清桥、宝积桥、玻璃桥、九曲桥等，更多考虑趣味性。这些桥梁，造型不同、技术多样、风格各异、互相映衬，不但改造了通行条件，提升了通行能力，美化了城市景观，也解决了市内湖面不能行船的桥下空间不足问题。

与这座城市的性质密切相关的环境保护项目，尤其是国债支持的核心，如污水厂干管配套工程、“四湖”清淤截污、引水入湖、南溪河及瓦窑溪防洪排涝工程等，这些项目改善了城市水面质量，优化了生态环境。

一大批旅游休闲、商务会展项目也建立起来。正阳步行街开街伊始，就成为旅游者喜欢光顾的地方，象山景区和芦笛岩景区改造、榕杉湖景区这类市中心区的旅游休闲项目，把市民生活与旅游者观光很好地结合起来。国际会展中心的建设提升了桂林会展业发展的兴办能力。中心广场和甲天下广场两个大型广场的建设，打破了桂林没有市民广场的历史，创造了新的城市活动空间。其中，中心广场几乎完全依靠市场力量建设而成。中心广场旁的漓江大瀑布酒店，别出心裁地建设了高 45 米、宽 72 米的世界最大人工瀑布，成为一处新景观，也成为这个广场吸引外地游客的一大亮点。

在榕杉湖景区建设中，建设者们大胆地构思建设了水中塔。塔是我国各风景区常见的构筑物，如果缺乏特点，就不可能为景观品质加分。杉湖景区双塔相望，一在岸上、一在水中，形成了景观呼应。水中塔立于水中央，则完全突破了传统塔或在山岭或在岸边的环境条件，颇为抢眼，创造了新景观。借助水面的宽阔，显得高大，却又没有突破这一区域的限高，与岸边塔在高度、色彩上互相呼应，成为这座城市受欢迎的新地标。在建设材质的选择上，水中塔为全铜制造，更具有景观价值中的稀缺性特点。

这次城市改造，强调在改造过程中突出桂林城市特点，注意显山露水，许多临山单位的围墙被拆掉或者改造成通透性围栏；临水景观得到提升，溪河湖塘的水质也得到改善。

三、旅游公共服务设施得到重视

旅游城市，在城市规划和建设中应该具有为陌生游客提供方便的思维，比如游客经常面临的“如厕难”问题，应该在这次城市改造中得到合理的考虑和解决。结合这次城市改造，桂林市推出了“厕所革命”这一新理念，提出“经济适用、环境卫生、设施齐全、空气清新、造型美观”的建设原则，动员全市力量，改造厕所，并将厕所免费向社会开放。在厕所布点不足的空间，规划新建若干个新厕所，推行“公开招标，以商养厕”的市场动作模式，将投资厕所与商业门面捆绑招标，解决厕所建设和维护的资金难题。经过半年的动员、推广、实施，桂林市于2000年10月1日，在主要街道和旅游景点，向社会免费开放500座新建、改造、扩建的旅游厕所。这一举措，创全国之先河。

开创全国先河的，还有免费公共汽车。2002年5月1日，在桂林市政府支持下，桂林市公交集团推出了8条免费公交线路，计110辆大巴车。这些免费公交车，于每天7：00—19：00穿行于市区主要干道。其中的58路，则主要连通市区各主要景点，包括南溪山景区、象山景区、七星岩景区、民俗风情村景区、伏波山景区、叠彩山景区、虞山景区和芦笛岩景区，开行时间为8：30—16：30。免费公交车运行了8年时间，成为桂林面向游客的一座无形口碑。2010年，因后继乏力，免费公交车退出历史舞台。

四、加强对风景名胜区的保护规划

风景名胜区的保护，是旅游可持续发展的必要保证。在依据城市发展规划对城市进行大规模建设改造的同时，桂林市也抓紧了对风景名胜区的保护和规划。

1998年10月，新桂林市成立伊始，即着手启动漓江风景名胜区规划的编制工作。

2003年，桂林市政府与中国城市规划设计研究院签订了《桂林漓江风景名胜区总体规划》编制协议。同年，该《规划（纲要）》完成。2006年，桂林市开始组织编制《桂林漓江风景名胜区总体规划（2006—2025）》，并于2008年在第九届全国风景园林规划设计交流年会上提交了文稿，通过学术交流，不断完善文稿。2008年，广西壮族自治区人民政府常务会议原则通过《桂林漓江风景名胜

原桂林地市合并为新的桂林市后，全面开展旧城改造，两江四湖成为将城市环境和旅游景观融为一体的新型景区，深受好评

区总体规划》。这个规划文本确定漓江风景名胜区范围从桂林市北起虞山桥、南至阳朔县留公村，沿江第一重山及桂林市著名公园及景点、阳朔县田家河峰林平原、葡萄典型峰林平原、兴安县灵渠等纳入核心区。《桂林漓江风景名胜区总体规划》从景观保护的角度，将漓江风景区分为核心景区、重点景区、一般景区、旅游服务区和控制协调区，分别确定不同的保护强度。在空间布局上，将漓江风景区确定为“两带”——漓江自然山水观光游览带和桂阳公路文化生态休闲带、“两心”——桂林国际风景旅游城市和阳朔国际山水休闲名镇、“一区”——灵渠景区。风景游览布局规划为：市区为“三山两洞”为中心、两江四湖为纽带的山水文化游览区、漓江突出自然风光、阳朔突出山水文化民俗休闲和田园风光、灵渠融入文化主题，规划了郊野休闲和度假旅游区。[1]

经国务院同意，2013 年 5 月 30 日，国家住房和城乡建设部函复广西壮族自治区人民政府，原则同意《桂林漓江风景名胜区总体规划（2013—2025 年）》。

1 《桂林市志 1991 ~ 2005》，方志出版社，2010 年 12 月。

桂林漓江风景名胜区是国务院1982年审定公布的首批国家级风景名胜区（原称“国家重点风景名胜区”，2006年统称为“国家级风景名胜区”）。这一区域内居民众多，这一区域的设立又正好处在中国经济持续高速发展的大环境下，保护与发展的矛盾十分突出。国家住房和城乡建设部函复文指出：《桂林漓江风景名胜区总体规划》是指导漓江风景名胜区保护、利用和管理的重要依据，广西壮族自治区人民政府和桂林市人民政府要加强对桂林漓江风景名胜区工作的领导，依照《风景名胜区条例》规定，建立健全各项规章制度和区域协调机制，强化风景名胜区管理机构的职能，完善各项规章制度，切实做到统一规划、统一管理。

国家住房和城乡建设部函复文要求：广西和桂林要按照《风景名胜区条例》及《总体规划》确定的分级分类保护要求，严格保护喀斯特地貌、自然水体、野生动植物、文物古迹等资源，特别要加强重要景观的保护管理，确保风景名胜资源的真实性和完整性。坚持保护优先、开发服从保护的原则，抓紧组织编制风景名胜区详细规划。严格控制景区内开发利用强度，不得建设有损生态环境和自然景观的工程，核心景区内严禁建设任何与资源和环境保护无关的项目。要注意城乡规划与风景名胜区规划的协调衔接，重叠区域的规划管理按《风景名胜区条例》办理。对影响景观和环境的建筑和设施，要限期改造、搬迁或拆除，恢复自然环境和景观风貌。建设风景名胜区旅游服务设施，按照远近期结合、分级布点的原则，严格控制景区内旅游服务设施数量、用地和建筑规模，做好规划设计，做到建筑风格与景区环境相协调。

1982年，漓江风景区被列为国家重点风景名胜区时，尚没有明确漓江风景名胜区的空间范围界限，在管理上牵涉面广，且在管理手段上只有《风景名胜区条例》，缺乏具体而有针对性的管理规范，在漓江风景保护中遇到很多难题，漓江风景被蚕食、被消融、被侵占的情况一直不同程度地存在着。为使相关的保护措施在今后的风景区管理工作中落到实处，《桂林漓江风景名胜区总体规划》首先明确了桂林漓江风景名胜区规划面积为1159.4平方千米，核心景区面积303.2平方千米，对规划区域和核心景区规定了不同的保护要求。

《桂林漓江风景名胜区总体规划》计17章85条，强调规划的目的是“为了加强对风景区的统一管理，严格保护和永续利用”，指导思想是“以‘保护中理性发展和发展中有效保护’为指导，强调规划的可操作性，以实现风景资源保护与社会经济协调发展以及人与自然协调发展为根本目的”，提出了“保护优先、科学发展、系统协调、重点有序、可操作性和前瞻性”原则，明确了漓江风景区的范围和性质，将漓江风景名胜区实行分级保护，其中，特级保护区 200.8 平方千米，一级保护区 102.4 平方千米，二级保护区 63.6 平方千米，三级保护区 114.4 平方千米，控制协调区 678.2 平方千米；列明在风景区内禁止的活动、禁止开发和限制开发事项等。《桂林漓江风景名胜区总体规划》对规划区内的居民点也进行分级控制，确保居民点房屋建筑与风景环境相协调。

2011 年 11 月 24 日，广西壮族自治区第十一届人民代表大会常务委员会第 25 次会议通过了《广西壮族自治区漓江流域生态环境保护条例》。

《广西壮族自治区漓江流域生态环境保护条例》计 9 章 81 条，明确“在漓江流域生态环境保护范围从事植被、水资源、生物多样性保护以及开发建设、旅游观光、教学科研、生产生活等活动适用本条例”，要求“自治区人民政府建立漓江流域生态环境保护协调机制，协调发展改革、环境保护、财政、住房城乡建设、交通运输、水利、农业、林业、旅游等有关部门和桂林市人民政府，解决漓江流域生态环境保护政策、资金投入、项目建设等重大问题”。对于景观保护，要求“严格保护漓江风景名胜区的峰林平原和孤峰平原以及漓江沿岸的农田、林木、池塘、水网、湿地等自然地形地貌。禁止在漓江风景名胜区内从事开山、采石、开矿等破坏地形、地貌、植被和景观的活动”。在漓江风景名胜区的开发利用方面，规定：“开发利用漓江流域生态环境保护范围内的水、土地、森林、溶洞、山岭、洲岛、湿地、滩涂等自然资源，应当符合漓江流域生态环境保护规划”，指出“漓江流域发展旅游业应当以生态环境承载力为提前，旅游景点、线路、项目的确定，应当符合漓江流域生态保护环境的要求。”

2012 年，桂林市正式申请将以漓江景区为代表的桂林喀斯特列为世界自然遗产。这一年，灵渠也再次被列入《中国世界文化遗产预备名单》。其实，早在 1991 年 5 月，建设部就通知桂林：国家准备向联合国教科文组织申报把“桂林漓江风景区”列入世界自然遗产名录，明确了桂林方面的风景资源保护工作监督员名单，要求广西做好申报的准备工作。1993 年，桂林市成立申报机构。后来，因为各方对此认识不一，一直没有很好地推进此项工作。

2014 年 6 月 23 日，在卡塔尔首都多哈召开的第 38 届世界遗产大会中通过审议，桂林喀斯特作为“中国南方喀斯特二期”项目入选世界自然遗产名录，作为对“中国南方喀斯特”的拓展。

新桂林市成立以后，龙胜各族自治县龙脊景区的旅游得到很好发展，继平安寨成为热门景点以后，金坑也迎来越来越多的游客。因为市场迅速发展起来，龙脊景区的传统风貌受到前所未有的压力，一些与传统村寨建筑完全不同风格的旅店开始出现，使得这些民族村寨的景观受到破坏。为了从法律层面解决这些发展中出现的问题，龙胜各族自治县启动了龙脊景区的规划工作。2004 年 12 月，《龙脊风景名胜区总体规划（2004 ～ 2020）》规划编制完成并通过广西壮族自治区人民政府组织的专家评审组的评审，成为自治区级重点风景名胜区。龙脊风景名胜区性质确定为：融独特山区梯田景观和民族山寨风情于一体的，具有重要遗产价值和观光游览、人文研究价值的自治区级风景名胜区。风景区面积 70.1 平方千米，其中核心景区范围 13.2 平方千米，由平安和金坑两个区域组成。依据《龙

桂林市旅游公共服务管理处咨询员细心解答英国游客去龙脊梯田游览的详尽事宜（桂林市文旅局供图）

脊风景名胜区总体规划（2004 ～ 2020）》要求，龙脊风景名胜区的规划区范围内，各种建设和资源利用，必须服从这一规划的约束。

第二节 旅游业发展新变化

1998 年末至 2002 年之间的桂林城市建设改造，提升了桂林的城市面貌，扩大了这座城市的旅游影响。一些旅游发展新变化，也在这些建设过程中逐渐显现出来。旅游产业发展规划开始受到重视。1999 年，桂林市委托中山大学编制了《桂林旅游发展总体规划》，提出了把桂林建设成“国际一流旅游目的地”的战略目标，对桂林旅游产业发展的总体思路、空间布局等提出了明确要求。此后，桂林所辖各重点旅游县区也相继着手编制了各自的旅游发展规划。这些规划文本，通过提出切实可行的发展目标来引领产业发展，注意与上位规划衔接，强调产业特性，对规范旅游产业发展直到了积极作用。

一、跳出传统资源依赖路径的景区建设

2000 年 12 月，一座跳出传统资源依赖路径的主题乐园——乐满地度假世界在桂林市兴安县城附近开幕。这是广西第一家主题乐园，它摆脱了桂林市长期形成的依赖自然景观资源建设、以观赏风光为主的景区建设模式，以度假为主要卖点，包括高尔夫球场、度假酒店和主题公园等。主题公园里又分为几个版块：美国西部区、南太平洋区、欢乐中国城、海盗村、梦幻世界区以及灵湖公园、曼陀罗园等。激流勇进、海盗船、过山车、影视特技秀、蹦极、魔法光轮、鬼屋历险、欢乐剧场等数十种游玩项目，体现着青春时尚色彩，以广西和湘南为主要市场，深受青年游客欢迎。乐满地度假世界在服务细节管理上，也给桂林各旅游景区很大启发。例如，游客入园后，只要走近景区员工，该员工就会主动行注目

礼，以便游客有问题可及时回答或者及时提供帮助。当游客的目光与员工的目光对视时，员工会主动问好，让客人感受到景区的热忱。这些细节，非严格管理难以做到，体现出该景区在管理精细化方面的努力。该项目的运行，也使桂林北面有了一个重要的旅游目的地。

二、将景区建设与城市融为一体

桂林向来有“城在景中”“景在城中”之美誉。但是，城中各景区景点，分散点缀在城市各处，人需登高远眺，方能感受到城景交融之妙处。随着城市化进程的迅速提高，城市与环境的关系，尤其是与风景的关系，往往被投资效益这个遮光镜忽略，一些景点被楼房包围，完整的景观存在被撕裂的危险。如何在城市建设中将景区与城市融为一体，是摆在桂林这样的城市面前的一道难题。

在这个时期桂林城市改造项目中，与旅游结合最密切的，莫过于人称“两江四湖”的提升改造工程。这项工程，既是城区的环保工程、园林工程，也是改善市区交通的市政工程，还是创造旅游新产品的旅游工程。

“两江四湖”中的“两江”，分别指漓江的城市段和桃花江的城市段；“四湖”则是久负盛名的榕湖、杉湖和定位不明确的桂湖（俗称壕塘），以及新挖掘出来的木龙湖。

早在民国时期，桂林当局便有将桃花江水引入榕湖的构想。1944 年 3 月，白崇禧从重庆返回桂林公干时，考察了市区风景区，提出了引阳江（即桃花江）水入湖的设想。[1] 但在当时历史条件下，“引水入湖”显然只能是一个空想。从测绘的数据看，由于桃花江水面低于榕湖水面，桃花江水也没有办法从春天桥附近自然引入湖中。20 世纪 80 年代，桂林市着手从漓江上游铺设暗渠，将漓江水引入桂湖，再导入榕湖。因为漓江上游水位高，可以借助自然落差实现引水入湖。由于当时没有解决好与农民灌溉争水问题，此工程未能发挥作用。

桂林市政府在桂林城市改造中提出的思路是：改造桂林城破败拥堵的旧貌、开展显山露山的城市改造工程，做活水的文章。这项牵涉面极大的城市改造规

1　桂林版《大公报》，1944 年 3 月 21 日。

划，以“显山露水”为抓手，就包括打通环城水系，连江接湖，将湖水和流经市区的江河贯通起来，恢复桂林市“千峰环野立”、环水抱城流的特点。

“两江四湖”的工程设想是：借助原有的引水入湖工程，解决好与农业用水的分配问题，将漓江水导入桂湖，引入榕、杉两湖及新开挖的木龙湖，形成市中心区的水系游览线路。木龙湖在桂湖北端的东侧、叠彩山北麓，旧为清人环碧园所在，后建设了大量民房。这个工程，需要将原来的居民异地搬迁，掘地为湖，在叠彩山与铁峰山之间使湖与漓江相连。这样，游船可以经漓江，走象山入桃花江，再从春天桥附近设一船闸入榕湖，游览榕湖、杉湖、桂湖和木龙湖后，从木龙湖处的船闸返回漓江，形成旅游环线。

两江四湖工程总投资 70631 万元，项目包括木龙湖景区、桂湖景区、春天湖景区建设，10 座桥梁、升船机建设、园林绿化、管线下地、桃花江航道治理等项目，不包括榕杉湖景区主体工程 9265 万元。景区内新建七星北斗桥、日月双塔、玻璃桥、湖心岛、音乐喷泉，文化名人雕塑、诗文碑刻，堤岸园林绿化、移栽古树等。[1]

这项环城水系工程，大的工程项目就包括拆除湖岸拥挤杂乱的建筑，尤其要做到“显山露水”，使工程充分体现桂林风景魅力；对榕湖、杉湖和桂湖进行清淤截污并引江水入湖；美化湖岸、突出传统文化遗存；在叠彩山北麓挖掘木龙湖，使之东接漓江、西连桂湖；在榕湖与桃花江相近处修建船闸，沟通漓江、桃花江与四个湖的通道；改造和提升跨湖跨江的桥梁，使之能够通船并具有观赏价值。由于湖面水位高于江面水位约 3 米，需要采取船闸或者升船机的方式来解决水的落差与船行航道的矛盾。通过引水入湖，使湖水保持活水状态，确保湖水水质。

这项工程的规划和建设，可形成桂林市老城区中心的环城水系。工程总面积约为 615 万平方米，其中，四湖水面面积 39 万平方米。工程自 1999 年 8 月 23 日正式动工，2002 年 6 月 2 日一期工程竣工。

工程共修建通航枢纽 3 座，分别为船闸、升船机和托船机，以不同的工程设计来丰富旅游体验感；搬迁居民 2910 户、单位 56 家，拆除旧房约 24 万平方米；

---

1 《桂林市志 1991 ~ 2005》，方志出版社，2010 年，第 183 页。

桂林市在城市改造中注意突出旅游功能，比如跨越河湖的桥梁被设计成不同风格，采用不同建材，使之成为景观的一部分

夕阳西下时的榕湖风景

清除淤泥60万立方米；沿岸埋设雨水、污水管道18千米；通过7000多米的引水渠道，将漓江水引入内湖；重建和新建了19座风景桥；栽种乔木9000余株、灌木8.4万株；修缮、整理周边文物50多处，新建了日月双塔、仿宋街区等；配置了庞大的夜景亮化工程。当然，一些旧景的消失，也引起了人们的关注。

两江四湖工程开创了桂林城市基础设施建设、景区建设、水利建设、园林建设相结合的新模式。两江四湖工程建成后，极大提升了桂林老城区的环境品质，成为游客和市民徒步漫游的好地方，也成为全域旅游的开篇典范，尤其乘船游览两江四湖的乘客迅速增长。2005年，两江四湖环城水系被评为国家AAAA级旅游景区、广西十佳景区称号，2006年，获建设部授予的“中国人居环境范例奖”。2014年，“两江四湖·象山景区”升级为国家AAAAA级旅游景区。现在，以桃花江为核心的两江四湖二期工程正稳步推进中。

三、挖掘历史文化资源建设景区

长期以来，游客们已经形成一种观赏和判断模式，即认为桂林风景天下绝佳。在这样的识读模式影响下，人们往往忽略了桂林厚重的历史文化。桂林市中心的明靖江王府遗址，在民国时期，是很多游桂旅客要去游玩的地方，王府中心的独秀峰更是被称之为“一枝独秀”的青山范本。1952年起，这里成为广西师范学院（今广西师范大学）的校园，不再对普通游客开放。到桂林的团队客人，其行程中不会介绍更不会安排这个景区。极少数自助游散客，也只能散步到正阳门等几个城门处，感受一下历史的气息。1996年，靖江王府被列为全国重点文物保护单位。2001年，广西师范大学在将大部分院系迁往育才校区后，决定将这一历史景观建设成以桂林历史文化为主的景区，突出其南朝时期的读书岩、唐宋时期的摩崖石刻、明朝的王府遗址、清朝的科举贡院体验和民国的北伐大本营原址等内容，主打历史文化特色。

2012年，独秀峰·王城景区被国家旅游局评定为AAAAA级景区，成为桂林历史文化旅游产品的代表。由于地处桂林市中心，交通便利，周边又有众多景区和商业区烘托，来这里的团队客人和散客络绎不绝。近年，桂林市在旧城改造注意突出独秀峰·王城景区周边的历史街区特色，复建了逍遥楼，改造了东西巷，王城城墙周边的杂乱建筑也得到清理，这一景区的文化辐射力更大了。

桂林一直注重旅游景区的建设和提档升级工作，这是桂林王城独秀峰景区被评为国家 AAAAA 级旅游景区时的挂牌情景

位于市中心的桂林靖江王府已经有 600 多年的历史

阳朔世外桃源景区，借助环境资源，结合优秀传统文化，打造成一个美不胜收的景区

四、传统文化与自然景观融合

桂林至阳朔路途中，白沙镇辖区内，有小河穿过燕子岩，形成一小湖。这里景观本来不错，但在阳朔县域中，很难突出其特点。来自台湾的开发商，借助小河穿岩而过的景观特色，引入陶渊明《桃花源记》的境界，水上游船，岸上垂柳，阡陌桃花，木楼竹舍，加上黑衣壮天琴等民族文化，将这里打造成一处名为“世外桃源”的景观，加上地处交通要道，因而很受游客欢迎。

五、文化与休闲度假的有机融合

这一时期，投资商们对桂林旅游的投资从传统的旅游饭店转向了对旅游景区的投资。

1998 年，一位叫曹日章的台湾人在桂林雁山区投资建设一座国际雕塑公园，他为这个雕塑公园取名“愚自乐园”，他的梦想是为世界上有艺术创造力的雕塑家们提供一个创作的平台，然后让他们的作品留在这里，让世界各地的游客来观赏这些充满艺术感的雕塑作品。几年时间里，他一共举办了 8 期雕塑创作营，邀请来自世界 47 个国家和地区的雕塑家们，在这里创作了 200 多件材质不同、艺

术手法各异、文化背景差异很大的雕塑作品。甚至，园区的建筑，也被做成了雕塑。在桂林郊外的青山绿水环抱中，散落着许多大理石、花岗岩或者金属材质的雕塑作品，确实是一道风景。

2006 年 4 月 1 日，这一天也是西方愚人节，愚自乐园正式向旅游市场开放。

遗憾的是，开园数年，并没有几个旅游团到访。虽说前来考察观摩的领导、专家不少，且都给予了很好的评价，这个项目却一直受到市场的冷落。其主要原因在于：桂林旅游市场在几十年的发展过程中，已经形成了一套固定的利益分配格局和相互关系：几乎所有的景点景区、宾馆酒店，都要向旅行社让渡一部分收入，才有可能吸引旅行社向客人推荐。愚自乐园的投资人却认为：这里都是最好的艺术品，不应该通过给佣金来向市场低头，旅行社应该向旅游者要钱。这样对峙下来，数年都没有什么旅游团来到这里，愚自乐园的公共交通又不太方便，距离市区有差不多 30 千米的距离，也不符合桂林主打的山水与传统文化定位，加上毕竟缺乏市场影响力，也很难吸引散客前来。园区内一座别致的小酒店，因为加入了一个欧洲连锁奢侈品牌，倒有一些欧洲的高端客户偶尔到这里度假。

作者与愚自乐园投资人曹日章先生在项目规划用地处的合影

桂林愚自乐园以世界雕塑文化为特色，建筑也十分注意与环境的协调

阳朔田家河晨曦

位于桂林市雁山区的地中海度假村，是我国著名的旅游度假产品

数年之后，这里迎来了一个欧洲著名度假品牌地中海俱乐部（Club Med）的总裁。这位总裁在这里度假以后，觉得与他们传统的海滨度假相比，另有一番趣味。于是，愚自乐园与地中海俱乐部走上了合作的轨道。2013 年 9 月，桂林地中海俱乐部正式营业。

地中海俱乐部的经营模式有其不同的特点。第一，这里采用的是一价全包方式，即客人付费入住后，除极特殊的要求外，在园区内的一般消费如饮食、休闲等，均不需要再付费了，这可以使许多游客能够很好地约束自己的预算，又能够开心度假，成为年轻人非常乐意接受的营销模式；第二，这里实行一种叫 G.O（Gentil Organisateur）即“亲善使者”的服务模式，从客人走进度假村甚至刚下飞机开始，就会有一位 G.O 姑娘或者小伙子开始为你提供服务，这些服务包括帮助办理入住手续、退房送机、教你玩一些休闲项目、与你聊天、陪你吃饭、在你与同伴休闲游玩（比如骑行或者攀岩）时看护小孩或者陪同老人。晚上，这些 G.O 们会一起为你表演狂欢节目，等等。这些 G.O 因为经常在全球各地的地中海度假村轮换，使得他们对工作保持着新鲜感，从文化上易于与客人沟通，非常受客人欢迎，也是地中海俱乐部经营模式的亮点。[1]

桂林地中海俱乐部的开业，是中国旅游业一种新模式的推行。自开业以来，住房率居高不下。现在，地中海俱乐部的最大股东已经变更为上海复星集团，新股东对这一项目充满信心，已经在全国布局，多家地中海俱乐部将出现在许多旅游热点城市。

六、山水实景演出

当大量的游客蜂拥而至桂林时，对桂林的传统旅游产品也提出了新挑战。如何丰富游客的夜生活，成了这座城市需要面对的重要问题。在市区，两江四湖夜游成为受欢迎的新产品：借助两江四湖的水上游览线路，用灯光处理湖岸的背景，使游览主题得以突出。这条夜游线路，游览时间约一小时，能够很好地满足游客用过晚餐后至就寝前的活动安排。两江四湖夜游为丰富游客夜生活问题，提

1　庞铁坚：《愚自乐园——一个台湾人的文化情怀》，广西师范大学出版社，2016 年，第 197—200 页。

供了一项不错的选择，却仍然解决不了所有的游客在入夜时都要挤到城里的休憩拥堵问题。旅游旺季时，市区仍然可能一房难求，著名的旅游目的地阳朔县却仍然是白天繁华热闹，夜晚寂静无人。

最终有效解决阳朔旅游昼夜落差大格局的，是一台山水实景演出的问世。

2004年，位于桂林阳朔县城、漓江与田家河交汇处的三角洲处，一台被命名为《印象·刘三姐》的大型山水实景演出问世。这台演出，一经推出，即震撼了中国旅游市场。此后，"实景演出"成为一个时尚概念，各地陆续推出不少实景演出节目，以丰富旅游文化生活。

大型山水实景演出《印象·刘三姐》，由著名编剧梅帅元创意和策划，是一台为旅游市场专门打造的演出。梅帅元是广西壮剧团团长，对刘三姐的民间故事和文化背景很有感情，也非常熟悉。编剧出身的梅帅元一直想寻找一条路径，让更多的到广西的旅游者能够欣赏"刘三姐"这个广西的文化品牌。随着阳朔旅游的日渐火爆，他的思路也越来越清晰：在漓江畔如画的山水间，设一个实景的舞台，让旅游者在真正的桂林山水中欣赏"刘三姐"，那一定是一场让观众非常震撼的演出。在梅帅元之前，世界上还没有实景演出的概念。西方有森林音乐会，中国历史上也有唱堂会或者在园林中表演，但事实上还是有一个搭建的或者设想的"舞台"，剧情并没有与环境融为一体。张艺谋在午门演出了《图兰朵》，也是这一类"露天演出"。刘三姐的故事，就发生在山水间，尤其电影《刘三姐》在桂林拍摄，漓江是主要取景地，观众已经把刘三姐与桂林山水融为了一体。在漓江上演出"刘三姐"，那将是世界上最奇特有趣的舞台！为了使这台演出更具有市场号召力，梅帅元请张艺谋担任总导演。山水舞台，在漓江水面上表演，要求演员必须具有熟悉的水上生活经验，又考虑到舞台宏大，演员众多，于是寻找了数百名漓江上的渔民作为演员主体。

经过实地勘察，梅帅元一行选定了田家河汇入漓江的入水口为剧场，这里水面开阔，水流平缓，有沙洲可建座位可观的观众席。

这台节目的主创人员非常强大：

总策划：梅帅元；

总导演：张艺谋、王潮歌、樊跃；

《印象・刘三姐》不但开创了世界上实景演出的先例，也彻底改变了阳朔的旅游格局，使阳朔成为名副其实的旅游目的地

作　曲：谭盾；

演　唱：齐秦、齐豫。

演员约600人，主要是漓江上的渔民和张艺谋艺术学校的学生。

《印象·刘三姐》于2004年3月20日正式演出以来，十几年过去，一直盛况不衰，观众席经几次扩建后，计有3600个座位，旅游旺季时甚至一晚演出4场。2009年11月，联合国世界旅游组织秘书长塔勒布·瑞法依在出席桂林国际旅游论坛期间，观看了《印象·刘三姐》后，对这台演出给予了非常高的评价，认为整个演出非常壮观，令人震撼，是一场世界级的高水平演出："值得世界上每一位人专程乘飞机来观看。"[1]

《印象·刘三姐》不仅创造了山水实景演出的概念，也带动了中国旅游演艺市场的发展，对阳朔旅游来说，更是彻底改变了阳朔的旅游格局。在这台演出问世之前，到桂林的旅游者，基本的旅游模式就是：从桂林乘船游览漓江，下午抵阳朔下船，穿过西街，到停车场乘车，利用晚餐前有限的时间观赏一下十里画廊一带的风景，即返回桂林。大量的旅游客流给阳朔带来的消费非常有限：大约半小时在西街的购物，基本都是低廉的旅游工艺品；在十里画廊的游览基本是免费的车游，极少有游客在阳朔留下来。县城只有阳朔饭店、西郎山饭店等几家屈指可数的小饭店，古老的西街以下午客散后的清静出名。自《印象·刘三姐》正式演出以后，因为极受旅游者欢迎，不少旅游团队需要在阳朔用晚餐，以便观看晚上的演出。旅游旺季时，许多人需要等着看第二场演出，会把候场的时间安排在西街，带动了县城的消费。观看第二场的旅游团队，往往会把住宿安排在阳朔，这样不但带动了阳朔的住宿业发展，而且带动了阳朔的旅游景区建设，因为在阳朔过夜的旅游团队，最希望第二天在当地有游览项目。如今，阳朔已经成为重要的旅游目的地。在旅游旺季，阳朔的房价往往明显高于桂林市区。

---

1 《桂林日报》，2009年11月18日。

第三节 在激烈竞争中的产业创新

1998年，新成立的桂林市委、市政府率先推动了桂林老城区的改造。至2003年止，几年时间内，新建、改建道路35条，新建立交桥3座，新造桥梁17座，新建、改建景点10个，新建城市广场2个，实施清淤截污、引水入湖等大型环保工程3项，新建、改造800多座免费公厕，新建、改造房屋面积612万多平方米，城市防洪、污水处理以及绿化、美化、亮化工程相继完工。工程质量合格率100%。人们对中山路、解放桥、步行街、中心广场、两江四湖等精品工程赞不绝口。[1]旅游产业创新和经营多样化也在这个过程中得到了重视。

一、旅游空间的整合与扩展

结合桂林老城区改造，桂林市于2002年又推出了免费公共汽车。免费公共汽车共110辆，编号为51－58，计8条线路，共运行了10年，成为这座旅游城市的吸睛设计，尤其是58路，将市区的著名景点串在一起，很多自由行且时间比较充裕的旅游者都体验过。

在旅游空间布局上，1998年以后，桂林的旅游空间不再局限于桂林－阳朔这条经典线路，桂林城北方向的兴安县，借助灵渠，营造了水街，加上引进台商投资建的乐满地休闲世界，成为西南乃至华南较少见的大型主题公园，使桂林－兴安成为一条新的旅游热线。桂林西北方向的龙胜，则精心打造具有浓郁民族风格的龙脊梯田，使桂林－龙胜也成为受旅游者追捧的旅游热线。

台商对桂林旅游的投资变得非常活跃。兴安的乐满地休闲世界，不但拥有大型主题公园，而且拥有36洞的高尔夫球场，以及一座五星级饭店，成为一个设施齐全、体量较大、基本不借助传统旅游资源而建设起来的大型旅游项目。阳朔的世外桃源，以山水风景为依托，融入了人们所熟知的陶渊明《桃花源记》文

1　苏道俨、贾康：《桂林城市建设模式与效益评价》，广西民族出版社，2005年。

化，又引入了云南摩梭人文化，在山水空间里营造出世外桃源的文化氛围。雁山则引进了国际雕塑公园愚自乐园，意图在文化旅游层面再上一个新台阶。

在全中国追求“工业化”的时期，阳朔也在福利镇建设了一座糖厂。糖厂位于漓江边，主要业务是在榨季收购附近公社种植的甘蔗，进行榨糖生产。农村实行包产到户以后，农民出于市场利益比较而决定种植什么，甘蔗的种植面积逐年减少，不能满足糖厂的生产能力需求，这家糖厂也随之倒闭，只剩下当年的厂房空壳。在阳朔旅游走向多元化以后，这家糖厂被一家旅游开发企业收购，将厂区开发成艺术酒店。酒店设计注重突出糖厂的工业元素，当年的榨糖车间被改造成餐厅，甘蔗堆放场被改造成泳池，原来的管理用房和设备车间被改造成套房。当粗犷的工业设计与精致的旅游服务融合起来，产生了奇特的景观效果。现在，这家酒店是阳朔县最吸引人的酒店之一。

二、组建旅游旗舰企业

为了壮大旅游业，提升旅游企业的市场竞争力，桂林市于 1994 年成立了旅游发展总公司，该公司属国有性质。1998 年元旦，桂林旅游发展总公司进行业务重组，业务涉及旅游车船客运、旅行社、酒店、园林景区等领域，成为当时桂林市规模最大的旅游旗舰企业。为了扶持这家企业，市政府将旅游车船公司、漓江饭店以及芦笛景区、七星景区、象山景区、滨江景区（含伏波山和叠彩山）等最重要的旅游资源划给了桂林旅游发展总公司。1998 年 4 月，桂林旅游发展总公司、桂林五洲旅游股份有限公司、桂林三花股份公司、桂林中国国际旅行社、桂林集琦集团等企业联合发起，成立了桂林旅游股份有限公司。经中国证券监督管理委员会批准，桂林旅游股份有限公司于 2000 年 5 月 18 日在深交所挂牌上市，成为一家上市旅游公司，股票代码：000978。上市后，桂林旅游股份有限公司的总股本为 11800 万股。2001 年，该股份公司总股本为 17700 万股。

桂林旅游股份有限公司上市后，先后收购和参股了一些旅游企业和非旅游企业，包括银子岩景区、贺州温泉、龙胜温泉和龙脊梯田以及新奥燃气和广之旅、防城港务等。因为受国企管理模式的影响较深，而旅游市场又是一个竞争激烈的市场，旅游股份在股票市场上的表现并不尽如人意。

阳朔西街曾是外国游客心中的休闲胜地

阳朔有着众多各式的酒店客栈，供不同消费层次的客人选择

三、外国人在阳朔经营旅游

1990年，一位叫托德·斯金纳（Todd Skinner）的美国人，为阳朔月亮山的绝色风景所倾倒，在这里开辟了第一条运动攀岩线路，级别难度为5.12d。这可能是中国野外攀登的先河。当托德·斯金纳悬吊在月亮山月岩上的身影通过媒体传递给外界时，那些野外攀岩爱好者们记住了桂林阳朔这处极具风景魅力的攀岩场所。此后，一直有攀岩爱好者到阳朔来探险，一些人干脆在阳朔开办了野外攀岩俱乐部，指导攀岩爱好者们向那些难度不同的喀斯特崖壁挑战。现在，阳朔已经拥有各种类型的攀岩线路900多条，攀岩场地40多处，相关俱乐部或者户外公司有10多家，从业人员近200人。先后有20多位攀岩者在阳朔完成了5.14级别的高难度攀登路线，他们中有9位常驻阳朔。如今，阳朔攀岩协会每年都与政府部门联合举办阳朔攀岩节，还成立了阳朔攀岩高空救援队，这是一支有特色的民间救援队伍，专门向那些在阳朔登山迷路的旅游者提供救援服务。攀岩，成了有阳朔特色的户外运动。

2001 年，一位南非籍的青年人，带着一个旅游团来到桂林，这里的风景给他们留下了深刻的印象，尤其是那位年轻的领队，伊安（Ian，音译），他在剑桥大学读书时，学的建筑学专业。当他发现阳朔那些青山脚下恬静自然的小山村，无疑惊呆了：他想不到世界上还有这样与环境如此协调的建筑！这次旅游的场景，深深留在他的印象中，他在梦中想象自己有机会住进这样的房子。2009 年，当他再次率旅游团重返这个地方时，几年时间的一些变化已经让他不太适应：很多的传统村庄在加速败落，许多缺乏美感但又表现出农民们追求新生活迫切愿望的水泥楼房出现在村庄里。这些楼房，缺乏设计，与环境不协调，尤其与古老的村庄不协调。他觉得自己应该参与到保护阳朔村庄老建筑的行动中来。于是，他送走自己的旅游团之后，很快返回阳朔，与遇龙河边的农民们攀谈。从攀谈中，他得知，中国农村的房子是不能买卖的，只能“出租”。于是，他用了大约半年，经过沟通、讨价还价，在旧县村里租下几间旧房子，其中一些已经坍塌了。

伊安的动手能力很强，他严格按照中国南方村庄旧建筑的风格，到处收集旧的建筑材料，精心修补、装饰那些旧房屋。这个过程，差不多用时两年。村里人觉得这个外国人很奇怪，调侃地叫他“疯子”，他则幽默地把这个称呼与自己的名字联系在一起，取了个中国名字，叫“疯子鹰”。疯子鹰把那些房子周边上百年积淀下来的垃圾清除干净，那些陈年旧瓷碗被他镶在了墙上；他建了净化污水的滤水池，房前屋后种上花卉草木，农家大院天井旁那个猪圈的位置，被改造成一处很有农家味的咖啡厅。他很喜欢这些建筑，命名为“秘密花园”，每一个房间都用不同的花卉来称呼。然后，他在网上把这些房屋挂了出去，很多的欧美客人便寻找了过来。那些欧美客人和疯子鹰有着类似的审美取向，他们很喜欢中国的老式建筑，但随团来旅游时往往被安排住那些端庄豪华却无趣的星级酒店。疯子鹰的这种改造，太适合他们的口味了。一些人甚至把在这个“秘密花园”里住上一晚，当作自己到阳朔的旅游目的。2013 年，很有影响的《看天下》周刊介绍了这个南非人的故事。此后，中央电视台也来拍了专题片，更多的媒体开始找上门来，网络的宣传更是铺天盖地，疯子鹰成了网红，秘密花园成了网红打卡地。

其实，在疯子鹰之前，就有不少外籍人到阳朔经营旅游了。比较著名的有西街上的乐得法式餐厅老板文双福，本名叫文森特·克里斯托夫，从 1992 年来到

阳朔遇龙河边小酒店草地

一家自由行的外国游客在阳朔村庄里

阳朔旧县村的秘密花园旅店已成为网红打卡地

这是一家由外国人改造的阳朔乡村旅店

阳朔，就没有离开；遇龙河边的胜地酒店、格格树饭店，都是外籍人士开办的比较知名的旅馆。建于2000年的胜地酒店，位于遇龙河边，业主是一位美国人。酒店最早秉持简单的“环保寄宿”设想，不提供空调、餐厅服务，甚至没有电视机和电脑。后来，为了适应市场，增加了空调、电脑和宽带，但仍然坚持以建设简单、朴实的乡村酒店为经营理念，环境为上。酒店已经成为旅游者们喜欢的一处景观。由一对荷兰夫妇在矮山门村创办的格格树酒店，将中国南方乡村的泥砖屋与西方游客习惯的生活场景搭配，取得了意想不到的效果。

四、自驾游自助游成为桂林旅游生力军

随着高速公路网络的形成、县乡道路条件的改善，以及村村通工程的实施，加上私人小汽车在21世纪以后成为很多家庭的配备，自驾游开始兴盛起来。每逢长假，阳朔遇龙河、兴坪古镇、龙脊梯田、桂林象山等热点景区便被车流挤得寸步难行。广东、湖南、贵州、云南等邻近省份，以及湖北、江西、重庆、四川等南部省份、直辖市的自驾游者，甚至通过网上攻略、朋友推荐和百度导航等工具，驾车到一些桂林人也未必知晓的地方去度假、摄影、探险，“全域旅游”在这种交通工具和生活方式的变化中悄然到来。

2014年秋，自驾游爱好者孙源，长途奔袭数千千米，来到桂林旅游。因为是自驾，他可以随心所欲地规划自己的行程。那时的龙脊道路极差，对一个来自发达地区的驾车者来说，充满了挑战意味。龙脊自驾游，不但让他体会了胆战心惊的旅途，车子“在颠簸中宛如喝醉酒似的摇晃前行，在穿越和翻越了无数座山后，前面等待的依然是山”，更让他领会了龙脊风景的壮美“龙脊便在晨光将出未出时苏醒了过来，犹如一组特写镜头随着一幅山水长卷缓缓打开，随着行走，一座座山、一块块梯田、一幢幢房屋便被逐一点亮”[1]。

自驾游具有不怕远离闹市、需要停车位、最好靠近旅游目的地等特点，这些特点带动了乡村旅游。桂林周边许多乡村田园茅舍、风景秀丽，尤其以阳朔、龙胜为甚，这恰好迎合了城里来的游客想摆脱水泥森林、融入自然的审美意识。于

1　孙源：《且歌远行处》，浙江工商大学出版社，2018年，第123页。

阳朔农村风光

在桂林有不少由泥砖房改造而成的小旅店

阳朔乡村里的咖啡店

是，更多到桂林的旅游者，主要是自助行、自驾游的旅游者，尤其是以前曾多次游览桂林的旅游者，不再把时间、精力和金钱放到传统景区去，而是更愿意通过自己的发现，去山谷中、旧村里去寻找美。这种旅游模式，和历史上的传统旅游模式，其实是一脉相承的。购票入园、限时游览的模式是特定历史时期的产物，旅游产业升级成为新的挑战。

五、被不断挖掘的特色旅游

在逐渐脱离传统团队旅游模式的羁绊以后，一些相对小众的景观和村落呈现出来。阳朔的相公山、大面山成了摄影爱好者从高角度观察漓江风光的圣地。这些摄影点，如果不是借助自驾车以及村村通公路，是很难进入的。灵川县的大圩古镇，仍保留着明清时期的街道、古桥、商铺格局，但因缺乏维护而衰落，喜欢古趣的旅游者找到这里来，还乘船到对岸的毛洲去寻访田园木屋旧风景。靠近灵渠的兴安马头山庄，借古渠灵气，稍加整理，成了桂林人郊游的新宠。江头村和长岗岭村，是两座明清时期留下来的老村子，村庄格局尚未在经济发展中受到大的损害，被列为全国文物保护单位，顿时声名鹊起。平乐县的渡河村，本来藏在深山里，世人不知，后来以经营花木园林为业，顺便将村庄整理成一处园林模样，也被好奇的游客找到。全州县的燕窝楼、龙水古桥等，也受到这些自驾旅游者的喜爱。

旅游投资开始走进旅游资源条件较好的乡村。阳朔县兴坪古镇、高田镇，以及龙胜各族自治县龙脊镇，陆续出现一些由外来资本投资的注意建筑造型、突出景观文化、强调装饰个性、追求低奢享受，民间称为“民宿”的精品酒店。这类精品酒店规模较小，不追求标准化服务，但注意提供一些特色服务项目，包括安排徒步、瑜伽辅导、婚纱摄影等，较受小众欢迎。

随着旅游者对个性化的追求变化，一些具有个性的旅游项目也出现了，比如热气球、直升机、滑翔机、攀岩等体验性强的旅游项目，陆续在桂林推出。

六、红色旅游异军突起

1921 年，孙中山曾将桂林作为北伐大本营；1934 年，红军长征曾经过桂林北部的灌阳、全州、兴安、资源、龙胜等县，在湘江两岸与国民党军队浴血奋战，在付出巨大牺牲后成功渡过湘江，留下了许多可歌可泣的故事；抗日战争时期，作为大后方的桂林，又是进步文化的主战场。众多的红色文化资源，为桂林发展红色旅游提供了重要保障。以全州红军长征湘江战役纪念园、兴安红军突破湘江战役纪念碑园、灌阳湘江战役新圩阻击战酒海井红军纪念园为代表的红军长征强渡湘江战役系列战场遗址，已被列为长征国家文化公园的重要组成部分，成为全国各地红色旅游爱好者的打卡地；市区的“八办”旧址、《救亡日报》旧址、广西省立艺术馆等也得到了很好的保护，位于临桂新区的飞虎队遗址公园于 2015 年建成开园。这些重要的历史文化遗存继续发挥着展现历史、对接现实的功能。

七、桂林国际旅游论坛和东盟旅游展

桂林在思考如何突破单纯的观光旅游时，也想到了发展会展旅游。作为中国内地的一个三线城市，桂林在发展会展方面有它的不足：城市规模小，辐射力有限；偏于西南，交通有所不便；不是省会级城市，发展会展业的政治资源较少；等等。但桂林发展会展业，也有一定优势：这座城市的知名度比较高、风景好、环境不错，人们愿意到这里来开会或者参加展览。桂林在发展会展业的初级阶段，宜开展规模不太大但影响较大的会展，最好是国际性的会展。

2002 年 11 月，联合国世界旅游组织秘书长弗朗加利到桂林参加博鳌亚洲旅游论坛，这是桂林市与世界旅游组织的第一次正式官方往来。桂林市没有丢掉这个机会。此后，桂林市与联合国世界旅游组织一直保持着良好的合作。

2003 年 12 月，联合国世界旅游组织旅游目的地开发与区域合作研讨会在桂林举行，来自十多个国家的官员和旅游专家就会议主题进行了研讨，研讨会召开了 6 次分议题会议，内容非常紧凑，会议主办方对桂林的安排也非常满意。

2005 年 7 月 26 日，由世界旅游组织和桂林市政府共同主办的 2005 旅游可持续性发展指标国家研讨会在阳朔召开，世界旅游组织在中国的首个可持续发展观测点正式落户阳朔。 这是世界旅游组织将可持续发展指标体系首次引入中国，选择桂林阳朔作为研究该课题的示范基地，体现了世界旅游组织与中国在技术合作方面进入了实质性阶段。

2007 年，首届联合国世界旅游组织与亚太旅游协会主办的旅游趋势与研究大会在桂林举行。图为世界旅游组织秘书长弗朗加利先生在大会上致词

2016 年，作者在桂林国际旅游论坛上演讲

骑行游览阳朔风光的游客们

阳朔是中国著名旅游名县，这是乡村里的自行车出租站

2006 年 10 月，桂林市政府代表团对位于西班牙马德里的联合国世界旅游组织进行工作访问。双方商定：首届世界旅游组织 / 亚太旅游协会旅游趋势与研讨大会于次年在桂林举行。

2007 年 6 月，由桂林市人民政府承办的首届联合国世界旅游组织 / 亚太旅游协会旅游趋势与研讨大会在漓江大瀑布饭店举行。近 20 个国家的 100 多名专家出席了大会。

2008 年 12 月，第二届联合国世界旅游组织 / 亚太旅游协会旅游趋势与展望国际论坛继续在桂林召开。来自美、英、瑞士、泰国等 30 多个国家和地区的官员、业界代表和专家出席了本届大会。

2009 年 9 月，在桂林举行的第三届联合国世界旅游组织 / 亚太旅游协会旅游趋势与展望国际论坛上，联合国世界旅游组织、亚太旅游协会、香港理工大学、桂林市人民政府四方签署协议，决定这一国际论坛会址永久落户桂林。至此，桂林市拥有了一个永久性的国际论坛。

2016 年，在第十届联合国世界旅游组织 / 亚太旅游协会旅游趋势与展望国际论坛上，会议组织者倡议：论坛的中文名简称为“桂林论坛”。

至 2021 年，这一论坛已经连续召开了 15 届，在业界产生了很好的影响。除了主题研讨，每届论坛，都会邀请业界的资深人士做专题演讲。《孤独星球》的创始人托尼·惠勒就曾于 2016 年在桂林论坛上发表演讲，介绍他创办这一著名旅游指南的经历，和大家分享他的创业经验。

2003 年 10 月 8 日，中国国务院总理温家宝在第七次中国与东盟（10+1）领导人会议上倡议，从 2004 年起，每年在中国南宁举办中国—东盟博览会会。这一倡议得到了东盟各国领导人的欢迎。2014 年 9 月，第 11 届中国－东盟博览会中方组委会议定，从 2015 年起，每年在广西桂林举办中国－东盟博览会旅游专题展，并邀请东盟 10 国旅游主管部门参展参会并轮流出任主宾国。中国－东盟博览会旅游专题展得到了中国国家旅游局和广西壮族自治区政府的全力支持。

随着中国－东盟博览会旅游专题展在桂林落户，桂林已经拥有了一论坛一旅游展两项重要的国际会展活动。

自行车一直是桂林旅游的重要游览工具之一，1987 年，美国前总统吉米·卡特游览桂林时，就在阳朔骑行过。2017 年，由格力品牌赞助、国际自联授权，广西壮族自治区人民政府和万达体育公司主办的“格力·环广西公路自行车世界巡回赛”和“格力·环广西世界女子精英挑战赛”将连续五年在广西举行，这是世界顶级的自行车竞技赛。在已经完成的两次比赛中，赛道从北海至桂林，在桂林有两天赛事，最后一场比赛环绕漓江展开。这项比赛的年度总冠军颁奖仪式也在桂林举行。

八、新冠疫情影响下的桂林旅游

2020 年初，一场突如其来的新冠疫情席卷全球。新冠疫情对旅游业的打击是非常巨大的，在长途交通几乎瘫痪、国际交流陷于停顿的情况下，以入境旅游为主要特点的桂林旅游一下跌下谷底。为了控制疫情，景区对客流的限制也在很大程度上影响了旅游业的回升。桂林旅游业在桂林经济中所占的比重相当大，其所受的影响无疑在很大程度上拖累了这座城市的经济发展。为了克服新冠疫情所造成的困难，桂林旅游业开始寻找出路：一些设施和环境较好、有较高文化品位的特色酒店通过优惠打折等手段，唤起了本地游客的消费动力，解决了酒店固定成本分摊问题，一些经营者甚至获得了盈利。据作者调查：位于闹市区的大众型旅馆仍然经营困难，但位于风景区的特色精品酒店，客户入住率明显高于正常年份，在最困难的时期摆脱了经营困境。2020 年，阳朔悦榕庄酒店的客户入住率达到创纪录的 80%。

作为一座旅游产业规模较大的旅游城市，即使在新冠疫情肆虐的 2020 年和新冠疫情常态化的 2021 年，也仍然有新的旅游企业投入运营。

2020 年初开业的阳朔如意峰景区，甫开业就遇疫情而歇业，3 月 17 日复业后，全年购票游客达 50 万人，超过企业预期。

2019 年底开业的全州大碧头景区，2020 年的经营超过预期，尤其当年 5—8 月的入住率达到惊人的 93%。

2020 年初夏开业的阳朔兴坪画山云舍酒店是一家平均房价超过 2000 元的小型高端酒店，开业后几乎长期处于一房难求的状态。[1]

1　以上数据均来自作者调研所得。

当然，在这场疫情的打击下，更多的旅游企业处于步履维艰状态，桂林市在2020年的接待游客总人数、旅游总收入、接待入境过夜游客人数以及国际旅游消费等重要指标下滑都十分明显，但上述案例从一个侧面说明了桂林旅游业在艰难的市场中奋进前行的韧劲。

第四节 旅游基础设施建设全面提升

交通是旅游业发展的重要基础设施。桂林地市合并以后，旅游业获得持续高速发展，与交通条件的全面改善离不开。

一、高速公路构成通往周边省域的重要干道

继桂柳高速公路建成运营后，在全国高速公路建设的大背景下，新桂林市成立以后，相继有多条高速公路开工建设并陆续开通，形成对接周边各省的高速公路网。

全州县城至黄沙河高速公路，全长22千米，设计行车时速100千米，2004年12月建成通车。

全兴高速公路，起于全州县全州镇，北接全黄高速公路，南至兴安接兴桂高速公路，全长61千米，设计行车时速120千米，2008年11月通车。

桂林绕城高速公路，全长约90千米，于2008年12月贯通。该公路在僚田互通与桂柳高速公路连接，在灵川县城附近与厦蓉高速公路及泉南高速公路桂林段连接，使南北西东各方途经桂林的汽车通行顺畅，为旅游者提供了快速抵达桂林市区各方向的通行条件。

桂梧高速公路，从桂林至梧州，全长346千米，其中，桂林至阳朔67千米，阳朔至平乐40千米，该线北端经桂林绕城高速公路往西可接桂柳高速公路，往

北可接桂全高速公路到湖南，是粤西、桂东往北的重要通道，也是旅游名县阳朔的重要进出道路。该公路于 2009 年 12 月通车。

兴桂高速公路，从兴安至桂林，北接全州至兴安高速公路，南接桂林绕城高速公路，全长 53 千米，2013 年 4 月建成通车。兴桂高速与全黄高速、全兴高速构成国家高速公路干线泉南高速公路从广西最北边的黄沙河至桂林的组成部分。

灌凤高速公路，东起灌阳县文市镇永安关，西接全兴高速公路凤凰互通，全长约 48 千米，于 2016 年元月建成通车。

桂三高速公路，是国家高速公路网重要干线厦蓉高速公路和包茂高速公路的组成部分，东与桂林绕城高速公路连接，经临桂区、龙胜各族自治县及三江侗族自治县进入贵州境，打通了贵州经广西往广东的重要通道。桂三高速公路于 2013 年开工建设，2017 年 10 月建成通车。这条高速公路的投入使用，使位于大山深处的龙脊景区变成通途。

资源至兴安高速公路，北起资源县梅溪镇，与湖南新宁县高速公路对接，南接兴桂高速公路严关互通，全长 82 千米，设计行车时速 100 千米，全线有大型和特大型桥梁 86 座，隧道 32 个，于 2017 年 12 月通车。

阳朔－荔浦－鹿寨高速公路于 2019 年 7 月 30 日实现通车。灌阳经恭城至平乐高速公路在建设中。

二、高铁建设把桂林旅游带进新时代

进入 21 世纪以后，中国加快了铁路客运专线和高速铁路的建设。

2008 年 12 月，湘桂铁路扩能改造工程衡阳－柳州段举行开工仪式，次年动工，2013 年 12 月 28 日，湘桂铁路客运专线正式运营。该线设计时速 250 千米，初期运营速度为200千米。湘桂铁路客运专线开通后，桂林至长沙仅需约3小时，至柳州约 1 小时，至南宁约为 2 小时 30 分，极大地便利了旅客往来。

贵广高铁是途经桂林的一条重要铁路客运专线，这条由贵州省为改变该省产业结构和经济格局而力推方立项的专用铁路，承担着打通贵州与广东连接的通道、促进西南旅游发展的重要职责，故选择从桂林经过。该线从贵阳北经桂林至广州南，全长 857 千米，设计时速初定为 250 千米，2010 年改为 300 千

贵广高铁的建成通车，将桂林与华南、西南的大都市紧密地联系在一起，游客来往更方便了

米；2008 年 10 月 13 日在桂林举行开工仪式，2014 年 12 月 26 日全线通车运营。贵广高铁通过连接线与桂林北站连接，桂林始发终到列车进桂林北站（贵阳往南宁方向的列车也停靠桂林站），途经列车则在桂林西站停靠。贵广高铁开通后，由桂林至广州或者贵阳，均在 3 小时以内。随着渝贵高铁的开通，成都、重庆等方向经贵广高铁前往珠三角的客运列车逐渐密集，贵广高铁已经成为一条繁忙的铁路客运线。贵广高铁的运行，给桂林旅游带来了更大的市场机会，珠江三角洲的游客甚至可以当日往返，重庆到桂林也可双日往返，更多的潜在市场被激发出来。同时，这条铁路也对桂林旅游未来的发展提出巨大挑战：以贵阳为中心的贵州旅游，其核心资源也是喀斯特地貌以及少数民族风情，与桂林在资源类型上有较大的重合，且贵州的空间更大，以省级层面推进旅游的力度会更有效果。桂林与贵州腹地，在旅游发展上存在着既是合作者又是竞争者的关系，桂林旅游需要不断爆出新亮点，以确保自身的旅游优势。

三、两江国际机场扩建工程

1996 年建成使用的桂林两江国际机场，设计年吞吐量为 500 万人次。2006 年，机场将跑道长度从 2800 米延长至 3200 米，宽 75 米，达到 4F 级，也是目前国内等级最高的机场之一。2009 年，机场 A380 飞行区扩建主体工程完工，桂林两江国际机场成为国内少数可以起降 A380 大型客机的机场。

从 2009 年开始，桂林两江国际机场的旅客接待量超过设计极限，2017 年达到 786 万人次，机场吞吐能力的严重不足已经在一定程度上制约了桂林旅游的发展。此后，桂林一直希望能够启动机场二期工程。2013 年，机场扩建工程项目得到国家发改委的正式批复。2015 年 11 月，机场二期工程正式动工。二期工程包括 T2 航站楼建筑面积 10.5 万平方米，站坪 40 万平方米，新增 31 个机位，项目总投资 30.8 亿元，设计年吞吐能力为 1200 万人次。

2018 年 9 月 30 日，T2 航站楼正式投入使用。

CHAPTER EIGHT

第八章

旅游管理和旅游新政

GUILIN

当桂林旅游的经济意义逐渐凸显，旅游市场越做越大，对旅游的管理就日益显得重要起来。对桂林这样一座特色明显的旅游城市来说，也不断地对旅游管理提出更高要求。在这个过程中，一些有示范意义的旅游新政也在探索过程中不断出现。回顾桂林的当代旅游发展进程，有必要对这座城市在旅游管理和旅游新政方面的一些探索进行梳理。

第一节 对桂林旅游的管理

随着经济的活跃，桂林旅游市场迅速成长起来，许多在传统体制中想不到的问题也连续出现，对旅游市场的管理可说是牵涉到方方面面。

一、对中外合资合作旅游企业的管理

改革开放初期，虽然旅游业迅速发展起来，但旅游界对什么是服务、什么是管理等一些常识性问题的认识并不很到位，很多事情是摸索着前行。

由于对旅游管理尤其是对现代化的宾馆管理缺乏经验，从引进管理理念和对接国际市场出发，桂林市在引进外资建设了一批旅游涉外饭店以后，迫切需

要引进境外管理公司对旅游宾馆进行管理。最初，政府对如何引进管理公司以及引进管理公司的目的和作用并不是很清楚，提不出明确要求，吃了一些亏。为解决这个问题，桂林市政府对引进境外管理公司提出要求：严格控制，确需引进的要经批准；选择资信好、有招徕客源能力、有管理经验并能承担一定经济责任的管理公司；做好可行性研究。以前引进的管理公司，要按照这个规定进行清理。

随着外资陆续进入，合资合作饭店不断增加，合资合作饭店对外方管理人员给予高工资，以与国际劳务市场接轨。因为合资合作饭店对服务要求更高，从筛选优秀员工出发，也愿意对职工支付相对高的工资，这样就形成了同样是在饭店工作，但国营饭店与合资合作饭店的职工收入差距较大的问题。为了避免过大的收入差距对职工心理造成冲击，桂林市政府对合资合作企业中方职工工资发放也要有规定：项目在筹备期间，中方职工工资暂不按中外合资合作企业工资水平发放。这是旧体制在面对新形势时不得不面对和回答的问题。

二、对旅行社的管理

1987 年 8 月，桂林市政府作出规定：接待入境游客的企业，要有资质要求：旅行社必须是由国家旅游局批准成立的具有招徕国际客源的一类旅行社和自治区旅游局批准成立的二类旅行社。相关涉外企业如酒店、车船、餐馆、娱乐场所等，要经旅游局、公安局批准，方可经营。未经批准的单位团体，一律不得经营涉外旅游。中外合资合作饭店，由外商方面组织的境外客源，游览业务必须交二类旅行社经营。导游必须佩戴证件。为入境客人代购机票、车票，必须有二类旅行社或者市外办、旅游局出具的证明，否则民航、车站不予受理。三类旅行社只能经营国内旅游业务。

1996 年，国务院颁发《旅行社管理条例》，将旅行社分为国际旅行社和国内旅行社两类。根据国家管理政策的变化，桂林市对旅行社管理分类从原来的三类改为国际旅行社和国内旅行社两类。

三、对旅游市场乱象进行整顿

大量的入境游客，不但对桂林风景极有兴趣，也对中国文化如戏曲、字画、手工艺等有着浓厚的兴趣，这让一些人看到了商机。在桂林旅游业走向市场化的早期，就有不少书画店在桂林开办起来，少数缺乏书画素养的人，也窥视这个市场所带来的丰厚利润，采取尾随外宾兜售的办法，出售质量低劣的模仿品。这类不文明的尾随兜售，很自然引起客人反感。管理部门从维护国格和市场秩序出发，经常对此类现象予以打击。

1980 年，一家书画店的老板王某，在书画经营中，将某画家作品拿到漓江饭店卖给日本人，得 300 元，付给作者 90 元；一幅碑帖，卖 80 元，只付给原主 18 元；一幅《还珠图》，卖得 1000 元，按协议应分给原作者 35%，却谎称只卖了 300 元；10 元收购的粮食坛，转手可得 200 元。这类行为，具有不诚实守信的特点，在当时被认为是投机倒把的不法行为，工商行政管理部门接到举报后，迅速进行调查处理。[1]

随着旅游业的快速发展，桂林的书画市场也迅速起步发展起来。国内外购买力的巨大差别和收入的巨大差异，在书画市场明显表现出来：旅游者认为价格适当的书画作品，对书画家和经营者来说，几乎是天价！这种差异性，造成书画市场利润丰厚，一些书画店受利益驱使，不顾管理能力不足的问题，采取一证多点的方式，到处开店，一些假画、仿制画、伪劣画甚至蒙影画通过这些途径流入市场。为了确保桂林书画市场有序发展，20 世纪 80 年代初期，桂林市成立了书画市场整顿领导小组，制定了《桂林市书画文艺品市场管理细则》，对书画作品出售制定了门槛，要求书画作者必须是市级以上美协、书协会员或者要经文化局考试合格（外省作者限省级协会会员），作品要经过鉴评小组加以鉴评、编号；作品原则要署真名，如使用笔名的，领款单必须署真名。对经营者进行规范，对超范围经营、一证多点、贩卖假字画的书画店进行整顿，包括按期结汇、纳税、服务培训、店容整洁等。仅 1985 年 8 月初，桂林市书画市场整顿领导小组就一次性取缔了六家书画店。[2] 10 月，又取消了 36 家工艺书画店的现代书画和仿古画经营业务。[3] 1986 年元月，桂林市工商行政管理局发现伏波山画店挂出未盖批发

1 《桂林日报》，1980 年 11 月 7 日。

2 《桂林日报》，1985 年 8 月 9 日。

3 《桂林日报》，1985 年 10 月 12 日。

章的书画二幅，根据《书画市场管理暂行条例处罚细则》，给予该画店罚款 1000 元、停业 3 天、扣留其 2 幅书画的处理。[1]1990 年，桂林市又推出“公开评议，存优汰劣”的工艺书画店定点新办法，要求市区规模数量控制在 18 家以内，阳朔县控制在 3 家以内，企图通过数量控制的方式，增加行业竞争力，保障市场秩序。

在旅游市场迅速发展的早期，漓江游览这一核心产品也开始出现较多的投诉。游客们反映的主要意见是：不能确保拿到船票、游船服务质量不一、价格混乱。经有关部门调查，出现这些问题的主要原因是：在漓江游船迅速增加的过程中，因为各航运公司分属不同的系统或者是私人企业，市场信息不灵，在旅游旺季时被票贩子制约票源，在旅游淡季时竞相压价抢客，游船企业和旅游者的利益均得不到保障。例如，原本定价为 47 元的外宾票，到船家手上最低只有 18 元，这种恶性竞争，很难保证服务质量，又因此多受投诉。为妥善解决这个问题，桂林市人民政府于 1988 年 7 月发布了《关于加强漓江水上游览管理的规定》。根据文件精神，8 月 11 日同时成立了桂林市水路客运管理中心和竹江涉外码头管理处，对漓江水上游览实行统一票证、统一售票、统一调度、统一管理的管理制度，被称之“四统一”。实行“四统一”以后，漓江游览秩序很快变得规范有序。“四统一”管理模式推出以后，一些旅游经营单位和个人，意图绕过管理机构去寻求超额利润，采取通过“野马”走“野线”的方式，与一些没有基本设施的圩渡船船主合作，以牺牲游客利益为代价来获利。旅游、公安、交通、工商等部门则迅速介入了对这一领域的监管。

但是，“四统一”这个管理模式实行久了以后，也出现了脱离市场、缺乏活力、服务下滑的现象，尤其是漓江游览运力大幅度增加以后，为均衡各游船公司利益、防止不良竞争，管理部门按照“四统一”原则排队分配客源，这种管理手段事实上分离了企业与市场的关系，使游船企业服务质量普遍下降，直到放弃了对服务质量的关心，关心市场的积极性明显不足。为了寻求让游船企业与市场更好对接，桂林市此后推出了包租豪华游船的经营方式。

1　桂林市工商局《市工商（1986）008 号文件》。

四、管理外汇市场

在中国入境旅游发展初期，为了确保国家外汇收入，中国银行发行了外汇兑换券。外汇兑换券于 1980 年 4 月 1 日开始发行，至 1995 年元月 1 日停止流通。外汇兑换券分为 7 种面值，其 50 元的面值，1979 年版的正面是桂林象山，1988 年版的正面是漓江风光。外汇兑换券在中国旅游的对外宣传上起到了很好的介绍中国名胜作用，在使用对象上，又是以入境旅游者为发行对象，故被外国游客称为“中国的旅游货币”。

在政策上，外汇兑换券与人民币等值，入境游客将手中的外汇按照当日汇率兑换成外汇兑换券，入境后使用外汇兑换券支付视同使用外汇支持。如果兑换的外汇兑换券没有在中国旅程中用完，在出境时可以按照当日汇率兑换回所需的外汇币种。国内接待单位，必须领取国家外汇管理局核发的《核准收取外汇兑换券许可证》以后，才能收取外汇兑换券。1985 年，桂林市共有 40 个涉外经营企业领取了《核准收取外汇兑换券许可证》。经批准的经营单位收入为外汇兑换券的，需要在规定期限内向外汇管理部门结汇，作为该单位的创汇任务，完成创汇任务的，由相关部门给予奖励。

因为外汇极为短缺，有限的商品和服务资源便向外汇支付者倾斜，这引起了一些人的忧虑。在外汇兑换券刚发行不久，美国麻省理工学院的理查·罗伯逊便说：“对外国人的优待，对中国公民的歧视，这种不平等的待遇使我深为不安。我指的是对非中国公民发行的外汇兑换券。凭这种外汇兑换券，外国人可以在特殊的旅馆住宿，在特殊的餐馆就餐，在特殊的商店购买东西——所有这些特殊的地方一律不接待中国公民。这种制度使人想起在过去不平等条约时期给予外国人的特权。此外，那些专为外国人设立的特殊的等候室等，似乎也是不必要的。作为一个外国人，我对这些特殊待遇感到不安。这些特殊待遇会助长、加深优越感和自卑感。我强烈主张重新考虑这些办法。”[1] 另外，在实际经济生活中，由于外汇短缺，形成外汇黑市，外汇兑换券的价格明显高于其面值。1980 年 11 月 9 日，《人民日报》发表桂林市物价委员会庞铁坚来信，呼吁停止发行外汇兑换券，理

1 《人民日报》，1980 年 9 月 11 日第 7 版。

由就是这种黑市差价导致市场混乱。这封来信列举了桂林市场的两种商品价格：国营商店出售国产金星牌 16 英寸黑白电视机，价格 728 元；国产双喜三波段二喇叭收录机 374 元。友谊商店出售 17 英寸进口丽佳牌黑白电视机，价格 350 元；进口四波段二喇叭维多利亚收录机仅 263 元。这“必然刺激少数人套购外汇兑换券，从而降低人民币的币值，损坏人民币的信誉，冲击国家金融市场，造成物价混乱。群众对此意见很大”。

这种外汇兑换券和人民币的差价在旅游市场上，又是另一种表现形式：同样的酒店客房，入境客人需要支付外汇兑换券，但价格是国内客人支付人民币的好几倍。这种特殊的混乱，加剧了市场投机。在外汇兑换券流通时期，倒卖外汇兑换券一度猖獗。桂林作为入境游客集中的城市，其外汇黑市也非常突出，一些人靠倒卖外汇兑换券赚取差价，特别是一些翻译陪同人员，在代入境客人支付时，向客人收取的是外汇兑换券，但向服务商实际支付的是人民币。倒卖外汇者经常盯住这类人员手中的外汇兑换券。1984 年 10 月，陈某某、吴某因“倒卖外汇、牟取暴利”被逮捕。阳朔县友谊商店是一家国有企业，因紧邻阳朔码头，每天都有许多的入境游客到此购物，收取的外汇较多，也在利益驱动下倒卖外汇，被管理部门查处，所得收入全部没收。

五、成立专业旅游监管机构

1987 年 11 月，桂林市成立了旅游监察所，这也是全国第一家以旅游市场为管理对象的监察队伍。这家监察所成立仅半年，就查处各类违法违章案件 501 起，抓获 108 名“野马”（指无证经营旅游者），受理外宾投诉 300 多起，查获倒卖外汇 2 起。[1] 有的投诉，需要认真处理、严厉打击。有的意见，则需要与双方认真沟通，求得谅解。游客出门，对很多事情都有兴趣，难免拖延时间。导游为了确保完成全天行程安排，会有所催促或者快步行进，因而引起一些客人不满。对于这些意见，更多的要靠疏导。

违反法律法规和职业道德规范的，不仅是桂林市以及国内的不法商人，也包

1 《桂林旅游报》，1989 年第 13 期。

括境外的不良客商。1989 年，分别有美国、日本及以中国台湾和香港地区的 4 家旅游客户被桂林市列为不受欢迎的人。这 4 家旅游客户存在的突出问题是：缺乏起码的商业道德和信誉，违法经营，拖欠款项，逃避监管。当时，尚缺乏跨境合作监管和执法的环境、渠道，无法对这些不良商人采取法律措施，只能通过宣布他们为“不受欢迎的人”来引起业界的警觉和注意。

1990 年，桂林市工商局旅游风景分局在各风景区旅游市场推行信誉卡制度，顾客若发现购买的商品质量有问题，可持信誉卡投诉。

1991 年 7 月 6 日，桂林市政府批准成立了桂林市风景点管理监察大队。桂林市风景点管理监察大队其实是一个多部门联合办案机构，由公安、工商、城管三个部门组成，设有象山、伏波山、叠彩山、七星公园、芦笛岩共 5 个小组和一个机动中队。后来，这一机构演变为桂林市旅游综合执法支队，旅游、物价等部门也加入其中。这种模式，解决了《旅游法》出台前、旅游市场规范涉及多个部门时协调不足的问题，也是后来行政机构改革中市场监督管理局的雏形。2012 年 8 月，国家旅游局在桂林召开现场会，推介桂林市在旅游综合执法方面的经验。

对于借旅游业蓬勃发展之机开黑店以逃避监管的现象也出现了。桂铁旅社管理人员刘某某，未经有关部门登记，私开了一家黑旅店，因为住店的香港客人财物被盗引起投诉，被有关部门取缔。

六、旅游企业自觉提升服务意识

桂林旅游业是从入境旅游起步的，绝大多数旅游企业非常注意从服务项目、服务质量上满足游客需求。最初，由于访桂的入境游客比重非常大，他们的言行举止、消费能力也与国内普通人日常所见相去甚远，在服务中能够与入境客人做好沟通、解决他们的需求，就成了旅游服务单位最直接的一项“标准”。榕湖饭店积极组织职工学习和掌握外语，并且将此作为一件大事。1980 年，这家饭店已经举办了一期为期一年的半脱产学习班和为期三个月的全脱产学习班，以学习日语和英语为主，由于有时间保证，加上懂得外语能够有更好的奖励和升职机会，全饭店几乎所有的年轻人都报名参加了学习。结业的学员，能够掌握基本的常用词语，能够在工作中与客人进行简单的对话。[1]

社会上也开办了许多针对旅游服务的外语培训班，如技术交流站举办的速成餐馆英语培训班、友谊学校举办的日语培训班等。

对于旅游经营服务中保障客人权益、热心为游客服务的典型案例，《桂林日报》则经常采用整版予以报道或者刊登读者来信的方式给予肯定，以树立正气。1980 年 8 月 17 日的《桂林日报》，就分别报道了桂林旅行社陪同李少华帮助游客寻找故地、为游客找回护照的故事和望城岗招待所服务员麦连燕帮助游客打听分别 30 多年老同学下落的事迹。同一版，还有桂林饭店增加活动铺解决客人住宿、游客在游船上吃到漓江鲜鱼、一位粗心游客钱包失而复得的故事。这类报道经常见诸报端，折射了那个时代桂林旅游欣欣向荣的景象。

七、通过媒体引导旅游市场提升服务质量

对于市场上出现的不良现象，除了要认真查处，也要注意寻找和宣传正面形象，让行业学有目标。1980 年，《桂林日报》曾以《一个深受欢迎的饭店》为题，介绍了桃花江酒楼的经营“秘密”：这个酒楼是郊区一个生产队兴办的，只有 9 名工作人员，但平均每人每月创毛利 174 元，远超过条件要好得多的国营饭店。他们最重要一条是坚持薄利多销，以吸引客人。国营酒店一桌 40 元的酒席只有九菜一汤，有鸡、鸭、鱼，35 元的酒席只有八菜一汤，且无鸡鸭；这家酒楼 40 元的有十一菜一汤，35 元的有十菜一汤，且都有全鸡、全鸭、全鱼。另外，服务周到也是一个秘诀，比如一个客人来订了 21 桌酒席，但酒楼只有七张方桌。征得客人同意，他们就开成流水席，不但解决了场地不足，还保证了都是现炒的热菜。这家酒店能够这样做，是因为经营效益和职工利益挂钩。[2] 这种受市场欢迎的做法，能够得到媒体的关注，是因为桂林旅游市场需要榜样的影响力。

一些游客会对桂林其他方面提出意见。这些意见，在一定程度上帮助桂林正确认识自己。一位叫邝洲克的广州游客，向媒体写信表达他的不满：登山四望，

1 《桂林日报》，1980 年 12 月 28 日。

2 《桂林日报》，1980 年 8 月 29 日。

首先映入眼帘的是一股股向上的浓烟，宛如翻滚的乌龙。漫步街头，看到的是破旧低矮、摇摇欲坠的民房。吃饭要排队，等了一个半小时，却是有汤无菜，等菜做好了又没有饭，令人大倒胃口。风景点普遍没有小吃可卖，甚至跑遍这座城市，都很难买到胶卷，营业员懒得回答，干脆贴一张纸条："同志，这里没有胶卷供应！"[1]

这个时期，桂林旅游在众多的称赞和尖锐的批评中取得长足进步。1994 年 12 月，在全国接待来华旅游者服务质量抽样调查的 9 个评比项目中，桂林获 8 项第一、1 项第二。[2]

第二节 对旅游价格管理的探索

科尔内在描述计划经济时说："社会主义经济中一切或几乎一切价格都受到国家中央机关有意识的控制，这个观点已得到了广泛的承认。一些人把它看作是社会主义制度的一个重要优点，另一些人则认为它是一个造成困难的原因。"[3] 桂林的旅游价格，在改革开放以前和改革开放初期，基本实行严格的政府管理。在入境旅游价格方面，以政府制定的价格为基础对外报价，因为组团具有垄断性，加上中国较低的服务质量和很低的工资成本，与发达国家的消费能力形成巨大的价格差异，这个模式较为稳定地维持了旅游市场的秩序，也保证了旅游经营者的收益。自中国开始进行加入关贸总协定谈判以后，对旅游价格的管理有所放松，一些价格如酒店价格、餐饮价格实行市场调节；另一些价格，主要

1 《桂林日报》，1980 年 9 月 26 日。
2 钟新民主编：《桂林旅游志》中央文献出版社，1999 年，第 38 页。
3 [匈] 亚诺什·科尔内：《短缺经济学》下卷，经济科学出版社，1986 年，第 60 页。

是景点门票价格和铁路、民航票价，实行政府定价或者政府指导价。

改革开放初期，境外游客的涌入，在支付能力和服务需求方面，与国内旅游者、消费者有巨大差异，对市场形成了强大的冲击和示范效应，使得桂林这座率先发展旅游业的城市考虑如何对旅游价格进行管理和引导。

一、对酒店旅馆的价格管理

当时，国内的旅馆、招待所等为旅客提供住宿的服务设施，基本停留在提供床位服务方面，一个房间 2—4 床位的房型居多（1984 年改造后的桂林饭店南楼，66 个房间计 198 个床位，平均每房 3 个床位），甚至有 6—8 人房或者更多床位的房间。这些旅馆饭店的主要服务内容就是：每天打扫房间和提供开水服务，有的可提供洗浴或者代订车船票。对被褥的换洗一般无明确要求。1984 年，商业部与国家物价局联合制定的《国营旅店业价格管理试行办法》规定：一级旅店“一客一换”，三级旅店“床上用品随脏随换，定期更换，一般每周换洗一次”。1985 年，桂林市物价局在对某涉外饭店的价格批复中强调“床上用品，一定要做到一客一换”，对粮油公司招待所的要求是“希望搞好清洁卫生，尤其床上用品，要经常换洗，保持干净，枕巾要做到一客一换”。一些条件较好的宾馆，房间内会设卫生间、电视机等。入境旅游者到来前，一般会通过旅行社提出详细的要求，客人的这些要求往往超出当时一般旅店的条件。为了满足入境旅游者要求，也为了旅游城市的“形象”甚至“国家形象”，有关部门会确定一些接待条件较完备的旅店接待入境旅游团队。这类旅店，在管理部门的语境中，被称作“涉外饭店”，比如桂林榕湖饭店，本是干部招待所性质，以接待上级领导为主，客房具备卫生间和热水以及暖气等，条件较好，成为第一批“涉外饭店”。漓江饭店，在立项建设时便是考虑接待入境团队，房型有标间、单间和套间，均带提供热水的卫生间，故也是“涉外饭店”。

1981 年以前，国家对涉外饭店的收费无统一规定，主要由接团旅行社和饭店方面协商价格。因为涉外消费水平和服务要求均明显高于国内消费者，所以这样的价格要比饭店接待国内客人明显高出一截，饭店也乐于在这样的价格条件下接受对方更多的服务要求。随着入境旅游的发展，团队越来越多，牵涉面也越来越广，不少企业尚不适应这种议价方式，引出一些矛盾。1982 年初，国家旅游行政管理局和国家物价局根据各城市的接待设施和服务水准情况，对涉外饭店制定了具体价格。当时，桂林市的涉外房价是：标准双人房（含卫生间、电话、电视机、空调或者暖气）为 36 元。1984 年，这一价格调整为 45 元，并允许旺季上浮 10%，淡季下浮 30%。1986 年，这一价格调整为 65 元。“涉外饭店”的房价实行的是“双轨制”，即根据客人身份来确定是否按照这个标准收费。例如，当时的政策是台胞与大陆客人实行相同的收费标准，要比入境外国游客低得多，海外华侨和港澳同胞的价格要比外国游客的价格低一些但又比台胞高一些。

1983 年桂林市湖滨饭店新楼价格表

单位：元 / 人·天

类别	零散外宾	组团外宾、零散华侨等	组团华侨等	内宾
双人间	12.5	11.00	9.00	5.00
单人间	22.50	20.00	16.00	9.00

资料来源：桂林市物价局文件

在上表中，湖滨饭店新楼的涉外价格，双人间为 25 元，明显低于涉外房价 36 元的标准，是因为设施缺项，所以需要物价部门专门下文确定。

1984 年榕城饭店房间收费标准

房间面积	零散外宾（元 / 间·天）	组团外宾、零散华侨及港澳同胞（元 / 间·天）	组团华侨及港澳同胞（元 / 间·天）	内宾（元 / 间·天）
22m^2	48	16	12	9
27m^2	55	19	14	12
34m^2	60	63	55	20
64m^2	160	70	60	50（元 / 间·天）

注：有电视机每人每天增收 1 元
此房价从 1984 年元月 15 日起执行
资料来源：桂林市物价局

1984 年，桂林市的涉外房价为 45 元，但榕城饭店的房价为 48 元，因为这是座庭院式的新饭店，设施在各方面都明显要比其他涉外饭店更突出一些，所以允许它的价格略高。

从上述两个表中，可发现一个值得注意的现象：同样的房间，其实也就表示是同样的服务，但对不同身份的客人却实行不同的价格。在市场经济语境中，这个差别叫“价格歧视”，属于一种不公平的表现，但当时中国国内的消费水平与国际水平有着巨大的差异，在产品与服务的供应上也呈现出严重的不足。在这种环境下，这种价格歧视，保证了有限的服务资源向入境旅游倾斜。

除了上表中所显示的价格差异，因为对外宾、华侨和港澳同胞必须收取外汇人民币（即官方汇率牌价的当日外汇，以外汇兑换券表示），而外汇是短缺资源，在黑市有 1 ∶ 1.3~1.5 甚至更高的换汇差，故在实际上，接待入境游客与接待国内客人的价格差异更大。

涉外饭店接待内宾，实行的是相对很低的价格，但这个“很低的价格”却比普通旅社的最高价格也要高出一截，这样定价的目的，一是限制国内客人去争抢有限的涉外饭店资源，二是为了保持与普通饭店的比价关系。

旅游旺季，涉外饭店不足时，也会安排一些普通旅社接待入境客人，这就需要在价格结算上与涉外饭店的价格对接，而事实上两者的价格差别很大，且涉外房价的管理权限在自治区物价部门。为解决这个问题，桂林市物价局提出的思路是：按照涉外饭店的设施和价格，这些临时接待入境游客的普通旅社也可以“同质同价”，即按照设施的缺项，实行减价式定价，如缺空调，减 3 元；缺电视机，减 1 元；缺地毯，减 1 元；无卫生间，减 1 元，诸如此类。这个办法被称作《普通饭店对外事作价方案》，该方案得到自治区主管部门同意后实施。

根据桂林市物价委员会 1984 年的专项调研，1980 年以前，桂林市旅店业的价格明显低于区内外同类城市，1981—1983 年，在促进旅店增加设施、改善服务的同时，逐步调整了桂林市旅店业的价格水平。以桂林饭店为例，三年提价幅度累计达 50.9%。据向来桂游客调查的意见，认为桂林旅店业的价格水平“北方同志反映桂林房费质价基本相称，广东同志认为偏低，广西区内出差的同志认为价格偏高”。调查的 4 家一级旅店，1983 年客房出租率 105%，最高的一家为

121%，平均利润率 35%，百元资金年利润 20 元，但旅店收入来源主要是客房收入，副业收入比例不高。事实上，在客房出租率如此高的情况下，也很难再有精力去关注其他副业收入了。

人民币兑换美元历年汇率表

年份	汇率	年份	汇率
1980	1.498	1991	5.3233
1981	1.705	1992	5.5146
1982	1.893	1993	5.7620
1983	1.976	1994	8.6187
1984	2.320	1995	8.3510
1985	2.9366	1996	8.3142
1986	3.4528	1997	8.2898
1987	3.7221	1998	8.2791
1988	3.7211	1999	8.2783
1989	3.7651	2000	8.2784
1990	4.7832	2001	8.2770

资料来源：《新中国成立以来的人民币历史汇率》

由于饭店的涉外价格明显高出国内客人的价格，加上 20 世纪 80 年代中期大批的涉外饭店投入运营，造成供过于求突出，且价格有下行空间，出现了各涉外饭店降价竞争的情况。这一时期，又是人民币汇率贬值较快的时期，利用外汇贷款建设的涉外饭店，还贷压力巨大。为了遏制削价竞争，缓和企业还贷压力，在当时计划经济模式下，桂林市物价局、旅游局从 1988 年开始，对房费实行最低保护价管制：桂山大酒店、桂林宾馆、花园、文华等饭店外国人 185 元 / 间 · 天，华侨等 4 种人 145 元 / 间 · 天；漓江、丹桂、漓苑饭店外国人 130 元 / 间 · 天，华侨等 4 种人 100 元 / 间 · 天；台联、凯悦、榕湖饭店外国人 100 元 / 间 · 天，华侨等 4 种人 80 元 / 间 · 天；榕城、甲山、锦桂、友谊等饭店外国人 75 元 / 间 · 天，华侨等 4 种人 60 元 / 间 · 天。这两个局同时规定：涉外饭店在淡季的下浮价格不得低于上述保护价的 20%。

除了旅游饭店价格开始受到市场影响，其他旅游价格也不可避免地在市场竞争中出现必要的波动。这种波动，本来是符合市场经济规律的，但并不符合当时的计划经济要求。1983 年底，桂林市汽车出租公司“擅自”将空调大巴客位价格从4元降为3元，将桂林至阳朔一日游水陆联运价格（包括从桂林乘船至阳朔，再从阳朔乘车返桂林，含中餐）从 13.5 元降为 12.5 元，将桂林至广州的空调巴士价从 36 元外汇券降为 30 元人民币，受到桂林市物价委员会的处罚。[1]

1990 年，桂林市旅游局、桂林市物价局联合下发了《关于实行海外旅游者综合服务费及有关专项附加费最低保护价的规定》。6 月，桂林市旅游局制定了《关于实行旅游涉外饭店团体房费最低限价的决定》，规定旅游平季最低限价为：A 级饭店 45 美元 / 间 · 天；B 级饭店 32 美元 / 间 · 天；C 级饭店 20 美元 / 间 · 天。旺季上浮 20%，淡季下浮 30%。[2]

1990 年和 1991 年，桂林市旅游局、桂林市物价局、桂林市工商局联合组织了专项检查组，两次对各涉外酒店实行保护价的情况进行了检查，检查内容包括：订房合同、传真电报、来往账目等。据桂林市政府的通报：“涉外饭店执行最低限价效益好，对一些降价经营的饭店给予通报批评和罚款。”“1—3 月接待总人数比去年同期减少 15.32%，但营业收入增长 18.94%。”[3]

根据 1990 年 11 月检查的数据，在被检查的 11 家饭店中，接待人数同比下降 7.1%，但客房收入增加 62%，由于可变成本与接待人数相关联，其实际效益则更大一些。1990 年 11 月 23 日，《桂林日报》报道：当年 9—10 月，18 家涉外饭店接待人数比 7—8 月减少 5.5%，客房收入增加 19.85%，纳税增加 16.85%。1991 年 5 月，上述部门再次检查了 17 家涉外饭店自 1990 年 11 月至 1991 年 3 月执行最低保护价情况进行检查，检查过程更严格：听汇报、查往来账、合同书、住房单、结算单据等。从 12 家资料齐全的涉外饭店数据汇总看，效益有较明显好转，但也存在一些不执行最低保护价的情况，均对法人代表给予了处罚。

1 桂林市物价委员会“市价字（1983）79 号”文，存桂林市档案局。

2 《桂林市志》中册，中华书局，1997 年，第 2555—2556 页。

3 《桂林旅游报》，1991 年第 135 期。

桂林率先推出对涉外饭店实行最低保护价的措施，得到了国家旅游局和国家物价局的肯定。广西区物价局还召开了全区旅游价格会议，提出对旅游价格进行指导和管理的几点意见：一、要加强对旅游价格的综合治理工作；二、要进一步理顺和完善价格管理体制和法规；三、要继续抓紧、抓好清理整顿旅行社的工作；四、要强化对团体就餐、购物的管理；五、要加强对旅游价格的审计和执法工作。[1]

1991 年 5 月 29 日，国家旅游局、国家物价局联合发出明传电报，要求各地涉外饭店自 7 月 15 日起实行最低限价，且明确最低限价为国家指导价性质。7 月 24 日，《中国旅游报》对桂林这项创举给予肯定。[2]

1992 至 1998 年，桂林市各星级饭店涉外标准客房执行自治区物价局和自治区旅游局制定的淡季最低限价，每间每天收费：四星饭店 33 美元，三星饭店 23 美元，二星饭店 17 美元，一星饭店 8 美元。未评定星级的涉外饭店，参照相应星级的最低限价标准执行。[3]

国内游客居住的旅店，称为内事饭店，包括商业系统的宾馆、旅社、客栈和各部门的招待所。1981 年，内事饭店的房价水平为：普通双人房为 2.00 元每床日，高级双人房 4.50 元每床日。1990 年 5 月，修改了收费标准及管理办法，双人房一级店 19 元每床日，二级店 15 元，三级店 8.50 元。1999 年，根据原商业部制定的内事饭店标准，桂林市核定各等级饭店双人标准间收费为：特级店 190 至 220 元，一级店 160 至 190 元，二级店 120 至 160 元，三级店 80 至 120 元，四级店 80 元以下。

中国加入世贸组织后，桂林市宾馆饭店客房不再针对客人身份定价，价格全部放开，由市场调节。2002 年，五星级饭店的房价为 1240 元，四星级 220 元。此后，受市场竞争影响，高星级酒店价格持续下滑，普通饭店受成本上升影响，价格有所上升。2010 年以后，饭店宾馆价格没有明显变化，一些有个性的精品酒店价格比五星级酒店还高，却受到市场欢迎。

---

1 《桂林旅游报》，1990 年第 100 期。

2 庞铁坚：《桂林市实行最低保护价的调查与评价》，载国家旅游局《旅游调研》1991 年 10 期，第 8—10 页。

3 《桂林市志 1991 ~ 2005》，方志出版社，2010 年，第 804 页。

二、旅游价格管理变化和收取旅游基金

1985 年，桂林市放开了对中外合资、合作饭店的房价及餐饮价格管理，由企业自主定价。这个措施，是符合市场经济惯例的。随后不久，随着桂林市宾馆饭店数量迅速增加，竞争变得激烈，市场竞争的最直白方式是降价。于是，桂林的各涉外酒店开始了残酷的降价竞争。由于入境旅游实行的是提前报价。当较低的价格报出以后，市场回暖时，已经无法再向大客户提价。这样的市场现象，让桂林各方面均不适应。自 1988 年开始，桂林市对涉外酒店实行了最低保护价管理。1990 年，广西区审计署和旅游局对全区经营国际旅游业务的旅行社进行了行业审计，广西区旅游局和物价局对桂林的一类、二类旅行社旅游价格进行了抽查。

此后，国家旅游局对旅游涉外酒店实行了星级评定制度。按照星级饭店质量评定标准，星级酒店分为五个星级，桂林市的酒店最低保护价只将酒店分为三档，难以在星级酒店中实施，加上物价体制改革以后，不再对旅店业价格进行具体管理，遂放弃了对酒店业实行最低保护价的办法。

1988 年，桂林市政府决定征收旅游资源开发维护基金：旅店业按营业收入 10% 计征；游船按实际购票人数定额征收，外国人每人次 3.5 元，华侨等四种人（指华侨、港澳台胞）3 元，国内游客 1 元。其中，对入境客人收取外汇人民币（即按照汇率收取等值外汇）。[1] 旅游资源开发维护基金主要用于对旅游基础设施和景观的维护。《中华人民共和国价格法》实施以后，桂林市将该项基金转为价格调节基金，按照《价格法》的要求进行收取和使用。

三、对景区的价格管理

桂林市内及阳朔的风景类型，主要是以喀斯特地貌资源为代表公园和岩洞。七星岩、芦笛岩分别于 1956 年和 1962 年开始收门票，价格为七星岩 0.05 元，芦笛岩 0.10 元。公园收取门票始于 1978 年，七星公园门票 0.05 元。1978 年，七星岩和芦笛岩的门票分别调整为 0.10 元和 0.20 元。此后，大量的入境

1 《桂林市旅游行业管理规定汇编》，桂林市旅游局 1990 年 4 月编印。

旅游团队成为市内风景的主要客人，他们需要翻译、包场，故出现不同的包场价格。自 1984 年开始，桂林市着手制定公园岩洞的差异价格，即内宾一个价格、外宾一个价格。之后，由于公园门票价格持续上涨，为了确保市民入园休憩不受价格调整的影响，对市民实行年票制入园。这一价格模式，并不符合市场经济原则，但在当时计划经济条件下，尽可能地增加了桂林地方财政的收益。在门票价格调整后，公园有了较大的盈利空间。桂林市在征得财政部同意后，对公园、岩洞以及漓江游船征收旅游资源开发维护基金（也有人叫“旅游附加费”），将旅游门票的一部分集中到地方财政，专项用于解决旅游设施不足和落后问题。在中国加入世界贸易组织（WTO）以后，桂林取消了旅游价格双轨制，恢复到一票制。

桂林市部分景区门票价格变动表

单位：元 / 人次

景区	1980 年		1985 年		1990 年		2000 年
	内宾	外宾	内宾	外宾	内宾	外宾	
七星岩	0.10		0.60	2.00	1.50	5.00	
芦笛岩	0.20		0.70	2.50	3.00	6.00	
穿山岩			0.40	1.00	0.80	3.00	
七星公园	0.05		0.10	0.10	0.30	0.50	20.00
南溪公园			0.05	0.05	0.20	0.20	
叠彩公园			0.10	0.10	0.50	0.50	13.00
伏波公园			0.10	0.10	0.20	0.20	10.00
象山公园			0.10	0.10	0.20	0.20	15.00
独秀峰					0.10	0.10	

据《桂林市志》整理

上表说明：自 1985 年始，国内游客与入境游客在岩洞门票上已经分为两种价格，但公园门票“暂不分开”，理由是国内游客与入境游客在游览岩洞时对团队人数和讲解语言等方面均有不同要求，“有理由”分为两种价格，但公园内的游览观光体现不出这些区别。

桂林市区和阳朔的旅游景区具有较高同质性，在市场经济环境下，各景区之

1980 年代的部分桂林景区门票

间竞争激烈，竞争的主要手法是让渡一部分门票收入给旅行社。随着时间推移和市场竞争白热化，这部分让渡出去的比例越来越高，甚至使一些景区的实际门票收入无法维持成本。为了解决收支平衡问题，景区又反过来向物价局申请提价。这种恶性循环，造成了景区门票步步升高、游客啧言颇多的情形。

为了解决提价频繁和各景区在品质与价格间的比较问题，桂林市物价局于 2005 年组织相关景区、市人大代表、市政协委员和旅游专家，对各洞穴类景区进行考察评估，分别打分，再去掉一个最高分、一个最低分，然后将分数汇总排序，分数最高者，价格亦应相对最高，其他同类景区，价格均应在分数最高者之下。通过这个办法，较好地解决了各景区一方面盲目攀比价格，另一方面又给予高额佣金回扣的问题。

2016年和2018年，桂林市主要景区门票价格两次下调，以进一步适应旅游市场需求。通过这两次调价，两江四湖游船票从230元调至185元，芦笛景区从120元调至90元，独秀峰·王城景区从130元调至100元，象山景区从75元调至55元。[1]

四、对漓江游览的价格管理

1988年以前，漓江游览虽然由政府价格主管部门定价，但在实际经营中，各游船企业相互利用价格进行竞争、争抢客源，入境游客游江价格远不到所定价格水平。1987年，入境游客游览漓江的最低价格一度低至18元，而且收取人民币。18元在价格上仍比国内游客的价格高出一倍，但需要上交外汇，外汇差是一笔不小的负担，且入境游客的票价中含中餐而国内游客的船票尚未含中餐，故这样的竞争性价格也让游船企业难以承受。当时，社会各方面仍是计划经济思维，故游船企业一方面互相降价，另一方面呼吁政府出面管理这种无序竞争状态。1988年，桂林市旅游局、交通局和物价局报请桂林市政府同意，对漓江游览实行“四统一”管理，并因此成立了漓江水路客运管理中心和漓江涉外码头管理处，对漓江游览船票按照内外事的不同，由上述两家单位按照“四统一”要求进行管理，漓江游览恶性降价竞争的势头得到扼制。此后，由于游船效益在若干年内保持较好状态，游船也得到提升更新，1990年代全部更换为空调船。

1　桂林市发展与改革委员会提供资料。

1984—1994 年桂林至阳朔游江船票价目表[1]

单位：元 / 人次

年份	入境客人票价		国内客人票价
	组团价	零散价	
1984	25		6
1986	35		9
1988	35		10.5
1990	45	60	22
1992	98	125	26
1994	217	261	60

取消内外宾差别后的漓江游览船票价表[2]

单位：元 / 人次

时间	普通船		普通空调船		豪华空调船		超豪华空调船	
	散客	团体	散客	团体	散客	团体	散客	团体
2000 年			150		330	265		
2001 年			180	170	270	240	450	400
2004 年			210	200	270	240	450	400

2007 年，乘船游览漓江的游客达到最高峰的 230 多万人次。此后，由于市场竞争加剧、桂林旅游产品类型多样化、持续多年的“四统一”管理模式难以发挥游船企业积极性的问题日益显现等多重因素影响，游览漓江的游客下滑至 200 万以下，在 130 万－ 160 万人次之间波动多年。2012 年以后，官方允许漓江竹排规划有序进入旅游市场，并成立了若干个竹排公司，这种亲水性的游览项目吸引了很多客人。竹排游和游船正线游漓江的客人每年在 400 万人次左右。

1 《桂林市志》，中华书局，1997 年。

2 桂林市物价局提供。

第三节 旅游管理机构的演变

中华人民共和国成立以后，随着时代发展，桂林市政府的旅游管理机构经历了从接待型旅游管理到市场型旅游管理的转变。

一、早期的旅游行政管理机构

桂林市的旅游管理机构，最早从接待交际机构转变而来。

1956 年，桂林市人民委员会设立交际科，负责外事工作和接待上级机关领导，亦即当时的旅游接待事务。1959 年 7 月，交际科升格为交际处，下设交际科。同年，成立外事办公室，其实就是交际处的另一块牌子。1974 年，成立桂林市革命委员会外事处，下设旅游科。1979 年，外事处改为外事办公室。

1980 年 2 月，桂林旅游公司成立。当时，尚属政企不分时期，旅游公司具有企业性质，又有旅游行政管理职能。旅游公司经理由外事办公室主任兼任。旅游公司负责全市的旅游接团、组团、报价、宣传和旅游市场管理等事务，下设外事科、国旅科、中旅科和其他业务科室等。凡来桂的由公费邀请的国际友人和国内高级干部由外事科接待；入境的外国游客由国旅科接待，国旅科对外称“中国国际旅行社桂林支社”；入境的港澳同胞和华侨以及台湾游客，由中旅科接待，中旅科对外称“中国旅行社桂林支社”。

1984 年 5 月，桂林市成立旅游局，负责旅游行政管理工作，具体业务包括按照国家有关旅游的方针、法规和政策，编制旅游事业发展规划、管理旅游市场、负责全市旅游宣传、协调有关部门管理旅游价格等。具体负责旅行社审批、确定涉外宾馆和交通企业，开展境外宣传和促销，具体管理市属重点旅游企业等。1987 年，桂林市成立了旅游监察所，是隶属于旅游局的事业单位，这是全国第一家旅游市场监察管理机构。旅游监察所的主要职责是：检查旅游法规执行情况、受理旅游者投诉、规范旅游市场等。

1988年，桂林市工商行政管理局成立了旅游风景区分局。差不多与此同时，桂林市物价局成立了涉外价格科，主要管理旅游价格。1990年代以后，涉外价格科变更为旅游价格科。

1993年，桂林市漓江风景委员会、漓江风景管理局成立。

1994年11月，桂林市旅游咨询服务中心成立。该中心为旅游局下辖事业单位，负责为非团队入境旅游者提供咨询服务和组织观光游览。

1998年，桂林市政府决定成立桂林市旅游管理委员会。同年，桂林市旅游投诉中心成立。

二、旅游行政管理部门的设立、变化和主要职责

桂林市旅游局成立以后，直接管理、牵头管理和会同管理的事务非常多，可谓事无巨细。

1987年，全市旅行社审批业务归口旅游局管理。3月，该局会同工商局等部门成立了涉外企业整顿办公室；5月，会同有关部门对全市二类旅行社进行了资格复查审核，向二类旅行社下发了《关于旅行社与书画店定点的试行实施细则》；6月，对全市申报经营涉外旅游客运业务的企业进行审查；8月，查处导游私收回扣、小费问题，规定自9月起全市导游一律佩戴新证上岗。

旅游业是最早进入市场经济体系的行业之一，在其发展的早期，管理部门和社会都缺乏相关经验，经营不规范的问题比较突出。这一时期，旅游管理部门对旅行社业务的管理，除了核发许可证，重点是查处无证经营、超范围经营、低于成本价竞争等。一些本属旅行社自身的问题，如组团社拖欠款严重，导致接团社不能及时给旅游服务商付款，进而影响服务质量等，也是旅游局管理的事务。

1988年，桂林市旅游局会同有关单位发布《关于加强桂林市旅游企业管理的通告》，取缔境外人员在桂林无证经营旅游业务；禁止非涉外企业从事涉外经营；规定涉外企业一律收取外汇兑换券并按照结汇；将涉外饭店数量压缩为33家；成立了竹江涉外码头管理处；发布《关于对桂林经营旅游业务的企业实行归口管理的通知》；对13家二类旅行社的管理制定了实施细则。

1989年，桂林市旅游局发布《关于加强散客管理的若干规定》；发出《关于进行1989年度涉外旅游汽车年审领证的通知》和《关于追回境内外旅行社拖欠款的决定》，与有关部门联合发布《关于进一步治理整顿桂林旅游市场的通告》。

1990年，桂林市旅游局成立入境散客接待处；制定《桂林一、二类旅行社外联推销人员管理暂行规定》；发布《关于整顿桂林市旅游队伍工作方案》《旅游涉外饭店承包经营责任制暂行规定》《旅游涉外书画店、餐馆、购物点、娱乐场所定点管理的暂行规定》《关于进一步开展旅游优质服务竞赛的通知》《关于旅游涉外饭店团体房费最低限价的决定》；与桂林市物价局一起制定了《关于实行海外来桂旅游者综合服务费及有关专项附加费最低保护价的规定》。

1992年，桂林市政府决定，全市国内旅游工作由旅游局归口管理，桂林市旅游局成立了国内旅游管理科，制定了对国内旅游市场进行管理的规范性文件，对国内旅游市场进行监管。

1998年3月，桂林市成立旅游管理委员会。10月，因桂林地市合并，再改为旅游局。

1998年10月，在新设立的桂林市第一届人民代表大会上，桂林市人大常委会设立了旅游委员会，这是全国第一个人大机构设立的旅游委员会。2019年元月13日，根据机构改革的要求，桂林市第五届人民代表大会第四次会议第二次全体会议通过决定：桂林市第五届人民代表大会常委会不再保留旅游委员会。

2015年，撤销桂林市旅游局，成立桂林市旅游发展委员会，增加了旅游规划编制和旅游事务协调职责。

2019年3月，根据机构改革的要求，撤销桂林市旅游发展委员会和桂林市文化新闻和广电局，成立桂林市文化广电和旅游局，增挂桂林市博览局牌子。

第四节 旅游新政

桂林旅游业在市场发展与变化中不断探索发展，桂林地方党委和政府的相关管理工作也在努力地适应时代发展的要求。

一、在国内最早进行网络宣传与营销

1990 年代，桂林市开始重视运用网络和多媒体等技术手段宣传推介桂林旅游。1997 年，桂林市旅游局和桂林工学院等单位合作，制作了《桂林旅游》多媒体光盘用于旅游宣传营销。

1998 年，桂林市投资 100 余万元，在北京航空航天大学计算机系的技术支持下，开通了桂林旅游综合网络信息系统，并设立了桂林旅游网络信息中心。同时，采用多媒体和虚拟现实等技术，进行网上代理和网上直销，将桂林旅游资源、设施、产品、招商等信息在网上向全球发布，积极探索向国内外游客提供旅游资源、网上导游、预订机位和房间、租赁汽车、远程结算和受理投诉等，全市主要的宾馆、旅行社、旅游定点企业和旅游车船、旅游景点，逐步纳入信息化管理。这一时期，桂林市还采用多种语言，在境外建立旅游镜像网站，开展国际促销。不少在桂林注册的旅行社也纷纷借助互联网的力量，打造独立的网站品牌。中国国际旅行社桂林支社于 1998 年注册了网站，向全球七大语种的游客提供量身定制的发现之旅，最初提供的产品和服务以桂林为中心，后来逐步扩展为向游客提供全球旅游服务产品。2015 年，该网站成为一家独立的旅游服务商海纳国际旅行社。2007 年成立的桂林唐朝旅行社，也通过网站向全球游客提供旅游服务，迅速成长为一家在业界有影响力的旅行商。桂林市天元国际旅行社则研发了“道游网”运营平台，探索为自由执业的导游和市场对接提供服务和监管平台，这也是国内最早的为导游自由执业提供服务的平台。

桂林航空公司是我国第一家地级市兴办的航空公司。这是桂林航空公司的飞机

携程、去哪儿等国内在线旅游网站问世以后，桂林是最早与这些新型营销企业开展业务合作的城市之一。基于市场互利的原则，桂林许多景区、酒店等旅游企业与这些在线旅游网站开展合作，拓展市场。

在城市旅游形象推介方面，桂林市比较注意与有影响的外媒合作，例如美国有线电视新闻网（CNN）、英国广播公司（BBC）等。为了适应境外受众的需要，桂林市主要请外方编辑制作外语版风光片和宣传折页等，在境外播出和发放。桂林一些重要的城市活动，能够通过这些外媒很快介绍到海外，努力使海外受众对桂林从“不陌生”进而到“很熟悉”的转变。

2018 年，桂林市与腾讯合作，借助微信生态链，以“i 游桂林小程序”为纽带，打造微营销、微管理、微服务的一键游桂林智慧旅游平台，实现了以城市旅游咨询服务中心和互联网服务相结合的线上线下综合旅游服务模式。

二、全力推进旅游改革与发展

1999 年 12 月，桂林地市合并以后，新成立的中国桂林市第一届委员会第三次全体会议讨论通过了《中国共产党桂林市委员会关于加快旅游改革与发展的决定》，这是国内地方层面较早提出旅游业改革与发展的一个决定。

《决定》提出：加快旅游业改革与发展是一项重要而紧迫的任务，制定了加快旅游产业发展基本思路、主要目标和发展原则，动员、组织全社会力量参与旅游产业的发展，提高旅游产业社会化程度，深化旅游体制改革，加快旅游产业市场化进程，加强建设管理，提高服务质量，提升旅游产业现代化水平，加强对旅游业改革与发展工作的领导。[1]《决定》颁布以后，"社会化、市场化、现代化"在桂林旅游界风行一时，桂林市掀起了一个传统旅游企业改制、脱钩，社会资本热心投资旅游的热潮。

在桂林市委、市政府的支持和推动下，通过桂林旅游股份公司、桂林新城投资开发集团、桂林经济建设投资总公司与海南航空共同出资成立了桂林航空旅游集团有限公司。2015年，桂林航空旅游集团有限公司与桂林旅游发展总公司共同出资成立了桂林航空有限公司，这是我国第一家地市级城市所拥有的航空公司。至2018年5月，桂林航空已经拥有10架A319型飞机。

三、举办国际性旅游活动，打造属于桂林的国际平台

进入21世纪以后，桂林市意识到：要建设国际旅游城市，不仅需要有大量的入境游客，而且应该有自己的国际舞台，能够在国际平台上发出桂林声音。经多方争取，2002年11月，由博鳌亚洲论坛、中国国家旅游局和亚洲对话合作组织共同主办的博鳌亚洲旅游论坛在桂林市举行。这次论坛，有33个国家、11个国际和地区组织、9个外国驻华使馆官员的174名外国政要、专家出席了论坛。世界旅游组织秘书长弗朗西斯科·弗朗加利先生应邀到会致辞。论坛发表了《博鳌亚洲旅游论坛（中国桂林）宣言》，就加强亚洲地区的旅游合作与发展、旅游产品开发与创新、旅游业的可持续发展、旅游业的经济社会贡献等与旅游业发展的重大问题达成共识。论坛期间，还首次召开了有19个国家参与的亚洲旅游部长圆桌会议，举办了旅游培训研讨班，有30位演讲人发表了演讲。这次论坛的志愿者服务和礼仪服务也给与会嘉宾留下了深刻印象。

---

1 《社会科学家》，2000年第1期。

2007 年，桂林旅游发展座谈会，请来许多名家，包括程文栋、保继刚、吴必虎、蔡家城等

2009 年，桂林市召开旅游产业发展大会

2005年，中国国内旅游交易会在桂林召开。桂林市第一次以东道主身份迎接全国各地的旅游客商。会议以后，桂林市和顺旅行社作为一家以地接为主的国内旅行社，连续三年登上全国旅行社百强榜，且排位在前列。虽然自1993年开始，桂林就有接待入境游的二类旅行社多次入列全国旅行社百强榜，但一家以接待国内客人为主的旅行社能够连续几年进入这样的榜单，也实属不易，说明了桂林的国内旅游市场在不断成长。

2007年，首届联合国世界旅游组织和亚太旅游协会旅游趋势与研究大会和第一届旅游教育国际论坛在桂林举行，桂林成为与联合国世界旅游组织开展合作的重要平台。2009年，联合国世界旅游组织宣布，确定桂林为联合国世界旅游组织和亚太旅游协会旅游趋势与展望国际论坛的永久会址。

四、漓江风景管理机构的设立与变化

漓江被国务院列为全国第一批风景名胜区。为了加强对漓江风景名胜区的管理，桂林市政府于1991年决定在园林局增挂桂林旅游风景管理局牌子，承担对漓江风景管理职责。[1]

1993年，桂林市漓江风景管理局从园林局分离出来，成为单独机构，内设一室二科。同年，桂林市漓江风景管理委员会设立，由市长任管委会主任，下设办公室，办公室设漓江风景管理局。因为当时尚未合并桂林地、市，所以一些管理上的问题难以妥善协调。

2004年，桂林市人民政府重新明确漓江风景名胜区管理机构的职能和编制，职能为负责漓江市区段43千米（叠彩区南洲岛至雁山区草坪回族乡）的管理执法工作。

2013年，漓江风景管理机构升格，并更名为漓江风景名胜区管理委员会，负责漓江风景名胜区的规划、保护、管理和建设工作。

1 《桂林市志1991～2005》上卷，方志出版社，2010年，第304页。

桂林四季风光皆有迷人处

五、寻找工作抓手，全力推进旅游发展

从政府角度来说，推进旅游工作，需要寻找和创造合适的工作抓手。这些工作抓手，有的是上级给予的，有的是桂林结合本市旅游发展情况独创的。

1987 年，桂林市旅游监察所成立，这是国内最早成立的旅游监察机构。

1989 年，桂林市评出首批共 11 家星级饭店。从此，桂林旅游开始进入标准化建设阶段。

1994 年，桂林市旅游咨询服务中心成立，是全国最早成立的旅游咨询机构。

2000 年，漓江景区等一批景区被评为国家首批 AAAA 级旅游景区。目前，桂林市的 AAAAA 级旅游景区达 4 家，为国内 AAAAA 级景区最多的城市之一。

2002 年，桂林设立了“旅游警察”模式，由相关执法部门组成旅游联合执法队伍；2017 年，桂林市公安局旅游警察支队正式挂牌。

2013 年，广西壮族自治区党委、自治区政府推出创建广西特色旅游名县的工作方案，以推动县域旅游经济发展。桂林市阳朔县、兴安县、龙胜各族自治县、荔浦县（2018年撤县设市）、雁山区、资源县、灵川县、恭城瑶族自治县先后上榜。

2019年和2020年，阳朔县、兴安县被列为国家全域旅游示范区。秀峰区和灌阳县被列为广西全域旅游示范区。

六、建设桂林国际旅游胜地

2009年，国务院下发了《关于进一步加快广西社会经济发展的若干决定》，提出要建设桂林国际旅游胜地。2012年11月1日，经国务院同意，国家发改委批复了《桂林国际旅游胜地建设发展规划纲要》。《桂林国际旅游胜地建设发展规划纲要》根据桂林的发展基础和比较优势，确立了2020年桂林的战略定位和城市发展目标。其战略定位包括：把桂林打造成世界一流的旅游目的地、全国生态文明建设示范区、全国旅游创新发展先行区以及区域性文化旅游中心和国际交流的重要平台。2013年，中共桂林市委提出，要把这个《规划纲要》"一本蓝图绘到底"。

作为对桂林国际旅游胜地建设的支持，国务院同意撤销临桂县，设置临桂区，桂林市政府搬迁到临桂新区，以改变桂林空间布局，带动临桂新区发展，腾出空间发展旅游。国土资源部把桂林列为唯一的旅游用地试点城市。国家发改委很快批复同意桂林两江国际机场二期工程立项建设。公安部同意将桂林市列为对51个国家旅客72小时过境免签证政策以及对东盟10国旅游团队144小时入境免签证政策的城市。

保护和利用好漓江，是桂林建设国际旅游胜地的重点课题。桂林市于2013年成立了漓江风景名胜区管理委员会。桂林旅游高等专科学校也于2015年升格为桂林旅游学院。

七、新的伟大战略目标

2021年4月25—26日，中共中央总书记、国家主席、中央军委主席习近平在桂林考察。据新华社消息：

25日上午，习近平来到位于桂林市全州县才湾镇的红军长征湘江战役纪念园，向湘江战役红军烈士敬献花篮并三鞠躬，瞻仰“红军魂”雕塑，参观纪念馆。1934年底，为确保中共中央和中央红军主力渡过湘江，粉碎敌人围歼红军于湘江以东的企图，几万名红军将士血染湘江两岸，这一战成为事关中国革命生死存亡的重要历史事件。习近平表示，我到广西考察的第一站就来到这里，目的是在全党开展党史学习教育之际，缅怀革命先烈，赓续共产党人精神血脉，坚定理想信念，砥砺革命意志。革命理想高于天，理想信念之火一经点燃就会产生巨大的精神力量。红军将士视死如归、向死而生、一往无前、敢于压倒一切困难而不被任何困难所压倒的崇高精神，永远值得我们铭记和发扬。在实现第二个百年奋斗目标的新长征路上，我们要抱定必胜信念，勇于战胜来自国内外的各种重大风险挑战，朝着实现中华民族伟大复兴的目标奋勇前进。

随后，习近平来到才湾镇毛竹山村。该村近年来积极发展葡萄种植业，有力促进了农民增收。习近平走进葡萄种植园，察看葡萄长势。农技人员正在指导村民为葡萄绑蔓、定梢，看到总书记来了，乡亲们纷纷围拢过来。习近平详细询问葡萄产量、品质、销路、价格等情况。他强调，全面推进乡村振兴，要立足特色资源，坚持科技兴农，因地制宜发展乡村旅游、休闲农业等新产业新业态，贯通产加销，融合农文旅，推动乡村产业发展壮大，让农民更多分享产业增值收益。

习近平步行察看村容村貌，并到村民王德利家中看望，同一家人围坐在一起聊家常。王德利告诉总书记，他们家种了12亩葡萄，农闲时外出务工，去年家庭收入超过14万元。习近平听了十分高兴。他指出，经过全党全国各族人民共同努力，在迎来中国共产党成立一百周年的重要时刻，我国脱贫攻坚战取得全面胜利。好日子都是奋斗出来的。希望你们依靠勤劳智慧把日子过得更有甜头、更有奔头。要注重学习科学技术，用知识托起乡村振兴。离开村子时，乡亲们高声向总书记问好。习近平向大家挥手致意。他深情地说，让人民生活幸福是“国之大者”。全面推进乡村振兴的深度、广度、难度都不亚于脱贫攻坚，决不能有任何喘口气、歇歇脚的想法，要在新起点上接续奋斗，推动全体人民共同富裕取得更为明显的实质性进展。

近年来，桂林市大力推进漓江“治乱、治水、治山、治本”，改善了漓江生态环境。25日下午，习近平来到桂林市阳朔县漓江杨堤码头，听取漓江流域综合治理、生态保护等情况汇报，并乘船考察漓江阳朔段。他强调，要坚持山水林田湖草沙系统治理，坚持正确的生态观、发展观，敬畏自然、顺应自然、保护自然，上下同心、齐抓共管，把保持山水生态的原真性和完整性作为一项重要工作，深入推进生态修复和环境污染治理，杜绝滥采乱挖，推动流域生态环境持续改善、生态系统持续优化、整体功能持续提升。

26日，习近平来到桂林市象鼻山公园，远眺山水风貌，沿步道察看商业、邮政等服务设施。游客们高声欢呼：“总书记好！”习近平同大家亲切交流。他指出，桂林是一座山水甲天下的旅游名城。这是大自然赐予中华民族的一块宝地，一定要呵护好。要坚持以人民为中心，以文塑旅、以旅彰文，提升格调品位，努力创造宜业、宜居、宜乐、宜游的良好环境，打造世界级旅游城市。[1]

“打造世界级旅游城市”成为桂林发展的伟大战略目标。桂林旅游，肩负着新的历史使命，任重道远，鼓舞人心。

1 新华社2021年4月27日电：《习近平总书记在广西考察》。

主要参考书目

1. 桂林市文物管理委员会,《桂林石刻》，内部资料，1981

2. 黄家城主编,《桂林市交通志》，广西人民出版社，2004.6

3. 樊平,《历代桂林山水风情诗词 400 首》，漓江出版社，2004.10

4. 谢贵安、谢盛,《中国旅游史》，武汉大学出版社，2012.2

5. 钟文典主编,《广西近代圩镇研究》，广西师范大学出版社，1998.10

6. 陈洪波,《抗战时期〈广西日报〉(桂林）广告研究》，厦门大学出版社，2016.4

7. [南] S. 翁科维奇,《旅游经济学》，中国人民大学出版社，1986.7

8. 吴必虎、刘筱娟,《中国景观史》，上海人民出版社，2004.9

9. 黄辉实主编,《旅游经济学》，上海社会科学出版社，1985.6

10. [英] 马尔科姆·安德鲁斯,《寻找如画美》，译林出版社，2014.10

11. [美] 约翰·布林克霍夫·杰克逊,《发现乡土景观》，商务印书馆，2016.11

12. 舒天主编,《桂林风烟》，百花文艺出版社，2003.2

13. 樊平,《古代桂林山水风情散文百篇》，广东教育出版社，2011.5

14. 钟文典主编,《桂林通史》，广西师范大学出版社，2008.10

15. 林京海,《清代广西绘画系年》，广西师范大学出版社，2017.8

16. 曾桥旺,《灵川历代碑文集》，中央文献出版社，2010.11

17. [美] W.J.T. 米切尔编,《风景与权力》，译林出版社，2014.10

18. 冯梦龙,《太平广记钞》，中州书画社，1983.4

19. 张益桂,《广西石刻人名录》，漓江出版社，2008.9

20. 张益桂、张阳江,《桂林历史人物录》，广西师范大学出版社，2013.1

21. 桂林博物馆编，《桂林博物馆文集》第四辑，广西师范大学出版社，2018.6

22. 桂林市旅游局编，《桂林旅游志》，中央文献出版社，1999.11

23. 王夫之，《永历实录》，北京古籍出版社，2002.9

24. 曾有云、许正平主编，《桂林旅游大典》，漓江出版社，1993.12

25. 獸子，《桂志英华》，中国国际文化出版社，2009.7

26. 刘涛主编，《桂林旅游资源》，漓江出版社，1999.10

27.《竺可桢全集》，上海科技出版社，2005.12

28.《徐霞客游记》，时代文艺出版社，2001.11

29. 甘树立主编，《西安·杭州·苏州·桂林四旅游城市第三次市长座谈会文集 1989》，内部资料

30.［英］C.R. 博克舍编注，《十六世纪中国南部行纪》，中华书局，1990.7

31. 熊佛西，《山水人物印象记》，海豚出版社，2011.6

32.［葡］费尔南·门德斯·平托，《葡萄牙人在华见闻录》，海南出版社，1998.6

33. 林京海主编，《桂林文物古迹览胜》，广西师范大学出版社，2012.1

34. 北京古籍出版社，《崇祯长编》，2002.9

35. 獸子，《桂林旧事日志》，光明日报出版社，2016.4

36.《宋云彬日记》，中华书局，2016.10

37.《朱荫龙诗文集》，广西师范大学出版社，2018.9

38. 陆游，《老学庵笔记》，三秦出版社，2003.1

39.《范成大笔记六种》，中华书局，2002.9

40.《岭外代答校注》，中华书局，1999.9

41.《白石老人自述》，山东画报出版社，2010.1

42. 商壁，《粤风考释》，广西民族出版社，1985.11

43. 梁潮，《78 级大学生活记录》，漓江出版社，2014.12

44. 张鉴，《阮元年谱》，中华书局，1995.11

45. 田曙岚，《邕乡处处广西旅行记》，辽宁教育出版社，2013.4

46. 三联书店，《徐铸成回忆录》，1998.4

47.［美］格兰姆·贝克，《一个美国人看旧中国》，三联书店，1987.11
48. 徐铸成，《旧闻杂忆》，辽宁教育出版社，2000.9
49. 徐铸成，《报海旧闻》，上海人民出版社，1981.2
50. 张鸣凤，《桂胜桂故》，中华书局，2016.12
51. 舒芜、陈迩冬、王利器选注，《康有为选集》，人民文学出版社，2004.1
52. 季一德，《环球旅行记——旅行家潘德明故事》，新蕾出版社，1983.2
53. 张天来、王淑良，《中国旅游史》，旅游教育出版社，2010.7
54. 丰子恺，《教师日记》，教育科学出版社，2008.3
55. 林哲，《历史图影中的桂林市景观与建筑》，金城出版社，2015.9
56. 郦道元，《水经注》，时代文艺出版社，2001.11
57. 王象之，《舆地纪胜》，中华书局，1992
58.《桂林市志》，中华书局，1997.12
59.《桂林市志 1991 ~ 2005》，方志出版社，2010.12
60.《阳朔县志》，广西人民出版社，1988.10
61.《全州县志》，广西人民出版社，1998.5
62.《兴安县志》，广西人民出版社，2002
63.《兴安县志》，道光版
64. 张智林，《平乐县志》，台湾成文出版社，1967.12
65. 唐载生，《全县志》，台湾成文出版社，1975.6
66. 吴征鳌，《临桂县志》，台湾成文出版社，1967.5
67. 李繁滋，《灵川县志》，台湾成文出版社，1975.5
68.《恭城县志》，广西人民出版社，1992.2
69.《荔浦县志》，中国时代经济出版社，2014 年
70.《灌阳县志》，新华出版社，1995.6
71.《龙胜县志》，汉语大词典出版社，1992.1
72.《资源县志》，广西人民出版社，1998.12
73.《永福县志》，新华出版社，1996.12
74. 钟文典主编，《广西通史》，广西人民出版社，1998.8

75. 赖彦于主编，《广西一览》，1935
76. 赖彦于主编，《广西游历须知》，1935.7
77. 顾震白主编，《桂林导游》，大众出版社，1942
78. 莫休符，《桂林风土记》，中华书局，1985.1
79. 黄家城主编，《桂林漓江志》，广西人民出版社，2004.6
80.《桂林历史文化大典》，广西师范大学出版社，2018.11
81. 徐祝君等，《桂林市指南》，桂林前导书局，1942.11
82.《桂林市政府民国廿九年度工作报告》
83.《桂林血战实录》，1945.10
84. 五五旅行团，《桂林半月记》，1932
85. 宾敏陔，《桂游日记》，1938
86. 张维屏，《桂游日记三卷》，道光十七年刻本
87. 郑健庐，《桂游一月记》，中华书局，1934.6
88.《柳亚子文集：自传·年谱·日记》，上海人民出版社，1986.11
89.《广西通志》，雍正版
90.《广西通志·人口志》，广西人民出版社，1993
91. 罗香林，《唐代桂林西域人摩崖题刻考》，台湾大学图书馆
92.《越南汉文燕行文献集成》，复旦大学出版社，2010.5
93. 广西省政府编，《民国二十年来广西大事记》
94.《章士钊诗词集程潜诗集》，湖南人民出版社，2009.1
95.《章士钊先生年谱》，吉林人民出版社，2001.7
96.［明］陈琏《桂林郡志》
97. 张驭寰，《中国城池史》，中国友谊出版公司，2015.9
98.［美］盖洛，《中国十八省府》，山东画报出版社，2008.3
99. 广州基督教青年会，《桂游鸿雪》，1934
100. 莫乃群，《粤西文载校点》，广西人民出版社，1990.8
101. 魏濬，《峤南琐记》，明刻本复印本
102. 闵叙、陆祚蕃，《粤述 粤西偶记》，商务印书馆，1939

103. 陈国平，《石涛》，广西美术出版社，2014.8
104. 蒋宝龄，《墨林今话》，黄山书社，1992.7
105. 魏濬，《西事珥校注》，广西人民出版社，2016.8
106. 徐珂，《清稗类钞》，中华书局，1984.1
107. 陈水云，《中国山水文化》，武汉大学出版社，2001.10
108. 张宇，《阮庵笔记五种》校注，硕士论文
109. 郭思，《林泉高致》，天津人民出版社，2018.4
110. 《清代诗文集汇编》，上海古籍出版社，2010.12
111. 张宝，《漓江泛棹图五集》，清代刻本
112. 《春秋岁月——陈香梅自传》，中国妇女出版社，1997.10
113. 《胡适日记》，安徽教育出版社，2001.10
114. 胡适，《南游杂忆》，上海国民出版社，1935.10
115. 《桂林旅游发展前景研究》，漓江出版社，1989.10
116. 《回望——中国桂林南溪山医院那段特殊岁月》，内部资料
117. 《张发奎口述自传》，当代中国出版社，2012.7
118. 潘琦主编，《抗战桂林文化城史料汇编》，内部资料
119. 崔恺，《建筑师林乐义》，清华大学出版社，2003.12
120. 《桂林市政府公报》，民国各辑
121. 《广西省政府公报》，民国各辑
122. 《莫理循眼里的近代中国》，福建教育出版社，2005.9
123. ［苏］康·西蒙诺夫，《战斗着的中国》，中南人民出版社，1954.1
124. 《〈湘山志〉校释》，中华书局，2019.6

主要参考报刊

1. 民国年间各年度《广西日报》

2. 民国年间各年度《力报》

3. 民国年间各年度《小春秋日报》

4.1938—1941 年《救亡日报》

5.1941—1944 年桂林版《大公报》

6.1951—2018 年《桂林日报》(含曾经更换报名的《桂林工人报》《桂林建设报》)

7.1989—1995 年《桂林旅游报》

后　记

当这个课题终于得以完成，长舒一口气之后，也想借这个机会说几句话。

首先，要感谢广西桂学研究会的鼎力支持，给予我选择的这个课题立项，才有了后面的调研、写作。

感谢黄阐、阳正良、陈宪忠诸君在本课题立项方面给予的指导、帮助。没有他们的这些指导和帮助，可能我就错过了这么一个机会，或者说在后来的研究进程中不会这么顺利。

感谢钟琼、吕立中、周久贺、林志捷、张兴华、邱纬纬诸君，在我的研究过程中，所提供的丰富的资料查询。没有这些资料的支撑，这个课题难以做下去。

感谢邱严明、麻承福、钟新民、汪祚庆、李志刚、李克强、刘涛、张博、林京海、李超英、凌世君、秦冬发、卯兴明、石身志、余建伟、吴健诸位业界学界前辈、好友及同僚的悉心指教，使我在材料遴选和写作时少走了许多弯路。

感谢课题的各位评委。正是评委们的专业意见，使课题的修改和完成能够尽可能地完美，并符合甲方的要求。

感谢广西文化和旅游厅以及桂林市文化广电和旅游局的支持，使得这部书能够顺利出版。

感谢戴斌先生的肯定和推荐。感谢保继刚先生为本书撰写序言。

感谢我的妻子，她把所有的家务事都承担下来，使我得以尽心于这项课题的研究工作。

感谢我的母亲，她一直关注着我的工作、学习和生活。她的身体健康，使我能够心无旁骛地潜心写作此书。

我对旅游研究，有着几十年的兴趣。对桂林这座城市，有着深厚的感情。我决定要进行这项研究时，既为自己的这个选择得到认可而感到幸运，也同时感到责任重大。

众所周知，桂林是一座著名旅游城市，它的旅游，从古代就很有名了。我认为，桂林的名气从一开始就是与旅游联系在一起的。桂林在唐宋甚至南北朝时期构建的风景，现在也仍然是这座城市的核心景观。但是，一般来说，我们对这一具体历史的发展脉络，只有粗线条的了解。当我在研究过程中查询、阅读的材料越多，研究的思路就越清晰起来：桂林的旅游史，与这座城市的地理、历史一样，有着明显的特点。把这些特点整理和归纳出来，才能使桂林的旅游史有别于其他城市的旅游史。方志为我提供了粗线条的史实，可这种粗线条的史实尚不能构成丰富生动的历史场景和发展过程。要找到历史的细节，需要更多的阅读。这些需要阅读的史料，有前人的具体游历作品，也有后人的专门研究。我的成果，是建立在他们从各个不同角度所撰写的成果基础上而来。没有这些众多的各方面的成果，我是无法完成这项课题的。虽然我在参考书目中列出了一些我参考过的成果，但仍然挂一漏万。借此机会，我要向所有的有关桂林历史的记录者、研究者表达我的敬意！

在这部书定稿付印之际，中共中央总书记、国家主席、中央军委主席习近平同志于 2021 年 4 月 25—27 日对广西进行了考察。习近平同志在桂林考察时指出："桂林是一座山水甲天下的旅游名城。这是大自然赐予中华民族的一块宝地，一定要呵护好。要坚持以人民为中心，以文塑旅、以旅彰文，提升格调品位，努力创造宜业、宜居、宜乐、宜游的良好环境，打造世界级旅游城市。"[1] 这是习近平总书记对桂林的殷切期望，是桂林旅游发展的方向。我写的这本小书，是对桂林旅游发展史过去阶段的回顾。桂林旅游发展的未来，将是更光辉的篇章。

1 新华社 2021 年 4 月 27 日电：《习近平总书记在广西考察》。

历史有不同的写法。我在写作过程中，想尽量使这部书稿“好读一点”，囿于笔力不逮，恐也未能做到这一点。

史料再丰富，如果没有作者个人的观点学养在内，那也只是资料剪辑。作品既然体现着作者的学养和观点，也就难免要受视野和思想的局限，更何况我并没有受过历史学专业的训练，因此，本书的局限、错误更在所难免。书中的不妥之处，还敬请各位有识之士多多批评。

我的邮箱：pangtiejian@163.com。

庞铁坚

2021 年 7 月于桂林新桥园

庞铁坚 | 简介

籍贯广西博白，1958 年生于桂林，桂林市哲学社会科学规划领导小组专家委员会副主任委员，桂林旅游学会会长，广西桂林图书馆理事会理事，广西社科专家库专家，桂林旅游学院客座教授，桂林理工大学旅游与风景园林学院客座教授。曾任广西本科高校旅游管理类专业教学指导委员会委员。出版个人著作多种：

《推开桂林的门扉》
《愚自乐园：一个台湾人的文化情怀》
《行走龙脊》
《漓江》
《山水甲天下的桂林》（合著）
《走遍中国：广西》（合著）
《阳朔旅游草皮书》（合著）等

出版统筹 | 廖佳平
策划编辑 | 邹湘侨
责任编辑 | 邹湘侨
助理编辑 | 唐划弋
责任技编 | 王增元
封面绘画 | 陈树人
封底绘画 | 罗　辰
美术编辑 | 广大图文　唐秋萍